北大社普通高等教育"十三五"规划教材

21世纪学前教育专业规划教材

学前教育概论

李生兰 等著

图书在版编目(CIP)数据

学前教育概论/李生兰等著. —北京:北京大学出版社,2017.7
(21世纪学前教育专业规划教材)
ISBN 978-7-301-28446-9

Ⅰ. ①学… Ⅱ. ①李… Ⅲ. ①学前教育—教育理论—高等学校—教材 Ⅳ. ①G610

中国版本图书馆 CIP 数据核字(2017)第 143788 号

书　　　名	学前教育概论	
	Xueqian Jiaoyu Gailun	
著作责任者	李生兰　等著	
责 任 编 辑	于　娜	
标 准 书 号	ISBN 978-7-301-28446-9	
出 版 发 行	北京大学出版社	
地　　　址	北京市海淀区成府路 205 号　100871	
网　　　址	http://www.pup.cn	
电 子 信 箱	zyl@pup.pku.edu.cn	
新 浪 微 博	@北京大学出版社	
电　　　话	邮购部 62752015　发行部 62750672　编辑部 62767857	
印 刷 者	天津中印联印务有限公司	
经 销 者	新华书店	
	787 毫米×1092 毫米　16 开本　19.25 印张　420 千字	
	2017 年 7 月第 1 版　2021 年 1 月第 2 次印刷	
定　　　价	49.00 元	

未经许可,不得以任何方式复制或抄袭本书之部分或全部内容。
版权所有,侵权必究
举报电话: 010-62752024　电子信箱: fd@pup.pku.edu.cn
图书如有印装质量问题,请与出版部联系,电话: 010-62756370

作者简介

李生兰,教育学博士,华东师范大学教育学部学前教育系教授、博士生导师。

主要从事学前教育原理、学前教育法规政策、学前儿童家庭和社区教育、幼儿园课程、比较学前教育等方面的教学和科研工作。

主持了教育部人文社会科学研究"十五"规划基金课题"幼儿园利用家庭和社区资源对儿童进行德育的研究"、上海市教育科学研究基金课题"推进新郊区新农村幼儿园家长开放日活动改革与发展的研究""中外学前儿童社会教育的比较研究"等多项省部级科研项目。

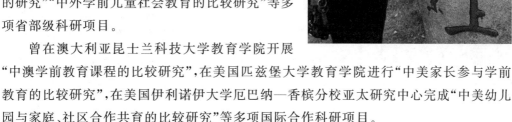

曾在澳大利亚昆士兰科技大学教育学院开展"中澳学前教育课程的比较研究",在美国匹兹堡大学教育学院进行"中美家长参与学前教育的比较研究",在美国伊利诺伊大学厄巴纳—香槟分校亚太研究中心完成"中美幼儿园与家庭、社区合作共育的比较研究"等多项国际合作科研项目。

出版了《学前教育概论》《学前教育学》《学前教育法规政策的理解与运用》《幼儿家庭教育》《学前儿童家庭教育与活动指导》《学前儿童家庭与社区教育》《幼儿园与家庭、社区合作共育》《幼儿园与家庭、社区合作共育的研究》《幼儿园家长开放日活动的研究》《比较学前教育》《儿童的乐园:走进21世纪的美国学前教育》等十余部著作,主编了《幼儿园英语教育》系列教材6本,在国内外教育核心刊物上公开发表了百余篇学术论文。

先后赴美国、英国、俄罗斯、希腊、澳大利亚、新加坡、日本等国家访学、讲学,进行学前教育领域的学术交流和考察研究活动。

曾获"上海高校优秀青年教师"称号、上海市第八届教育科学研究成果奖、上海市成人高等师范"教育教学优秀奖"、华东师范大学"继续教育工作教学奖"、华东师范大学"网络教育教学优秀奖"、中国学前教育研究会"优秀科研工作者""优秀论文奖""幼儿教育优秀作品奖"以及"中国全国妇女联合会好作品奖"等多项奖励。

前　言

　　1985年,我开始在高等师范院校学前教育专业讲授"学前教育学"这门核心课程。1999年,我有幸在华东师范大学出版社出版了《学前教育学》这本教材,2006年再版,2014年第三版。2014年,我很荣幸地受到了北京大学出版社的邀请,开始思考和撰写《学前教育概论》这本教材。这不仅让我深切地体会到了"教然后知困""学然后知不足""写无从下手"的困境,更让我深深地感受到了超越自己已有的同类教材的艰难。2016年9月,我为本校学前教育专业新生首次开设了"学前教育专业入门"这门研讨课程,这使我有更多的良机与学生互动交流,站在学生的角度思考问题,在研究性学习之旅中,成为"平等者中的首席";我利用各种时间,如饥似渴地学习,充实丰富自己,边教学边探索,享受到了"读万卷书""行万里路"的快乐,体验到了"教学相长"的乐趣,品尝到了成功挑战自己的喜悦。

　　这本教材就是我近几年综合学习的结晶,由三大板块八个章节组成,恰巧形成了一个"工"字型(见下图),暗示着我们幼教工作者要热爱幼教事业、勤奋工作,相信"只要功夫深,铁杵磨成针",努力成为行业的能工巧匠、人类灵魂的工程师。

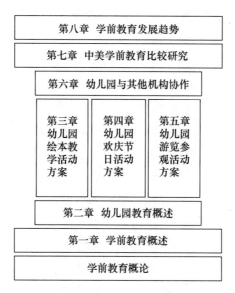

　　与我过去所写的同类作品相比,这本教材主要具有以下几个特点。

　　一是新颖性。这本教材重在反映2010年以来我国学前教育发展的状况,强调国家法规政策、财政投入、主管部门对学前教育发展所起的引导、支撑和监管等方面的促进作用。此内容详见第一章"学前教育概述"的七节内容:第一节学前教育与儿童发展,第二节学前教育与法规政策,第三节学前教育与财政支持,第四节学前教育与行动计划,第五节学前教育与工作要点,第六节学前教育与社会宣传,第七节学前教育与普及提高。

  二是全面性。 这本教材试图以幼儿园儿童和教师为核心,以设施设备为平台,以保教任务为杠杆,以一日活动为直径,以评审标准为动力,组织内容。此内容详见第二章"幼儿园教育概述"的六节内容:第一节幼儿园的儿童班级与规模,第二节幼儿园的教职员工与职责,第三节幼儿园的设施设备与功能,第四节幼儿园的保教任务与目标,第五节幼儿园的作息制度与实施,第六节幼儿园的等级标准与评定。

  三是针对性。 这本教材力争直面幼儿园教育的热点难题,以绘本为拐杖,开山辟路,起到一箭双雕的作用,即既能培养幼儿热爱阅读的兴趣和习惯,又帮助教师解决儿童初入园时的各种棘手问题,使儿童能够高高兴兴地上幼儿园,喜欢在园的生活。此内容详见第三章"幼儿园绘本教学活动方案"的四节内容:第一节绘本《汤姆上幼儿园》教学活动方案,第二节绘本《你好,幼儿园》教学活动方案,第三节绘本《我爱幼儿园》教学活动方案,第四节绘本《幼儿园的一天》教学活动方案。

  四是娱乐性。 这本教材力求结合幼儿园每学年度过的多种节日,来保障儿童的休闲娱乐权利,遵循寓教于乐的教育规律,使儿童在喜庆活动中快乐地成长。此内容详见第四章"幼儿园欢庆节日活动方案"的十二节内容:第一节欢庆元旦活动方案,第二节欢庆春节活动方案,第三节欢庆元宵节活动方案,第四节欢庆国际劳动妇女节活动方案,第五节欢庆植树节活动方案,第六节欢庆教师节活动方案,第七节欢庆中秋节活动方案,第八节欢庆重阳节活动方案,第九节欢庆国庆节活动方案,第十节欢庆万圣节活动方案,第十一节欢庆全国消防日活动方案,第十二节欢庆圣诞节活动方案。

  五是实践性。 这本教材竭力关注幼儿园教师的生存状态和现实需求,既要促使他们认识到幼儿社会实践活动的重要性,更要为他们开展幼儿社会实践活动提供切实可行的具体帮助。此内容详见第五章"幼儿园游览参观活动方案"的六节内容:第一节游览上海外滩活动方案,第二节游览上海市人民公园活动方案,第三节参观上海图书馆活动方案,第四节参观上海公安博物馆活动方案,第五节参观福建博物院活动方案,第六节参观福建省泉州海外交通史博物馆活动方案。

  六是合作性。 这本教材旨在以幼儿园为圆点,以家庭、社区为横坐标,以小学为纵坐标,搭建家园社区合作共育的"天罗地网",形成强有力的正能量,屏蔽掉各种负能量,做到"天网恢恢,疏而不漏"。此内容详见第六章"幼儿园与其他机构协作"的三节内容:第一节幼儿园与家庭共育,第二节幼儿园与社区合作,第三节幼儿园与小学衔接。

  七是参照性。 这本教材提供了国外幼儿园这面"镜子",通过中外对比、分析,为我国幼教工作者成长为研究型的园长和教师提供借鉴,使其增强科研意识,提高评价能力,从而推动自我发展。此内容详见第七章"中美学前教育比较研究"的三节内容:第一节中国幼教工作者对美国幼儿园规章制度的评价研究,第二节中国幼教工作者对美国幼儿园公共环境的评价研究,第三节中国幼教工作者对美国幼儿园班级环境的评价研究。

  八是国际性。 这本教材期盼为中国幼教工作者打开一扇窗户,使他们能了解国外同行的资质、学识和规范,做到知己知彼,不断进取,在世界幼教这个地球村中,永远立于不败之地。此内容详见第八章"学前教育发展趋势"的三节内容:第一节美国学前教育机构对儿童进行反偏见教育及启示,第二节美国学前教育机构《保教人员手册》的特点及启示,第三节澳大利亚学前教育工作者《职业道德规范》及启示。

此外,这本教材在各章还配有提要、重点、难点、导读、图片、表格、图表、小结、复习思考题、课外浏览网站、课外阅读书目,以满足读者多样化学习的需求;在教材的后面,还配备了3套模拟试卷和参考答案,以适应读者自考与自评的需要。

在书稿完成之际,我心中充满了感动和感激!

感谢北京大学出版社责任编辑于娜女士对我的抬爱、邀请和等待,使我能不断地学习和成长,使本书能与广大的读者朋友们见面。

感谢众多幼教工作者、幼儿及其家长、社区工作者对我调查研究工作的热情支持和真诚帮助,使我能获取大量的有价值的数据和图片,使本书能更加科学和合理。

感谢多位幼教科研员、教研员、园长、教师的积极参与,提供数篇幼儿园节日活动方案,使本书能更加鲜活和丰满。

感谢各位读者朋友提出宝贵的修改建议,以弥补作者水平有限、时间仓促等遗憾,使本书能更上一层楼。

华东师范大学学前教育系教授、博导 李生兰博士

2017年4月18日

目 录

第一章 学前教育概述 … 1
- 第一节 学前教育与儿童发展 … 2
- 第二节 学前教育与法规政策 … 11
- 第三节 学前教育与财政支持 … 17
- 第四节 学前教育与行动计划 … 24
- 第五节 学前教育与工作要点 … 29
- 第六节 学前教育与社会宣传 … 32
- 第七节 学前教育与普及提高 … 38
- 本章小结 … 41
- 本章复习思考题 … 42
- 本章课外浏览网站 … 42
- 本章课外阅读书目 … 43

第二章 幼儿园教育概述 … 44
- 第一节 幼儿园的儿童班级与规模 … 45
- 第二节 幼儿园的教职员工与职责 … 46
- 第三节 幼儿园的设施设备与功能 … 49
- 第四节 幼儿园的保教任务与目标 … 54
- 第五节 幼儿园的作息制度与实施 … 57
- 第六节 幼儿园的等级标准与评定 … 63
- 本章小结 … 69
- 本章复习思考题 … 70
- 本章课外浏览网站 … 71
- 本章课外阅读书目 … 71

第三章 幼儿园绘本教学活动方案 … 72
- 第一节 绘本《汤姆上幼儿园》教学活动方案 … 73
- 第二节 绘本《你好,幼儿园》教学活动方案 … 79
- 第三节 绘本《我爱幼儿园》教学活动方案 … 84
- 第四节 绘本《幼儿园的一天》教学活动方案 … 95

本章小结 …………………………………………………………………… 105
　　本章复习思考题 …………………………………………………………… 106
　　本章课外浏览网站 ………………………………………………………… 106
　　本章课外阅读书目 ………………………………………………………… 106

第四章　幼儿园欢庆节日活动方案 …………………………………………… 107
　　第一节　欢庆元旦活动方案 ……………………………………………… 108
　　第二节　欢庆春节活动方案 ……………………………………………… 111
　　第三节　欢庆元宵节活动方案 …………………………………………… 113
　　第四节　欢庆国际劳动妇女节活动方案 ………………………………… 115
　　第五节　欢庆植树节活动方案 …………………………………………… 117
　　第六节　欢庆教师节活动方案 …………………………………………… 120
　　第七节　欢庆中秋节活动方案 …………………………………………… 122
　　第八节　欢庆重阳节活动方案 …………………………………………… 126
　　第九节　欢庆国庆节活动方案 …………………………………………… 127
　　第十节　欢庆万圣节活动方案 …………………………………………… 129
　　第十一节　欢庆全国消防日活动方案 …………………………………… 131
　　第十二节　欢庆圣诞节活动方案 ………………………………………… 133
　　本章小结 …………………………………………………………………… 136
　　本章复习思考题 …………………………………………………………… 136
　　本章课外浏览网站 ………………………………………………………… 137
　　本章课外阅读书目 ………………………………………………………… 137

第五章　幼儿园游览参观活动方案 …………………………………………… 138
　　第一节　游览上海外滩活动方案 ………………………………………… 139
　　第二节　游览上海市人民公园活动方案 ………………………………… 144
　　第三节　参观上海图书馆活动方案 ……………………………………… 150
　　第四节　参观上海公安博物馆活动方案 ………………………………… 163
　　第五节　参观福建博物院活动方案 ……………………………………… 168
　　第六节　参观福建省泉州海外交通史博物馆活动方案 ………………… 173
　　本章小结 …………………………………………………………………… 180
　　本章复习思考题 …………………………………………………………… 181
　　本章课外浏览网站 ………………………………………………………… 181
　　本章课外阅读书目 ………………………………………………………… 182

第六章　幼儿园与其他机构协作 ……………………………………………… 183
　　第一节　幼儿园与家庭共育 ……………………………………………… 184

第二节　幼儿园与社区合作 …………………………………………… 200
　　第三节　幼儿园与小学衔接 …………………………………………… 205
　　本章小结 ………………………………………………………………… 211
　　本章复习思考题 ………………………………………………………… 213
　　本章课外浏览网站 ……………………………………………………… 213
　　本章课外阅读书目 ……………………………………………………… 214

第七章　中美学前教育比较研究 …………………………………………… 215
　　第一节　中国幼教工作者对美国幼儿园规章制度的评价研究 ……… 216
　　第二节　中国幼教工作者对美国幼儿园公共环境的评价研究 ……… 226
　　第三节　中国幼教工作者对美国幼儿园班级环境的评价研究 ……… 241
　　本章小结 ………………………………………………………………… 253
　　本章复习思考题 ………………………………………………………… 254
　　本章课外浏览网站 ……………………………………………………… 254
　　本章课外阅读书目 ……………………………………………………… 255

第八章　学前教育发展趋势 ………………………………………………… 256
　　第一节　美国学前教育机构对儿童进行反偏见教育及启示 ………… 257
　　第二节　美国学前教育机构《保教人员手册》的特点及启示 ……… 270
　　第三节　澳大利亚学前教育工作者《职业道德规范》及启示 ……… 282
　　本章小结 ………………………………………………………………… 289
　　本章复习思考题 ………………………………………………………… 290
　　本章课外浏览网站 ……………………………………………………… 290
　　本章课外阅读书目 ……………………………………………………… 291

模拟试卷及参考答案 ………………………………………………………… 292

第一章 学前教育概述

本章提要

本章包括七节:第一节是学前教育与儿童发展;第二节是学前教育与法规政策;第三节是学前教育与财政支持;第四节是学前教育与行动计划;第五节是学前教育与工作要点;第六节是学前教育与社会宣传;第七节是学前教育与普及提高。

本章重点

第一节学前教育与儿童发展;第四节学前教育与行动计划;第六节学前教育与社会宣传。

本章难点

第二节学前教育与法规政策;第三节学前教育与财政支持。

本章导读

看图说话:在下面这张图中,你看到了什么?你想到了什么?

图片1-0-1 上海市青浦区徐泾幼儿园儿童在健身区练功

第一节　学前教育与儿童发展

图片 1-1-1　幼儿双休日在新华书店儿童读物区看书

学前教育是对学龄前儿童所进行的教育，儿童发展是儿童的基本权利，科学而又合理的学前教育有利于儿童健康快乐地成长。

一、学前教育的基本观念

（一）学前教育的含义

1. 学前教育的概念

什么是学前教育？我国学者一般认为，学前教育主要是对学龄前儿童所进行的教育，即是对从出生至进入小学以前的儿童所进行的教育。那么，儿童几岁入学就成为一个关键因素。《中华人民共和国义务教育法》第十一条指出："凡年满六周岁的儿童，其父母或者其他法定监护人应当送其入学接受并完成义务教育；条件不具备的地区的儿童，可以推迟到七周岁。"由于我国儿童大都在 6 周岁或 7 周岁进入小学接受义务教育，所以，我国的学前教育，从年龄上讲，主要就是指对从出生至 6 周岁或 7 周岁以前的儿童所进行的教育。例如，当儿童 5 岁时，老师和家长都在积极地为他们做好入学前的各项准备工作：组织他们参观小学，引导他们了解小学的生活，激发他们进入小学的愿望；带领他们去书店和文具店，指导他们选购学习用品，萌发他们热爱学习的兴趣。

如果从场所上讲，学前教育既应该包括在幼儿园里对学前儿童所进行的教育，也应该包括在家庭里、在社区里对学前儿童所进行的教育。例如，当儿童 3 岁时，在幼儿园里，老师会帮助他们缓解入园的焦虑，通过玩具、图书和同伴吸引他们，使他们喜欢上幼儿园；在家庭里，家长会培养孩子的独立性，指导孩子自己的事情自己做，使孩子能较快地适应幼儿园的集体生活。

2. 几个相关的概念

为了正确理解学前教育的概念，我们还需要了解其他几个与其密切相关的概念。

(1) 婴儿教育。婴儿教育主要是指对0至3岁儿童所进行的教育。例如,当孩子快到8个月时,老师和家长可以经常在孩子的前面,放一个有趣的玩具或好看的图书,吸引孩子往前爬,去拿这个玩具或图书,以培养孩子爬行的能力。

图片1-1-2　上海市浦东新区潮和幼儿园为社区0至3岁儿童创设的游戏环境

(2) 幼儿教育。幼儿教育主要是指对3至5、6岁儿童所进行的教育。例如,当儿童3、4岁时,老师会在幼儿园为他们定出班规(如不能争抢玩具,不能折叠图书),家长会在家里为他们立下家规(如该吃饭时要吃饭,该睡觉时要睡觉),使他们能够学会控制自己的情感,约束自己的言行,做到"有令则行""有禁则止",增强规则意识和规则行为,从而促进他们的社会化。

(3) 早期教育。早期教育主要是指对从出生至8岁儿童所进行的教育。例如,当儿童6、7岁时,老师和家长应该适时地对他们进行财商教育,使他们能够了解财富和责任之间的关系。如果孩子问家长:我们家有钱吗?那么家长就可以告诉孩子:我们家有钱,但这钱不是你的,不过,我们会保证你上学的费用;这些钱是我们大人努力奋斗得来的,你要想有钱,那你现在就要好好学习,将来长大了就要勤奋工作。

由此可见,学前教育这个概念的外延比婴儿教育、幼儿教育都要大,它涵盖了这两个概念;同时,学前教育这个概念的外延又比早期教育要小,早期教育除了包括学前教育以外,还包含对小学低年级儿童所进行的教育(如图1-1-1所示)。

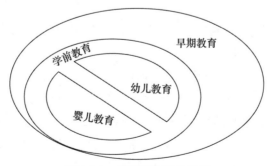

图1-1-1　学前教育概念图示

(二)学前教育的机构

学前教育的机构主要有哪些?在我国,学前教育机构的形式多种多样。

1. 从招收对象上来看，主要有三种：一是托儿所，主要招收 0—3 岁的婴儿；二是幼儿园，主要招收 3—5、6 岁的幼儿；三是早教中心，主要招收 0—3 岁的婴儿。

新中国成立直至 20 世纪后期，托儿所在学前教育机构中一直占据着重要的地位，几乎与幼儿园"平分秋色"。进入 21 世纪以后，我国许多城市的幼儿园仍是学前教育机构中的"主力部队"，托儿所逐渐萎缩，早教中心应运而生，形成了多种形态的"三角关系"。例如，在上海市 16 个区县中，学前教育机构共有 1803 所，其中幼儿园 1737 所，占总体的 96.34%；托儿所 35 所，占总体的 1.94%；早教中心 31 所，占总体的 1.71%（详见表 1-1-1），呈现出幼儿园"独霸天下"的强势、"一机两翼"的微弱"三角关系"。

表 1-1-1　上海市学前教育机构的种类与数量（单位：所）*

序号	区县	幼儿园	托儿所	早教中心	合计
1	浦东新区	392	0	3	395
2	黄浦区	55	6	10	71
3	静安区	85	7	3	95
4	徐汇区	97	3	4	104
5	长宁区	55	4	1	60
6	普陀区	114	0	2	116
7	虹口区	58	3	1	62
8	杨浦区	91	8	0	99
9	宝山区	164	0	1	165
10	闵行区	197	1	1	199
11	嘉定区	70	0	1	71
12	金山区	50	3	1	54
13	松江区	129	0	0	129
14	青浦区	51	0	1	52
15	奉贤区	82	0	1	83
16	崇明县	47	0	1	48
合计	16 个区县	1737	35	31	1803
	占总体%	96.34	1.94	1.71	100

（* 此表是作者 2016 年 5 月 25 日浏览 http://www.age06.com/Age06Web3/Home/SearchList?channel=home&sch=&type=0#，根据当日网上所呈现的各种信息，统计数据后总结而成的。）

2. 从分等定级上来看，主要有五种：示范园所、一级园所、二级园所、三级园所、未定级园所。

幼儿园、托儿所、早教中心的等级是根据当地教育行政部门规定的标准，接受评价后获得的，每隔几年还要重新参加办学等级评定。例如，《上海市教育委员会关于进一步规范本市托幼园所办学等级评估办法的意见》（沪教委基〔2003〕87 号）规定：本市托幼园所的评定分一级、二级、三级三个等级：一级园所，评估的总得分不低于 90 分，且婴幼儿发展水平、保教工作和卫生保健工作三项评估指标每项得分不得低于应得分的 90%；二级园所，评估的总得分满 70 分，且婴幼儿发展水平、保教工作和卫生保健工作三项评估指标每项得分不得低于应得分的 70%；三级园所，评估的总得分不低于 50 分，且婴幼儿发展水平、保教工作和卫生保健工作三项评估指标每项得分不得低于应得分的 50%。目前,在上海1803所学前教育机构中,示范园所121所,占6.71%;一级园所643所,占35.66%;二级园所784所,占43.48%;三级园所149所,占8.26%;未定级园所106所,占5.88%。此结果呈现出"中间大,两头小"的特点,即以一级园所、二级园所为主,示范园所、三级园所、未定级园所为辅;表现出城乡差异,市区的示范园所较多,而郊区的三级园所则较多(详见表1-1-2)。托幼园所办学等级评定是托幼园所办学资质审定和收取管理费的重要依据,既有助于园所的规范办学,提高保教质量,也有助于园所的优质优价,促进可持续发展。

表1-1-2 上海市学前教育机构的等级与数量(单位:所)*

序号	区县(♯表示郊区)	示范园所	一级园所	二级园所	三级园所	未定级园所	合计
1	浦东新区	36	188	83	51	37	395
2	黄浦区	10	22	21	0	18	71
3	静安区	9	42	41	0	3	95
4	徐汇区	5	22	73	0	4	104
5	长宁区	7	23	28	0	2	60
6	普陀区	11	81	22	0	2	116
7	虹口区	6	21	32	0	3	62
8	杨浦区	12	36	47	0	4	99
9	宝山区	5	31	89	28	12	165
10	闵行区	4	93	97	0	5	199
11	嘉定区	4	20	41	0	6	71
12	金山区	2	14	29	7	2	54
13	松江区	1	13	87	28	0	129
14	青浦区	2	11	32	5	2	52
15	奉贤区	2	17	29	30	5	83
16	崇明县	5	9	33	0	1	48
合计	16个区县	121	643	784	149	106	1803
	占总体%	6.71	35.66	43.48	8.26	5.88	100

(* 此表是作者2016年5月26日浏览http://www.age06.com/Age06Web3/Home/SearchList?channel=home&sch=&type=0♯,根据当日网上所呈现的各种信息,统计数据后总结而成的。)

3. 从机构性质上来看,主要有八种:公办机构(如教育部门举办)、民办机构、集体办机构、部队办机构、事业单位办机构(如高等院校附属幼儿园)、地方企业办机构、中外合作办机构、公办转制机构。

公办机构长期以来一直是我国学前教育机构中的主力军,对其他几种形式的学前教育机构起着引领和指导的作用。多种形式的学前教育机构并存,是我国发展学前教育的必由之路。"多条腿走路",不仅能使更多的儿童接受学前教育,提高儿童的入园率,还能解除家长的后顾之忧,更好地为家长服务。在我国的不同省市,由于多种原因,这几种形式所占的比例会有所不同。例如,在上海市1803所学前教育机构中,公办机构有1237所,占68.61%;而民办机构只有509所,仅占28.23%(详见表1-1-3),从而形成了公办机构为主,民办机构等为辅的格局。

表 1-1-3　上海市学前教育机构的性质与数量(单位:所)*

序号	区县	公办	民办	集体	部队	事业单位	地方企业	中外合作	公办转制	合计
1	浦东新区	285	108		1	1				395
2	黄浦区	54	14	2				1		71
3	静安区	66	17	9	3					95
4	徐汇区	54	32	13		5				104
5	长宁区	51	9							60
6	普陀区	96	20							116
7	虹口区	46	9	3	2	1	1			62
8	杨浦区	65	21	8	2	2			1	99
9	宝山区	100	65							165
10	闵行区	121	76					2		199
11	嘉定区	61	10							71
12	金山区	38	16							54
13	松江区	65	64							129
14	青浦区	41	11							52
15	奉贤区	47	36							83
16	崇明县	47	1							48
合计	16 个区县	1237	509	35	8	9	1	3	1	1803
	占总体%	68.61	28.23	1.94	0.44	0.50	0.06	0.17	0.06	100

(* 此表是作者 2016 年 5 月 26 日浏览 http://www.age06.com/Age06Web3/Home/SearchList?channel=home&sch=&type=0# ,根据当日网上所呈现的各种信息,统计后总结而成的。)

随着经济体制的改革和市场经济的推进,幼儿园的办园体制已从过去单一的以公办为主转变为多元化办园的格局,民办幼儿园数量激增,占比已超过幼儿园总数的 2/3。据报道,在深圳市,2014 年,全市共有幼儿园 1402 所,在园幼儿 39.90 万人;[①]2016 年,在全市 1000 多所幼儿园中,公办园仅占比 5%左右,民办园约占 95%。[②] 教育部门对幼儿园的规范管理已从计划经济条件下的业务指导转向办园资质审批和全面监管,不断完善管理制度,强化制度管理。

二、儿童发展的基本观念

(一) 儿童权利与儿童发展

1989 年 11 月 20 日,第 44 届联合国大会通过了《儿童权利公约》(Convention on the Rights of the Child,以下简称《公约》)。这是第一部有关保障儿童权利且具有法律约束力的国际性约定,旨在为世界各国儿童创建良好的成长环境。1990 年 8 月 29 日,我国政府签署了该《公约》。

---

① 深圳 360 百科.基础教育[EB/OL].[2016-06-04]. http://baike.so.com/doc/3455560-3636113.html.
② 深圳新闻网.95%是民办幼儿园 学前教育免学费在深圳难实施?[EB/OL].[2016-06-04]. http://www.sznews.com/news/content/2016-03/11/content_12898445.htm.

该《公约》共有 54 项条款,明确规定了世界各地儿童应该享有的数十种权利,其中包括最基本的生存权、受保护权、发展权、受教育权、休闲权、游戏权、参与权。例如,第六条指出,缔约国确认每个儿童均有固有的生命权,应最大限度地确保儿童的存活与发展;第十八条指出,缔约国应采取一切适当措施确保就业父母的子女有权享受他们有资格得到的托儿服务和设施;第二十六条指出,缔约国应确认每个儿童有权受益于社会保障,包括社会保险,并应根据其国内法律采取必要措施充分实现这一权利;第二十七条指出,缔约国确认每个儿童均有权享有足以促进其生理、心理、精神、道德和社会发展的生活水平;第二十八条指出,缔约国确认儿童有受教育的权利,在机会均等的基础上逐步实现此项权利;第二十九条指出,缔约国一致认为教育儿童的目的应是最充分地发展儿童的个性、才智和身心能力;第三十一条指出,缔约国确认儿童有权享有休息和闲暇,从事与儿童年龄相宜的游戏和娱乐活动,以及自由参加文化生活和艺术活动。见下图 1-1-2 儿童的权利。

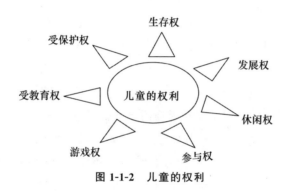

图 1-1-2　儿童的权利

为了确保所有儿童都能享有一个人应享有的全部权利,该《公约》还提出了几项基本原则。

1. 不歧视儿童的原则。 例如,《公约》第二条指出,缔约国应遵守本公约所载列的权利,并确保其管辖范围内的每一儿童均享受此种权利,不因儿童或其父母或法定监护人的种族、肤色、性别、语言、宗教、政治或其他见解、民族、族裔或社会出身、财产、伤残、出生或其他身份而有任何差别。

2. 儿童优先的原则。 例如,《公约》第三条指出,关于儿童的一切行为,均应以儿童的最大利益为一种首要考虑。

3. 尊重儿童的原则。 例如,《公约》第十二条指出,缔约国应确保有主见能力的儿童有权对影响到其本人的一切事项自由发表自己的意见,对儿童的意见应按照其年龄和成熟程度给予适当的看待。

由此可见,儿童拥有多种权利,发展权只是儿童的一项基本权利,这种权利不是孤立存在的,而是与其他权利相辅相成的。要保障儿童的发展,我们就应该以儿童为本,营造一个公平公正和谐的社会环境;要促进儿童的发展,我们就应该以教育为杠杆,助推每个儿童身心的全面发展。

(二) 儿童发展的主要特点

儿童的发展包括身心两方面的发展。现以幼儿为例,加以说明。

1. 幼儿身体发展的主要特点

幼儿时期,各种机体组织和器官都在不断地发育成长。

(1) 幼儿的骨骼骨化过程较强,富于弹性,可塑性大,受压易弯曲变形或骨折;关节附近的韧带较松,关节的臼窝较浅,要防止引起脱臼或损伤;肌肉较柔软,力量和耐力较差,容易疲劳,大肌肉群较小肌肉群先发育;皮肤较娇嫩,控制感染力较差。

(2) 幼儿的心脏发育迅速,但心脏肌肉层的厚度较薄,心脏的容量较小,心脏的负荷力较差,不能进行长时间或激烈的活动。

(3) 幼儿的免疫功能不成熟,容易感染各种传染病,要按时接受各种预防接种和做好日常卫生、消毒等工作。

(4) 幼儿的呼吸道较窄小,发炎时黏膜容易出现肿胀;肺泡的发育程度较差,数量较少,要经常参加适宜的户外活动,以提高肺活量,增强呼吸系统对外界的适应性。

(5) 幼儿的乳牙钙化程度较低,组织结构脆弱,易受损伤,要注意营养及养成良好的口腔卫生习惯。

(6) 幼儿的消化能力比较弱,消化道的功能不稳定,适应性较差,食物过量、或受冷受热、情绪不安定、有其他疾病等,都易影响消化系统正常功能。

(7) 幼儿的尿浓缩功能较差,膀胱较小,排尿调节功能不完善,小便较频,要养成及时定时排尿的习惯;女孩尿道短,易遭感染,要注意外阴卫生和良好的生活习惯。

(8) 幼儿的脑发育较快,脑功能不断趋向成熟,但神经系统的兴奋与抑制往往不平衡,单调的、或过多过久的活动容易引起疲劳。

2. 幼儿心理发展的主要特点

幼儿时期,各种心理过程都带有具体形象和不随意的特点,抽象概括和随意思维的发展只是刚刚开始。

(1) 幼儿的感知觉尚待完善,对生动、形象的事物和现象容易认识,对较复杂的空间、时间的认识较差;观察的随意性水平较低,易受外界刺激的影响而转移观察目标。

(2) 幼儿的注意力很不稳定,对感兴趣的事物注意力较易集中,但时间不长。

(3) 幼儿的记忆带有不随意和直观形象的特点。随着语言的发展,幼儿的随意识记和追忆的能力逐步得到发展。除了机械识记之外,已有意义识记的能力,识记理解的材料要比识记不理解的材料效果好得多。

(4) 幼儿的想象仍以再造想象为主,创造性想象正在发展;想象的主题容易变化,具有夸大性;想象的内容逐渐丰富,已经能在用词描绘的基础上创造新的形象,这种能力会在游戏和绘画中反映出来。

(5) 幼儿的思维是在直接感知和具体行动中进行的,逐渐向具体形象思维过渡,更多地依赖于生动的、鲜明的形象去认识和理解事物;抽象逻辑思维开始发展,能运用词和知识、经验进行分析、综合，形成对外界事物比较抽象的概念。

（6）幼儿的语言迅速发展，能够掌握全部基本语音，随着知识经验的丰富，词汇量日益增多；语句以简单句为主，复合句较少；连贯性口头语言的表达能力有较大的提高，但还不能准确地表达自己的思想。

（7）幼儿的情感容易激动、变化、外露而不稳定，常受外界情境支配和周围人的情绪影响；道德感、美感、理智感开始形成；意志行动的坚持性和自制力开始有了较明显的发展。

（8）幼儿的个性倾向开始萌芽，由于遗传、环境和教育等因素的不同，幼儿在身心发展上存在着个体差异，逐渐表现出性格、兴趣、能力等方面的个人特点。

综上所述，儿童身心各方面的发展具有三个特点：(1) **年龄特点**：不同年龄阶段的儿童，具有不同的发展特点。(2) **性别特点**：同一年龄阶段、不同性别的儿童，具有不同的发展特点。(3) **个体特点**：同一年龄阶段、相同性别的不同儿童，也会具有不同的发展特点。

三、学前教育促进儿童发展

学前教育要促进儿童的发展，就要遵循儿童身心发展的规律和特点，采用科学合理的保育教育方法。

（一）促进儿童体力的发展

为了促进儿童体力的增强，学前教育机构和家庭，一方面，要保证儿童获得必需的合理的营养，培养儿童良好的生活卫生习惯，提高儿童的独立生活能力；另一方面，要激发儿童对体育活动的兴趣，发展儿童的基本动作，增强儿童的体质，促进他们的健康成长。例如，为了激发幼儿的攀爬兴趣，增强幼儿的平衡能力，培养幼儿的勇敢精神，在晨间活动时，教师指导幼儿将不同颜色的竹梯和废旧轮胎搭建成坡度不同的"小桥"，鼓励幼儿勇往直前，从易到难爬走各种"小桥"，体验与同伴一起游玩的乐趣。

图片1-1-3　上海市普陀区梅川幼儿园
　　　　　儿童晨间锻炼活动

图片1-1-4　上海市普陀区梅川幼儿园
　　　　　班级植物角

(二) 促进儿童认知的发展

为了促进儿童认知的提高,在日常生活中,学前教育机构和家庭不仅要丰富儿童的知识经验,增强他们的注意力、观察力、记忆力、思维力、想象力和语言表达能力,还要激发儿童的求知欲望,培养他们良好的学习品质和学习习惯。例如,为了提高幼儿的观察能力,教师在班级门口向阳的地方,开辟种植观赏区,搭建植物架,鼓励幼儿栽培、照看多种植物,指导幼儿观察记录不同植物的生长情况,帮助幼儿理解植物与阳光、空气、土壤之间的关系。

(三) 促进儿童社会性的发展

为了促进儿童社会性的提升,学前教育机构和家庭在日常教育中要注意激发儿童爱老师、爱家长、爱家乡、爱祖国、爱科学、爱劳动、爱公物的情感,强化儿童团结友爱、诚实守信、礼貌待人的优良品行,培养他们积极主动、乐观向上、活泼开朗的性格。例如,为了培养儿童对家乡传统名点的喜爱,教师带领他们走进劳作室,穿上工作服,学做烘焙大师;引导儿童观察器具和作料,给他们讲解磨制的过程;鼓励儿童自己动手,两人合作,一人把浸泡过的糯米,沿着石磨上面的洞往下倒米,另一人握住手柄,围绕着石磨,不停地旋转,直到磨出面粉;制作糯米糕并品尝糯米糕。

(四) 促进儿童审美能力的发展

为了促进儿童审美能力的发展,学前教育机构和家庭要通过让儿童接触和感受周围生活、大自然,欣赏文学艺术作品,激发他们对音乐、舞蹈、美术、文学等方面的兴趣,扩展他们的知识经验,培养其对美的感受力、欣赏力、表现力和创造力。例如,为了提高幼儿感受美和表现美的能力,教师先带幼儿去植物园观看郁金香花展,然后在班级为幼儿提供创作郁金香的时间和材料,鼓励幼儿自由创造,画出自己心中最美的郁金香。

图片 1-1-5　上海市青浦区凤溪幼儿园儿童在劳作室磨糯米粉

图片 1-1-6　上海市青浦区徐泾幼儿园儿童在美术区绘画

学前教育实践证明,儿童各个方面的发展是相互联系、相互影响的,因此,不能片面强调儿童在某一方面的发展,而应竭尽全力促进儿童身心健康、协调地发展,要关心儿童、尊重儿童、观察儿童、理解儿童,为儿童创设适宜的环境,把握教育的契机,因势利导,因材施教,使每个儿童都能在原有水平上得到提高。

第二节　学前教育与法规政策

图片 1-2-1　上海市徐汇区乌鲁木齐南路幼儿园提升教师家园共育能力研讨会

法规政策对学前教育的发展具有导向和强制作用。2010年以来，我国政府颁发了一系列法规政策，保障了学前教育的发展，促使学前教育能更好地依法治教，依法办园。

一、《国务院关于当前发展学前教育的若干意见》简析

为了贯彻落实《国家中长期教育改革和发展规划纲要（2010—2020年）》，积极发展学前教育，着力解决"入园难"的问题，满足适龄儿童的入园需求，促进学前教育事业的科学发展，国务院于2010年11月，发布了《国务院关于当前发展学前教育的若干意见》（以下简称《意见》），要求各省、自治区、直辖市人民政府以及国务院各部委、各直属机构认真落实执行。

（一）主要内容

《意见》提出了加快推进学前教育发展的十条政策措施：把发展学前教育摆在更加重要的位置；多种形式扩大学前教育资源；多种途径加强幼儿教师队伍建设；多种渠道加大学前教育投入；加强幼儿园准入管理；强化幼儿园安全监管；规范幼儿园收费管理；坚持科学保教，促进幼儿身心健康发展；完善工作机制，加强组织领导；统筹规划，实施学前教育三年行动计划。[①]

（二）主要特点

《意见》呈现出以下几个特点。

1. 重要性和紧迫性。 学前教育依然是我国各级各类教育中的薄弱环节，办好学前教育，关系亿万儿童的健康成长，关系千家万户的切身利益，关系国家和民族的未来。《意见》要求各级政府，充分认识到发展学前教育的重要性和紧迫性，将大力发展学前教育作为贯彻落实教育规划纲要的突破口，作为推动教育事业科学发展的重要任务。

---

① 国务院.国务院关于当前发展学前教育的若干意见[EB/OL].[2016-06-04]. http://www.gov.cn/zhengce/content/2010-11/24/content_5421.htm.

2. 公益性和普惠性。学前教育是终身学习的开端,是国民教育体系的重要组成部分,是重要的社会公益事业,是建设社会主义和谐社会的重大民生工程。《意见》强调发展学前教育,必须坚持公益性和普惠性,努力构建覆盖城乡、布局合理的学前教育公共服务体系,保障适龄儿童都能接受基本的、有质量的学前教育。

3. 多样性和灵活性。我国学前教育资源短缺、投入不足,城乡区域发展不平衡,一些地方存在着严重的"入园难""入园贵"的问题。《意见》提出普及学前教育,必须坚持政府主导,社会参与,公办民办并举,落实各级政府责任,充分调动各方面积极性;必须坚持因地制宜,从实际出发,为幼儿和家长提供方便就近、灵活多样、多种层次的学前教育服务。

4. 科学性和合理性。我国学前教育体制机制不完善,一些幼儿园教育有"小学化"倾向。《意见》指出提高学前教育质量,必须坚持改革创新,着力破除制约学前教育科学发展的体制机制障碍;必须坚持科学育儿,遵循幼儿身心发展规律,保教结合,寓教于乐,促进幼儿健康快乐的成长。

二、《幼儿园工作规程》简析

为了加强幼儿园的科学管理,提高保育和教育幼儿的质量,教育部于 2016 年 1 月,公布了《幼儿园工作规程》(以下简称《规程》)。

(一) 基本内容

《规程》由 11 章 66 项条款组成(详见表 1-2-1)。

表 1-2-1 《幼儿园工作规程》的结构[*]

章名	条目	条数
第一章　总则	第一条至第七条	7 条
第二章　幼儿入园和编班	第八条至第十一条	4 条
第三章　幼儿园的安全	第十二条至第十六条	5 条
第四章　幼儿园的卫生保健	第十七条至第二十四条	8 条
第五章　幼儿园的教育	第二十五条至第三十三条	9 条
第六章　幼儿园的园舍、设备	第三十四条至第三十七条	4 条
第七章　幼儿园的教职工	第三十八条至第四十五条	8 条
第八章　幼儿园的经费	第四十六条至第五十一条	6 条
第九章　幼儿园、家庭和社区	第五十二条至第五十五条	4 条
第十章　幼儿园的管理	第五十六条至第六十三条	8 条
第十一章　附则	第六十四条至第六十六条	3 条

(* 此表是作者根据下面的信息制作而成的。中华人民共和国教育部. 中华人民共和国教育部令[EB/OL]. [2016-05-10]. http://www.moe.edu.cn/srcsite/A02/s5911/moe_621/201602/t20160229_231184.html.)

(二) 主要特点

《规程》具有如下几个特点。

1. 强调依法治教。《规程》是我国第一部规范幼儿园内部管理的规章,对加强各级各类幼儿园的规范管理具有重要作用,能够引导幼儿园依法举办幼儿园,依规管理幼儿园,不断提升办园水平。

2. 重视保教结合。《规程》明确指出,幼儿园是对幼儿实施保育和教育的机构,要遵循保育与教育相结合的原则,对幼儿实施德、智、体、美等方面全面发展的教育,促进幼儿身心的和谐发展。

3. 关注游戏活动。《规程》要求幼儿园以游戏为基本活动,寓教育于各项活动之中;要为幼儿提供丰富多样的教育活动;要为幼儿安排动静交替的一日活动。

4. 重在制度建设。《规程》要求幼儿园严格执行国家和地方的有关规定,建立健全一系列规章制度(如门卫、房屋、设备、消防、交通、食品、药物、幼儿接送交接、活动组织和幼儿就寝值守等安全防护和检查制度;卫生保健制度;幼儿健康检查制度;卫生消毒、晨检、午检制度;传染病预防和管理制度;患病幼儿用药的委托交接制度;收费公示制度;幼儿膳食费民主管理制度;经费预算和决算审核制度;与家长联系制度;教职工大会制度;教研制度;业务档案、财务管理、园务会议、人员奖惩、安全管理以及与家庭、小学联系等制度;信息管理制度等),不断完善管理制度,强化制度管理,使这些规定都能变成每个教职员工的行动指南,并落实到日常的保教工作中去,以增强幼儿园的科学管理,规范办园行为,提高保育和教育的质量,促进幼儿身心的和谐发展。

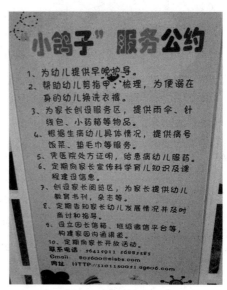

图片 1-2-2 上海市宝山区小鸽子幼稚园服务公约

三、《幼儿园园长专业标准》简析

园长是履行幼儿园领导与管理工作职责的专业人员。为了促进幼儿园园长专业发展,建设高素质幼儿园园长队伍,深入推进学前教育改革与发展,2015年1月,教育部印发了《幼儿园园长专业标准》(以下简称《园长标准》),要求各省、自治区、直辖市教育厅(教委)、新疆生产建设兵团教育局,结合实际认真贯彻执行。

(一)主要价值

《园长标准》是对幼儿园合格园长专业素质的基本要求,是引领幼儿园园长专业发展的基本准则,是制订幼儿园园长任职资格标准、培训课程标准、考核评价标准的重要依据。

(二)办园理念

《园长标准》体现的办园理念主要是:(1)以德为先,把贯彻党和国家的教育方针政策作为幼儿园工作的行动指南。(2)幼儿为本,把促进幼儿快乐健康成长作为幼儿园工作的出发点和落脚点。(3)引领发展,把健全幼儿园规章制度作为推动幼儿园可持续发展的重要保障。(4)能力为重,把提升园长的领导力和执行力作为自身专业发展的核心

图片1-2-3 上海市普陀区绿洲幼儿园办学理念

要素。(5)终身学习,把建设学习型组织作为改进幼儿园工作的重要途径。

(三)专业要求

《园长标准》主要由6项专业职责组成:规划幼儿园发展,营造育人文化,领导保育教育,引领教师成长,优化内部管理,调适外部环境。每项专业职责都从专业理解与认识、专业知识与方法、专业能力与行为这三个方面加以剖析,共有60条专业要求。

(四)实施要点

在实施《园长标准》时,需要注意以下事项:(1)对各省、自治区、直辖市教育行政部门的建议:可以依据本标准制定符合本地区实际情况的实施意见。(2)对各级教育行政部门的建议:要把本标准作为幼儿园园长队伍建设和管理的重要依据,完善园长选拔任用制度。(3)对幼儿园园长培训机构的建议:要把本标准作为园长培训的主要依据,完善园长培训方案。(4)对幼儿园园长的建议:要把本标准作为自身专业发展的基本准则,增强专业发展的自觉性。

四、《幼儿园教师专业标准(试行)》简析

幼儿园教师是履行幼儿园教育教学工作职责的专业人员,需要经过严格的培养与培训,具有良好的职业道德,掌握系统的专业知识和专业技能。为了促进幼儿园教师专业发展,建设高素质幼儿园教师队伍,2012年2月,教育部印发了《幼儿园教师专业标准(试行)》(以下简称《幼教标准》),要求各省、自治区、直辖市教育厅(教委)、新疆生产建设兵团教育局、部属师范大学,结合实际认真贯彻执行,制订工作方案,精心组织实施,务求取得实效。

(一)主要价值

《幼教标准》是国家对合格幼儿园教师专业素质的基本要求,是幼儿园教师实施保教行为的基本规范,是引领幼儿园教师专业发展的基本准则,是幼儿园教师培养、准入、培训、考核等工作的重要依据。

(二)重要理念

《幼教标准》的基本理念主要是:(1)师德为先,要求教师成为幼儿健康成长的启蒙者和指导者。(2)幼儿为本,要求教师成为幼儿快乐成长的保护者和促进者。(3)能力为重,要求教师成为幼儿全面发展的研究者和实践者。(4)终身学习,要求教师成为幼儿持续发展的学习者和推动者。

(三)基本内容

《幼教标准》主要由3个维度、14个领域、62条基本要求所组成。(1)专业理念与师

德,包括:对职业的理解与认识;对幼儿的态度与行为;对幼儿保育和教育的态度与行为;个人的修养与行为。(2)专业知识,包括:幼儿发展的知识;保育和教育幼儿的知识;通识性知识。(3)专业能力,包括:创设与运用环境的能力;组织幼儿一日生活的能力;支持与引导幼儿游戏活动的能力;设计与实施教育活动的能力;激励与评价幼儿的能力;与幼儿、同事、家长及社区沟通与合作的能力;自我反思与专业发展的能力。

(四)实施建议

《幼教标准》的实施建议主要有:(1)对各级教育行政部门的建议:要把《幼教标准》作为幼儿园教师队伍建设的基本依据,发挥引领和导向的作用。(2)对幼儿园教师教育院校的建议:要把《幼教标准》作为幼儿园教师培养培训的主要依据,加强学前教育专业的建设。(3)对幼儿园的建议:要把《幼教标准》作为教师管理的重要依据,重视教师的职业道德教育。(4)对幼儿园教师的建议:要把《幼教标准》作为自身专业发展的基本依据,不断提升自己的专业发展水平。

五、《3—6岁儿童学习与发展指南》简析

为了深入贯彻《国家中长期教育改革和发展规划纲要(2010—2020年)》和《国务院关于当前发展学前教育的若干意见》,帮助幼教工作者和家长了解儿童学习与发展的规律和特点,全面提高科学保育和教育儿童的水平,教育部于2012年10月,印发了《3—6岁儿童学习与发展指南》(以下简称《指南》)。

(一)基本框架

《指南》主要从健康、语言、社会、科学、艺术这五个领域,来呈现儿童的学习与发展。在每个领域中,又列举2—3项重要内容,加以描述;在每项内容中,又划分为"学习与发展目标"和"教育建议"2个板块;指出了实施中的4点注意事项(详见表1-2-2)。

表1-2-2 《3—6岁儿童学习与发展指南》的基本结构*

序号	领域	内容	学习与发展目标			教育建议
			3—4岁	4—5岁	5—6岁	
1	健康	身心状况 动作发展 生活习惯与生活能力				
2	语言	倾听与表达 阅读与书写准备				
3	社会	人际交往 社会适应				
4	科学	科学探究 数学认知				
5	艺术	感受与欣赏 表现与创造				
合计	5个	11项	32个			87条

(此表是作者根据下面网站上的信息整理而成。中华人民共和国教育部.教育部关于印发《3—6岁儿童学习与发展指南》的通知[EB/OL].[2016-05-09]. http://www.moe.edu.cn/srcsite/A26/s3327/201210/t20121009_143254.html.)

(二) 主要内容

《指南》在健康、语言、社会、科学、艺术这五个领域的主要内容如下。

健康领域主要涉及儿童身心状况、动作发展、生活习惯与能力这三个方面。强调指出:儿童身心健康指的是儿童身体的健康和心理的健康两个方面,儿童身体发展包括大肌肉动作和小肌肉动作的发展,儿童生活习惯与能力包括生活习惯、卫生习惯、生活自理能力和自我保护能力。建议家园双方:要为儿童提供科学的一日生活,保证儿童拥有合理的营养成分、充足的睡眠时间、适宜的锻炼方式,促使儿童形成安全感和信赖感,保持积极愉快的情绪体验。

语言领域主要涉及倾听与表达、阅读与书写准备这两个方面。强调指出:要重视增强儿童的口语交流能力,激发儿童的阅读兴趣,培养儿童的阅读习惯,提高儿童的阅读能力。建议家园双方:要多为儿童提供与同伴和成人友好交往的机会,与图书亲密接触的机会,使成人和儿童在共读中成长。

社会领域主要涉及人际交往和社会适应这两个方面。强调指出:要提高儿童的交往愿望和能力,增强儿童的自尊心和自信心,培养儿童遵守行为规范的意识和行为。建议家园双方:要为儿童创设民主平等、温暖关爱的生活环境,建立良好的亲子关系、同伴关系和师生关系;要为儿童树立良好的榜样,促进儿童社会性的发展。

图片 1-2-4 上海市金山区朱行幼儿园大厅环境

科学领域主要涉及科学探究和数学认知这两个方面。强调指出:要激发儿童科学探究的兴趣,重视儿童科学探究的过程,培养儿童科学探究的能力,要多让儿童在生活中和游戏中感知数学的乐趣,培养儿童对数量关系和空间关系的理解能力,提高儿童的逻辑思维能力。建议家园双方:要激发儿童的求知欲,保护儿童好奇心,鼓励儿童动手操作,引导儿童解决问题。

艺术领域主要涉及感受与欣赏、表现与创造这两个方面。强调指出:要引导儿童感受生活中和自然界中的美,学会欣赏不同的艺术表现形式,支持儿童用自己的方式表现美和创造美。建议家园双方:要在日常生活中,丰富和增强儿童对美的感受和体验,理解和尊重儿童对美的想象和创造。

(三) 实施要点

《指南》提出,在教育实践过程中,家园双方应该注意以下几点。

1. 要重视儿童学习与发展的整体性。 因为儿童是一个整体,儿童学习与发展的各个领域之间、目标之间是相互联系、相互影响的,所以,要注意促进儿童身心的全面和谐发展。

2. 要尊重儿童学习与发展的差异性。 因为儿童各不相同,其学习与发展的速度与进度也必然会表现出这样或那样的差异,所以,要注意尊重儿童之间的各种差异,促使每个儿童都能在原有的水平上得到更好的发展。

3. 要支持儿童学习与发展的独特性。 因为儿童不是成人,其学习与发展的途径与方式也就有别于成人,所以,要注意为儿童创设活动的条件和游戏的机会,丰富儿童的直接经验。

4. 要重视儿童学习与发展的持续性。 因为儿童的学习品质对其将来的成长至关重要,所以,要注意培养儿童认真专注、积极主动、敢于探索、乐于创造等良好品质,强化儿童热爱学习的态度和行为。

第三节　学前教育与财政支持

图片1-3-1　上海市青浦区徐泾幼儿园主楼

学前教育的发展受到经济的制约。我国财政部出台了许多政策文件,加大了对学前教育的财政投入,为学前教育公共服务体系的构建提供了根本保障,为学前教育的蓬勃发展奠定强有力的经济基础。

一、支持学前教育发展的财政政策

(一)《关于加大财政投入支持学前教育发展的通知》简析

为了贯彻落实《国家中长期教育改革和发展规划纲要(2010—2020年)》和《国务院关于当前发展学前教育的若干意见》精神,进一步扩大学前教育资源,着力解决"入园难"问题,满足适龄儿童入园需求,经国务院同意,财政部和教育部于2011年9月,联合向各省、自治区、直辖市人民政府、新疆生产建设兵团发布了政策《关于加大财政投入支持学前教育发展的通知》(以下简称《通知》)。

该《通知》的主要内容包括以下五个方面:(1)充分认识财政支持学前教育发展的重要性和紧迫性。(2)财政支持学前教育发展的基本原则。(3)当前财政支持学前教育发展的重点工作。(4)中央专项资金的管理。(5)推进改革,强化监管,提高资金使用绩效。

该《通知》在强调当前财政支持学前教育发展的重点工作时,明确指出:为实现《教育规划纲要》确定的学前教育发展目标,各地要加大对学前教育的投入,统筹城乡学前教育发展,多渠道扩大学前教育资源,加强幼儿师资队伍建设,逐步建立家庭经济困难儿童入园资助制度。

为支持和引导地方加快发展学前教育,考虑各地经济社会发展实际,当前中央财政重点支持四大类七个重点项目。

其中,第一大类是支持中西部农村扩大学前教育资源(简称"校舍改建类"项目),包括以下三个重点项目。

一是利用农村闲置校舍改建幼儿园。从2011年开始,用3年时间,中央财政支持中西部地区和东部困难地区选择农村闲置校舍和其他富余公共资源改建成幼儿园,保证园舍的安全,配备必要的玩教具、保教和生活设施设备等。中央财政按照拟改建的闲置校舍面积、新增入园幼儿数和每平方米500元的测算标准,分地区按一定比例予以补助。西部地区,中央补助80%;中部地区,中央补助60%;东部困难地区,中央分省确定补助比例。

二是农村小学增设附属幼儿园。从2011年起,用3年时间,中央财政支持中西部地区和东部困难地区依托当地农村小学或教学点现有富余校舍资源,增设附属幼儿园,进行功能改造,配备必要的玩教具、保教和生活设施设备等,满足基本办园需要。中央财政按照每班5万元的标准对增设附属幼儿园予以一次性补助。

三是开展学前教育巡回支教试点。从2011年起,中西部地区和东部困难地区省份可自行申报试点,从农村幼儿园教师、大中专毕业生或幼儿师范毕业生中招聘巡回支教志愿者,依托乡村幼儿园等可用资源,对偏远地区适龄儿童和家长提供灵活多样的学前教育巡回指导。中央财政对巡回支教志愿者在岗期间的工作生活补贴以及参加社会保险等费用给予补助。其中,西部地区每人每年补助1.5万元,中部地区每人每年补助1万元,东部困难地区每人每年补助0.5万元;对新设立的巡回支教点一次性补助1.5万元。[①]

由上述三个重点项目可以归纳出下面的表1-3-1。

表1-3-1 财政支持中西部农村"校舍改建类"项目

项目	西部地区	中部地区	东部困难地区	中西部地区和东部困难地区
改建幼儿园	中央补助80%	中央补助60%	中央分省确定补助比例	
增设附属幼儿园				每班一次性补助5万元
巡回支教试点	每人每年补助1.5万元	每人每年补助1万元	每人每年补助0.5万元	新设点一次性补助1.5万元

---

① 中华人民共和国财政部 教育部. 关于加大财政投入支持学前教育发展的通知[EB/OL]. [2016-05-10]. http://jkw.mof.gov.cn/zhengwuxinxi/zhengcefabu/201109/t20110928_597060.html.

从此可以看出，中央财政对中西部农村扩大学前教育资源给予的支持是非常明确、具体的，是按照新增入园幼儿人数及平方米、班数、支教点数及志愿者人数来确定支持力度大小的；同时也是有所倾斜侧重的，是分地区按比例进行补助的，西部地区高于中部地区，而中部地区又高于东部困难地区。这样就能更好地为儿童和家长提供灵活多样的、不同层次的学前教育服务，缓解"入园贵""入园难"等问题，提高学前教育的公益性和普惠性，促进学前教育事业的健康发展。

(二)《中央财政支持学前教育发展资金管理办法》简析

为了规范和加强中央财政支持学前教育发展资金管理，提高资金使用效益，扩大学前教育资源，提高幼儿资助水平，根据国家有关规定，财政部、教育部于2015年7月，印发了《中央财政支持学前教育发展资金管理办法》(以下简称《管理办法》)，要求各省、自治区、直辖市、计划单列市财政厅(局)、教育厅(教委、教育局)以及新疆生产建设兵团财务局、教育局遵照执行。

该《管理办法》包括六章二十八条：第一章是总则，由第一条至第四条组成；第二章是资金使用范围，由第五条到第九条组成；第三章是资金分配与拨付，由第十条至第十七条组成；第四章是资金申报，由第十八条至第二十条组成；第五章是资金管理和监督，由第二十一条至第二十五条组成；第六章是附则，由第二十六条至第二十八条组成。

首先，说明了学前教育发展资金的基本含义。该《管理办法》指出，学前教育发展资金是由中央财政设立、通过一般公共财政预算安排、用于奖补支持各地扩大学前教育资源、开展幼儿资助的资金。

其次，划分了学前教育发展资金的主要种类。该《管理办法》指出，学前教育发展资金中的一类是"扩大资源"类项目资金，主要用于奖补支持地方多种渠道扩大普惠性学前教育资源；另一类是"幼儿资助"类项目资金，主要用于奖补支持地方健全幼儿资助制度。

再次，强调了学前教育发展资金的不同用途。该《管理办法》指出，"扩大资源"类项目资金，由地方财政和教育部门统筹用于以下几个方面的支出：(1)支持在农村和城乡结合部新建、改扩建公办幼儿园、改善办园条件等；(2)通过政府购买服务、奖励等方式支持普惠性民办幼儿园发展；(3)支持企业事业单位、城市街道、农村集体举办的幼儿园向社会提供普惠性服务；(4)支持农民工随迁子女在流入地接受学前教育；(5)支持在偏远农村地区实施学前教育巡回支教试点。而"幼儿资助"类项目资金，则主要用于资助普惠性幼儿园在园家庭经济困难儿童、孤儿和残疾儿童接受学前教育。

最后，规定了学前教育发展资金的分配方法。该《管理办法》指出，"扩大资源"类项目资金，按照因素法进行分配，根据学前教育基本情况和财力状况分别确定中西部和东部地区资金规模后，按因素法分配到各省份，由各省级财政和教育部门统筹安排，合理使用。分配因素包括基础与绩效因素、投入与努力因素和改革与管理因素三类，其中，基础与绩效因素，指学前教育事业发展目标及其实现情况，主要包括在园幼儿数、民办幼儿园在园幼儿数、人均可用财力等子因素，各子因素数据根据相关事业发展统计资料获得；投入与努力因素，指学前教育投入情况，主要包括上年度地方学前教育生均一般公共财政预算支出、社会力量投入(主要是民办学校举办者投入、社会捐赠等)总量等子因素,各子因素数据通过相关教育经费统计数据获得;改革与管理因素,指推进学前教育改革、加强资金管理等情况,主要根据推进学前教育综合改革、中央财政学前教育发展资金管理和使用、制度建设、工作总结材料上报等情况综合核定,由教育部会同财政部组织考核获得计量数据。① 而"幼儿资助"类项目资金,也按因素法进行分配,具体分配时,先按中西部省份和东部省份分别确定分配资金规模,再分别按在园幼儿规模、资助制度建立健全、地方财政幼儿资助投入及实施效果等因素进行分配。

对上述信息进行梳理归纳,可以得出图 1-3-1。

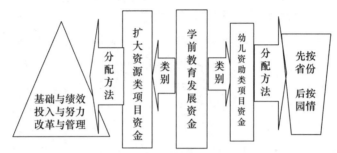

图 1-3-1　学前教育发展资金分配

管理办法是一种管理规定,通常用来约束和规范行为、特殊活动的一种规章制度;具有法律效力,是根据宪法和法律制定的,是从属于法律的规范性文件。由此可见,《管理办法》不仅明确指出了学前教育发展资金的概念界定、主要类别、基本用途,还强调指出了学前教育发展资金的分配依据,从而保证了中央财政支持的清晰性、公开性、制约性、规范性和实效性。

(三)《中小学幼儿园教师国家级培训计划专项资金管理办法》简析

为规范和加强幼儿园教师国家级培训计划专项资金管理,提高资金使用效益,财政部、教育部于 2015 年 12 月,印发了《中小学幼儿园教师国家级培训计划专项资金管理办法》(以下简称《国培资金管理办法》),要求各省、自治区、直辖市、计划单列市财政厅(局)、教育厅(局、教委)以及新疆生产建设兵团财务局、教育局遵照执行。

《国培资金管理办法》共由十七条组成,主要内容如下。

首先,说明了幼儿园教师国家级培训计划专项资金的主要含义。它指的是中央财政通过专项转移支付安排,用于实施幼儿园教师培训项目的资金。

其次,指出了幼儿园教师国家级培训计划专项资金的管理原则。它必须遵循"明确目标、突出重点,科学规划、合理安排,责任清晰、规范管理,专款专用、注重实效"的原则。

再次,强调了幼儿园教师国家级培训计划专项资金的支持内容。它是由财政部、教育部根据党中央、国务院有关决策部署和教师培训工作重点确定支持内容;现阶段重点

---

① 中华人民共和国财政部 教育部. 中央财政支持学前教育发展资金管理办法[EB/OL]. [2016-05-10]. http://jkw.mof.gov.cn/zhengwuxinxi/zhengcefabu/201507/t20150714_1315341.html.

支持中西部省份实施乡村幼儿园教师培训,主要包括乡村教师培训团队置换脱产研修、送教下乡培训、乡村教师网络研修、乡村教师访名园培训和乡村园长培训等五类培训(图1-3-2)。

图1-3-2　重点支持五类培训

最后,规定了幼儿园教师国家级培训计划专项资金的支付项目。它主要用于补助培训期间直接发生的各项费用支出,具体包括:(1) 住宿费是指参训人员培训期间发生的租住房间的费用;(2) 伙食费是指参训人员培训期间发生的用餐费用;(3) 培训场地及设备费是指用于培训的会议室、教室或实验室租金、网络研修平台和相关设备租金;(4) 讲课费是指聘请师资授课所支付的必要报酬;(5) 培训资料费是指培训期间必要的学习资料费、网络课程资源费及办公用品费;(6) 交通费是指用于接送以及统一组织的与培训有关的考察、调研等发生的交通支出;(7) 其他费用是指现场教学费、文体活动费、医药费以及授课教师交通、食宿等支出。见图1-3-3。

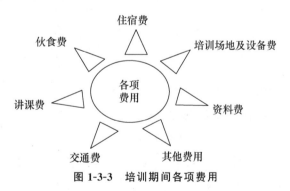

图1-3-3　培训期间各项费用

此外,重申了幼儿园教师国家级培训计划专项资金的分配方法。它采取因素法进行分配,分配因素包括各省份乡村教师人数、培训绩效、地方投入、工作努力程度等,各因素数据主要通过相关统计资料、各省份资金申报材料以及考核结果获得。

可见,《国培资金管理办法》不仅指出了幼儿园教师国家级培训计划专项资金的基本含义、管理原则、支持内容、支付项目,还指出了幼儿园教师国家级培训计划专项资金的分配方法,这就能加强和规范幼儿园教师国家级培训计划专项资金的管理,提高幼儿园教师培训的可能性和实效性。

中央财政一系列支持学前教育发展的政策,不仅能引导地方政府加大财政投入,增强地方政府举办学前教育的责任,而且还能带动社会力量积极投入,形成强大的资金链。

二、支持学前教育发展的财政投入

(一) 2011年支持学前教育发展的财政投入

从2011年起,中央财政通过设立学前教育发展专项资金,以中西部农村地区为重点,鼓励各地加大对学前教育的投入,努力调动地方政府、企事业单位和社会力量等方面的积极性,统筹城乡学前教育发展,多渠道扩大学前教育资源,逐步建立幼儿资助制度,推动学前教育快速发展。

(二) 2012年支持学前教育发展的财政投入

为了积极发展学前教育,解决"入园难"等问题,中央财政下达2012年专项资金156亿元,主要用于支持以下三类学前教育项目。**(1) 校舍改建类项目**:为了支持中西部地区利用农村闲置校舍改建幼儿园、农村中小学增设附属幼儿园,中央财政按一定标准和比例安排建设补助资金106亿元。**(2) 综合奖补类项目**:为了扶持民办幼儿园发展,鼓励城市集体、企业、事业单位举办幼儿园,面向社会提供普惠性服务,解决进城务工人员随迁子女入园问题,中央财政根据地方工作情况安排奖补资金42亿元。**(3) 幼儿资助类项目**:为了建立学前教育资助制度,中央财政根据各地出台的资助政策、经费投入和实施效果等情况,安排奖补资金8亿元。[①] 详见表1-3-2。

表1-3-2 2012年中央财政下达专项资金

学前教育项目	中央财政奖补资金
校舍改建类	106亿元
综合奖补类	42亿元
幼儿资助类	8亿元
合　计	156亿元

(三) 2013年支持学前教育发展的财政投入

为了促进学前教育的发展,中央财政下达2013年专项资金160.3亿元,[②]支持中西部地区和东部困难省份农村扩大学前教育资源,扶持普惠性民办幼儿园发展,帮助解决农民工随迁子女、家庭经济困难及孤残儿童"入园难""入园贵"等难题。

从2011年到2013年,中央财政已经累计安排学前教育发展专项资金422.4亿元,从以下四个方面大力支持学前教育的发展:**(1) 支持校舍建设**。中央财政投入了304.2亿元,支持中西部地区和东部困难地区利用农村闲置校舍改建幼儿园、增设小学附属幼儿园约8万所,在中西部13个省区农村偏远地区开展巡回支教试点1500个。**(2) 实施综合奖补**。中央财政投入了91亿元,对各地扶持城市企事业单位和集体办园、解决进城

[①] 中华人民共和国财政部. 中央财政安排156亿元专项资金支持发展学前教育[EB/OL]. [2016-05-10]. http://jkw.mof.gov.cn/zhengwuxinxi/tourudongtai/201208/t20120831_679822.html.

[②] 中华人民共和国财政部. 中央财政近期安排160亿元专项资金支持发展学前教育[EB/OL]. [2016-05-10]. http://jkw.mof.gov.cn/zhengwuxinxi/tourudongtai/201311/t20131127_1016955.html.

务工人员随迁子女入园、扶持普惠性民办园进行奖补,三年来扶持约6.9万所次,受益幼儿超过1000万人。**(3) 推动幼儿资助。**中央财政投入了16.2亿元,对各地制定学前教育资助政策、加大资助力度进行奖补,平均每年资助家庭经济困难幼儿、孤儿和残疾幼儿300多万人。**(4) 提升教师素质。**中央财政投入了11亿元,培训农村幼儿园教师29.6万人,提高了农村幼儿园教师队伍整体素质,为学前教育迅速发展提供了坚实的师资保障。① 详见表1-3-3。

表1-3-3　2011—2013年中央财政投入学前教育资金

学前教育重点项目	中央财政支持
校舍改增	304.2亿元
综合奖补	91亿元
幼儿资助	16.2亿元
教师培训	11亿元
合计	422.4亿元

(四) 2014年支持学前教育发展的财政投入

2014年,中央财政按照有关要求,进一步调整完善政策措施,继续安排专项资金,推动地方扩大普惠性学前教育资源,加强幼教师资培训,健全幼儿资助制度等。

(五) 2015年支持学前教育发展的财政投入

中央财政下拨2015年支持学前教育发展专项资金150亿元,②采取以奖代补的方式,引导和支持地方通过新建、改扩建、购买服务、在偏远农村地区实施巡回支教试点等多种方式扩大普惠性学前教育资源,健全幼儿资助制度,帮助家庭经济困难儿童和孤残儿童接受学前教育。

据统计,2011—2015年,中央财政共安排支持学前教育发展中央专项资金719.3亿元。③ 详见表1-3-4。

表1-3-4　2011—2015年中央财政安排学前教育发展专项资金

年份	每年安排学前教育发展专项资金	累计安排学前教育发展专项资金	备注
2011	106.1亿元*		
2012	156亿元		
2013	160.3亿元	2011—2013年 422.4亿元	由此推算出2011年专项资金
2014	146.9亿元*		
2015	150亿元	2011—2015年 719.3亿元	由此推算出2014年专项资金

* 表示这个数据是作者根据已有数据推算出来的。

---

① 中华人民共和国财政部. 中央财政三年投400余亿元支持学前教育发展[EB/OL]. [2016-06-06]. http://www.mof.gov.cn/zhengwuxinxi/caizhengxinwen/201406/t20140606_1089959.html.

② 中华人民共和国财政部. 中央财政下拨2015年学前教育发展资金150亿元[EB/OL]. [2016-05-10]. http://jkw.mof.gov.cn/zhengwuxinxi/tourudongtai/201508/t20150824_1432390.html.

③ 同上注。

在中央财政的引导下,地方各级政府也在不断加大投入力度,学前教育经费大幅度增加,学前教育投入不足的问题逐渐得到扭转,学前教育资源迅速拓展,学前教育公共服务网络基本建立,幼儿入园率不断提高。2013年,我国学前教育三年毛入园率已达到67.5%;2014年,我国学前教育三年毛入园率已上升到70.5%。全国财政性学前教育经费占全国教育经费的比例,虽然已经从2009年的1.36%提高到2013年的3.52%,但与发达国家相比,我国学前教育财政性经费投入总体仍然过低。据统计,学前教育三年毛入园率在80%以上的国家,财政性教育经费支出学前教育经费占比平均为9.67%;学前教育三年毛入园率在60%~80%之间的国家,财政性教育经费支出学前教育经费占比平均为7.73%。因此,中央财政还需要不断加大对学前教育的投入力度,真正做到"预算有科目、新增有倾斜、支出有比例、拨款有标准、资助有制度",以促进学前教育的可持续发展。

第四节　学前教育与行动计划

图片1-4-1　上海市宝山区小鸽子幼稚园儿童玩轮胎早锻炼活动

为了认真贯彻落实《国家中长期教育改革和发展规划纲要(2010—2020年)》和《国务院关于当前发展学前教育的若干意见》,2011—2013年,我国开始实施第一期学前教育三年行动计划;2014—2016年,开始实施第二期学前教育三年行动计划。

一、第一期学前教育三年行动计划

2010年11月,国务院发布了《国务院关于当前发展学前教育的若干意见》,明确指出,要"统筹规划,实施学前教育三年行动计划"。要求各省(区、市)政府要深入调查,准确掌握当地学前教育基本状况和存在的突出问题,结合本区域经济社会发展状况和适龄人口分布、变化趋势,科学测算入园需求和供需缺口,确定发展目标,分解年度任务,落实经费,以县为单位编制学前教育三年行动计划,有效缓解"入园难";教育部会同有关部门对各地学前教育三年行动计划进展情况进行专项督查,组织宣传和推广先进经验,对发展学前教育成绩突出的地区予以表彰奖励,营造全社会关心支持学前教育的良好氛围。

(一) 一期行动计划的重要意义

编制实施学前教育三年行动计划,是国务院对地方政府大力发展学前教育,尽快缓解"入园难"而作出的重要部署。它不仅关系到落实扩大学前教育资源的具体"行动"和有关措施,而且还关系到今后十年学前教育能否可持续发展、基本普及学前教育的目标能否如期实现。

(二) 编制一期行动计划的要求

2011年1月,教育部要求各地认真做好学前教育三年行动计划的编制工作。**首先,要做到"三个落实"**。落实目标任务,将三年有效缓解"入园难"的总体要求具体化,落实到区县;落实政府责任,将相关项目纳入当地政府逐年实施的民生工程;落实政策措施,要紧密结合各地实际,在扩大资源、加大投入、加强教师队伍建设等方面制定切实可行的措施。**其次,要建立切实有效的领导协调机制**。进一步完善学前教育工作联席会议制度等协调机制,调动和发挥各有关部门的积极性和创造性,加大统筹协调力度,明确任务分工,加强对三年行动计划编制和实施过程的组织领导。教育部门要切实履行主管职能。**再次,要注重内涵发展**。各地要把内涵发展和质量提高作为编制行动计划的重要内容,在加快城乡幼儿园建设的同时,统筹考虑师资配备和内涵发展,做到建设一所,合格一所,全面提高师资水平和教育质量。**最后,要建立有效的推进机制**。加大对行动计划编制和实施情况的督查力度,确保各项工作落到实处。教育部将会同有关部门对各地学前教育三年行动计划进展情况进行专项督查,加强对各地行动计划目标、项目投入、进展情况和实施效果的跟踪与监测。[①]

(三) 各地一期行动计划的出台

各地都把学前教育三年行动计划的编制工作摆在了重要的位置,纷纷出台了行动计划和实施方案。据报道,天津市政府在全国率先出台了学前教育三年行动计划,落实解决"入园难"的政策措施和工程项目:计划新建改扩建120所公办幼儿园,改造146所乡镇中心幼儿园,建设500所村办标准化幼儿园,扶持进城务工随迁子女接受学前教育。福建省政府下发了《关于加快学前教育发展的意见》,提出到2012年底有效缓解"入园难"的目标,计划三年内新建469所公办幼儿园,学前三年毛入园率达到91%。北京市计划未来五年投入50亿元,新建、改扩建600所幼儿园,使全市公办园比例达到70%以上,生均财政拨款标准从200元提高到1200元。[②]

(四) 总结一期行动计划的工作

2013年7月,教育部办公厅下发了《关于开展学前教育三年行动计划总结工作的通知》,要求各省(区、市)对推进学前教育三年行动计划的主要政策措施、三年行动计划目标完成情况进行总结,分析当前面临的困难问题,提出下一步推进学前教育发展的主要

[①] 中华人民共和国教育部基础教育二司.学前教育三年行动计划简报2011年第1期[EB/OL].[2016-06-04]. http://www.moe.gov.cn/s78/A26/s5205/201103/t20110321_116101.html.

[②] 中华人民共和国教育部.各地积极编制学前教育三年行动计划[EB/OL].[2016-06-04]. http://www.moe.gov.cn/jyb_xwfb/xw_zt/moe_357/s3582/s3922/s4568/201103/t20110316_115976.html.

考虑,并就实施第二期学前教育三年行动计划提出政策建议;要求各省(区、市)遴选典型案例5个(其中,实施三年行动计划措施力度大、体制机制有创新、解决"入园难"成效明显的地市和区县各2个,经济欠发达、学前教育发展面临困难仍较多的区县1个),进行案例剖析。例如,南京市委市政府不断加大市级财政投入,全市学前教育财政性投入占财政性教育总投入的比例从2010年的1.87%上升到2012年的6.78%;通过抓好"五项"工程(幼儿园增量工程、集体园扶持工程、幼儿园提质创优工程、幼教惠民工程、省示范区创建工程),加快构建学前教育公共服务体系,推进了学前教育普惠优质发展,全市学前教育三年毛入园率达98%,其中公办幼儿园已占56%,在公办园就读的幼儿已占61%,省优质幼儿园比例已达62%。①

总之,2011—2013年,全国各地按照国务院统一部署,编制并实施了学前教育三年行动计划,学前教育改革发展取得了显著成效,资源快速扩大,财政投入不断增加,教师队伍建设逐步加强,"入园难"问题得到了初步缓解。

二、第二期学前教育三年行动计划

为了切实解决"入园难""入园贵"的问题,消除幼儿安全隐患问题,促进学前教育持续健康发展,经国务院同意,教育部、国家发展改革委、财政部于2014年11月,联合印发了《关于实施第二期学前教育三年行动计划的意见》,决定2014—2016年实施第二期学前教育三年行动计划(以下简称"二期行动计划"),要求各省、自治区、直辖市教育厅(教委)、发展改革委、财政厅(局)以及新疆生产建设兵团教育局、发展改革委、财务局认真执行。

(一)二期行动计划的重要意义

实施二期行动计划,是巩固一期成果,加快学前教育发展,进一步解决"入园难"问题的必然要求;是继续深化改革,破解体制机制障碍,促进学前教育可持续发展的迫切需要;是办好人民满意教育,推进教育公平,保障和改善民生的重大举措。

(二)二期行动计划的基本原则

实施二期行动计划,要坚持公益普惠,进一步优化学前教育资源配置,公办民办并举,努力提高学前教育公共服务水平,新增资源重点向贫困地区和困难群体倾斜;要注重可持续发展,进一步深化改革,拓宽经费投入渠道,创新用人机制,建立健全标准,破解发展难题;要强化政府职责,进一步加强学前教育治理体系和治理能力建设,落实地方政府发展学前教育的责任,发挥中央财政引导激励作用。

(三)二期行动计划的主要目标

实施二期行动计划,到2016年,全国学前三年毛入园率达到75%左右:城镇和经济发达地区的农村全面普及学前三年教育,其他农村地区特别是集中连片特困地区学前三年毛入园率有较大增长;初步建成以公办园和普惠性民办园为主体的学前教育服务网

---

① 中华人民共和国教育部基础教育二司.学前教育三年行动计划简报第18期[EB/OL].[2016-06-04].http://www.moe.gov.cn/s78/A26/s5205/201307/t20130724_154529.html.

络；逐步建立起以公共财政投入为主的农村学前教育成本分担机制；幼儿园办园水平和保教质量显著提高。

(四) 二期行动计划的重点任务

实施二期行动计划，要着重完成以下几项任务。

1. 要扩大总量。 着力扩大农村学前教育资源，重点解决好连片特困地区、少数民族地区、留守儿童集中地区学前教育资源短缺问题；充分考虑城镇化发展、老城区改造和人口流动的实际，重点解决好城镇及城乡结合部学前教育资源总量不足的问题；努力增加残疾适龄儿童的入园机会。

2. 要调整结构。 调整资源结构，扩大城乡公办园和普惠性民办园的覆盖面；调整布局结构，努力实现就近入园、方便入园；调整投入结构，在继续扩大资源的基础上加大对条件保障的投入力度。

3. 要健全机制。 完善政府投入、社会举办者投入、家庭合理分担的投入机制，努力做到保工资、保安全、保运转、保发展；健全公办园教职工编制核定、补充制度，依法保障幼儿园教职工合法权益；完善学前教育管理体制和办园体制。

4. 要提升质量。 深入贯彻落实《3—6岁儿童学习与发展指南》；健全幼儿园动态监管机制；提高幼儿园教师、卫生保健人员的专业素质和实践能力；提升办园水平，各类幼儿园的师资、班额、玩教具、园舍等逐步达到国家和地方规定的标准。

(五) 二期行动计划的主要措施

实施二期行动计划，主要采取以下几项措施。

1. 要加快发展公办幼儿园。 以区县为单位制订幼儿园总体布局规划，合理确定公办园的布局，逐年安排新建、改扩建一批公办园；加大农村公办幼儿园建设力度。

2. 要积极扶持普惠性民办幼儿园。 落实用地、减免税费等优惠政策，多种方式吸引社会力量办园；各地根据普惠性资源布局和幼儿入园需求，认定一批普惠性民办园，通过政府购买服务、减免租金、派驻公办教师、培训教师等方式，支持民办园提供普惠性服务，有条件的地区可参照公办园生均公用经费标准，对普惠性民办园给予适当补贴；鼓励民办园提供多形式、多层次的学前教育服务，满足家长不同需求。

3. 要进一步加大学前教育投入。 各地要切实加大财政投入力度，落实学前教育投入的主体责任；地方需根据本地实际，研究制订公办幼儿园生均公用经费标准或者生均财政拨款标准，并逐步达到；按规定程序调整保教费收费标准，将家庭负担控制在合理范围；财政性学前教育投入要最大限度地向农村、边远、贫困和民族地区倾斜；加大对家庭经济困难儿童、孤儿和残疾儿童接受学前教育的资助力度。中央财政继续安排专项资金，鼓励和引导地方积极发展学前教育；除继续鼓励地方完善幼儿资助制度、实施幼儿教师国家级培训计划外，将原来的校舍改建类和综合奖补类项目整合为扩大学前教育资源奖补项目，支持地方改扩建和新建公办幼儿园、利用社会力量举办普惠性幼儿园、改善办园条件，并向中西部地区和薄弱环节倾斜，引导和激励地方完善学前教育公共服务体系。

4. 要加强幼儿园教师队伍建设。 各地要落实《幼儿园教职工配备标准(暂行)》，通过多种方式补足、配齐各类幼儿园教职工,有条件的地方出台公办幼儿园教职工编制标准;完善幼儿园教师工资待遇保障机制,落实国家规定的工资待遇。各省(区、市)制定幼儿园教师培养规划,扩大培养规模。

5. 要健全幼儿园监管体系。各地要加强对幼儿园的监管,县级政府履行主体责任,有关部门按职能履行职责,建立健全日常管理和随机抽查制度;教育行政部门要充实管理力量,落实幼儿园年检制度,加强对幼儿园办园资质、教师资格、办园行为、收费等的监管,建立幼儿园信息公示制度,及时发布幼儿园基本信息,接受社会监督;教育督导部门加强学前教育专项督导,向社会发布督导报告;卫生计生部门切实把幼儿园的卫生保健工作作为公共卫生服务的重要内容,加强监督和指导,落实儿童保健、疾病预防控制、卫生监督执法等工作;公安、质检、安全生产监管、食品药品监管等部门根据职能分工,加强对幼儿园的监督指导;幼儿园要建立健全定期自查自纠制度和家长委员会制度,对卫生、消防、园舍等方面的安全隐患及时发现并消除,对事关幼儿和家长切身利益的事项应充分征求家长委员会的意见。

6. 要加强幼儿园保育教育指导。根据幼儿园数量和布局,划分学前教育教研指导责任区,安排专职教研员,定期对幼儿园进行业务指导;完善区域教研和园本教研制度,充分发挥城市优质幼儿园和农村乡镇中心幼儿园的辐射带动作用,及时解决教师在教育实践中的困惑和问题;构建幼儿园保教质量评估体系,建立科学导向,着重加强对师资配备、教育过程和管理水平等方面的评估;坚持小学一年级"零起点"教学,严禁幼儿园提前教授小学教育内容。

(六)二期行动计划的组织实施

实施二期行动计划,需要注意以下几点。

1. 要加强组织领导。各地要高度重视二期行动计划的编制和实施工作,科学确定本地区学前教育发展目标任务,研究制定学前教育改革发展的重大政策措施,以县为基本单位逐级编制实施二期行动计划。

2. 要推进综合改革。各地要按照构建学前教育公共服务体系的总体要求,健全学前教育管理体制,省级和地市级政府加强统筹,县级政府落实主体责任;深化幼儿园人事制度改革,增强幼儿园教师职业吸引力。

3. 要强化资金监管。地方各级教育、发展改革和财政部门要进一步规范学前教育各项经费使用和管理,健全财务制度,强化监督检查,提高资金使用效益;要进一步督促幼儿园完善内部财务制度,加强对幼儿园经费使用和收费行为的监管,杜绝乱收费和乱摊派。

4. 要加强督导检查。教育部、国家发展改革委、财政部将对各地行动计划的编制实施情况进行专项督查;各地要建立督导检查和问责机制,将行动计划目标任务和政策措施落实情况纳入地方各级政府教育工作实绩的考核指标。[1]

---

[1] 教育部 国家发展改革委 财政部. 关于实施第二期学前教育三年行动计划的意见[EB/OL]. [2016-06-04]. http://www.moe.edu.cn/srcsite/A26/s3327/201411/t20141105_178318.html.

（七）二期行动计划的特点简析

二期行动计划，具有以下几个特点。

1. 普惠性。 为了满足幼儿入园需要，二期行动计划继续把大力发展公办幼儿园作为扩大普惠性资源的重要举措：一是加大政府投入，加快新建改扩建城乡公办园。二是加大扶持力度，增强各类公办园的服务能力。三是落实小区配套园建设要求，确保公益普惠。

2. 长效性。 为了构建学前教育长效投入机制，二期行动计划进一步加大投入力度：一是强化地方政府投入的主体责任，不断提高学前教育财政投入占比。二是建立投入保障机制，支持解决幼儿园教师工资待遇和运转保障等问题。三是继续加大中央财政支持力度，激励地方完善学前教育公共服务体系。四是按照非义务教育阶段成本合理分担的原则，建立幼儿园收费动态调整机制。

3. 监管性。 为了消除安全隐患，二期行动计划对加强幼儿园监管方面出台了一些针对性措施：一是强化政府管理责任，建立监管责任追究制度。二要完善动态监管机制，教育、卫生部门要加强对幼儿园保教质量、卫生保健、安全等方面的监管。三是建立定期自查自纠制度，幼儿园要及时发现并消除各种安全隐患。

自2011年实施第一期、第二期学前教育三年行动计划以来，我国学前教育改革发展取得了显著成效。据统计，截至2015年底，全国共有幼儿园22.4万所，在园幼儿4265万人，幼儿园教职工349.6万人，学前三年毛入园率达到75%。[①] 为了进一步"发展学前教育，鼓励普惠性幼儿园发展"，教育部正在会同有关部门研究制定实施第三期学前教育行动计划的政策措施，新一轮的行动计划将在继续增加普惠性资源供给的同时，不断创新体制机制，全面提高幼儿园保教质量，确保2020年基本普及学前教育目标的顺利实现。

第五节　学前教育与工作要点

图片1-5-1　上海市浦东新区潮和幼儿园儿童图书阅览室

中华人民共和国教育部是我国管理教育工作的最高行政部门，其每年都会列出各阶段教育工作要点，对学前教育也提出了具体要求。2010年以来，教育部列出的有关学前

[①] 中华人民共和国教育部.2016年全国学前教育宣传月启动[EB/OL].[2016-06-04]. http://www.moe.gov.cn/jyb_xwfb/gzdt_gzdt/moe_1485/201605/t20160520_245558.html.

教育工作的要点如下。

一、2010年教育部教育工作要点

2010年,教育部除了提出有关学前教育的一些要求(制定和发布学前教育规划)以外,还对学前教育提出了专门要求:积极发展学前教育;大力发展农村学前教育,支持中西部地区乡镇幼儿园建设;修订《幼儿园建园标准》;研究制定加快发展学前教育的政策措施;发布《3—6岁儿童学习与发展指南》;修订《幼儿园工作规程》,加强学前教育管理。[①]

二、2011年教育部教育工作要点

2011年,教育部提出要加快发展学前教育。包括:贯彻落实《国务院关于当前发展学前教育的若干意见》;启动实施学前教育三年行动计划;加强对各地实施三年行动计划的指导和督查,及时总结、交流各地成功经验,努力解决"入园难"问题;实施推进农村学前教育项目,支持中西部地区乡村幼儿园建设,配备必要的教玩具、图书等教育教学设置;多种形式扩大学前教育资源,大力发展公办幼儿园,鼓励社会力量办园;发布《3—6岁儿童学习与发展指南》和《幼儿园工作规程》,加强对幼儿园保教工作的指导和管理。[②]

三、2012年教育部教育工作要点

2012年,教育部提出了有关学前教育的新要求:建立幼儿园家长委员会,开展《学前教育法》研究起草工作,贯彻落实学前教育专题规划,扩大实施幼儿园教师资格考试改革试点和定期注册制度试点,印发幼儿园教师专业标准,健全学前教育资助制度。教育部提出要积极发展学前教育。包括:推动各地全面落实学前教育三年行动计划;实施中央财政支持学前教育重大项目;建设完善学前教育管理信息系统;贯彻落实《幼儿园工作规程》和《3—6岁儿童学习与发展指南》,坚决防止出现幼儿园小学化倾向;出台幼儿园教师配备标准;加大力度,多种形式宣传科学育儿知识。[③]

四、2013年教育部教育工作要点

2013年,教育部要求出台幼儿园教职工配备标准,继续实施好幼儿园教师国家级培训,启动实施幼儿园园长国家级培训计划,启动幼儿园教师培养培训基地建设工作,探索建立农村学前教育可持续发展机制,推动各地落实好学前教育资助制度,研究起草学前教育法,制订完善学前教育督导评估与质量监测指标体系和办法。此外,教育部明确提

[①] 中华人民共和国教育部. 教育部2010年工作要点[EB/OL]. [2016-05-10]. http://www.moe.gov.cn/jyb_xwfb/moe_164/201009/t20100920_108605.html.

[②] 中华人民共和国教育部. 教育部2011年工作要点[EB/OL]. [2016-05-10]. http://www.moe.gov.cn/jyb_xwfb/moe_164/201102/t20110210_114836.html.

[③] 中华人民共和国教育部. 教育部2012年工作要点[EB/OL]. [2016-05-10]. http://www.moe.gov.cn/jyb_xwfb/moe_164/201202/t20120202_129875.html.

出要办好学前教育。具体包括:着力扩大普惠性学前教育资源,加强对各地实施国家学前教育重大项目和学前教育三年行动计划的督导检查;推动落实《3—6岁儿童学习与发展指南》,办好全国学前教育宣传月活动;修订幼儿园工作规程,出台幼儿园玩教具配备标准;完善全国学前教育管理信息系统;开展0—3岁婴幼儿早期教育试点;推动各地制定和完善扶持普惠性幼儿园的政策。①

五、2014年教育部教育工作要点

2014年,教育部提出要推进中小学幼儿园家长委员会建设,出台幼儿园园长专业标准,分类推进幼儿园教师培养模式改革,启动幼儿园教师队伍建设攻坚计划,完善学前教育家庭经济困难儿童入园资助政策。同时,教育部重点提出要加快学前教育改革发展。具体包括:启动实施第二期学前教育三年行动计划,继续实施学前教育国家重大项目;扩大公办园和普惠性民办园覆盖率;建立完善学前教育成本分担与运行保障机制;出台《幼儿园工作规程》和《幼儿园玩教具配备标准》,规范办园行为,加强对各类幼儿园的监督管理,防止和纠正幼儿园"小学化"倾向。②

六、2015年教育部教育工作要点

2015年,教育部提出要积极推动《学前教育法》起草,同时提出要大力发展学前教育。具体包括:推动各地实施好第二期学前教育三年行动计划;继续实施好国家学前教育重大项目,重点支持中西部地区和学前教育薄弱环节;利用信息管理系统加强学前教育动态监管;推动各地建立学前教育教研指导责任区;做好《3—6岁儿童学习与发展指南》实验区建设;办好全国学前教育宣传月活动。③

七、2016年教育部教育工作要点

2016年,教育部督促各地进一步健全学前教育资助政策,同时提出要发展普惠性学前教育。具体包括:全面推进实施第二期学前教育三年行动计划和国家学前教育重大项目;推进学前教育改革国家实验区建设,完善普惠性幼儿园发展机制;出台新修订的《幼儿园工作规程》;研究制订第三期学前教育三年行动计划。④

工作要点是针对未来一个时期工作的简明扼要安排,多用于领导机关对下属单位布置工作和交代任务,具有指导性、预见性、可行性、约束性、突出性的特点。教育部每年提

---

① 中华人民共和国教育部. 教育部2013年工作要点[EB/OL]. [2016-05-10]. http://www.moe.gov.cn/jyb_xwfb/gzdt_gzdt/s5987/201301/t20130123_147136.html.
② 中华人民共和国教育部. 教育部2014年工作要点[EB/OL]. [2016-05-10]. http://www.moe.gov.cn/jyb_xwfb/moe_164/201401/t20140124_163169.html.
③ 中华人民共和国教育部. 教育部2015年工作要点[EB/OL]. [2016-05-10]. http://www.moe.gov.cn/jyb_xwfb/moe_164/201502/t20150212_185801.html.
④ 中华人民共和国教育部. 教育部2016年工作要点[EB/OL]. [2016-05-10]. http://www.moe.gov.cn/jyb_xwfb/moe_164/201602/t20160205_229511.html.

出的这些工作要求,对学前教育的发展起到了导航和引领的作用,促进了全国各地学前教育的发展。

第六节　学前教育与社会宣传

图片1-6-1　上海市浦东新区潮和幼儿园星期日免费向社区儿童及家长开放

为了提升学前教育质量,让科学育儿知识深入幼儿园,走进千家万户,中华人民共和国教育部决定,从2012年起,在全国范围内组织开展全国学前教育宣传月活动,活动的时间为每年的5月20日至6月20日,每年都确立一个活动的主题,要求各地教育行政部门把开展社会宣传作为学前教育常规管理工作的重要内容,列入年度工作计划,建立长效机制。

一、2012年全国学前教育宣传月活动

2012年4月,教育部办公厅发布了《关于开展全国学前教育宣传月活动的通知》(以下简称《2012通知》),要求各省、自治区、直辖市教育厅(教委)以及新疆生产建设兵团教育局,深入贯彻落实《国家中长期教育改革和发展规划纲要(2010—2020年)》和《国务院关于当前发展学前教育的若干意见》,营造有利于幼儿健康成长的良好社会环境,推进学前教育的科学发展。

《2012通知》的主要内容如下。

(一)活动的主题

本年度活动的主题是:快乐生活,健康成长。

(二)活动的重点

本年度活动的宣传重点如下。

1. 宣传学前教育发展政策,增强社会共识。 大力宣传国家和地方学前教育政策措施,宣传加快发展学前教育的重大意义,推广各地学前教育改革发展的典型经验,形成全社会共同关心、支持学前教育的良好氛围。

2. 宣传学前教育管理制度,促进规范办园。重点宣传各种学前教育法规、规章制度以及地方的相关管理文件,坚持科学保教,规范办园行为。

3. 宣传科学育儿知识,纠正"小学化"倾向。广泛传播先进的学前教育理念和科学育儿知识,提升广大家长的育儿信心和能力,自觉抵制各种有碍幼儿身心健康的活动。

(三)活动的组织

组织本年度活动的注意事项如下。

1. 高度重视,精心组织。各地教育行政部门要切实加强对本地区学前教育宣传月的组织领导,结合实际,研究制订学前教育宣传月实施方案和系列宣传活动计划,并认真组织实施。

2. 依托专业,加强合作。要充分发挥高等师范院校学前教育专业、学前教育教研科研单位和幼儿园的资源优势,根据有关单位的职能和特点,分工合作,协调配合,共同做好学前教育宣传月系列宣传活动。

3. 活动丰富,形式多样。教育部举办全国学前教育宣传月启动仪式,并通过公益广告、海报、家长宣传册、科学育儿资源平台等方式开展社会公益宣传。各地教育行政部门要围绕活动主题,组织开展声势浩大的主题活动,部署各类幼儿园面向社区开展多种形式的科学育儿宣传指导。充分利用新闻媒体和当地的文化、民俗资源,开展生动活泼、喜闻乐见的公益性宣传,形成上下联动、全社会参与的良好氛围。

4. 内容科学,确保实效。各地教育行政部门要精心组织,严格把关,确保各项宣传活动的方向和具体内容必须符合国家和地方的政策规定。严防一些违反幼儿身心发展规律的活动借机搭车宣传。[①]

二、2013年全国学前教育宣传月活动

2013年4月,教育部办公厅发布了《关于开展2013年全国学前教育宣传月活动的通知》(以下简称《2013通知》),要求各省、自治区、直辖市教育厅(教委)以及新疆生产建设兵团教育局,深入贯彻落实《3—6岁儿童学习与发展指南》(以下简称《指南》),在全社会树立科学的儿童观、教育观。

《2013通知》的主要内容如下。

(一)活动的主题

本年度活动的主题是:学习《指南》,了解孩子。

(二)活动的重点

本年度活动的宣传重点是:围绕深入贯彻落实《指南》,集中组织开展形式多样的活动,引导广大幼儿园教师和家长学好《指南》、用好《指南》,学会把《指南》的教育理念转化为尊重孩子、理解孩子的实际行动。

---

① 教育部办公厅. 教育部办公厅关于开展全国学前教育宣传月活动的通知[EB/OL]. [2016-06-04]. http://www.moe.edu.cn/srcsite/A26/s3327/201204/t20120410_135156.html.

1. 面向社会宣传。 各地要把开展这次宣传月活动作为传播正确理念、宣传科学知识、争取社会支持的重要契机,地方各级教育部门、学前教育教科研机构和幼儿园要积极协调配合,积极发挥大众传媒的作用,共同做好宣传月的系列宣传活动,把各项活动办出声势、办出特点、办出水平。

2. 组织学习交流。 各地要围绕学《指南》、用《指南》,组织广大教师和家长开展多种形式的学习交流活动。积极推进《指南》实验区和试点园工作,组织开展多种形式的经验交流活动,推广试点经验。多样形式组织教师和家长分享和交流学《指南》、用《指南》的经验体会。

3. 开展科学育儿服务。 幼儿园要面向社区开展多种形式的公益性活动,向广大家长宣传《指南》、解读《指南》,帮助家长理解《指南》的教育理念和教育内涵、各年龄段幼儿发展的基本规律和主要特点,引导家长学会认真观察了解孩子,充分尊重理解孩子,正确鼓励支持孩子。

(三)活动的组织

组织本年度活动的注意事项如下。

1. 精心组织。 教育部适时举办2013年全国学前教育宣传月启动仪式,并通过编印《指南》挂图、家长宣传册、海报、捐赠"科学育儿信息一点通"等方式支持各地开展社会宣传;通过举办"倾听孩子,共同成长"主题征文活动,面向全国的幼儿园教师和家长征集学《指南》、用《指南》的切身感受和经验体会。地方各级教育行政部门要加强领导,统筹协调,认真制订宣传月活动的具体实施方案,精心组织好系列公益宣传活动。

2. 多方参与。 充分发挥学前教育教科研部门、相关学术团体、高等学校相关专业、幼儿师范学校和幼儿园的积极性,鼓励其利用专业优势,充分发动教科研人员、学生和幼儿园教师,积极参与和支持宣传月活动。

3. 科学规范。 地方各级教育部门要对宣传月系列活动的内容进行严格审查把关,防止和纠正违背科学育儿规律的错误倾向,严禁一些单位和个人利用宣传月名义开展商业性宣传和销售活动。①

三、2014年全国学前教育宣传月活动

2014年4月,教育部办公厅发布了《关于开展2014年全国学前教育宣传月活动的通知》(以下简称《2014通知》),要求各省、自治区、直辖市教育厅(教委)以及新疆生产建设兵团教育局,继续贯彻落实《指南》,加大社会宣传,让科学育儿知识深入人心,家喻户晓。

《2014通知》的主要内容如下。

(一)活动的主题

本年度的活动主题是:《指南》——让科学育儿知识进入千家万户。

---

① 教育部办公厅. 教育部办公厅关于开展2013年全国学前教育宣传月活动的通知[EB/OL]. [2016-06-04]. http://www.moe.edu.cn/srcsite/A26/s3327/201304/t20130403_150657.html.

（二）活动的重点

本年度活动的宣传重点是：继续围绕深入落实《指南》，通过开展实实在在的宣传活动和教育服务，向幼儿园、家长和全社会传播正确的保教理念和科学的育儿方法，营造尊重儿童、热爱儿童、支持儿童健康成长的氛围。

1. 面向教职工宣传，提高实践能力。 组织幼儿园开展多种形式的学习贯彻《指南》经验交流活动，分享学习《指南》的体会和教育实践经验，促进广大幼儿园教师在实践中科学运用《指南》，开展保育教育活动。

2. 面向家长宣传，解决育儿困惑。 发动幼儿园、有关教科研机构和专家学者，通过主题活动、家长会、亲子游戏、社区讲堂等多种途径，剖析提前学习、强化训练等拔苗助长式做法的危害，开展多种形式的教育指导服务，为家长答疑解惑，帮助家长学习理解《指南》，提高科学育儿能力。

3. 面向社会宣传，增进科学保教共识。 充分运用电视、广播、报纸、网络、海报及手机等各种媒体，针对公众关心的育儿话题，将《指南》理念和方法用公众易于理解的方式广为传播，消除各种伪科学和商业宣传的不良影响，增进社会各界对科学保教的共识，净化社会环境。

（三）活动的组织

组织本年度活动的注意事项如下。

1. 加强统筹协调，精心组织实施。 地方各级教育行政部门要把开展宣传月活动作为传播正确理念、宣传科学知识、争取社会支持的重要契机，与规范办园行为、提高保教质量紧密结合，纳入学前教育常规管理工作，建立长效宣传机制。各地要认真制订宣传月具体实施方案，积极整合学前教育教科研机构、相关学术团体、幼儿园和各种大众传媒力量，精心组织宣传月系列活动，努力办出声势、办出水平。

2. 创新宣传方式，提高活动实效。 各地要创新宣传方式，提高宣传的针对性和有效性。教育部在 5 月 20 日前后举办 2014 年全国学前教育宣传月启动仪式，开通"科学育儿"手机/平板电脑移动应用，并向各地捐赠《指南》文本、挂图、海报和家长宣传册，支持各地开展宣传活动。地方各级教育行政部门应结合实际，组织具有地方特点的启动仪式和丰富多彩的宣传月活动。

3. 严格审查把关，确保正确导向。 地方各级教育部门要对宣传月系列活动的内容进行严格把关，确保宣传内容符合儿童身心发展规律和国家教育方针，严禁任何单位和个人借宣传月名义搭车开展商业性宣传活动，确保宣传活动的公益性和科学性。[1]

四、2015 年全国学前教育宣传月活动

2015 年 4 月，教育部办公厅发布了《关于开展 2015 年全国学前教育宣传月活动的

---

[1] 教育部办公厅. 教育部办公厅关于开展 2014 年全国学前教育宣传月活动的通知[EB/OL]. [2016-06-04]. http://www.moe.edu.cn/srcsite/A26/s3327/201404/t20140416_167792.html.

通知》(以下简称《2015通知》),要求各省、自治区、直辖市教育厅(教委)以及新疆生产建设兵团教育局,继续围绕落实《指南》,精心组织宣传活动,创新宣传方式,多种途径传播科学育儿理念和方法。

《2015通知》的主要内容如下。

(一) 活动的主题

本年度的活动主题是:给孩子适宜的爱。

(二) 活动的重点

本年度活动的宣传重点是:深入贯彻落实《指南》,针对当前幼儿家庭教育中普遍存在的过度保护、过高期待、过分控制、过于放任以及忽视幼儿自身的发展需求等方面的现象和问题,组织开展内容丰富、形式多样、持续深入的宣传活动,引导和帮助广大家长反思自己的教育行为,理性把握爱的"温度"和"尺度",尊重幼儿的独立人格,遵循幼儿的发展规律,倾听幼儿的心声,陪伴孩子共同成长。

(三) 活动的组织

组织本年度活动的注意事项如下。

1. 精心组织部署。各地要把学前教育宣传月作为传播学前教育改革发展成果和科学育儿理念的有利契机,各级教育行政部门、教科研机构和幼儿园要把开展宣传月活动作为年度工作的重要内容,做到制度化、常态化。要围绕宣传月的主题,研究制订宣传月活动方案,广泛动员,全面部署,认真实施。

2. 整合专业资源。充分发挥学前教育教科研机构、高校和幼儿园的专业优势,组织专家学者、有经验的园长和教师,开发宣传信息、资料,开展讲座、咨询、访谈等活动,剖析典型案例,解读"适宜"与"不适宜的爱",触动和引发家长的深度思考。

3. 开展深入宣传。充分利用各种大众传媒,特别要发挥新媒体传播广、速度快、多样化的特点,开展生动活泼、灵活多样的公益性宣传,注重扩大宣传月的影响,形成良好的社会宣传氛围。教育部将组织开发主题公益宣传片、海报,支持各地开展活动。宣传月期间教育部还将利用官方微博微信"微言教育"发布和推送相关专题宣传信息,届时将在江苏省南京市组织开展大型公益咨询宣传活动。

4. 确保科学规范。各地要严格把关宣传内容,确保宣传内容符合儿童身心发展规律。严防任何单位和个人借宣传月名义搭车开展商业性宣传、推销产品。[①]

五、2016年全国学前教育宣传月活动

2016年3月,教育部办公厅发布了《关于开展2016年全国学前教育宣传月活动的通知》(以下简称《2016通知》),要求各省、自治区、直辖市教育厅(教委)以及新疆生产建设兵团教育局,做好全国学前教育宣传月的各项宣传工作。

---

① 教育部办公厅.教育部办公厅关于开展2015年全国学前教育宣传月活动的通知[EB/OL].[2016-06-04]. http://www.moe.edu.cn/srcsite/A26/s3327/201504/t20150410_189418.html.

《2016通知》的主要内容如下。

(一) 活动的主题

本年度的活动主题是:幼小协同,科学衔接。

(二) 活动的实施

组织本年度活动的注意事项如下。

1. 精心组织落实。各地要高度重视,切实把学前教育宣传月活动纳入年度工作重要内容,围绕宣传月的主题,精心制订宣传月活动方案,全面部署并认真组织实施。

2. 幼小同步行动。各地要组织幼儿园和小学广泛参与,同步宣传。幼儿园要指导家长为幼儿做好生活常规、学习品质、社会交往等方面的入学准备,宣传提前学习、片面准备的危害。小学要坚持"零起点"教学,采取多种方式帮助幼儿适应小学生活。幼儿园和小学应双向衔接,相互配合,有效缓解家长"跟不上"的担忧,营造良好的社会氛围。

3. 创新宣传方式。教育部将举办宣传月启动仪式,组织制作主题公益宣传片,拍摄系列专家电视访谈节目,并在有关电视频道和"微言教育"平台循环推送,支持各地开展宣传活动。各地教育行政部门应结合本地实际,创新宣传方式,充分利用多种传媒,搭建宣传平台,组织专家、园长、校长和有经验的教师为家长答疑解惑,提供有针对性的指导。

4. 确保科学规范。各地要坚持科学导向,充分发挥教研和专家的力量,对宣传内容要精心策划,严格把关。严禁任何单位和个人借宣传月名义搭车开展商业性活动,确保宣传活动的科学性和公益性。[1]

上述信息可归纳总结为下面的表1-6-1。

表1-6-1 2012—2016年全国学前教育宣传月活动

序号	年份	活动时间	活动主题	活动重点	活动组织
1	2012	5月20日至6月20日	快乐生活,健康成长	3项	4项
2	2013	同上	学习《指南》,了解孩子	3项	3项
3	2014	同上	《指南》——让科学育儿知识进入千家万户	3项	3项
4	2015	同上	给孩子适宜的爱	未分类说明	4项
5	2016	同上	幼小协同,科学衔接	未呈现	4项

自2012年开展全国学前教育宣传月活动以来,各地积极组织多种宣传培训活动,增强了幼教工作者和家长的教育能力,提高了保育和教育的质量,促进了幼儿身心的健康成长。

---

[1] 教育部办公厅. 教育部办公厅关于开展2016年全国学前教育宣传月活动的通知[EB/OL]. [2016-06-04]. http://www.moe.edu.cn/srcsite/A26/s3327/201604/t20160419_239128.html.

第七节 学前教育与普及提高

图片 1-7-1 上海市浦东新区潮和幼儿园户外活动环境

从 2010 年开始,我国学前教育进入了前所未有的快速发展阶段,学前教育事业不断成长壮大,"入园难"问题得到有效缓解,入园率得以明显提高,公益普惠的学前教育公共服务体系逐渐形成。

一、2010 年全国学前教育事业的发展

2010 年,党中央、国务院颁布了《国家中长期教育改革和发展规划纲要(2010—2020)》,召开了新世纪第一次全国教育工作会议,中国教育改革和发展进入新的阶段。教育战线按照优先发展、育人为本、改革创新、促进公平、提高质量的要求,全面落实教育规划纲要,稳步实施国家重大教育发展项目和改革试点,着力促进教育公平、提高教育质量,深入推进教育事业科学发展,办好人民满意的教育,教育事业的改革发展取得了新进展。

《2010 年全国教育事业发展统计公报》显示,学前教育发展较快:幼儿园数、在园幼儿数、幼儿园园长数和教师数均有所增加,学前教育(3—5 周岁)毛入园率(某一级教育不分年龄的在校学生总数占该级教育国家规定年龄组人口数的百分比)有较大提高。全国共有幼儿园 15.04 万所,比上年增加 1.22 万所;在园幼儿(包括学前班)2976.67 万人,比上年增加 318.86 万人;幼儿园园长和教师共 130.53 万人,比上年增加 17.75 万人;学前教育毛入园率达到 56.6%,比上年提高 5.7 个百分点。[①]

二、2011 年全国学前教育事业的发展

2011 年,是"十二五"开局之年,也是全面落实教育规划纲要、推进教育改革发展的关键一年。在党中央、国务院正确领导下,在全党全社会的共同努力下,教育事业改革发展取得重大进展。学前教育入园机会大幅提高,教育公平迈出重大步伐,教育改革有序

---

① 中华人民共和国教育部. 2010 年全国教育事业发展统计公报[EB/OL]. [2016-05-10]. http://www.moe.edu.cn/srcsite/A03/s180/moe_633/201203/t20120321_132634.html.

推进,教育结构进一步优化,教师队伍建设成效显著,办学条件不断改善。

《2011年全国教育事业发展统计公报》显示:全国共有幼儿园16.68万所,比上年增加1.63万所;在园幼儿(包括附设班)3424.45万人,比上年增加447.78万人;幼儿园园长和教师共149.60万人,比上年增加19.07万人;学前教育毛入园率达到62.3%,比上年提高5.7个百分点。[①]

三、2012年全国学前教育事业的发展

2012年,在党中央国务院坚强领导下,各级党委政府大力支持,全社会共同努力,教育优先发展战略地位进一步落实,教育系统奋发进取,我国教育改革稳步推进。全国各级各类教育蓬勃发展,教育公平进一步推进,入学机会继续扩大,资源配置更趋合理,教育质量逐步提高。学前教育规模保持较大幅度增长,毛入园率继续上升。

《2012年全国教育事业发展统计公报》显示:全国共有幼儿园18.13万所,比上年增加1.45万所;在园幼儿(包括附设班)3685.76万人,比上年增加261.32万人;幼儿园园长和教师共167.75万人,比上年增加18.15万人;学前教育毛入园率达到64.5%,比上年提高2.2个百分点。[②]

四、2013年全国学前教育事业的发展

2013年,在党中央国务院坚强领导下,教育优先发展战略地位进一步落实,教育系统全面贯彻落实教育规划纲要,努力推进教育事业健康持续发展,着力促进教育公平、调整教育结构、提高教育质量,在培养优秀人才、服务经济社会发展等方面取得了新成绩,为经济社会发展提供了有力的人才保障和智力支持。

《2013年全国教育事业发展统计公报》显示:全国共有幼儿园19.86万所,比上年增加1.73万所;在园幼儿(包括附设班)3894.69万人,比上年增加208.93万人;幼儿园园长和教师共188.51万人,比上年增加20.76万人;学前教育毛入园率达到67.5%,比上年提高3个百分点。[③]

五、2014年全国学前教育事业的发展

2014年,教育系统坚定不移贯彻落实党中央、国务院的决策部署,牢牢把握全面深化综合改革的主题,紧抓促进公平和提高质量两大任务,在"破解"一些人民群众关切的重大热点难点问题、促进教育公平方面取得新成效,教育内涵发展迈上新台阶,在培养学生成长、服务经济社会发展等方面取得了新成绩。

---

① 中华人民共和国教育部. 2011年全国教育事业发展统计公报[EB/OL]. [2016-05-10]. http://www.moe.edu.cn/srcsite/A03/s180/moe_633/201208/t20120830_141305.html.
② 中华人民共和国教育部. 2012年全国教育事业发展统计公报[EB/OL]. [2016-05-10]. http://www.moe.edu.cn/srcsite/A03/s180/moe_633/201308/t20130816_155798.html.
③ 中华人民共和国教育部. 2013年全国教育事业发展统计公报[EB/OL]. [2016-05-10]. http://www.moe.edu.cn/srcsite/A03/s180/moe_633/201407/t20140704_171144.html.

《2014年全国教育事业发展统计公报》显示：全国共有幼儿园20.99万所，比上年增加1.13万所；在园幼儿（包括附设班）4050.71万人，比上年增加156.02万人；幼儿园园长和教师共208.03万人，比上年增加19.52万人；学前教育毛入园率达到70.5%，比上年提高3个百分点。①

六、2015年全国学前教育事业的发展

2015年是"十二五"规划收官之年，是《国家中长期教育改革和发展规划纲要（2010—2020年）》实施的承前启后之年。全国教育系统全面贯彻党的十八大和十八届三中、四中、五中全会精神，深入学习贯彻习近平总书记系列重要讲话精神，牢固树立新的发展理念，主动适应经济发展新常态，全面深化综合改革，全面推进依法治教，着力促进教育公平、着力提高教育质量、着力调整教育结构，加快推进教育现代化，教育改革发展迈上了新台阶。

《2015年全国教育事业发展统计公报》显示：全国共有幼儿园22.37万所，比上年增加1.38万所，入园儿童2008.85万人，比上年增加21.07万人；在园儿童（包括附设班）4264.83万人，比上年增加214.11万人；幼儿园园长和教师共230.31万人，比上年增加22.28万人；学前教育毛入园率达到75.0%，比上年提高4.5个百分点。②

对上述信息进行归纳，可得到表1-7-1。

表1-7-1 2010—2015年全国学前教育发展情况

年份	幼儿园（万所）		在园幼儿（万人）		园长和教师（万人）		毛入园率	
	园数	比上年增加	人数	比上年增加	人数	比上年增加	%	比上年提高百分点
2010	15.04	1.22	2976.67	318.86	130.53	17.75	56.6	5.7
2011	16.68	1.63	3424.45	447.78	149.60	19.07	62.3	5.7
2012	18.13	1.45	3685.76	261.32	167.75	18.15	64.5	2.2
2013	19.86	1.73	3894.69	208.93	188.51	20.76	67.5	3
2014	20.99	1.13	4050.71	156.02	208.03	19.52	70.5	3
2015	22.37	1.38	4264.83	214.11	230.31	22.28	75.0	4.5

由此可见，我国学前教育事业的规模不断扩大，普及程度大幅提高。全国幼儿园数量已从2010年的15.04万所，增加到2015年的22.37万所；全国在园幼儿人数已从2010年的2976.67万人，增加到2015年的4264.83万人；全国园长和教师人数已从2010年的130.53万人，提高到2015年的230.31万人；全国学前三年毛入园率已从2010年的56.6%，上升到2015年的75.0%。

---

① 中华人民共和国教育部.2014年全国教育事业发展统计公报[EB/OL].[2016-05-10]. http://www.moe.edu.cn/srcsite/A03/s180/moe_633/201508/t20150811_199589.html.

② 中华人民共和国教育部.2015年全国教育事业发展统计公报[EB/OL].[2016-07-07]. http://www.moe.edu.cn/srcsite/A03/s180/moe_633/201607/t20160706_270976.html.

 本章小结

本章小结如下图。

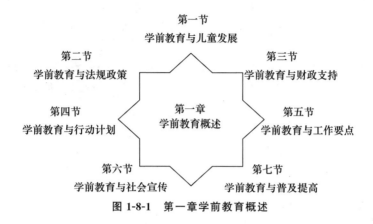

图 1-8-1　第一章学前教育概述

第一节小结如下图。

图 1-8-2　第一节学前教育与儿童发展

第二节小结如下图。

图 1-8-3　第二节学前教育与法规政策

第六节小结如下图。

图 1-8-4　第六节学前教育与社会宣传

 本章复习思考题

1. 什么是学前教育？什么是儿童发展？你是如何看待学前教育与儿童发展之间的关系的？

2.《国务院关于当前发展学前教育的若干意见》的主要内容是什么？你认为具有哪些特点？

3.《幼儿园教师专业标准（试行）》的主要内容是什么？你认为具有哪些特点？

4.《3—6岁儿童学习与发展指南》的主要内容是什么？你认为具有哪些特点？

5.《幼儿园园长专业标准》的主要内容是什么？你认为具有哪些特点？

6.《幼儿园工作规程》的主要内容是什么？你认为具有哪些特点？

7. 2012—2016年全国学前教育宣传月的活动主题分别是什么？你是如何看待宣传月活动的？

 本章课外浏览网站

1. 上海学前教育网. http://www.age06.com/age06web3

2. 中华人民共和国教育部网. http://www.moe.edu.cn/

3. 中华人民共和国财政部网. http://www.mof.gov.cn/index.htm

4. 中华人民共和国中央人民政府网. http://www.gov.cn/

本章课外阅读书目

1. 黄人颂主编.学前教育学[M].北京:人民教育出版社,1989.
2. 梁志燊编著.学前教育学[M].第3版.北京:北京师范大学出版社,2014.
3. 李生兰著.学前教育学[M].第3版.上海:华东师范大学出版社,2014.
4. 李生兰等著.学前教育法规政策的理解与运用[M].南京:南京师范大学出版社,2012.

第二章 幼儿园教育概述

本章提要

本章包括六节:第一节幼儿园的儿童班级与规模;第二节幼儿园的教职员工与职责;第三节幼儿园的设施设备与功能;第四节幼儿园的保教任务与目标;第五节幼儿园的作息制度与实施;第六节幼儿园的等级标准与评定。

本章重点

第二节幼儿园的教职员工与职责;第四节幼儿园的保教任务与目标;第五节幼儿园的作息制度与实施。

本章难点

第三节幼儿园的设施设备与功能;第五节幼儿园的作息制度与实施;第六节幼儿园的等级标准与评定。

本章导读

看图说话:在下面这张图中,你看到了什么?你想到了什么?

图片 2-0-1　上海市浦东新区潮和幼儿园大厅环境布置

第一节 幼儿园的儿童班级与规模

图片 2-1-1　上海市宝山区小鸽子幼稚园早上儿童桌面游戏

一、幼儿园的性质与形式

（一）幼儿园的性质

幼儿园主要是对3周岁以上学龄前儿童实施保育和教育的机构。幼儿园教育是基础教育的重要组成部分，是学校教育制度的基础阶段。

（二）幼儿园的形式

幼儿园一般是每年秋季招生，幼儿在入园前，要按照卫生部门制定的卫生保健制度进行健康检查，合格者才能入园，禁止任何形式的考试或测查。

幼儿园一般分为全日制、半日制、定时制、季节制和寄宿制等。我国现阶段的幼儿园大都是全日制，即幼儿每天上午8点左右入园，下午5点左右离园。

二、幼儿园的编班与规模

（一）幼儿园的编班

幼儿园的适龄儿童主要是3周岁至6周岁。幼儿园的学制一般为三年。

幼儿园可以按儿童的年龄分别编班，也可以混合儿童的年龄进行编班。我国现行幼儿园大都是按儿童的年龄来进行分班，每班儿童人数不等，从小班到大班，班级规模逐渐扩大。例如，小班，主要招收3周岁至4周岁儿童，全班约25人；中班，主要招收4周岁至5周岁儿童，全班约30人；大班，主要招收5周岁至6周岁儿童，全班约35人。如果是混合编班，主要招收3—6周岁儿童，每班约30人。

（二）幼儿园的规模

幼儿园规模应当适中，既要便于管理，又要能促进儿童发展。在我国许多幼儿园里，每个年级约有3—4个班，全园约有9—12个班，一般在360人以下。

第二节 幼儿园的教职员工与职责

图片 2-2-1 上海市宝山区小鸽子幼稚园教师诗歌创作朗诵会

一、教职员工的师德与奖惩

（一）教职员工的师德

幼儿园教职员工要贯彻执行国家教育方针，具有良好品德，热爱教育事业，具有专业知识和技能以及相应的文化和专业素养，为人师表，忠于职责，身心健康。许多幼儿园都通过生动活泼的形式，培养教师的职业认同感，提高教师的职业荣誉感，强化教师的职业幸福感。例如，上海市宝山区小鸽子幼稚园通过教研活动、娱乐活动，鼓励教师创编诗歌，朗诵诗歌，颂扬爱岗敬业的精神。

幼儿园教职员工要尊重儿童，爱护儿童，不能虐待、歧视、体罚和变相体罚、侮辱儿童人格，以免损害儿童身心的健康发展。

图片 2-2-2 上海市宝山区小鸽子幼稚园教师表演扇子舞茉莉花

（二）教职员工的智能

幼儿园教职员工不仅要师德高尚，还要业务精良；不仅要有爱心、热心，还要有耐心、细心；不仅要有亲和力、观察力，还要有想象力、创造力；不仅要有理论知识，还要有实践技能；不仅要会讲故事、会做游戏、会画画、会手工，还要会唱歌、会跳舞、会弹琴。此外，还要具有安全意识，掌握基本的急救常识和防范、避险、逃生、自救的基本方法，在紧急情况下能优先保护儿童的人身安全。

（三）教职员工的待遇

为了稳定教职员工队伍，幼儿园都很重视提高保教人员的各种待遇，按标准配备配齐编制，按时发放发足工资，及时提升专业职称，提供免费学习、进修培训的机会，以切实维护保教人员的各项权益。

幼儿园往往都会创造条件，在寒暑假期间，安排教职员工轮流休假，依法享受寒暑假期带薪休假。

（四）教职员工的奖惩

幼儿园会根据教职工的业绩，进行奖惩。一般在每学年结束时或教师节时，对认真履行职责、成绩优良的教职工，按照有关规定给予奖励，召开表彰大会，颁发荣誉证书，发放奖金；而对不履行职责的教职工，则根据情节轻重，依法依规给予相应处分。

图片 2-2-3　上海市宝山区小鸽子幼稚园园长（右一）给优秀保教人员颁发荣誉证书

二、教职员工的岗位与职责

幼儿园一般设有园长、副园长、教师、保育员、卫生保健人员、炊事员等岗位，按照国家规定，幼儿园需配足配齐教职工人数。

（一）园长

园长需具有《教师资格条例》规定的教师资格、具备大专以上学历、具有三年以上幼儿园工作经历和一定的组织管理能力，并取得幼儿园园长岗位培训合格证书；园长一般由举办者任命或者聘任，并报当地主管的教育行政部门备案。

园长全面负责幼儿园的工作，主要职责如下：(1) 贯彻执行国家的有关法律、法规、方针、政策和地方的相关规定，负责建立并组织执行幼儿园的各项规章制度；(2) 负责保育教育、卫生保健、安全保卫工作；(3) 负责按照有关规定聘任、调配教职工，指导、检查和评估教师以及其他工作人员的工作，并给予奖惩；(4) 负责教职工的思想工作，组织业务学习，并为他们的学习、进修、教育研究创造必要的条件；(5) 关心教职工的身心健康，维护他们的合法权益，改善他们的工作条件；(6) 组

图片 2-2-4　上海市徐汇区乌鲁木齐南路幼儿园龚敏市特级园长向来访者介绍藏品

织管理园舍、设备和经费;(7)组织和指导家长工作;(8)负责与社区的联系和合作。[①]

(二)教师

教师必须具有《教师资格条例》规定的幼儿园教师资格;幼儿园教师实行聘任制。

图片2-2-5 上海市普陀区绿洲幼儿园教师在组织中班"我的朋友多"教育活动

教师对本班工作全面负责,其主要职责如下:(1)观察了解儿童,依据国家有关规定,结合本班儿童的兴趣需要和发展水平,制订和执行教育工作计划,合理安排儿童一日生活;(2)创设良好的教育环境,合理组织教育内容,提供丰富的游戏材料和玩具,开展适宜的教育活动;(3)严格执行幼儿园安全、卫生保健制度,指导并配合保育员管理本班儿童的生活,做好卫生保健工作;(4)与家长保持经常联系,了解儿童家庭的教育环境,商讨符合儿童特点的教育措施,相互配合共同完成教育任务;(5)参加业务学习和保育教育研究活动;(6)定期总结评估保教工作实效,接受园长的指导和检查。[②]

(三)保育员

保育员应具备高中以上学历,受过儿童保育职业培训。

保育员的主要职责如下:(1)负责本班房舍、设备、环境的清洁卫生和消毒工作;(2)在教师指导下,科学照料和管理儿童生活,并配合本班教师组织教育活动;(3)在卫生保健人员和本班教师指导下,严格执行幼儿园安全、卫生保健制度;(4)妥善保管本班的设备、用具和儿童的衣物。[③]

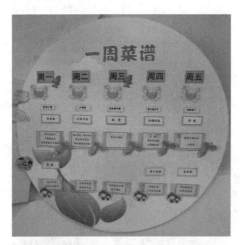

图片2-2-6 上海市宝山区小鸽子幼稚园一周食谱

(四)卫生保健人员

医师应取得卫生行政部门颁发的《医师执业证书》;护士应取得《护士执业证书》;保健员应具有高中以上学历,并经过当地妇幼保健机构组织的卫生保健专业知识培训。

卫生保健人员对全园儿童身体健康负责,其主要职责如下:(1)协助园长组织实施有关卫生保健方面的法规、规章和制度,并监督执行;(2)负责指导调配儿童膳食,检查食品、饮水和

[①] 中华人民共和国教育部.幼儿园工作规程[EB/OL].[2016-06-04]. http://www.moe.edu.cn/srcsite/A02/s5911/moe_621/201602/t20160229_231184.html.
[②] 同上注。
[③] 同上注。

环境卫生;(3)负责晨检、午检和健康观察,做好儿童营养、生长发育的监测和评价;定期组织儿童健康体检,做好儿童健康档案管理;(4)密切与当地卫生保健机构的联系,协助做好疾病防控和计划免疫工作;(5)向教职工和家长进行卫生保健宣传和指导;(6)妥善管理医疗器械、消毒用具和药品。①

第三节 幼儿园的设施设备与功能

图片 2-3-1 上海市金山区朱行幼儿园户外活动场地

幼儿园应从实际情况出发,既要保证保教工作及事业发展的需要,又要勤俭办园,充分发挥园舍和设备的作用,提高使用效率。

一、幼儿园的建筑外观

幼儿园的建筑外观包括幼儿园的大门、围墙、大厅、走廊等公共空间。

(一) 大门

幼儿园的大门,有的是传统的大铁门,有的是现代的电动门;在门旁边会挂着一块牌子,上面印有园名、园标、园址;进入大门以后,会有一个洗手池,设置了不同高度的水龙头,摆放着几瓶洗手液、几盒餐巾纸,以便于幼儿入园后先洗手,养成爱清洁、讲卫生的好习惯。

图片 2-3-2 上海市普陀区汇丽幼儿园幼儿上午入园在洗手池洗手

---

① 中华人民共和国教育部.幼儿园工作规程[EB/OL].[2016-06-04]. http://www.moe.cn/srcsite/A02/s5911/moe_621/201602/t20160229_231184.html.

图片 2-3-3 福建省厦门市同安区洗墨池幼儿园门口宣传栏

（二）围墙

在靠近幼儿园门口的围墙上，会陈列一些板画，宣传幼儿园的办园宗旨、教育活动、儿童作品，还会专设橱窗，介绍幼儿园的家长工作，使家长知道家长委员会的成员及其职责。

（三）大厅

在幼儿园大厅的外墙上，会悬挂着各种奖牌、横匾，显示幼儿园的办园等级、获奖证书等；在大厅的内墙上，会张贴幼儿园的每周食谱、卫生保健要点、服务家长公约、办园宗旨、保教人员风采等一系列图文并茂的信息，使家长能了解孩子的膳食营养、帮助孩子预防疾病、了解自己的职责、幼儿园的特色、教师的特点等；在大厅的角落里，既会摆放一些花草盆景，以美化绿化环境，也会摆放一些爱心物品（如雨伞、图书），供家长借用借阅。

图片 2-3-4 上海市徐汇区乌鲁木齐南路幼儿园走廊环境

（四）走廊

在幼儿园的走廊上，大都会围绕着季节、节日、幼儿园大事、幼儿园重要活动，来布置装扮，并不断更新，以吸引家长关注幼儿园的发展、关爱儿童的成长；在楼梯附近的墙壁上，还会张贴儿童绘本封面、儿童美术作品，以营造热爱读书的氛围，强化儿童的创作激情；在楼梯台阶上，还印着小脚印、数字，以促使儿童学会有序地上下楼梯，养成靠右行走的安全行为习惯。

二、幼儿园的园舍建筑

幼儿园的园舍建筑一般是三层楼房，主要包括办公及辅助用房、活动及辅助用房以及生活用房。

（一）办公及辅助用房

1. 传达室。 一走进幼儿园大门，在左侧或右侧，就能看到传达室（或警务室），这是供门卫保安人员值班及收发之用的。例如，来访人员需要登记个人信息，领取访客证。

2. 保健室。 一走进幼儿园大厅，在左边或右边，就能看到保健室，这是供医务人员开展卫生保健工作之用的。例如，每天早晨，医务人员要对入园的儿童进行健康检查，发放健康状况标志牌。

3. 接待室。 在保健室附近会有家长接待室,家长接送孩子时,可以进来坐一坐,看一看家长读物,和其他家长聊一聊孩子的情况,和保教人员交流一下孩子的近况。

4. 办公室。 办公室大都设在二楼或三楼,主要分为教师办公室、园长室、总务室、财会室。教师办公室大都是按儿童年龄班来安排的,供多位教师同时使用,如小班教师办公室、中班教师办公室、大班教师办公室;而园长室、总务室、财会室则是单独设置的。

图片 2-3-5　上海市普陀区梅川幼儿园教师办公室

5. 会议室。 会议室一般靠近园长室,除安放桌椅以外,还有书橱、书架,摆放着多种报纸、杂志、图书等资料,供教职员工查阅借阅。

6. 陈列室。 陈列室一般与会议室相邻,除展示幼儿园获得的各种旌旗、奖状、证书以外,还会展示教师和幼儿、家长和孩子一起制作的多种多样的教具、玩具以及幼儿作品等。

7. 卫生间。 在不同的楼层或拐角处,常设有卫生间,供教职员工、家长以及外来参观人员使用。

（二）活动及辅助用房

1. 活动室。 活动室是幼儿园最基本的用房,常设在一楼或二楼,每班一间,是各班开展各种教育活动的主要阵地;在班级门口的上方,会挂着一块小牌子,说明这是什么样的班级,如小一班;在班级门外的墙壁上,会呈现出家长园地专栏,上面张贴月计划、周计划、活动方案、家教经验等图文;在班级门外的走道上,会陈列衣柜鞋柜,供幼儿摆放自己的物品;在班级门内的墙壁上,会张贴着反映本月本周活动主题的各种作品;在班级里的不同空间,会设置科学区、建构区、操作区、图书区、扮演区、艺术区等活动区,各区之间会用书架或橱柜隔开。

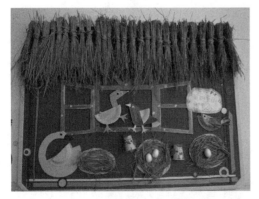

图片 2-3-6　上海市嘉定区桃园幼儿园中班"认识家禽"主题活动墙饰

图片 2-3-7　上海市普陀区绿洲幼儿园小班卫生间

图片2-3-8 上海市宝山区小鸽子幼稚园中班寝室

2. **卫生间**。每班活动室有一个门，直接通往本班的卫生间，儿童可自由进入大小便；室内有几个便槽或坐便器，供男女儿童分开使用，各厕位之间有小木板或小门遮挡着，以保护儿童的用厕隐私；此外，还有洗手池、洗手液、小毛巾或擦手纸等盥洗卫生用品，以培养儿童用厕后及时洗手的卫生习惯。

3. **寝室**。在活动室旁边有寝室，每个班专用或2个班合用；室内平放着约30张儿童床，每人一床；室内还有吊扇或空调、空气清新器等设备，以保证温度适宜、空气流通、卫生清洁。

4. **餐室**。在活动室旁边，还设有餐室或餐厅，每个班专用或2个班合用；墙壁上还会张贴宣传营养均衡、培养良好进餐习惯等方面的图案。

5. **综合活动室**。综合活动室大都设在三楼，是全园共用的；室内，一般配有简易舞台、钢琴、多媒体设施设备、桌椅等。为了促进儿童更好地发展，提高幼儿园的知名度，幼儿园不仅会在班级活动室里安排常规活动，还会利用多功能活动室，开展特殊的亮丽活动：一类是面向幼教同行的教研开放展示活动（如体育、语言、社会、科学、数学、音乐、舞蹈、美术等方面的教育教学活动）、科研汇报活动（如课题的开题、中期论证、结题汇报）；另一类是面向家长的教育休闲娱乐活动（如家长学校讲座、家长会、亲子活动、节日庆祝活动、毕业典礼等）。

图片2-3-9 上海市徐汇区乌鲁木齐南路幼儿园科学探索室

(三) 生活用房

1. **厨房**。厨房主要包括主副食加工间、烹饪间、配餐间、存储间；内设冰箱（如幼儿每天的食品留样）、烘箱、蒸饭器、豆浆机、绞肉机、和面机、切面机等炊具以及锅、碗、瓢、勺等餐具；为儿童提供每天的二点（上午和下午的点心）一餐（午饭）、二餐（午饭、早饭或晚饭）或三餐（早饭、中饭、晚饭）；为确保儿童的餐饮安全卫生，应注意食品保鲜，生熟分开，炊具和餐具及时消毒处理。

2. **消毒间**。消毒间靠近厨房，主要用于餐具、毛巾、水杯和炊具等物品的清洗消毒。

3. **休息室**。休息室有炊事员休息室和保育员休息室，以便于他们更衣、休息。

三、幼儿园的室外活动场地

幼儿园的室外活动场地，主要由分班活动场地和共用活动场地这两个部分所组成。分班活动场地包括各班级的种植园地、认养树、饲养角；共用活动场地包括设有大型活动器械、直跑道、鹅卵石路等的体育活动场地以及沙坑、水池等游戏活动场地。

（一）种植园地

在幼儿园建筑物后面，靠近园墙的地方，往往都会有一大块种植园地，按班级进行划分；在每小块地上，都会竖着一个牌子，表示这是某班的领地，神圣不可侵犯；各班都会随着季节的变化，栽种相应的植物；附近有水龙头和水管，便于幼儿给花草浇水；许多有经验的祖辈家长、农民家长，都会到种植园地来做义工，和教师、幼儿一起种花养草。

图片 2-3-10　上海市金山区朱行幼儿园中四班种植园地

图片 2-3-11　浙江省杭州市文华幼儿园户外活动场地

（二）体育活动场地

在体育活动场地上，会安置许多大型活动器械。从制作材料上看，可分为软材料（如木头、塑胶）器械、硬材料（如钢筋、水泥）器械；器械的组合形式有单独设置（只有一个器械，如秋千）、联合设置（由两个器械组成，如平衡木—钻筒二合一）和复合设置（由三个及以上器械组成，如攀登架—荡桥—滑梯三合一）三种类型。实践证明，复合设置的体育运动器械对儿童体能发展的影响优于联合设置，而联合设置器械的效果又优于单独设置。在边角处，还会建立一个小贮藏室，用于存放皮球、呼啦圈、跳绳、滑板等体育活动器具，便于教师和幼儿随时取用。

（三）沙坑

在幼儿园户外活动场地上通常会建设一个沙坑，供幼儿玩沙之用；在沙坑旁，会有工具箱，用于储存小桶、小筛子、小铲子等多种玩沙用具；沙池旁需配一块大油毡布，在玩沙后，要盖在沙池上，以防雨水进入，冲走沙子，或异物掉入，伤害儿童的手脚；如果天气适宜，幼儿还有机会光着脚，在沙池里玩耍，与沙子亲密接触，深入了解沙子的特性。

（四）水池

在沙坑附近，通常还会建立一个水池，供幼儿玩水之用，帮助幼儿了解水的特性，使幼儿知道水是从高处往低处流的；在水池旁，会摆放着塑料盒子、塑料瓶子、海绵、漏斗等多种漂浮或下沉的玩具用品，供幼儿操作探索，帮助幼儿了解水的特性；如果气温适当，还应鼓励儿童赤脚玩水，把水源通过水管引入沙坑，筑渠修坝，南水北调，并借机给幼儿讲讲大禹治水的故事，不仅能使儿童亲身体验到干沙与湿沙的区别，还能使他们全面理解水的利弊两面性。

图片 2-3-12　上海市青浦区徐泾幼儿园幼儿在沙池玩沙　　图片 2-3-13　上海市嘉定区南翔幼儿园玩水池

幼儿园要绿化、美化户外活动场地，因地制宜，就地取材，保证儿童每天户外活动的时间不少于2小时（其中户外体育活动的时间不少于1小时），以促进儿童健康快乐地成长。

四、幼儿园环境的教育功能

环境对儿童的发展具有潜移默化的影响，幼儿园应把环境作为重要的教育资源，确保室内外环境的安全性、卫生性、艺术性、儿童性、教育性，合理利用各种设施设备，创设开放的活动空间，提供适宜的读物、玩具、工具和材料，促进儿童的学习和发展。

第四节　幼儿园的保教任务与目标

图片 2-4-1　上海市普陀区梅川路幼儿园旗操早锻炼

一、幼儿园的保教任务

我国幼儿园的保教任务主要表现在两个方面。

(一) 为儿童服务

幼儿园要认真贯彻国家的教育方针,按照保育与教育相结合的原则,遵循儿童身心发展特点和规律,实施体、智、德、美等方面全面发展的教育,促进儿童身心的和谐发展。

(二) 为家长服务

幼儿园要面向儿童家长,热心为他们提供科学的育儿指导。

二、幼儿园的教育目标

我国幼儿园的教育目标主要体现在四个方面。

(一) 体育

幼儿园要促进儿童身体的正常发育和机能的协调发展,增强儿童的体质,促进儿童的心理健康,培养儿童良好的生活习惯、卫生习惯和参加体育活动的兴趣。

图片 2-4-2　上海市宝山区小鸽子幼稚园中班生长发展区

图片 2-4-3　上海市宝山区小鸽子幼稚园中班图书区

(二) 智育

幼儿园要发展儿童的智力,培养儿童正确运用感官和语言交往的能力,增进儿童对环境的认识,培养儿童有益的兴趣、求知的欲望、动手操作的能力。

(三) 德育

幼儿园要萌发儿童爱集体、爱家乡、爱祖国、爱劳动、爱科学的情感,培养儿童诚实、自信、友爱、勇敢、勤学、好问、爱护公物、克服困难、讲礼貌、守纪律等良好的品质,帮助他们养成活泼开朗的性格。

(四) 美育

幼儿园要培养儿童感受美和表现美的情趣和能力。

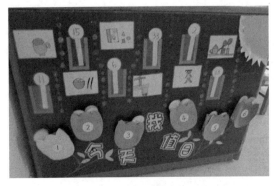 

图片 2-4-4　上海市宝山区小鸽子幼稚园中班值日生栏　　图片 2-4-5　上海市宝山区小鸽子幼稚园中班美术区

三、幼儿园的教育原则

幼儿园在对儿童进行教育时,应遵循以下几条原则。

(一) 全面性原则

德、智、体、美等方面的教育应当互相渗透,有机结合。

(二) 差异性原则

遵循儿童身心发展规律,符合儿童年龄特点,注重个体差异,因人施教,引导儿童个性健康发展。

(三) 正面性原则

面向全体儿童,热爱儿童,坚持积极鼓励、启发引导的正面教育。

(四) 渗透性原则

综合组织健康、语言、社会、科学、艺术等五大领域的教育内容,渗透于儿童一日生活的各项活动中,充分发挥各种教育手段的交互作用。

(五) 游戏性原则

以游戏为基本活动,寓教育于各项活动之中。

(六) 活动性原则

创设与教育相适应的良好环境,为儿童提供活动和表现能力的机会与条件。

四、幼儿园的教育活动

幼儿园在开展教育活动时,应注意以下几点。

(一) 多样性

幼儿园为儿童提供的教育活动应是丰富多彩的。

首先,从教育活动的内容上来看,应根据教育目标、儿童的实际水平和兴趣确定,以循序渐进为原则,有计划地选择和组织。

其次,从教育活动的组织上来看,应灵活地运用集体、小组和个别活动等形式,为每个儿童提供充分参与的机会,满足儿童多方面发展的需要,促进每个儿童在不同水平上得到发展。

再次,从教育活动的过程上来看,应注重支持儿童的主动探索、操作实践、合作交流和表达表现,不片面追求活动结果。

(二) 针对性

幼儿园为儿童提供的教育活动应是有针对性的。

首先,从一日活动的组织上来看,要动静交替,重视儿童的直接感知、实际操作和亲身体验,以保证儿童愉快的、有益的自由活动。

其次,从生活活动的组织上来看,要从实际出发,建立合理的常规,坚持一贯性和灵活性相结合,以培养儿童良好的生活习惯和自理的能力。

再次,从游戏活动的组织上来看,要把游戏活动作为对儿童进行全面发展教育的重要形式,要因地制宜创设游戏条件,提供多种适宜的游戏材料,保证充足的游戏时间,开展各种各样的游戏活动;要根据儿童的年龄特点指导游戏,鼓励儿童根据自己的兴趣、需要和经验,选择游戏的内容、材料和玩伴,使儿童在游戏过程中获得积极的情感体验,促进儿童个性的和谐发展。

最后,从户外活动的组织上来看,每天不得少于 2 小时,要充分利用日光、空气、水等自然因素以及本地自然环境,有计划地锻炼儿童的肌体,增强儿童身体的适应性和抵抗力。

(三) 差异性

幼儿园为儿童提供的教育活动应是有差异性的。要充分尊重儿童之间的个体差异,根据儿童不同的心理发展水平和知识技能,采用有效的活动形式和教育策略,以培养儿童良好的个性心理品质。

第五节　幼儿园的作息制度与实施

图片 2-5-1　上海市宝山区小鸽子幼稚园幼儿一日生活安排表

寓教育于一日活动之中,是幼儿教育的一条重要途径。幼儿园要为儿童制定并实施科学的、合理的一日生活作息制度,保证儿童劳逸结合,促进儿童身心的健康发展。

一、幼儿园一日生活作息制度的价值

幼儿园一日生活作息制度的价值,主要体现在以下几个方面。

(一) 有助于幼儿园建立常规

幼儿园的日常教育工作需要根据儿童的年龄特点,通过一日生活作息安排,将各项活动的时间固定下来,形成制度,作为常规教育工作的行动准则,以保证一日活动能够正常、有序地进行下去。

(二) 有助于儿童受到全面教育

幼儿园一日生活作息制度,是对儿童发展的需求和水平、教育活动的内容和种类,进行空间上的安排;它要求教师严格遵守作息时间,按时开展各项活动,使儿童能有机会参与到生活活动、户外活动、游戏活动、教育活动等多种活动中去,受到全面发展的教育。

(三) 有助于儿童养成良好习惯

幼儿园一日生活作息制度,是对日常教育工作的范围和环节,进行时间上的安排;它要求儿童严格遵守入园、离园的时间规定,知道并能够做到,在什么时间,干什么事情,这既有助于儿童增强时间观念,形成守时惜时的好习惯,也有助于儿童形成动力定型,养成良好的生活卫生习惯。

二、幼儿园一日生活作息制度的制定

为了确保一日生活作息制度的教育价值,幼儿园在制定作息制度时,需要注意以下几点。

(一) 全面性

幼儿园要根据保育和教育的目标,来确立一日生活作息制度的内容,有目的、有计划地安排好各项活动,使儿童能在入园活动、晨检活动、区角活动、锻炼活动、学习活动、餐点活动、午睡活动、游戏活动、参观活动、离园活动等多种多样的活动中,身心得到全面和谐的发展。

(二) 儿童性

幼儿园要根据儿童发展的年龄特征,来区分一日生活作息制度的时间,使其既要符合小班、中班、大班儿童的心理需求,又能促进不同年龄的儿童在原有水平上得到提高,健康快乐的成长。例如,小班儿童生活活动、游戏活动的时间,要比中班、大班儿童长一些,而学习活动的时间则要比中班、大班儿童短一点。

(三) 季节性

幼儿园要根据季节变化的特点,来保证一日生活作息制度的适宜性,开展符合春、夏、秋、冬不同季节特点的户外体育锻炼活动,及时增减衣服,掌握好活动量,始终把儿童的安全放在首位。例如,在寒冷的冬天,教师要提高体育锻炼中的防寒防冻保暖的安全意识;在炎热的夏天,教师要增强体育活动中的防晒防暑降温的安全措施。

(四)区域性

幼儿园要根据当地的资源条件,来确保一日生活作息制度的合理性,因地制宜,从当地的实际情况出发,充分利用日光、空气、水等自然条件,增加儿童与大自然亲密接触的机会,确保儿童每天拥有2小时的户外活动时间(包括1小时户外体育活动时间),增强儿童适应能力。

三、幼儿园一日生活作息制度的内容

幼儿园一日生活作息制度的内容受制于保育和教育的任务以及儿童的年龄特征。

(一)一日生活作息制度的呈现

在门口的宣传橱窗里或家长园地里,幼儿园会张贴一张全园各班的一日生活作息制度总表(见表2-5-1),以便于家长和其他来访人员能及时了解幼儿园的基本情况;在每个班级的墙壁上,教师还会张贴一张本班的一日生活作息制度简表,以提醒自己要严格遵守,照章执行。

表2-5-1 幼儿园各班一日生活作息制度

序号	一日生活主要环节	各班时间		
		小班	中班	大班
1	入园活动、洗手、晨间接待	7:45—8:20	7:45—8:10	7:45—8:05
2	户外体育锻炼(早操、体育游戏活动)	8:20—9:00	8:10—8:50	8:05—8:45
3	如厕、洗手、点心、自由活动	9:00—9:25	8:50—9:10	8:45—9:05
4	学习活动	9:25—9:45	9:10—9:35	9:05—9:35
5	户外活动	9:45—10:15	9:35—10:05	9:35—10:05
6	区角活动	10:15—10:50	10:05—10:50	10:05—10:55
7	餐前准备	10:50—11:00	10:50—11:00	10:55—11:05
8	午餐	11:00—11:40	11:00—11:40	11:05—11:40
9	餐后户外散步	11:40—12:00	11:40—12:00	11:40—12:00
10	午睡准备、午睡	12:00—14:30	12:00—14:30	12:00—14:30
11	起床、整理、洗手、点心	14:30—15:00	14:30—15:00	14:30—14:55
12	户外活动、午间操	15:00—15:30	15:00—15:30	14:55—15:25
13	游戏活动	15:30—15:55	15:30—16:00	15:25—16:05
14	户外自由活动、离园活动	15:55—17:00	16:00—17:00	16:05—17:00

(二)一日生活作息制度的特点

从表2-5-1可以看出,幼儿园不同年龄班的一日生活作息制度具有以下几个异同点。

1. 相同点

(1) 一日生活的环节相同。全园三个年龄班一日生活所包括环节数量基本相同,都含有 14 个环节,环节名称基本相同,都是从入园活动到离园活动。

(2) 入园离园的时间相同。全园三个年龄班的入园时间都是从 7:45 开始,离园时间都是到 17:00 结束。

(3) 户外活动的时长相同。全园三个年龄班进入户外活动的次数都有 5 次,累积时间都是 2 小时以上。

(4) 生活活动的时长相同。全园三个年龄班的午餐到午睡这三个时段的时间基本相同,都是从 11:00(大班是 11:05)到 14:30。

2. 不同点

(1) 学习活动的时长不同。全园三个年龄班学习活动持续的时间差别较大,从小班到大班逐渐延长,小班只有 20 分钟,中班 25 分钟,大班 30 分钟。

(2) 区角活动的时长不同。全园三个年龄班区角活动持续的时间差别较大,从小班到大班逐渐增多,小班仅有 35 分钟,中班增至 45 分钟,大班长达 50 分钟。

四、幼儿园一日生活作息制度的实施

幼儿园一日生活作息制度的实施,需要教师调动儿童的积极性,发挥儿童的主动性,和儿童共同努力,实现双边互动,使儿童成为活动的主人。

(一) 认真执行一日生活作息制度

在实施一日生活作息制度时,教师要按照一日活动各环节的要求,适时开展各项活动。

首先,要合理组织儿童的餐点活动。教师要重视培养儿童用餐前洗净手及擦干手、用餐中不挑食及不掉饭菜、用餐后送餐具、漱口、擦嘴及摆椅子等好习惯,提高儿童独立用餐的能力。

图片 2-5-2　上海市普陀区梅川幼儿园小班儿童午餐后漱口

图片 2-5-3　上海市宝山区小鸽子幼稚园幼儿在玩角色游戏"披萨店"

其次,要合理组织儿童的午睡活动。教师要注意培养儿童按时就寝和起床的好习惯;提醒儿童睡前大小便,安静入睡;指导儿童穿脱衣裤,整理床铺,增强儿童自我服务的

能力。

再次，要合理组织儿童的游戏活动。教师要意识到游戏是一日活动中的基本活动，要保证儿童游戏的时间，扩展儿童游戏的空间，丰富儿童游戏的材料，及时参与到儿童的游戏中去，提高儿童的交往能力，发展儿童的社会性。

最后，要合理组织活动的过渡环节。教师要意识到儿童从入园到离园各个活动及活动之间的过渡环节，都蕴含着教育契机，都直接或间接地影响儿童一天的情绪；教师要努力使各项活动能够自然平稳地过渡，减少儿童不必要的排队及等待，允许儿童根据自己的需要喝水和排便。

（二）帮助儿童全面理解一日生活

儿童对一日生活作息制度的理解和支持，直接关系到教师是否能有效地组织一日活动。为了提高一日活动的效率，教师要开动脑筋，自己动手，用图文并茂的形式把作息制度绘制编排出来（可以儿童图画为主，也可以儿童照片为主），张贴在班级的墙上，引导儿童观察识记，使儿童能通过每天的生活，不断强化，真正理解各项活动的内容及其顺序，并能愉快地参与其中。

图片 2-5-4　上海市浦东新区潮和幼儿园大班一日生活安排

（三）指导儿童逐步掌握每项技能

在实施一日生活作息制度时，教师要学会观察，抓住重点，反复训练，使儿童形成各种良好的行为习惯。

"一日之计在于晨"，早晨的接待工作特别重要，直接关系到儿童在园一天的心情。因此，在晨间接待时，教师要面带微笑，热情迎接每一位儿童，为儿童树立主动问好的榜样；要观察儿童的表现，安抚情绪不良的儿童，和儿童一起诵读儿歌（如：太阳出来眯眯笑，小朋友们入园了；见了老师说声好，见了朋友把手招；讲文明呀懂礼貌，我们都是好宝宝），培养儿童积极愉快的情绪、文明礼貌的行为。

在一日生活中，盥洗活动始终贯穿其中，开展的频率最多，一天高达七八次，不论是入园、如厕，还是喝水前、吃饭前，儿童都需要洗手。因此，帮助儿童掌握正确的洗手方法，就显得特别重要。保教人员要指导儿童用流动的水洗手，给儿童讲解、示范洗手擦手的整个过程，还可以在洗手水池上张贴洗手妙法的图片，使儿童每次洗手时，都能观察参照模仿范例，逐步掌握洗手的七个步骤（洗手掌→洗背侧指缝→洗掌侧指缝→掌洗指背→洗拇指→洗指尖→洗手腕、手臂，双手交换进行），养成良好的个人卫生习惯和节约用水的习惯。

五、幼儿园一日生活作息制度的优化

要提高一日生活作息制度的落实质量,教师就需要处理好以下几种关系。

(一)动态活动与静态活动相互结合

幼儿园的一日生活,从活动的形态上来看,可分为动态活动和静态活动。教师在为儿童提供丰富多彩的活动时,要遵循儿童身心发展的特点,注意动静交替,劳逸结合,以避免儿童长时间单调乏味地进行某项活动,导致大脑疲劳,失去活动的兴趣。

(二)室内活动与室外活动相互结合

图片 2-5-5　上海市宝山区小鸽子幼稚园幼儿户外体育活动

幼儿园的一日生活,从活动的空间上来看,可分为室内活动和室外活动。由于室内活动和室外活动对儿童的发展具有不同的作用,因此,教师就需要组织不同的活动,以促进儿童的和谐发展。例如,为了增强儿童的体质,发展儿童的运动能力,教师就不能常把儿童关在教室里,进行"圈养",而要打开班门,实行"放养",保证儿童每天的运动量,促进儿童身体的健康成长。

(三)集体活动与其他活动相互结合

幼儿园的一日生活,从活动的人数上来看,可分为集体活动、小组活动和个人活动。相比而言,集体活动更有利于培养儿童的规则意识和归属感,而小组活动则更有助于培养儿童的合作分享能力,个人活动更有助于促进儿童的个性发展。因此,为了促进儿童的全面发展,教师就必须保证儿童有机会参与各种活动,使儿童能在集体学习活动、小组游戏活动、个人自由活动中得到成长,使幼儿园成为儿童的乐园。

(四)固定活动与临时活动相互结合

幼儿园的一日生活,从活动的计划上来看,可分为固定活动和临时活动。因为"天有不测风云",所以,教师在组织日常活动时,要处理好稳定性和灵活性之间的关系,"以不变应万变",而不能使"计划赶不上变化";要根据实际情况、突发事件,进行相应的调整,而不能机械呆板,一成不变。例如,要依据天气、气温的突然变化,及时对户外活动的场地进行更换等。

第六节　幼儿园的等级标准与评定

图片 2-6-1　上海市宝山区小鸽子幼稚园儿童走平衡木早锻炼活动

为了适应学前教育事业的发展需要,促进幼儿园办学质量的提高,我国许多省市都制定了幼儿园等级评定标准以及幼儿园等级评定实施办法。现以 S 市和 Z 省为例,加以说明。

一、S 市托幼园所办学等级标准与评估办法①

(一) S 市托幼园所办学等级标准

S 市教育委员会、S 市卫生局于 2003 年颁发了《S 市托幼园所办学等级标准(试行)》,它由"基础性标准"及"发展性要求"两部分组成。

1. 基础性标准:共 85 分,包括 5 项一级指标、11 项二级指标、57 项三级指标。详见表 2-6-1。

表 2-6-1　托幼园所办学等级基础性标准②

序号	一级指标名称及分值	二级指标名称及分值	三级指标数量
1	婴幼儿发展水平,20 分	无	8 项,20 分
2	办园(所)条件,12 分	设施设备,6 分	8 项
		人员配置,6 分	3 项
3	园(所)务工作,12 分	园务管理,7 分	6 项
		家教社区,5 分	5 项
4	保教工作,23 分	业务管理,5 分	2 项
		组织实施,18 分	8 项
5	卫生保健工作,18 分	保健管理,3 分	3 项
		健康检查,2 分	2 项
		消毒隔离,3 分	3 项
		安全防病,5 分	4 项
		营养工作,5 分	5 项
合计	5 项,85 分	11 项,65 分	57 项,20 分

---

①　研究者遵循科研规范,将这所城市的真实名称隐去,用符号 S 替代,后同。
②　此表是作者根据《S 市托幼园所办学等级标准(试行)》的内容制作而成的。参见:S 市教育委员会、S 市卫生局. S 市托幼园所办学等级标准(试行)[EB/OL].[2016-09-05]. http://www.age06.com/Age06.Web/Detail.aspx? InfoGuid=b53f9bb8-96cc-4b69-80ff-d2f3529b5d67.

从表 2-6-1 可以看出,该市的基础性标准具有以下几个特点:**(1) 指标分数的差异性**。各大指标的分数值是不同的,表明其具有不同的地位。例如,在一级指标中,"保教工作"的分数,居于五项之首,彰显其重要性;在二级指标中,"组织实施"的分数,遥遥领先于其他 10 项,突显其重要性。**(2) 指标数量的差异性**。各大指标包含的数量也是不相同的,表明对其进行分解的程度有所不同。例如,"园务工作"含有 2 个二级指标,分解的较为笼统,而"卫生保健工作"则含有 5 个二级指标,分解的较为细致。

从表 2-6-1 还可以看出,该市的基础性标准存有一些不足之处,需要加以改进:**(1) 指标的对应性**。关于"婴幼儿发展水平"这个一级目标,只列出了三级指标,合计 20 分,而未能划分出二级指标,因而没能与其他项目的二级指标并列对应。对此,可以考虑从婴幼儿体力、认知、语言、情感、社会性、审美等方面,来加以补充标出,并对 20 分进行分割。**(2) 指标的权重性**。关于"组织实施"这个二级指标,占了 18 分,分数值过大,过于集中,是其他同级指标的 3 倍及以上,显得"鹤立鸡群",不够"和谐",因而也需要加以划分,派生出其他几个并列指标。

2. 发展性要求:共 15 分,包括"队伍建设成效显著""教、科研工作有实效,促进园(所)的整体发展""重视课程建设,创建办学特色""富有创新的管理改革经验""创建良好的校园文化"这五个方面,[①]每个方面都含有 3 条标准,共 15 条标准。可见,这些标准主要是衡量托幼园所可持续发展的能力及其办学特色。

由此可见,《S 市托幼园所办学等级标准(试行)》以"基础性标准"为主(占了 85 分),以"发展性要求"为辅(只占 15 分),这样,就能有所侧重,突出重点;"基础性标准"以定量评审为主,"发展性要求"则以定性评审为主,这样,定量评审就能和定性评审有机地结合起来,达到较为理想的评审结果。通过对园所整体情况进行评估,托幼园所按其办学条件和质量情况,从高至低分为一级、二级和三级三个不同办学等级。

(二)S 市托幼园所办学等级评估办法

为了继续鼓励和引导 S 市托幼园所的规范办学和促进园所的持续发展,规范办学等级评估程序,促进学前教育事业的健康发展,S 市教育委员会于 2003 年提出了《关于进一步规范本市托幼园所办学等级评估办法的意见》,主要内容如下。

1. 评定的依据。托幼园所等级评估的依据是:《幼儿园工作规程》《幼儿园教育指导纲要(试行)》《S 市学前教育纲要》和《S 市托幼园所办学等级标准(试行)》等相关法规、制度。

2. 评定对象和适用范围。经本市教育行政部门审核批准设立,取得办学许可证,且办学满 1 年的各种办学性质的托幼园所,均应参加办学等级评定;已经取得办学等级的园所,自评估 3 年后须重新参加办学等级评定。本市托幼园所办学等级评定是托幼园所

---

① S 市教育委员会、S 市卫生局. S 市托幼园所办学等级标准(试行)[EB/OL].[2016-09-05]. http://www.age06.com/Age06.Web/Detail.aspx? InfoGuid=b53f9bb8-96cc-4b69-80ff-d2f3529b5d67.

办学资质审定和收取管理费的重要依据。

3. 评定等级和标准。 本市托幼园所的评定分一级、二级、三级三个等级。评估内容由基础性标准和发展性要求两大部分组成,其中基础性标准占85分,发展性要求占15分,总分值为100分。**(1) 一级园所。** 园所评估的总得分不低于90分;且婴幼儿发展水平、保教工作和卫生保健工作三项评估指标每项得分不得低于应得分的90%。**(2) 二级园所。** 园所评估的总得分满70分;且婴幼儿发展水平、保教工作和卫生保健工作三项评估指标每项得分不得低于应得分的70%。**(3) 三级园所。** 园所评估的总得分不低于50分;且婴幼儿发展水平、保教工作和卫生保健工作三项评估指标每项得分不得低于应得分的50%。**(4) 不合格园所。** 园所评估的总得分低于50分为办学水平不合格,对办学水平不合格的园所,教育行政部门将责令其限期整改,整改后仍不达标的,根据不达标的情况,或年检暂缓通过;或暂停招生;或终止办学,吊销办学许可证。①

4. 评定工作的组织实施。 托幼园所的办学等级评定工作实行"市、区(县)两级管理,各部门分工负责,统一标准,加强协调"的原则进行。在"注重基础、兼顾发展,注重内涵、关注特色,统一标准、适当调控"的原则下进行。②

5. 评定工作的方式与程序。 园所办学等级评定采用"材料审核、现场评估和社会公示"相结合的方式进行。

6. 评定工作的经费。 各专业教育评估机构组织实施托幼园所等级评定不得以营利为目的,所需经费按成本向申报托幼园所收取。③

由此可见,《关于进一步规范本市托幼园所办学等级评估办法的意见》,有助于完善托幼园所分等定级的工作,提高托幼园所的办学水平,强化各主办单位的管理意识,加强业务主管部门的指导工作,促进学前教育的改革发展。

二、Z省幼儿园等级评定标准与实施办法④

(一) Z省幼儿园等级评定标准

Z省教育厅办公室于2014年发布了《Z省幼儿园等级评定标准》,详见表2-6-2。

---

① S市教育委员会. 关于进一步规范本市托幼园所办学等级评估办法的意见[EB/OL]. [2016-09-05]. http://www.age06.com/AGE06.WEB/Detail.aspx?CategoryID=65979f0b-e113-489b-9769-2292e08dc71a&InfoGuid=0819a99f-2dbe-41bc-8264-3dda5ea217de.

② 上海市教育评估院. 关于2016上半年上海市幼儿园等级评估申报工作的通知[EB/OL]. [2016-09-06]. http://www.seei.edu.sh.cn/Default.aspx?tabid=153&ctl=Details&mid=609&ItemID=2119&SkinSrc=[L]Skins/jypgy_1fen/jypgy_1fen.

③ S市教育委员会. 关于进一步规范本市托幼园所办学等级评估办法的意见[EB/OL]. [2016-09-05]. http://www.age06.com/AGE06.WEB/Detail.aspx?CategoryID=65979f0b-e113-489b-9769-2292e08dc71a&InfoGuid=0819a99f-2dbe-41bc-8264-3dda5ea217de.

④ 研究者遵循科研规范,将这所城市的真实名称隐去,用符号Z替代,后同。

表 2-6-2　Z 省幼儿园等级评定标准①

序号	评定标准	园级		
		一级园 指标数量	二级园 指标数量	三级园 指标数量
1	园舍空间与设施	6 项	6 项	6 项
2	班级空间与设施	5 项	5 项	5 项
3	人员配备与待遇	6 项	6 项	6 项
4	园务管理与教师队伍建设	7 项	7 项	7 项
5	安全与卫生保健	6 项	6 项	6 项
6	班级保育和教育	12 项	9 项	8 项
7	家长工作和社会服务	5 项	4 项	4 项
合计		47 项	43 项	41 项

从表 2-6-2 可以看出,该省的评定标准具有以下几个特点:**(1) 异同点。在评定标准中,有同有异。**总体来看,不论是评定什么等级的幼儿园,其标准都是相同的,均有 7 条(园舍空间与设施、班级空间与设施、人员配备与待遇、园务管理与教师队伍建设、安全与卫生保健、班级保育和教育、家长工作和社会服务),但在指标的总量上却有所不同,从一级园到三级园,指标的数量逐渐减少(一级园共有 47 项指标,二级园共有 43 项指标,三级园共有 41 项指标)。具体来讲,第一、二、三、五条标准所包含的指标数量,在各级园中都完全相同;第四、七条标准所包含的指标数量,在某两级园中有所不同;第六条标准所包含的指标数量,在各级园中均表现出差异。**(2) 主次性。在评定标准中,有轻有重。**不论是评定什么等级的幼儿园,第六条标准"班级保育和教育"所含有的指标数量,在各级园中都居于首位(一级园有 12 项指标,二级园有 9 项指标,三级园有 8 项指标),对一级园来讲,更是重中之重。第七条标准"家长工作和社会服务"所含有的指标数量,在各级园中均排在后面,在二级、三级园中都居于尾部(一级园只有 5 项指标,二级园只有 4 项指标,三级园只有 4 项指标)。

在阅读《Z 省幼儿园等级评定标准》时,笔者还发现了以下几个特点:**(1) 层次性。**评定标准中的多项指标表现出鲜明的阶递性。例如,在第二条标准"班级空间与设施"中,第 11 项指标讲的虽然都是班级的区角,但却显示出明显的层次感:要求一级园的班级"有 5 个以上明确划分的活动区角","每个区角有 4—5 种材料,每种材料 4—5 个以上","有一定比例的自制玩具与半成品材料(占总数的 20%以上)";"区角适合幼儿阅读的图书有 5 种以上主题类型,生均 3 册以上,每学期轮换更新 20%以上"。要求二级园的班级"有多个明确划分的活动区角","每个区角有 3 种以上材料,每种材料数量 3 个以上","有一定比例的自制玩具与半成品材料(10%以上)";"区角适合幼儿阅读的图书 4

---

① 此表是作者根据《Z 省幼儿园等级评定标准》的内容制作而成的。参见:Z 省教育厅办公室. Z 省幼儿园等级评定标准[EB/OL].[2016-09-05]. http://www.nbedu.gov.cn/zwgk/article/show_article.asp?ArticleID=45262.

种以上主题类型,生均2册以上,每学期轮换更新15%以上"。要求三级园的班级"可以布置出3个以上活动区角";"区角适合幼儿阅读的图书有3种以上主题类型,生均1册以上,每学期轮换更新10%以上"等。**(2) 公平性**。评定标准的指标表现出了明显的公平性。不论是一级园,还是二级园或是三级园,最后一项评审指标都是"加分项目",且指标内容完全相同:"支持弱势群体子女入学,不断提高针对特殊需求儿童的教育服务水平。凡接收特殊儿童达本园幼儿总人数的5%以上、接收贫困儿童或流动儿童达总人数的10%以上,并力所能及地提供针对性的教育服务,酌情加分。"①可见,在评审标准中,是极力倡导和鼓励要实现公平公正的学前教育的。

(二) Z省幼儿园等级评定实施办法

Z省教育厅办公室于2014年还发布了《Z省幼儿园等级评定实施办法》,内容如下。

1. 指导思想。 以《幼儿园工作规程》《幼儿园教育指导纲要(试行)》以及《3—6岁儿童学习与发展指南》为指导,积极落实《Z省中长期教育改革和发展规划纲要(2010—2020年)》提出的"实现学前教育上等级"任务,深化教育教学和办学体制改革,鼓励和促进园长、教师等幼儿教育实践工作者提升专业素养,激励和支持幼儿园改善办园条件,全面提升我省学前教育质量,为适龄儿童接受较高质量的学前教育创造更好条件。

2. 等级评定对象与条件。 省内所有经县(市、区)级及以上教育行政部门审批设立、具有事业单位登记证或民办非企业单位法人登记证、办学满2年的幼儿园,均可参加幼儿园等级评定。

3. 等级分类、评定标准和前置条件。 全省经行政许可的幼儿园可以申报相应等级,幼儿园等级共分三级,由高到低分别为一级、二级和三级。申报一级幼儿园其专任教师须100%持有适用的教师资格证,申报二级幼儿园其专任教师持有适用的教师资格证的比例不得低于90%,申报三级幼儿园其专任教师持有适用的教师资格证的比例不得低于80%。

4. 等级评定的实施。 幼儿园等级评定实行分级负责、分等评估、动态管理的原则。幼儿园等级评估工作组在评估时应采用定性、定量相结合的方法,通过查(原始档案资料、文件、账目)、看(班级半日活动、园舍环境)、听(汇报、座谈)、问(问卷调查、个别访问)、评(评分、评级)等进行综合评估与核查,并填写省教育厅统一监制的幼儿园等级评定工作用表。新审批的幼儿园2年以后方可申报三级幼儿园,新认定的三级幼儿园2年以后可申报二级幼儿园,新认定的二级幼儿园2年以后可申报一级幼儿园。

5. 等级幼儿园的管理。 各级教育行政部门对负责权限范围内的等级幼儿园每4年重新复核一次。对复核不合格者作出限期整改或降级处理。降级处理期满后,幼儿园须

---

① Z省教育厅办公室. Z省幼儿园等级评定标准[EB/OL]. [2016-09-05]. http://www.nbedu.gov.cn/zwgk/article/show_article.asp? ArticleID=45262.

重新申报等级评定。①

由此可见,《Z省幼儿园等级评定实施办法》有助于进一步提升幼儿园的保教质量和自主发展能力,促进幼儿园规范办园,推动学前教育事业的健康、有序发展。

三、S市和Z省幼儿园等级标准与评估办法的比较分析

(一)S市和Z省幼儿园等级评定标准的比较分析

比较《S市托幼园所办学等级标准(试行)》和《Z省幼儿园等级评定标准》可以看出,两者之间存在着一些异同点。

1. 从一级指标来看,虽然数量有所不同(前者有10大指标,其中5个基础性标准,5个发展性要求;而后者只有7大指标),但所指向的内容都包括了幼儿园各项保教工作。

2. 从指标体系来看,前者有三级指标,而后者只有二级指标。

3. 从指标总数来看,前者有72项三级指标(其中,基础性指标57项,发展性指标15项),而后者只有47项或以下指标(其中,一级园47项指标,二级园43项指标,三级园41项指标)。

4. 从指标分值来看,前者的指标有分值,且一级、二级指标都标出了具体的分数,强调定量评价,而后者的指标则无分值,重视定性评价。

(二)S市和Z省幼儿园等级评估办法的比较分析

比较《关于进一步规范本市托幼园所办学等级评估办法的意见》和《Z省幼儿园等级评定实施办法》可以看出,两者之间存在着一些异同点。

1. 评定的指导思想:两者都是以国家幼教法规为依据的,都是以当地的幼教政策和发展规划为基础的。

2. 评定的等级和标准:两者都把幼儿园的评定分为三级,从高到低分别为一级、二级、三级,但两者评定的标准则有所不同。

3. 评定的对象和条件:两者都要求参评的幼儿园是经教育行政部门审核批准设立的,且都要有办学经验,但对办学年限的要求则有所不同,前者是办学满1年的幼儿园,均应参加办学等级评定,已取得办学等级的幼儿园,自评估3年后须重新参加办学等级评定;而后者则是办学满2年的幼儿园,均可参加幼儿园等级评定,新认定的三级幼儿园2年后可申报二级幼儿园,新认定的二级幼儿园2年后可申报一级幼儿园。

4. 评定的组织实施:两者都要求按照有关的原则来进行等级评定工作,但所坚守的具体原则有所不同。

---

① Z省教育厅办公室. Z省幼儿园等级评定实施办法[EB/OL]. [2016-09-05]. http://www.nbedu.gov.cn/zwgk/article/show_article.asp?ArticleID=45261.

 本章小结

本章小结如下图。

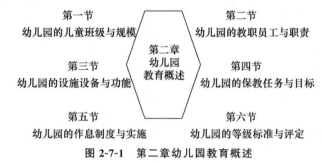

图 2-7-1　第二章幼儿园教育概述

第二节小结如下图。

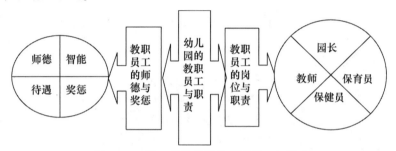

图 2-7-2　第二节幼儿园的教职员工与职责

第三节小结如下图。

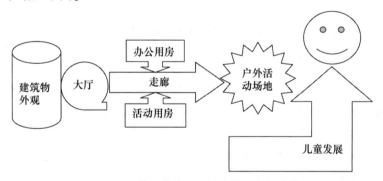

图 2-7-3　第三节幼儿园的设施设备与功能

第五节小结如下图。

图 2-7-4　第五节幼儿园的作息制度与实施

作息制度的内容如下图。

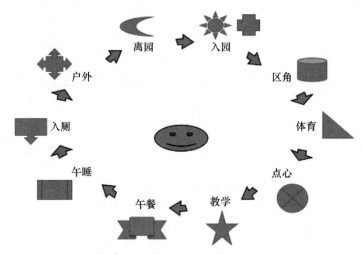

图 2-7-5　幼儿园一日生活作息制度

第六节小结如下图。

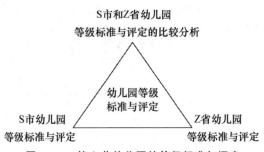

图 2-7-6　第六节幼儿园的等级标准与评定

 本章复习思考题

1．你是如何看待幼儿园编班的？你是如何看待班级规模的？你是如何看待师幼比的？你是如何看待幼儿园规模的？

2．你是如何看待幼儿园教职员工的分工的？你认为幼儿园教师的主要职责有哪些？应该如何履行？

3．你是如何看待幼儿园设施设备的？你是如何看待教师办公室的？你是如何看待儿童活动室的？你认为应该如何发挥设施设备的教育功能？

4．你认为幼儿园的保教任务是什么？你认为幼儿园的保教目标应该有哪些？

5．你是如何看待幼儿园作息制度的？你认为教师在实施班级作息制度时，应该注意哪些问题？

6．请你为幼儿设计一张图文并茂的一日生活作息制度图表。

7. 你是如何看待幼儿园等级标准与评定的？你所在地区的幼儿园评定标准是什么？试与 S 市、Z 省幼儿园等级评定标准进行比较，并分析异同。

本章课外浏览网站

1. 北京学前教育网. http://www.bjchild.com/Index.html
2. 山东学前教育网. http://www.sdchild.com/
3. 上海学前教育网. http://www.age06.com/age06web3
4. 浙江学前网. http://www.06abc.com/
5. 福建学前教育网. http://www.fjchild.com/portal.php
6. 广东幼儿教育网. http://www.06gd.com/

本章课外阅读书目

1. 刘占兰主编. 幼儿园教育质量的现状研究[M]. 北京：北京师范大学出版社，2013.
2. 陈迁主编. 幼儿园教育的50个细节[M]. 福州：福建教育出版社，2011.
3. 基础教育教学研究课题组编. 幼儿园教育环境创设指导[M]. 北京：高等教育出版社，2014.
4. 姚伟主编. 幼儿园教育评价的行动研究[M]. 南京：南京师范大学出版社，2012.

第三章 幼儿园绘本教学活动方案

 **本章提要**

本章包括四节：第一节是绘本《汤姆上幼儿园》教学活动方案；第二节是绘本《你好，幼儿园》教学活动方案；第三节是绘本《我爱幼儿园》教学活动方案；第四节是绘本《幼儿园的一天》教学活动方案。

 **本章重点**

掌握绘本教学活动方案设计的基本框架，包括教学活动目标、教学活动准备、教学活动过程、教学活动延伸等。

 **本章难点**

所设计的绘本教学活动方案，要尽可能地体现出教学内容的独特性、教学形式的多样性、教学对象的差异性。

 **本章导读**

看图说话：从下面这张照片中，你看到了什么？你想到了什么？

图片 3-0-1　美国 IUCP 幼儿园中班《饥饿的毛毛虫》书展

第一节　绘本《汤姆上幼儿园》教学活动方案

图片 3-1-1　汤姆上幼儿园①

一、教学活动目标

1. 激发幼儿对故事的兴趣，引导幼儿认识小兔子汤姆，喜欢小汤姆。
2. 帮助幼儿理解故事内容，使幼儿了解汤姆的情绪变化，培养幼儿的勇敢精神。
3. 帮助幼儿克服恐惧心理，使幼儿能向汤姆学习，向往上幼儿园。
4. 培养幼儿观察图画的能力，提高他们的想象能力和表达能力。

二、教学活动准备

1. 教师准备一张小兔子的图片、图案，张贴在班级的墙壁上。
2. 教师准备绘本《汤姆上幼儿园》。
3. 教师围绕绘本《汤姆上幼儿园》制作多媒体课件。
4. 教师和幼儿一起制作大兔子和小兔子的头饰若干个，制作手绢、小垫子、手偶若干个。
5. 教师提醒家长给孩子买个小书包，让孩子背着自己喜欢的小书包来上学。

---

① 〔法〕克斯多夫·勒·马斯尼文，〔法〕玛丽-阿利娜·巴文图.汤姆上幼儿园［M］.梅莉,译.郑州:海燕出版社,2008.

三、教学活动过程

(一) 猜谜语:导出兔子

教师和幼儿一起玩猜谜语的游戏。教师说谜面"红眼睛,白皮袍,短尾巴,长耳朵。爱吃青菜和萝卜,走起路来蹦蹦跳。"鼓励幼儿猜出谜底:"兔子"。教师出示兔子图案。

(二) 呈现绘本:导入故事

(1) 教师呈现绘本封面,并提问:你们看到了什么?这些小兔子在干什么呢?教师启发幼儿发言,并小结。教师指导幼儿观察,并讲解:这些兔宝宝正在幼儿园里,认真地听兔老师讲故事呢。

(2) 教师呈现绘本第1页,并提问:你们看到了什么?这个小兔子和大兔子在干什么呢?教师鼓励幼儿交流,并小结。教师指导幼儿观察,并讲解:这个小兔子叫汤姆,那个大兔子是它的妈妈;汤姆要上幼儿园了,妈妈去送它。教师激发幼儿的阅读兴趣,并提议:让我们一起打开这本图画故事书吧,仔细看看汤姆第一天上幼儿园,都发生了哪些好玩的故事。

(三) 讲解故事片断1:入园前

1. 在沙池边

教师呈现绘本第2页,向幼儿提问:看看兔宝宝汤姆在哪里?在干什么?它开心吗?教师小结:汤姆耷拉着脑袋,坐在沙池边玩沙,它一点也不开心,在想心事。教师讲解:爸爸妈妈告诉我,在幼儿园,我会有一个很好的老师。可是,他们并不认识我的老师啊!教师组织幼儿讨论:这个沙池大不大?沙池里和沙池外,都有什么好玩的玩具?我们幼儿园有这样的沙池吗?你在哪里看到过?教师倡议:下课后我们大家一起去找找幼儿园里的沙池。

2. 在餐厅里

教师呈现绘本第3页,向幼儿提问:看看兔宝宝汤姆在哪里?在干什么?在想什么?它高兴吗?教师小结:汤姆和兔爸爸、兔妈妈一起,坐在餐桌旁,吃饭,汤姆好像并不高兴。教师讲解:明天,是我上幼儿园的第一天。我想,我在幼儿园里能干些什么呢?我一点都不高兴。教师提问:为什么汤姆一点都不高兴?教师鼓励幼儿大胆猜测。教师组织幼儿讨论:爸爸妈妈为什么要让汤姆坐在中间?你们平时在家里吃饭时,爸爸妈妈都让你坐在什么地方?教师鼓励幼儿大胆发言。

3. 在文具店里

教师呈现绘本第4页、第5页,并提问:看看兔宝宝汤姆在哪里?在干什么?在说什么?教师小结:兔妈妈带着汤姆在文具店买文具。教师讲解:妈妈给我买了一支铅笔、一块橡皮和一盒水彩笔,还有一个漂亮的双肩书包。我特别喜欢用鼻子闻书包,新书包的味道真好闻。教师引导幼儿打开自己的小书包,闻一闻,说一说有什么样的香味。教师组织幼儿讨论:在文具店里,你还看到了谁?你还看到了什么?教师和幼儿一起小结。

4. 在客厅里

(1) 教师呈现绘本第6页,并提问:看看兔宝宝汤姆在哪里?在干什么?在说什么?

教师小结:兔妈妈和汤姆在客厅整理书包。教师讲解:晚上,我和妈妈一起准备好我上幼儿园的东西;"妈妈,我觉得我好像生病了,不能上幼儿园了"。教师组织幼儿讨论:兔妈妈为什么要把手放在汤姆的额头上?你们有过这样的经历吗?教师轮流摸一摸每个小朋友的额头,和幼儿一起小结。

(2)教师呈现绘本第7页,并提问:看看兔宝宝汤姆在哪里?在干什么?在说什么?教师小结:兔妈妈搂着汤姆,坐在沙发上,测体温。教师讲解:妈妈给我量了量体温,对我说,我根本没有生病,我越来越不想明天就上幼儿园了。教师组织幼儿讨论:汤姆有没有生病?汤姆为什么要说自己生病了呢?装病的做法对不对呀?教师告诉幼儿:我们小朋友不能为了逃避上幼儿园,就找各种借口,就装病。

(3)教师呈现绘本第8页,并提问:看看兔宝宝汤姆在哪里?在干什么?在说什么?教师小结:在楼梯口,兔爸爸抱着汤姆,道晚安。教师讲解:现在,我要和爸爸说晚安了;"上幼儿园,多好啊!"爸爸对我说,"你会学到很多又新奇又好玩的东西。"教师提问:汤姆是个懂礼貌的好孩子吗?你是怎么知道的?教师和幼儿一起小结。教师组织幼儿讨论:你们每天晚上睡觉前,和爸爸妈妈说晚安吗?教师建议:从今天开始,我们小朋友都要做个懂礼貌的好孩子,晚上睡觉前,要记着和爸爸妈妈说晚安哦。

5. 在卧室里

(1)教师呈现绘本第9页,并提问:看看兔宝宝汤姆在哪里?在干什么?在说什么?教师小结:汤姆和兔妈妈坐在床上,面对面地聊天。教师讲解:躺在床上,我对妈妈说,能不能让幼儿园的老师带着所有的同学来我们家,到我的房间?而妈妈只是微笑地看着我,什么也没说,还使劲地亲了我一下。教师提问:为什么兔妈妈笑而不答?为什么兔妈妈要亲一下汤姆?教师鼓励幼儿大胆表达自己的想法。教师组织幼儿讨论:你们晚上睡觉前,和妈妈说悄悄话吗?说什么悄悄话呢?教师鼓励幼儿和大家分享交流。

(2)教师呈现绘本第10页,并提问:看看兔宝宝汤姆在哪里?在干什么?教师小结:汤姆一个人坐在床上,看窗外的月亮。教师讲解:我睡不着,就坐在床上看月亮,我真害怕明天上幼儿园。教师提问:为什么汤姆会睡不着觉呢?你们上幼儿园之前,晚上能睡得着觉吗?教师启发幼儿大胆发言。教师组织幼儿讨论:你们晚上是自己一个人睡觉吗?还是和爸爸妈妈一起睡?教师告诉幼儿:我们小朋友长大了,应该向汤姆学习,自己一个人睡觉。

(3)教师呈现绘本第11页,并提问:看看兔宝宝汤姆在哪里?在干什么?在说什么?教师小结:兔妈妈走进了汤姆的房间,叫它起床。教师讲解:"起床,该起床了。"妈妈轻轻地对我说。啊,已经到早上了!我好像刚刚睡着。教师组织幼儿讨论:你们平时早上是怎么起床的?还有什么办法可以帮助我们起床?教师启发幼儿大胆想象。

6. 在餐桌上

教师呈现绘本第12页,向幼儿提问:看看兔宝宝汤姆在哪里?在干什么?在想什么?教师小结:汤姆一个人在吃早饭,边吃边想,上学要勇敢。教师讲解:吃早饭的时候,我心里挺难受的。但是,我要勇敢,我不能哭。教师指导幼儿戴上小兔子头饰,边做动作边说:我要勇敢,我不能哭。

(四) 讲解故事片断2:在上学路上

1. 在路途中

教师呈现绘本第13页,并提问:看看兔宝宝汤姆在哪里?在干什么?教师小结:汤姆自己背着漂亮的小书包,兔妈妈牵着汤姆的手,送它去上幼儿园。教师讲解:大街上,有许多第一天上幼儿园的孩子,由父母陪着,他们都忍住不哭。教师组织幼儿讨论:你们每天早上上幼儿园的时候,是谁送你们来的?你们都很勇敢,都没有哭鼻子吧?教师表扬没有哭闹的幼儿。

2. 在幼儿园门口

(1) 教师呈现绘本第14页,并提问:看看兔宝宝汤姆在哪里?在干什么?教师小结:在幼儿园门口,汤姆紧紧地拉着兔妈妈的手,不肯松开。教师讲解:但是,在幼儿园门口,真是太难和妈妈分开了……教师组织幼儿讨论:汤姆为什么不舍得松开手?你们每天早上是怎样和爸爸妈妈再见的?教师依次拉着每个幼儿的手,和幼儿一起小结。

(2) 教师呈现绘本第15页,并提问:看看兔妈妈给了汤姆什么神器?它跟汤姆说了什么?教师小结:兔妈妈蹲下身来,掏出一块小手绢,给汤姆,让它想妈妈时,拿出来看看。教师讲解:"拿着这个。"妈妈给我一块手绢,"在你伤心的时候,就看着手绢,想想妈妈。"教师组织幼儿讨论:你们每天早上和爸爸妈妈再见时,爸爸妈妈有没有给你们留下什么宝物?教师和幼儿一起小结。教师蹲下身来,给每位幼儿一块小手绢,激发幼儿思考:兔妈妈给汤姆的手绢有用吗?让我们一起往下读吧。

(五) 讲解故事片断3:在幼儿园里

1. 在大楼里行走

教师呈现绘本第16页,并提问:汤姆在幼儿园里遇到了谁?汤姆做了什么?教师小结:汤姆和其他小兔子一起,手拉着手,跟着兔老师走进了大楼。教师讲解:老师来接我们了,她看上去很和善。走进大楼里的时候,我紧紧地抓住妈妈的手绢。教师组织幼儿讨论:你认为这位兔老师怎么样?你喜欢不喜欢她?你看到了多少只小兔子?你找到汤姆了吗?汤姆的手绢在哪里?它为什么要紧紧地抓住手绢?教师和幼儿一起小结。教师引导幼儿模仿小兔子,戴上头饰,背起小书包,分组站立,排成两行,手拉着手,跟着老师走一走。

2. 在教室里观看

教师呈现绘本第17页,并提问:汤姆在教室里看到了什么?汤姆感觉怎样?教师小结:汤姆看到了许多玩具和图画,它很喜欢。教师讲解:我们走进了一个干净整洁的房间。老师说,这是我们的教室。我看了看玩具和墙上的画,我真喜欢。教师组织幼儿讨论:你在这间教室里还看到了什么?在桌子旁,有多少把椅子?这间教室和我们班级的教室有什么相同的地方和不同的地方?教师和幼儿一起小结。

3. 关爱帮助同伴

(1) 教师呈现绘本第18页,并提问:汤姆的同桌是谁?那个小朋友怎么了?为什么一直在哭?教师小结:汤姆的同桌是路路,因为他不想上幼儿园,所以他一直在哭。教师讲解:我的同桌叫路路;他好像不高兴待在这里,因为他不停地哭。教师组织幼儿讨论:你的同桌有哪些人?他们哭鼻子吗?教师启发幼儿找一找同桌小伙伴,大家一起拉拉手,抱一抱。

(2)教师呈现绘本第19页,并提问:汤姆是怎样帮助同桌小朋友的?教师小结:汤姆把自己心爱的小手绢拿给他,让他擦眼泪。教师讲解:我想安慰他,就把妈妈的手绢给他,让他擦了擦眼泪。教师组织幼儿讨论:你觉得汤姆怎么样?我们还有什么方法可以帮助路路?我们小朋友平时是如何相互帮助的呢?教师启发幼儿:我们大家要向汤姆学习,乐于帮助小伙伴。

4. 学习各种本领

(1)教师呈现绘本第20页,并提问:汤姆在幼儿园里,上午学习了哪些本领?教师小结:汤姆和小兔子一起学习画画、剪纸、唱歌。教师讲解:上午,老师教我们画画和剪纸,还唱歌。教师组织幼儿讨论:你看到了几只小兔子?他们是怎样画画的?有几只小兔子是站着画画的?有几只小兔子是坐着画画的?我们小朋友平时是如何画画的呢?我们上午在幼儿园里能学到哪些本领呢?教师和幼儿一起小结。

(2)教师呈现绘本第21页,并提问:课间休息时,汤姆在干什么?和谁一起玩?玩得怎样?教师小结:汤姆和路路一起玩皮球,很开心。教师讲解:课间休息的时候,我同路路一起玩扔皮球,真开心啊!教师组织幼儿讨论:操场上,其他小兔子在干什么呀?一共有多少只小兔子?还有什么?我们小朋友平时也玩过皮球,你是和谁一起玩的呀?你们还玩了什么游戏?教师告诉幼儿:大家一起做游戏,真开心。

(3)教师呈现绘本第22页,并提问:午睡后,汤姆干了什么?教师小结:汤姆和小兔子坐在一起,听老师讲故事。教师讲解:午睡后,老师用手偶给我们讲故事。教师组织幼儿讨论:我们小朋友下午起床以后,都干了什么?要听老师讲故事吗?我们是怎样坐着听故事的?老师是怎样坐着讲故事的?教师学着兔老师的样子,拿着手偶,给幼儿讲故事;教师指导幼儿学着小兔子的样子,分组坐在小垫子上,听老师讲故事。

(4)教师组织幼儿进行大讨论:我们小朋友每天在幼儿园里要学习哪些本领?上午我们学什么?玩什么?中午我们干什么?下午我们听什么?教师和幼儿一起总结。

5. 就要放学了

教师呈现绘本第23页,并提问:你看到了什么?会有什么声音?表示什么意思?汤姆有什么感觉?教师小结:一只小兔子踮起脚,在拉铃,叮铃铃,铃声响了,放学了,汤姆觉得这一天过得真快呀。教师讲解:铃声响了,幼儿园的一天结束了。这么快!我都没感觉到。教师组织幼儿讨论:这只小兔子是怎样拉铃的?它为什么要踮起脚?汤姆为什么会觉得今天在幼儿园过得真快?为什么会不知不觉一天就结束了?小朋友你们每天在幼儿园过得很开心吗?你知道每天什么时候结束吗?教师和幼儿一起总结。

(六)讲解故事片断4:在放学后

教师呈现绘本第24页,提问幼儿:汤姆在哪里?和谁在一起?汤姆高兴吗?汤姆有什么愿望?教师小结:兔妈妈在幼儿园门口抱着汤姆,接它回家,汤姆好高兴,盼望明天早点来。

教师讲解:放学了,妈妈在幼儿园门口等我。见到妈妈,我很高兴。我盼着明天快点儿到来,我要和路路一起玩,还要画完我的画。

教师组织幼儿讨论:今天谁来接汤姆回家的?汤姆为什么会盼着明天早点来幼儿园?小朋友你们每天都是谁来接你回家的呀?你们盼望着第二天能早点来上幼儿园吗?教师和幼儿一起小结。

(七)复习巩固:加深理解

教师播放每页课件,指导幼儿仔细观察:在文具店里,兔妈妈给汤姆买了什么礼物?在幼儿园门口,兔妈妈给了汤姆什么礼物?(例如,新书包、小手绢)

教师启发幼儿深入思考,认真讨论:汤姆上幼儿园的心情发生了什么样的变化?开始时是怎样的心情?后来又是怎样的心情?最后是怎样的心情?(例如:开始,不开心;后来,害怕;最后,高兴。)

教师组织幼儿展开讨论,运用自己的语言加以表达:汤姆有什么地方值得我们学习?我们平时应该如何向汤姆学习?教师指导幼儿结合自己的实际情况,说出自己的决心和打算。(例如,汤姆最后克服了害怕的情绪,开开心心地去上幼儿园,我们小朋友也应该向汤姆一样勇敢,每天不耍赖,都能坚持来上幼儿园,和老师、小朋友一起学本领,做游戏,我们现在就一起"拉钩上吊",做个"约定",3年不许变。)

四、教学活动延伸

(一)寻找沙池

课后,教师和幼儿一起来到室外,寻找幼儿园里户外活动场地上的沙池,看一看,想一想,比一比,它和图画书上的沙池有什么异同点?玩沙工具有什么异同点?

(二)角色游戏

1. 娃娃家游戏。 教师在班级的区角里,创设"娃娃家"的角色游戏区,布置餐厅、客厅、卧室等游戏环境,提供餐具、食品、桌子、椅子、沙发、床、枕头等游戏材料,使幼儿能有机会和同伴分别扮演"兔爸爸""兔妈妈""兔宝宝"的角色,大家共同进餐,睡前聊天,呼唤起床。

2. 文具店游戏。 教师在班级的区角里,创设"文具店"的角色游戏区,布置柜台、物架等游戏环境,提供铅笔、橡皮、水彩笔、双肩书包等游戏材料,使幼儿能有机会和同伴轮流扮演"兔妈妈""兔宝宝""兔阿姨"的角色,学会认识文具,购买文具。

3. 幼儿园游戏。 教师在班级的区角里,创设"幼儿园"的角色游戏区,布置教室、桌椅、玩具架、小垫子等游戏环境,提供画架、画纸、彩笔、手偶等游戏材料,使幼儿能有机会和同伴一起画画、剪纸、听故事。

(三)体育游戏

教师组织幼儿开展户外体育游戏活动,给幼儿提供皮球、绳子等游戏材料,使幼儿能有大量的机会和同伴一起扔皮球,拍皮球,跳绳。

(四) 表演游戏

教师在班级的区角里,搭建和布置"小舞台",摆放绘本《汤姆上幼儿园》,提供大兔子和小兔子的头饰,指导幼儿按照图画书的情景进行表演(例如,重点表演汤姆开始很担忧、很害怕上幼儿园,最后很愿意、很高兴上幼儿园的情景),鼓励幼儿自编自导自演。

(五) 表情秀秀

教师和幼儿一起制作各种表情包(如喜、怒、哀、乐),作为面具,指导幼儿依次戴上不同的面具,说出自己的心情:是高兴、愤怒,还是悲哀、快乐。

(六) 猜猜谜语

教师鼓励家长和孩子一起玩猜谜语的游戏,加深孩子对兔子的理解。家长可先说谜面:"一个动物长得美,两只耳朵三瓣嘴。前腿短来后腿长,赛起跑来最擅长。"再教孩子猜出谜底:"兔子"。然后,家长和孩子互换角色,继续猜谜语。

(七) 了解新词

教师鼓励家长结合图画故事书的内容,把相应的词语(例如,餐厅、客厅、卧室、文具店、依依不舍)有意渗透进去,简单地讲给孩子听(例如,依依不舍的意思就是很留恋,舍不得离开)。

(八) 学习儿歌

教师可在班级的"家长园地"上,张贴儿歌《我上幼儿园》(爸爸妈妈去上班,我上幼儿园,我不哭,也不闹,唱歌跳舞真热闹),指导家长在家里教孩子说儿歌,表演儿歌。

第二节 绘本《你好,幼儿园》教学活动方案

图片 3-2-1 你好,幼儿园[①]

---

① 〔韩〕金善英著,〔韩〕裴贤珠绘. 你好,幼儿园[M]. 许美琳,译. 沈阳:辽宁科学技术出版社,2014.

一、教学活动目标

1. 激发幼儿对幼儿园的兴趣,减轻幼儿的分离焦虑,提高他们的适应能力。

2. 引导幼儿仔细观察各种小动物,激发幼儿对语言表达的兴趣。

3. 帮助幼儿了解"小动物去幼儿园的话……应该要学会这些吧?""我呢,要学会……"等句子,发展幼儿的语言理解能力。

4. 鼓励幼儿用语言和动作来表现各种小动物,提高幼儿的表达能力。

5. 引导幼儿对比小动物幼儿园和小朋友幼儿园里将要学到的东西,增强他们的思维能力、想象力和创编能力。

二、教学活动准备

1. 在班级图书区摆放绘本《你好,幼儿园》,引发幼儿对绘本的喜爱。

2. 围绕绘本《你好,幼儿园》制作课件,以便在课堂上全班幼儿都能看到。

3. 和幼儿一起制作 10 种动物(小兔子、小狗、小猪、小象、小猴子、火烈鸟、小企鹅、小鸭子、长颈鹿、小鳄鱼)的图案和头饰、小黄帽和小书包,以培养幼儿的参与精神和动手能力。

4. 为幼儿准备写字的笔和纸、翻滚的垫子、积木、画笔和画纸,为开展活动创造良好的条件。

三、教学活动过程

(一)呈现绘本封面,引发幼儿对阅读的兴趣

教师向幼儿呈现绘本《你好,幼儿园》,引导幼儿仔细观察封面,模仿封面上的小美女的动作(挥右手)和表情(笑哈哈),告诉幼儿这是一本非常有趣的图书,里面讲到了许多小动物和小美女上幼儿园的故事,究竟发生了哪些有趣的事情呢?究竟要学会哪些本领呢?让我们大家一起来看看吧。

(二)呈现多种动物图案,引发幼儿对观察的兴趣

教师向幼儿呈现 10 种动物(小兔子、小狗、小猪、小象、小猴子、火烈鸟、小企鹅、小鸭子、长颈鹿、小鳄鱼)的图案,鼓励幼儿说说看到了哪些小动物,某个小动物的特点、爱干什么以及爱吃什么。

(三)呈现小兔子图画,帮助幼儿理解小兔子的言行

1. 教师向幼儿呈现第 4 页图画,鼓励幼儿说说看到了什么小动物,引导幼儿说说小兔子在干什么,并给幼儿讲解:小兔子去幼儿园的话,要学会啃啃胡萝卜,竖起耳朵听一听,小鼻子一耸一耸地闻味儿,一蹦一蹦地跳起来。向幼儿提问:小兔子应该要学会这些本领吧?和幼儿一起模仿小兔子的动作。

2. 教师向幼儿呈现第 5 页图画,给幼儿讲解:我呢,去幼儿园,要学会大声地唱歌。

小兔子乖乖,把门开开……和幼儿一起戴上小兔子头饰,进行演唱。

(四)呈现小狗图画,帮助幼儿理解小狗的言行

1. 教师向幼儿呈现第6页图画,鼓励幼儿说说看到了什么小动物,引导幼儿说说小狗在干什么,并给幼儿讲解:小狗去幼儿园的话,要学会刨个土坑儿,哼哼呼呼地闻味儿,轻轻地摇尾巴,汪汪叫。向幼儿提问:小狗应该要学会这些本领吧?和幼儿一起模仿小狗的动作。

2. 教师向幼儿呈现第7页图画,给幼儿讲解:我呢,去幼儿园,要学会有礼貌地打招呼。行一个标准的问好礼,您好!和幼儿一起戴上小狗头饰,相互行礼。

(五)呈现小猪图画,帮助幼儿理解小猪的言行

1. 教师向幼儿呈现第8页图画,鼓励幼儿说说看到了什么小动物,引导幼儿说说小猪在干什么,并给幼儿讲解:小猪去幼儿园的话,要学会呼噜呼噜地叫,超级快地吃掉好吃的东西,在泥坑里尽情打滚。向幼儿提问:小猪应该要学会这些本领吧?和幼儿一起模仿小猪的动作。

2. 教师向幼儿呈现第9页图画,给幼儿讲解:我呢,上幼儿园,要学会把手洗干净。先蹭蹭,再搓搓,自己也能洗得干干净净!和幼儿一起戴上小猪头饰,练习洗手动作。

(六)呈现小象图画,帮助幼儿理解小象的言行

1. 教师向幼儿呈现第10页图画,鼓励幼儿说说看到了什么小动物,引导幼儿说说小象在干什么,并给幼儿讲解:小象去幼儿园的话,要学会用鼻子喝水,呼扇呼扇大耳朵,再用长鼻子抓东西。向幼儿提问:小象应该要学会这些本领吧?和幼儿一起模仿小象的动作。

2. 教师向幼儿呈现第11页图画,给幼儿讲解:我呢,上幼儿园,要学会写漂亮的字。弯弯扭扭……写字太有意思啦!和幼儿一起戴上小象头饰,学习写字。

(七)呈现小猴子图画,帮助幼儿理解小猴子的言行

1. 教师向幼儿呈现第12页图画,鼓励幼儿说说看到了什么小动物,引导幼儿说说小猴子在干什么,并给幼儿讲解:小猴子去幼儿园的话,要学会吃大香蕉,嗖——潇洒地从树上荡过去,吱吱地唱歌,帮小伙伴梳梳毛。向幼儿提问:小猴子应该要学会这些本领吧?和幼儿一起模仿小猴子的动作。

2. 教师向幼儿呈现第13页图画,给幼儿讲解:我呢,上幼儿园,要学会骨碌碌地向前打滚儿。勇敢地打滚儿!我能做好哦!和幼儿一起戴上小猴子头饰,学习翻滚。

(八)呈现火烈鸟图画,帮助幼儿理解火烈鸟的言行

1. 教师向幼儿呈现第14页图画,鼓励幼儿说说看到了什么小动物,引导幼儿说说火烈鸟在干什么,并给幼儿讲解:火烈鸟去幼儿园的话,要学会单脚立着睡大觉,大家一起跳舞,用脖子摆出心形。向幼儿提问:火烈鸟应该要学会这些本领吧?和幼儿一起模仿火烈鸟的动作。

2. 教师向幼儿呈现第15页图画,给幼儿讲解:我呢,上幼儿园,要学会一个一个地搭积木。不能倒哦,整整齐齐,小心翼翼地放在上面。和幼儿一起戴上火烈鸟头饰,练习搭积木。

(九)呈现小企鹅图画,帮助幼儿理解小企鹅的言行

1. 教师向幼儿呈现第16页图画,鼓励幼儿说说看到了什么小动物,引导幼儿说说小企鹅在干什么,并给幼儿讲解:小企鹅去幼儿园的话,要学会摇摇晃晃地迈着小步子,在冰上把肚子当雪橇滑,勇敢地来个跳水。向幼儿提问:小企鹅应该要学会这些本领吧?和幼儿一起模仿小企鹅的动作。

2. 教师向幼儿呈现第17页图画,给幼儿讲解:我呢,上幼儿园,要学会跟着节奏跳舞。啦啦啦……跟着拍子,耸耸肩,扭扭小屁股!和幼儿一起戴上小企鹅头饰,欢快跳舞。

(十)呈现小鸭子图画,帮助幼儿理解小鸭子的言行

1. 教师向幼儿呈现第18页图画,鼓励幼儿说说看到了什么小动物,引导幼儿说说小鸭子在干什么,并给幼儿讲解:小鸭子去幼儿园的话,要学会一扭一扭地走路,嘎嘎叫,哗啦哗啦——跳进水里游泳,咕噜咕噜——潜水捉鱼。向幼儿提问:小鸭子应该要学会这些本领吧?和幼儿一起模仿小鸭子的动作。

2. 教师向幼儿呈现第19页图画,给幼儿讲解:我呢,上幼儿园,要学会画漂亮的画。唰唰——画出属于我自己的、帅气的画。和幼儿一起戴上小鸭子头饰,学习画画。

(十一)呈现长颈鹿图画,帮助幼儿理解长颈鹿的言行

1. 教师向幼儿呈现第20页图画,鼓励幼儿说说看到了什么小动物,引导幼儿说说长颈鹿在干什么,并给幼儿讲解:长颈鹿去幼儿园的话,要学会伸长脖子看远方,够到长在树上的嫩叶,弯下脖子喝水。向幼儿提问:长颈鹿应该要学会这些本领吧?和幼儿一起模仿长颈鹿的动作。

2. 教师向幼儿呈现第21页图画,给幼儿讲解:我呢,上幼儿园,要学会好玩的数数。稀里糊涂地数呀数,掰着手指头,1个、2个……和幼儿一起戴上长颈鹿头饰,练习数数。

(十二)呈现小鳄鱼图画,帮助幼儿理解小鳄鱼的言行

1. 教师向幼儿呈现第22页图画,鼓励幼儿说说看到了什么小动物,引导幼儿说说小鳄鱼在干什么,并给幼儿讲解:小鳄鱼去幼儿园的话,要学会甩动长长的尾巴,藏在水里只露出眼睛,啊——张开大大的嘴巴。向幼儿提问:小鳄鱼应该要学会这些本领吧?和幼儿一起模仿小鳄鱼的动作。

2. 教师向幼儿呈现第23页图画,给幼儿讲解:我呢,上幼儿园,要学会一字一句地读书。布娃娃们,我给你们读书,好好听哦!和幼儿一起戴上小鳄鱼头饰,拿书阅读。

(十三)呈现连环图画,帮助幼儿巩固入园的言行

1. 教师依次向幼儿呈现第24页、第25页、第26页、第27页的图画,鼓励幼儿和老师一起边看图画,边做边说:我去幼儿园的话……我会恭敬地行礼,大声地唱歌,跟着节奏跳舞,把手洗干净,写漂亮的字,还会骨碌碌地打滚儿,一个一个地搭积木,画出漂亮的画,学有趣的数数,一字一句地读书。这些全部都能学会!

2. 教师把幼儿分成两组,指导一组幼儿戴上"小黄帽",边看图画,边说边做:我去幼儿园的话……我会跟着节奏跳舞。一个一个地搭积木,一字一句地读书。这些全部都能学会!指导另一组幼儿边看图画,边说边做其他话语和行为。然后,引导两组幼儿交换角色,边看图画,边说边做相应的动作。

(十四)呈现尾部图画,激发幼儿上学愿望

1. 教师向幼儿呈现第28页、第29页的图画,鼓励幼儿看一看有哪些小动物,数一数共有多少个小动物,指导幼儿边看图画,边做边说:真想快点儿去幼儿园啊!

2. 教师启发幼儿背上小书包,按照班级小组顺序,大家轮流站立起来,边看图画,边跑边说:真想快点儿去幼儿园啊!

3. 教师引导幼儿戴上自己喜欢的小动物头饰,背上小书包,按照图画上的位置,依序排好队伍,边看图画,边跑边说:真想快点儿去幼儿园啊!

四、教学活动延伸

(一)音乐游戏

教师指导幼儿学唱歌曲《小兔子乖乖》(小兔子乖乖,把门儿开开,快点儿开开,我要进来。不开不开不能开,妈妈没回来,不能把门开。小兔子乖乖,把门儿开开,妈妈回来,我要进来。快开快开快快开,妈妈回来了,我来把门开),并进行表演。

(二)表演游戏

教师在班级区角活动中,为幼儿布置丰富的环境,提供多种多样的材料,鼓励幼儿对绘本《你好,幼儿园》中的有趣情节进行表演和创编。

(三)音乐活动

教师教幼儿学唱歌曲《你好,幼儿园》:早上空气真呀真是好,呼气呼气起呀起得早,穿新衣戴新帽,还要背上小书包,还要背上小书包。幼儿园真呀真热闹,大家排队做呀做早操,伸伸胳膊弯弯腰,再来互相问个好,再来互相问个好。滑滑梯大呀大城堡,还要一起唱呀唱歌谣,一起笑呀开心笑,集体游戏乐滔滔,集体游戏乐滔滔。

(四)学猜谜语

教师指导幼儿学习猜谜语,扩大幼儿对绘本中各种小动物的认识,加深幼儿对多种小动物的喜爱之情。

教师说出谜面,启发引导鼓励幼儿说出谜底。当幼儿熟悉猜谜语的活动以后,教师也可以与幼儿交换角色。

1. 耳朵长,尾巴短,只吃菜,不吃饭。(打一动物名:兔子)

2. 名字叫小花,喜欢摇尾巴,夜晚睡门口,小偷最怕他。(打一动物名称:小狗)

3. 耳大身肥眼小,好吃懒做爱睡觉,模样虽丑浑身宝,生活中少不可少。(打一动物名称:小猪)

4. 鼻子像钩子,耳朵像扇子,大腿像柱子,尾巴像鞭子。(打一动物名称:大象)

5. 一身毛,四只手,坐着像人,走着像狗。(打一动物名称:猴子)

6. 远看像团火,羽毛粉红色,群居喜浅水,爱吃小田螺。(打一动物名称:火烈鸟)

7. 黑背白肚皮,一副绅士样,两翅当划桨,双脚似鸭蹼。(打一动物名称:企鹅)

8. 嘴像小铲子,脚像小扇子,赛跑不行,游泳有名。(打一动物名称:鸭子)

9. 脖子长长似吊塔,穿着一身花斑褂,跑起路来有本领,奔驰赛过千里马。(打一动物名称:长颈鹿)

10. 说它是鱼不是鱼,能爬能游爱嬉戏。皮肤厚来鳞甲多,吃饭两眼流泪滴。(打一动物名称:鳄鱼)

(五)亲子共读

教师鼓励家长,把绘本《你好,幼儿园》借回家去,和孩子一起阅读,在欢乐的氛围中,降低孩子对幼儿园陌生环境的恐惧,帮助孩子顺利适应幼儿园生活。

第三节 绘本《我爱幼儿园》教学活动方案

图片 3-3-1 我爱幼儿园[①]

一、教学活动目标

1. 通过绘本故事,帮助幼儿丰富词汇,学习语句,练习对话,培养幼儿的语言表达能力,增强幼儿的情感表现能力。

2. 通过了解主角莱昂的故事,帮助幼儿了解幼儿园的生活,使幼儿能轻松愉快地入园,尽快地从害怕上幼儿园过渡到喜欢上幼儿园,增强适应集体生活的能力。

---

① 〔法〕塞尔日·布洛克.我爱幼儿园[M].张艳,译.北京:北京科学技术出版社,2012.

3. 培养幼儿的观察能力、想象能力、思维能力。

二、教学活动准备

1. 教师准备绘本《我爱幼儿园》。
2. 教师以绘本《我爱幼儿园》为依据,制作多媒体课件。
3. 教师和幼儿一起制作小书包若干个。
4. 教师和幼儿一起制作法国国旗图案、中国国旗图案。
5. 教师准备花木兰图画。

三、教学活动过程

(一) 播放歌曲,导入绘本

教师播放儿童歌曲《我爱幼儿园》(我爱我的幼儿园,幼儿园里朋友多,又唱歌来又跳舞,大家一起真快乐),鼓励幼儿边听边唱边演。

教师出示绘本《我爱幼儿园》,指着封面上方的五个大字,告诉幼儿:这本书的名字也叫《我爱幼儿园》,讲的也是小朋友上幼儿园的故事,让我们大家一起来看看吧。

(二) 观察绘本封面,引出故事

教师引导幼儿仔细观察绘本《我爱幼儿园》的封面,并提问:你们看到了什么?这个小朋友穿着什么颜色的衣服?他高兴不高兴?你是怎么看出来的?他为什么很高兴?

教师小结:这个小朋友,名字叫莱昂,他穿着红色上衣、蓝色裤子,背着小书包,他咧着嘴笑,因为他要上幼儿园了;在他的身后面有幢大楼,有4扇窗户,有几个小朋友在张望;在操场上,有个蓝色滑梯和攀登架。

教师鼓励幼儿背着小书包,站起来,笑一笑。

(三) 观看绘本情景1,我知道是幼儿园

教师放映多媒体课件第1页,并提问:中间这个"玩"字为什么被打了个红色的×号呢?教师小结:说明这个字是错的。教师指导幼儿用手势做打×状。

教师放映多媒体课件第2页,并提问:你们看到了什么?教师小结:看到小个子莱昂和大个子美女。教师鼓励幼儿:猜猜这个高个子、长发头的美女是谁呀?教师小结:她是一位幼儿园老师,她叫琳娜。

教师读讲:我爱幼儿玩,好啦,我知道我说错啦! 不是"幼儿玩",而是"幼儿园"。琳娜已经告诉过我了。琳娜,她是我的老师。她长得非常漂亮,像公主一样有着长长的头发。

教师组织幼儿讨论:你们的老师都长什么样子?漂亮不漂亮?

(四) 观看绘本情景2,我认识幼儿园地点

教师放映多媒体课件第3页,并提问:你们看到了什么?这座大楼造在什么地方?数一数,有几层楼?教师小结:这座大楼建造在小山坡上,它有四层,它是一所幼儿园,莱

昂小朋友就在这里上学。

教师组织幼儿讨论:我们的幼儿园是建在哪里的?是建在山坡上还是建在平地上?有几层楼?

教师读讲:我有老师,是因为我现在已经上学了。我上的是幼—儿—园。幼儿园就在我家那条街的最高处。这样很方便,因为我们每天早上只需要……往上走。……而每天傍晚只需要……往下走。

教师指导幼儿用坚定自信的语气学说:我现在已经上学了。我上的是幼—儿—园。

教师指导幼儿边做手势边说:早上,往上走;傍晚,往下走。

(五)观看绘本情景3,我要上幼儿园了

教师放映多媒体课件第4页,并提问:你们看到了什么?教师小结:莱昂已经长大了,要上幼儿园了。

教师读讲:以前,我上的是托儿所。但现在,我已经长大了,已经不穿纸尿裤了……所以今年开学的时候,我就上幼儿园了。

教师组织幼儿讨论:你们现在都不穿纸尿裤了吧?为什么呢?

教师指导幼儿用自豪的语气边做动作边说:我已经长大了,开学的时候,我就上幼儿园了。

教师提问幼儿:你们知道开学是什么意思吗?

(六)观看绘本情景4,我要按时起床

1. *妈妈叫我起床*

教师放映多媒体课件第5页,并提问:你们看到了什么?教师小结:莱昂在睡觉,妈妈叫他快起床。

教师读讲:开学,意思就是新学期第一天上学。这就意味着早晨必须按时起床。妈妈对我说:"起来啦,我的莱昂!快醒醒……"而我却回答:"让我再睡一会儿嘛!让我再睡一会儿嘛!"

教师把幼儿分成两组,练习母子对话:一组幼儿先扮演妈妈,边摇边说话;另一组幼儿先扮演莱昂,懒洋洋地说话;然后两组幼儿互换角色,演练说话。

2. *我可不想起床*

教师放映多媒体课件第6页,并提问:你们看到了什么?教师小结:莱昂穿着睡衣,要喝水,要抱抱,又要听音乐,还要亲亲;他没有好好睡觉。

教师读讲:我可不愿意从床上爬起来,我还困着呢。显然,这是因为昨天晚上我起来了好几次……一会儿要喝水,一会儿要妈妈抱抱,一会儿要听音乐,一会儿要爸爸亲亲。

教师组织幼儿讨论:莱昂睡觉前,为什么要喝水、要抱抱、要听音乐、要亲亲?你们每天晚上睡觉前,乖不乖?

3. *我必须起床了*

教师放映多媒体课件第7页,并提问:你们看到了什么?听到了什么?教师小结:妈妈坐在床边,叫莱昂快起来,今天开学了,不能迟到;莱昂拉着妈妈的手,和爸爸、哥哥一起,快步走下楼,去上学。

教师读讲:可是妈妈说:"好啦,莱昂,快起床!今天可是开学的日子!不能迟到的……"好吧,我最后还是起了床。我穿上了衣服……嗯,其实是妈妈帮我穿好了衣服……我美美地吃了一顿丰盛的早餐。然后,加油,我们出发了!

教师指导幼儿边做动作边用坚定的语气说:今天可是开学的日子!不能迟到的。加油!

(七) 观看绘本情景5,我在上学路上

1. 我去上学好紧张

教师放映多媒体课件第8页,并提问:你们看到了什么?莱昂的面部是什么样的表情?教师小结:莱昂好紧张,他拉着爸爸妈妈的手。

教师读讲:走在路上,我觉得有些紧张。不过爸爸妈妈告诉我,在幼儿园里我能认识很多小伙伴,还能和哥哥在一起。"加油,我的莱昂,我们走吧!"于是——一切从这里开始了!

教师鼓励幼儿边坚定地说话边做动作:加油!

2. 我好害怕被卖掉

教师放映多媒体课件第9页,并提问:你们看到了什么?教师小结:莱昂拉着爸爸妈妈的手;他的胸前挂着一块牌子。

教师读讲:一到幼儿园门口,就有人往我的脖子上挂了一块小纸牌。每个孩子都有一块这样的小纸牌,它看起来就像商店里的标签,难道他们想把我们卖掉?但是爸爸向我解释说,小纸牌上写的是我和老师的姓名……

教师组织幼儿讨论:莱昂担心什么?莱昂为什么会担心别人想把他们卖掉?小纸牌有什么作用?你们看见过商店里的标签吗?你们上学的时候,老师有没有给你们也挂个小牌子?

(八) 观看绘本情景6,我第一天在园

1. 我向园长问早

教师放映多媒体课件第10页,并提问:你们看到了什么?教师小结:莱昂和爸爸妈妈一起走进幼儿园,跟园长打了招呼,然后走到教室。

教师读讲:走进幼儿园后,我们向园长鲁热太太道了声早安。"早上好,莱昂!"然后,我们就去了我所在的班,也就是琳娜老师负责的小小班。

教师组织幼儿讨论:莱昂是个懂礼貌的好孩子吗?你们每天来园时,都主动跟园长打招呼了吗?

2. 我看到同伴大哭

教师放映多媒体课件第11页,并提问:你们看到了什么?听到了什么?教师小结:看到了许多小朋友的脸上都是泪水,听到了好多小朋友的哭声。

教师读讲:当时的情景真是恐怖啊!好多好多孩子在一起大哭,哭声就像是警笛一般,好多好多家长在不停地安慰孩子。像公主一样有着一头长发的琳娜老师就站在孩子们中间,如同站在一座小岛上。

教师组织幼儿讨论:恐怖是什么意思?为什么说哭声像警笛一样?

3．我可不能哭

教师放映多媒体课件第12页,并提问:你们看到了什么?想到了什么?教师小结:莱昂紧握妈妈的手,想哭,但没有哭出来。

教师读讲:原来这就是幼儿园!我紧紧握住妈妈的手也哭了起来,只不过我是在心里哭,因为我不愿意让人看见我流泪。

教师组织幼儿讨论:莱昂是个很勇敢的好孩子吗?莱昂是个小小男子汉吗?

教师指导男孩子边做动作边说:男儿有泪不轻弹!男子汉大丈夫不轻易掉泪。

教师指导女孩子边做动作边说:谁说女子不如男!我们都是花木兰!

4．我和爸妈再见

教师放映多媒体课件第13页,并提问:你们看到了什么?教师小结:爸爸笑着、妈妈哭着挥手和莱昂再见。

教师读讲:爸爸妈妈和琳娜老师聊了几句后,带着我在班里转了一圈,就跟我挥手道别了。我看见妈妈的眼角流下了一滴泪,原来,开学这件事情妈妈也不喜欢……然后,他们就走了。

教师指导幼儿边说边做:挥手道别。

5．我学习本领

教师放映多媒体课件第14页,并提问:你们看到了什么?教师小结:莱昂和其他小朋友围着老师,坐成了一个大圆圈。

教师读讲:这一天,我们做了好多事情:贴贴画,听琳娜老师唱歌,还吃了点心。不过有的小孩子哭了一整天,除此之外什么都没干。

教师组织幼儿讨论:数一数,莱昂班上有多少个小朋友?莱昂在幼儿园的一天里,都做了哪些事情?我们班上有多少个小朋友?你们在幼儿园的一天里,都学会了哪些本领?

(九)观察绘本情景7,我上完学了

教师放映多媒体课件第15页,并提问:你们看到了什么?教师小结:妈妈来接莱昂和哥哥回家,他们都在往下走;莱昂很惊讶,因为妈妈说他每天早上都要来上学。

教师读讲:傍晚来临……妈妈来接我了。耶!我对妈妈说:"妈妈,你瞧,我上完学了,以后再也不用来了。"可是妈妈回答我说,以后每天早上都要上学。我在心里大叫了起来:啊,啊,啊,原来每天都要开学!

教师鼓励幼儿边做自己喜欢的动作,边用高兴的语气说:妈妈来接我了。耶!

教师组织幼儿讨论:妈妈为什么说莱昂每天早上都要来上学?你们为什么每天早上

也都要来上学?

(十)观察绘本情景8,我爱上幼儿园

1. 我爱幼儿园

教师放映多媒体课件第16页,并提问:你们看到了什么?大楼有几层?这是哪个国家的旗帜?教师小结:这幢大楼有3层,教室里有许多小朋友,门上插着法国国旗,莱昂向园门口跑去。

教师读讲:但是现在,我很爱我的幼儿园!

教师呈现法国国旗图案,告诉幼儿:法国小朋友很爱他们的幼儿园!

教师呈现中国国旗图案,鼓励幼儿边做动作边用坚定的语气说:我是中国小朋友,我也很爱我的幼儿园!

2. 我有很多老师

教师放映多媒体课件第17页,并提问:你们看到了什么?多少位老师?他们的身材如何?教师小结:有好多美女老师,有的高,有的矮,有的胖,有的瘦,有的头发长,有的头发短;共有10位老师。

教师读讲:在这里,有好多大人照顾我们:园长鲁热太太,音乐老师科拉莉,手工老师罗德,大班老师安娜,我们班的老师琳娜,园艺老师玛丽……

教师启发幼儿讨论:我们班有多少位老师?我们幼儿园有多少位老师?他们都教我们学什么本领?

3. 我有很多朋友

教师放映多媒体课件第18页,并提问:你们看到了什么?有多少位小朋友?教师小结:有10位小朋友,有男孩,有女孩,有的胖,有的瘦,有的头发长,有的头发短。

教师读讲:我还有很多小伙伴:老和我打架的好哥们儿塞扎尔、无所不知的吕西小姐、玛尔戈、菲利,最容易受伤的露易丝小姐,坐不住的马塞尔,心不在焉的于斯先生,爱干傻事的安托南,离不开奶嘴的佐轶。

教师启发幼儿讨论:我们班一共有多少位小朋友呀?每位小朋友都有什么样的特点呢?

教师提醒幼儿:你们猜猜这张纸上写的是什么?教师小结:这张纸上写的是班规,告诉小朋友,什么事能做,什么事不能做。

教师读讲:还有在幼儿园里,小朋友不许做的事情:不许打架,不许抓人,不许把家里的玩具带到幼儿园,不许拔花花草草,不许滑湿滑梯,不许爬到洗手台上,不许玩水,不许用纸堵住便池,不许在楼梯上推人,不许坐在楼梯扶手上往下滑。

教师启发幼儿讨论:我们小朋友在幼儿园里,什么事能做?什么事不能做?

4. 我哥哥在中班

教师放映多媒体课件第19页,并提问:你们看到了什么?莱昂在做什么?教师小结:妈妈送莱昂和哥哥来到幼儿园;哥哥上楼去了,莱昂和哥哥挥手再见。

教师读讲:幼儿园里有很多班:小小班、小班、中班和大班。我哥哥就是中班的,他们班的教室在楼上。

教师启发幼儿讨论:你们有小哥哥小姐姐在我们这个幼儿园里面吗?他们的教室在哪里?

5. 我的班级好

(1) 我挂衣服

教师放映多媒体课件第20页,并提问:你们看到了什么?莱昂在做什么?教师小结:莱昂在往教室门旁的衣架上挂衣服。

教师读讲:我的教室在走廊的尽头。每天早上到幼儿园以后,我都先把外套挂在自己的照片下面。再亲一亲妈妈,然后,喔,开工咯。

教师启发幼儿讨论:你们每天早上来到幼儿园后,要把外套挂起来吗?

(2) 我玩玩具

① 教师放映多媒体课件第21页,并提问:你们看到了什么?莱昂怎么了?教师小结:莱昂站在玩车区旁,笑眯眯地戴着蓝色项链;莱昂看到另一个小朋友在玩红色小汽车,好像很生气。

教师读讲:在班里,我们可以自己选择活动。如果想去车房玩,就要带上一条蓝色的项链。每项活动都有一种颜色的项链与它对应哦。但是车房里已经有人了,是塞扎尔。塞扎尔本来是我的好朋友,但既然他拿了我想玩的红色小车,他就不再是我的朋友了。

教师启发幼儿讨论:你们每天进区角玩耍时,需要戴上什么东西吗?好朋友是什么意思呢?

② 教师放映多媒体课件第22页,并提问:你们看到了什么?莱昂怎么了?教师小结:莱昂和一个小朋友在打架;老师来了,把他们俩拉开。

教师读讲:琳娜老师赶来把我们拉开,还向我们解释说,在幼儿园里,我们应该分享玩具,每个人都能玩这辆红色小车,但是必须等轮到自己的时候。这叫作"社交生活"。是这样吗?可是我时时刻刻都想玩它,那该怎么办呢……

教师启发幼儿讨论:什么叫分享?什么叫轮流?为什么好玩的玩具要大家一起玩?

(3) 我学唱歌

教师放映多媒体课件第23页,并提问:你们看到了什么?找到莱昂了吗?有多少个小朋友和老师坐在一起?他们在干什么?教师小结:莱昂坐最左边,共有16个小朋友跟老师围坐在一起,他们在拍手唱歌。

教师读讲:然后,我们围着琳娜老师团团坐好,开始唱儿歌、玩手指游戏。

教师提醒幼儿:你们猜猜那几张白纸上写的是什么?教师小结:写的是儿歌。

教师读讲:琳娜老师教我们的儿歌:① 一只大灰猫:一只大灰猫,正在睡午觉。无知小老鼠,乐得桌上跳。喵喵喵,灰猫醒来了!吱吱吱,抓住老鼠了!② 小乌龟一家:你没见过我没见过,乌龟来邀大白兔。乌龟爸爸,乌龟妈妈,小乌龟一家在跑步!③ 手指敲敲,手指交叉:手指敲敲,手指交叉。小手摊开,小手握紧。小手藏起,小手伸出。小手跳舞,小手睡觉。

教师启发幼儿讨论:小朋友你们还记得我们学过哪些儿歌吗?

(4) 我做运动

教师放映多媒体课件第 24 页,并提问:你们看到了什么?莱昂在干什么?教师小结:户外活动场地上有许多运动器械,莱昂在走平衡木。

教师读讲:接下来是运动时间,我们要穿越各种障碍物。我们必须勇敢,因为有时候运动是有危险的——但是,我们能从中学会如何保持平衡。

教师启发幼儿讨论:小朋友你们在运动场地上走过平衡木吗?还玩过什么游戏?

(5) 我值日、自由活动

教师放映多媒体课件第 25 页,并提问:你们看到了什么?莱昂在干什么?有多少个小朋友?他们在干什么?教师小结:莱昂端着一大盘点心;莱昂和 5 个小朋友一起骑车欢呼。

教师读讲:再接下来是吃点心的时间,今天由我为大家服务,给每个小朋友发一块蛋糕和一块牛奶饼。吃完点心,就可以自由活动了。我跟小伙伴们一起,骑上小自行车,尽情地欢呼、欢呼、欢呼。

教师启发幼儿讨论:值日生是什么意思?你们做过值日生吗?你们为大家做过什么事?你们跟小朋友一起骑过车吗?还玩过什么游戏?

(6) 我画画、上厕所、吃午饭

教师放映多媒体课件第 26 页,并提问:你们看到了什么?莱昂在干什么?他的情绪如何?有多少个小朋友?他们在干什么?教师小结:莱昂在认真地画画,上厕所;微笑着和其他 2 个小朋友一起吃饭。

教师读讲:回到教室以后,我们可以画一会儿画,或者捏捏橡皮泥。吃午饭之前,必须嘘嘘、洗手。开饭了,这可是件严肃的事情!我什么都吃,因为在幼儿园里,吃饭、玩耍、学习,这些都是我的工作。

教师启发幼儿讨论:莱昂挑食吗?你是怎么知道的?我们要向莱昂学习什么?

(7) 我睡午觉

教师放映多媒体课件第 27 页,并提问:你们看到了什么?莱昂在干什么?教师小结:莱昂抱着布娃娃在睡觉。

教师读讲:忙了一上午,我累坏了,所以抱着最心爱的玩具睡起了午觉。

教师启发幼儿讨论:小朋友你们中午睡觉吗?你们是怎么样睡觉的呢?

(8) 我起床、唱歌、听故事

① 教师放映多媒体课件第 28 页,并提问:你们看到了什么?莱昂在干什么?老师在干什么?其他小朋友在干什么?数一数,有多少个小朋友?教师小结:莱昂坐在床上,看着鞋子;10 个小朋友都坐在老师的对面,跟老师一起张开嘴巴唱歌。

教师读讲:起床穿衣服,这可不是件容易的事情,要小心别把鞋子穿反了。

接下来,琳娜老师给我们唱歌、讲故事。

教师启发幼儿讨论：你们每天午睡起床后，是自己穿衣服的吗？你们有没有把鞋子穿反过呢？你们起床后做了哪些事呢？

② 教师放映多媒体课件第29页，并提问：你们看到了什么？这几张纸上贴了哪些小动物？教师小结：这四张纸上贴着小动物：大象、鼻涕虫、小狝猴、蜘蛛；这些歌都是莱昂最喜欢的。

教师读讲：我最喜欢的歌：A. 一只大象踩到蜘蛛网：一只大象踩到蜘蛛网，四条腿摇摇晃晃，两只大象踩到蜘蛛网，八条腿摇摇晃晃。三只大象踩到蜘蛛网，十二条腿摇摇晃晃。B. 墙角里：墙角里，一条鼻涕虫在钻洞。天花板上，一只蜘蛛在看书。花丛中，许多蜜蜂嗡嗡嗡。桌子底下，几只老鼠在跳舞。C. 小狝猴：小小狝猴林里钻，啾啾啾啾。长长蟒蛇后面赶，嗖嗖，嗖嗖。小猴小猴快快跑，蟒蛇蟒蛇你抓不到！抓不到！抓不到！D. 蜘蛛吉普西：蜘蛛吉普西爬上屋顶，哗啦哗啦下起了雨。蜘蛛吉普西爬上屋顶，乌拉乌拉雨过天晴。

教师启发幼儿讨论：这些歌好听吗？你们学过哪些歌？

（十一）观看故事情景9，我放学回家了

教师放映多媒体课件第30页，并提问：你们看到了什么？莱昂在哪里？在干什么？其他小朋友在干什么？数一数，有多少个小朋友？有多少个家长？教师小结：莱昂在最右边，他第一个拉着妈妈的手，高兴地跳着往下走，其他6个小朋友也都拉着爸爸妈妈的手往下走。

教师读讲：终于，又可以见到妈妈了。妈妈要来接我们回家了。不过，有时候来接我们的人也可能是爸爸，是奶奶，或者是阿姨。不管是谁，总之是放学了……我要回家了……

教师指导幼儿边做动作边用欢快的语气说：放学了，我要回家了。

教师启发幼儿讨论：小朋友平常放学时，都是谁来接你们回家呀？

（十二）观看故事情景10，我长大了

教师放映多媒体课件第31页，并提问：你们看到了什么？莱昂在干什么？教师小结：莱昂笑着举起右手，高呼自己长高了、长大了。

教师读讲：在幼儿园里，我有许多朋友。有时我会哭，有时我会笑。在幼儿园里，我长大了！

教师指导幼儿边做动作边说：我长高了！我长大了！

教师启发幼儿讨论：小朋友你们在幼儿园里，也有许多好朋友吧？你们的好朋友都是谁呀？

（十三）回忆故事，复习巩固

1. 引导幼儿复述故事的主要情节

教师从头至尾快速放映课件，引导幼儿一起回忆绘本故事内容，进行总结，层层递进，步步深入：(1) 莱昂的幼儿园建在一个小山坡上，他上学的时候，上坡；他放学的时

候,下坡,真有意思!(2)莱昂刚开始上幼儿园的时候,他很担心,晚上也睡不好觉;在园门口时,他害怕被人卖掉;在班级里时,他又恐惧小朋友的哭声,第一天结束了,他再也不想去幼儿园了。后来,他却发现幼儿园是个神奇好玩的地方,就喜欢上幼儿园了,就爱上幼儿园了。(3)为什么说幼儿园是个神奇好玩的地方呢?因为,在幼儿园里,有很多老师,还有他喜欢的老师;有很多小朋友,还有他喜欢的玩具;能听老师唱歌、讲故事,还有他喜欢的歌曲;能画画、做值日生,还能做运动、自由活动。(4)当然,幼儿园里还有许多纪律要遵守,不能违反规定,只有这样,才能做一个好孩子,才是真正的长大了。

2. 鼓励幼儿表演自己喜欢的故事情节

教师为幼儿提供时机,帮助幼儿分组,练习对话;教师指导幼儿选择角色,鼓励幼儿大胆创编,自由愉快地表演角色。

3. 引导幼儿分享自己在园的开心事

教师鼓励幼儿说说自己为什么越来越喜欢上幼儿园,并提问:在幼儿园里,你都听到过哪些开心的话?都做过哪些开心的事?这个环节使幼儿知道一个人的快乐通过分享,就变成了大家的快乐。

四、教学活动延伸

(一)游戏活动

1. 建筑游戏

教师在班级区角中,开辟建筑区活动,给幼儿提供各种形状的积木等建筑材料和废旧物品、大人和娃娃玩偶、幼儿园建筑模型,激发幼儿在小山坡上搭建幼儿园,鼓励幼儿玩上幼儿园的游戏,加深幼儿对绘本中园址的理解,培养幼儿的创造能力。

2. 音乐游戏

教师指导幼儿学习和表演音乐游戏《找朋友》(找呀,找呀,找朋友,找到一个好朋友,敬个礼呀,握握手,你是我的好朋友),创设愉快的氛围,以帮助幼儿认识和熟悉同伴,适应和喜欢集体生活。

(二)音乐活动

教师在网上寻找并播放有关"幼儿园"的歌舞视频,和幼儿一起观赏,大家边听边看加唱边舞,以巩固幼儿对绘本《我爱幼儿园》的认识。

1. 演唱儿童歌曲

教师指导幼儿演唱儿童歌曲《打电话》:两个小娃娃呀,正在打电话,喂喂喂,你在哪里呀?哎哎哎,我在幼儿园。两个小娃娃呀,正在打电话,喂喂喂,你在做什么?哎哎哎,我在学唱歌。

教师指导幼儿演唱儿童歌曲《我上幼儿园》:爸爸妈妈去上班,我上幼儿园,我不哭也不闹,叫声老师早。

2. 欣赏儿童歌曲

教师指导幼儿欣赏歌曲《加油歌!》

(三) 语言活动

1. 学习儿歌

教师指导幼儿学念儿歌《幼儿园像我家》(幼儿园像我家,老师爱我我爱她,老师叫我好娃娃,我说老师像妈妈),以强化幼儿热爱幼儿园的情感。

2. 阅读图书

教师把绘本《我爱幼儿园》放到班级的图书区里,鼓励幼儿要和它做好朋友,多看看它,多读读它;教师要教给幼儿读书的方法,使幼儿知道要一页一页地翻,要轻轻地翻,以培养幼儿浓厚的阅读兴趣和良好的阅读习惯。

(四) 美术活动

教师在班级的美术区,摆放绘本《我爱幼儿园》,提供足够的彩笔和画纸,鼓励幼儿画一画莱昂、莱昂的爸爸妈妈、幼儿园、老师、小伙伴,加深幼儿对故事主角的认识。

(五) 游览活动

1. 观看幼儿园大楼

教师带领幼儿来到幼儿园大门口,指导幼儿全面观察幼儿园的建筑,引导幼儿仔细看看我们的大楼是建在什么地方的?是建在台阶上的还是建在平地上的?大楼外表有什么特点?看上去像什么?大楼共有几层?我们的班级在第几层?鼓励幼儿大胆说说未来的幼儿园会是什么样子的?

教师和幼儿一起吟唱儿歌《数高楼》,使幼儿知道:一层楼,两层楼,三层四层五层楼,层层叠叠是高楼。

鼓励幼儿回到家里,和爸爸妈妈、爷爷奶奶、外公外婆一起吟唱儿歌《数高楼》,看看自己家住的那幢楼一共有几层?再看看家门口都有什么样的楼?想想为什么要使用电梯上下楼?使幼儿知道楼有高高的楼、矮矮的楼,方方的楼、扁扁的楼、弯弯曲曲的长城楼,玻璃楼、水晶楼、大钟楼,看不清,猜不透。

2. 观看教师橱窗

教师带领幼儿来到幼儿园的"教师的风采"宣传橱窗,启发幼儿仔细看一看上面的照片,找一找班级的几位教师都在哪里?园长在哪里?以激发幼儿对园长和老师的喜爱之情。

3. 参观教师办公室

教师带领幼儿分别来到园长办公室和教师办公室进行参观,启发幼儿向园长和老师问好,仔细观看办公室的环境,说一说他们的办公室和我们的教室相比,有什么特点,有什么相同的地方和不同的地方,以丰富幼儿对园长和老师的认识。

(六) 观赏活动

1. 看电影《花木兰》

教师鼓励家长利用节假日的时间,和孩子一起在网上看看电影或电视剧《花木兰》,给孩子简单讲讲花木兰女扮男装、替父从军的传奇故事,让孩子体会巾帼英雄保家卫国的热情。

2. 听豫剧《谁说女子不如男》

教师鼓励家长利用双休日的时间,和孩子一起在网上听听豫剧《谁说女子不如男》(刘大哥讲的话,理太偏,谁说女子享清闲,男子打仗到边关,女子纺织在家园,白天去种地,夜晚来纺棉,不分昼夜辛勤把活干,将士们才能有这吃和穿,你要不相信哪,请往这身上看,咱们的鞋和袜,还有衣和衫,这千针万线都是她们连哪。许多女英雄,也把功劳建,为国杀敌,是代代出英贤,这女子们,哪一点儿不如儿男),鼓励孩子唱唱、演演自己喜欢的某个片断,体验巾帼不让须眉的豪迈气概。

第四节　绘本《幼儿园的一天》教学活动方案

图片 3-4-1　幼儿园的一天①

一、教学活动目标

1. 帮助幼儿了解小动物们在幼儿园一天的生活、学习和游戏,使幼儿能够向小动物们学习,喜欢上幼儿园,向往上幼儿园。

2. 帮助幼儿了解多种动物的主要特征,发展幼儿的观察能力、想象能力和思维能力。

3. 帮助幼儿了解一些方位词(如上、下、左、右)、数词(如从 1—10)、动词(如背、走、驮、爬、飞、攀、挂、拎、举、坐、躺、挥、捧、趴、跳、搂、蹦)等,丰富幼儿的词汇,发展幼儿的空间知觉能力、计数能力和口语表达能力。

---

① 〔法〕萨米尔·瑟努斯著,〔法〕亨利·费尔纳绘.幼儿园的一天[M].吴雨娜,译.北京:北京科学技术出版社,2014.

二、教学活动准备

1. 购买绘本《幼儿园的一天》若干本。
2. 围绕绘本《幼儿园的一天》制作课件。
3. 在班级区角摆放绘本中涉及的多种动物的玩具。
4. 邀请幼儿一起制作绘本中涉及的各种动物的图案。
5. 指导幼儿学习制作小猪、小狐狸、小蛇、小鸡、小猫、小老鼠、小山羊、大灰狼、小青蛙和小蝌蚪等动物的头饰。
6. 寻找或制作梅花鹿、鹈鹕、变色龙、章鱼、螃蟹、食蚁兽、萤火虫、穿山甲、刺猬、蝙蝠等动物的图片。
7. 鼓励家长带孩子去动物园逛逛,增加孩子对各种动物的感性认识。
8. 建议家长给孩子准备一个小书包并让幼儿把小书包背到幼儿园里来,指导幼儿把自己的物品放在班级规定的地方。

三、教学活动过程

(一)呈现绘本:观看封面

1. 教师呈现绘本封面,引导幼儿仔细观察:你看到了哪些小动物?它们身上都背着什么?它们在干什么?小猴子在干什么?小鸡在哪里?小鸡在干什么?数数一共有多少个小动物?
2. 教师引导幼儿讨论,然后进行小结:共有10个小动物,按顺时针方向分别是小猴子、长颈鹿、小鸡、大象、小狗、大灰狼、小狐狸、鹈鹕、小企鹅、小蛇;它们身上都背着一个小书包,好高兴,又唱又跳,手舞足蹈;小猴子在空中荡秋千,小鸡站在大象头上唱歌。
3. 教师引导幼儿背上小书包,粘上自己喜欢的小动物的图案,模仿这个小动物的动作:小猴子把左手举起来,晃动身体,好像在荡秋千;小鸡、鹈鹕、小企鹅扑闪着翅膀,曲颈向天歌;大象、小狗、大灰狼、小狐狸张开了双臂,振臂高呼;长颈鹿、小蛇昂首挺胸,雄赳赳,气昂昂。
4. 教师引导幼儿思考、讨论,然后进行小结:小动物们都高高兴兴地背着小书包,它们要去哪里呀?它们要去幼儿园。它们在幼儿园里,每天都干些什么呢?让我们大家一起打开《幼儿园的一天》这本图画故事书,来看看吧。

(二)播放课件:开学了

1. 教师边播放课件,边给幼儿讲解:"今天,小动物们的幼儿园开学了。"
2. 教师引导幼儿仔细观察:看看都有哪些小动物背着小书包去上幼儿园?它们是怎么走路的?数数共有几个小动物?
3. 教师和幼儿一起讨论、小结:共有8个小动物背着小书包去上幼儿园,从左向右分别是小狐狸、小乌龟、大灰狼、小蛇、小鸟、小老鼠、梅花鹿、小刺猬;小狐狸、大灰狼、小老鼠、梅花鹿是背着双肩包,走着去上学的;小乌龟、小蛇、小刺猬是驮着小书包,爬着去上学的;小鸟是背着双肩包,飞着去上学的。

4. 教师向幼儿呈现梅花鹿的图片,指导幼儿观察、思考、讨论、小结:看看这2只梅花鹿有什么相同的和不同的地方?它们的身上都有很多白色梅花斑点,梅花鹿性情机警,行动敏捷,四肢细长,蹄窄而尖,奔跑迅速,跳跃能力很强;雄鹿头上有一对雄伟的实角,雌鹿头上无角。

5. 教师鼓励幼儿在小书包上,再粘个自己喜欢的小动物的图案,模仿一下这个小动物上学走路的姿态。

(三)播放课件:上学路上

1. 教师边播放课件,边引导幼儿仔细观察:看看都有哪些小动物?它们身上都带着什么?它们是怎样走路的?数数共有几个小动物?

2. 教师和幼儿一起讨论、小结:共有6个小动物,从左向右分别是火烈鸟、蜗牛、树懒、单峰驼、双峰驼、鹈鹕;火烈鸟、单峰驼、双峰驼、鹈鹕是走着去上学的,蜗牛是爬着去上学的,树懒是攀着树枝去上学的。

3. 教师给幼儿讲解:火烈鸟一步跨出很远,蜗牛还是拖拖拉拉的,树懒却一反常态地打起了精神!单峰驼背上了书包……双峰驼背上了两个书包……鹈鹕呢?它可不需要书包。

4. 教师指导幼儿仔细观察、思考:火烈鸟是怎样背书包的?骆驼又是怎样背书包的?两只骆驼背的书包有什么不同?

5. 教师和幼儿一起讨论、小结:火烈鸟的书包是挂在脖子上的,骆驼的书包是驮在背上的,单峰驼驮了一个书包,双峰驼驮了两个书包。

6. 教师边呈现鹈鹕图片,边引导幼儿观察、思考:为什么说鹈鹕不需要书包呢?

7. 教师和幼儿一起讨论、小结:鹈鹕是一种水鸟,觅食时,会张开大嘴巴,以囊袋捞入大量的水,滤去水后,吞食其中的鱼;鹈鹕的嘴的下面有一个与嘴等长且能伸缩的皮囊。

8. 教师鼓励幼儿在小书包上,再粘上一个自己喜欢的小动物的图案,学着这个小动物的样子,走着或爬着去上幼儿园。

(四)播放课件:在院子里

1. 自我介绍

(1)教师边播放课件,边引导幼儿仔细观察:看看都有哪些小动物?它们是怎样背书包的?数数共有几个小动物?

(2)教师和幼儿一起讨论、小结:共有8个小动物,从上往下分别是小鸟(2个)、小狐狸、小熊猫、河马、小龙虾、毛毛虫、小鸡;小鸟、小狐狸是用双肩背着书包的,小熊猫是用右手拎着书包的,小龙虾是用大螯足钳着书包的,毛毛虫是在背上驮着书包的,小鸡是单肩斜背着书包的。

(3) 教师给幼儿讲解:"小动物们来到院子里做自我介绍。"

(4) 教师鼓励幼儿也学小动物的样子,相互介绍一下自己,"我叫……,请你多关照"。

2. 认识老师

(1) 教师边播放课件,边引导幼儿仔细观察:看看还有哪些大动物?它们的头上都戴着什么?为什么?数数共有几个大动物?

(2) 教师和幼儿一起讨论、小结:共有3个大动物,从左向右分别是大鸵鸟、大黄狗、大毛驴;大鸵鸟、大毛驴都戴着一副眼镜。

(3) 教师和幼儿一起讨论、小结:戴眼镜好不好?不好!不方便,我们要好好保护自己的眼睛。

(4) 教师给幼儿讲解:"然后他们认识了幼儿园的老师们。"

(5) 教师带领幼儿跟三位大动物老师招招手,问个好:大鸵鸟老师好!大黄狗老师好!大毛驴老师好!

(五) 播放课件:放物坐下

1. 摆放好物品

(1) 教师边播放课件,边引导幼儿仔细观察:看看有哪几个小动物?它们在干什么?数数共有几个小动物?

(2) 教师和幼儿一起讨论、小结:共有3个小动物,从左往右分别是小企鹅、长颈鹿、小蚂蚁;小企鹅左手拎着一条鱼,右手在往墙上挂书包;长颈鹿、小蚂蚁都是用双手在往墙上挂书包的。

(3) 教师给幼儿讲解:"大家把随身物品,放在了指定的位置。"

(4) 教师引导幼儿思考、讨论:我们小朋友每天是怎样挂书包的?是怎样摆放自己的物品的?为什么我们都要把自己的物品放在自己的物架上呢?

2. 找位置坐好

(1) 教师边播放课件,边引导幼儿仔细观察:看看有哪些小动物?它们在干什么?数数共有几个小动物?

(2) 教师和幼儿一起讨论、小结:共有5个小动物,从左往右分别是火烈鸟、海豚、小熊、海星;它们都坐在小椅子上或小凳子上;上面还有一只小鸟,在往自己的座位上飞。

(3) 教师给幼儿讲解:"然后坐到了各自的座位上。"海豚一对旁边的小熊招手,一边不好意思地对它说:"嘿,我觉得你坐的是我的座位。"小熊觉得好奇怪:我的座位怎么会是你的呢?

(4) 教师引导幼儿仔细观察、思考:看看海豚和小熊的座位有什么不同?看看小椅子和圆凳子有什么不同?你觉得海豚说得有道理吗?如果你是海豚,你会怎么说?如果你是小熊,你会怎么说?怎么做?

(5) 教师和幼儿一起讨论、小结:海豚身体高大,椅子矮小,它坐着会觉得不舒服的;小熊个子小,凳子大,应该跟海豚换个座位。就像我们班级一样,老师个子高,就坐大椅子;小朋友个子矮,就坐小椅子。

(六)播放课件:学习科学

1. 教师边播放课件,边引导幼儿仔细观察:看看有哪些小动物?它们在干什么?数数共有几个小动物?

2. 教师和幼儿一起讨论、小结:共有5个小动物,从左往右分别是小喜鹊、斑马、小豹子、小孔雀、变色龙;小喜鹊在观望,斑马和豹子在交谈,小孔雀在看书,变色龙在画画。

3. 教师给幼儿讲解:"大家一起学习认识字母、形状和颜色。"

4. 教师指导幼儿仔细观察:你看到了哪些字母?哪些形状?哪些颜色?小动物身上都有哪几种颜色?

5. 教师和幼儿一起讨论、小结:(1)看到的字母有:A、z-e-b-r-a、L-e-o-p-a-r-d;(2)看到的形状有:正方形的积木和画板、五角形的图案、长方形的书;(3)看到的颜色有:小喜鹊身上的五颜六色,脚下积木的黄色、蓝色、绿色、红色;斑马身上的黑色和白色;小豹子身上的黑色、白色和棕色;小孔雀身上的黑色,旁边图画书上的绿色和蓝色;变色龙身上的黄色、紫色、蓝色、绿色、红色、橙色,和旁边颜料膏的颜色一样。

6. 教师启发幼儿思考:变色龙身上的颜色怎么会和颜料膏的颜色一样呢?变色龙的本领怎么会这么大呢?

7. 教师呈现变色龙的图片,和幼儿一起讨论、小结:变色龙是一种"善变"的树栖爬行类动物,在自然界中是个"伪装高手";为了逃避天敌的侵犯和接近自己的猎物,就能迅速地改变身体的颜色,将自己融入周围的环境之中。

8. 教师指导幼儿观察、思考、小结:小孔雀在干什么?小孔雀虽然很小,还没有长满羽毛,还没有长出来美丽的尾屏,但是,它却很爱学习,正在看一本孔雀开屏的大书。我们小朋友要向小孔雀学习,热爱读书。

(七)播放课件:学习艺术

1. 教师边播放课件,边引导幼儿仔细观察:看看都有哪些小动物?它们在干什么?数数有几个小动物?

2. 教师和幼儿一起讨论、小结:共有3个小动物,从左往右分别是章鱼、狐狸、螃蟹;章鱼在涂色,狐狸在粘贴,螃蟹在玩鼓。

3. 教师给幼儿讲解:"同学们有的画画,做手工,玩音乐。"

4. 教师指导幼儿仔细观察:看看章鱼是怎样画画的?画的是什么?狐狸是怎样做手工的?做的是什么?螃蟹是怎样玩音乐的?玩的是什么?

5. 教师和幼儿一起讨论、小结:章鱼的两只手各拿着一只水彩笔,右手不停地在纸上画水彩画螺壳;狐狸左手拿着树叶,右手拿着胶水,在制作笑脸娃娃;螃蟹用左螯足摇铃鼓,用右螯足敲锣鼓。

6. 教师启发幼儿思考、讨论:章鱼为什么能那么快地画出那么多美丽的图画?它还有什么本领?

7. 教师呈现章鱼的图片,和幼儿一起讨论、小结:章鱼的眼睛是长在身体的后面的;它有8个腕足,即八条腿,又叫八爪鱼,腕足上有许多吸盘,用来沿海底爬行的;它非常聪明,喜欢用海螺贝壳作居室;遇到危险时,它能连续多次往外喷射黑色墨汁似的东西,作为烟幕弹,帮助自己逃跑,它还能像变色龙一样,改变自身的颜色和构造。

8. 教师呈现螃蟹的图片,启发幼儿思考:螃蟹是怎样走路的?鼓励幼儿在小书包贴上螃蟹的图案,学做它的动作:横着走路,举左手摇铃鼓,用右手敲锣鼓。

(八)播放课件:学做游戏

1. 教师播放课件,引导幼儿仔细观察:看看都有哪些小动物?它们在干什么?数数有几个小动物?

2. 教师和幼儿一起讨论、小结:共有8个小动物,从上往下、从左往右分别是小鸡、小鸟、猫头鹰、小熊、小猴子(4个);它们在唱歌,跳舞,做游戏。

3. 教师给幼儿讲解:"有的在唱歌,有的在搭积木,有的在想问题,还有的在做体操。"

4. 教师引导幼儿仔细观察:看看哪个小动物在唱歌?哪个小动物在搭积木?哪个小动物在想问题?哪个小动物在做体操?

5. 教师和幼儿一起讨论、小结:小鸡、小鸟和猫头鹰站在树枝上,高兴地唱歌;小熊坐在地上,耐心地搭积木;小猴子坐在地上,认真地思考问题;旁边还有3只小猴子在平衡木上,开心地做体操,2只小猴子在上面玩侧立、下蹲,1只小猴子在下面玩倒立。

(九)播放课件:劳逸结合

1. 爱劳动

(1)教师播放课件,引导幼儿仔细观察:看看有哪些小动物?它们在干什么?数数有几个小动物?

(2)教师和幼儿一起讨论、小结:共有5个小动物,从左往右、从上往下分别是小蜜蜂、小鸡、小蛇、小狐狸、小猪;小蜜蜂右手提着浇水壶在给花浇水,小鸡、小蛇、小狐狸和小猪在一起做游戏。

(3)教师给幼儿讲解:"大家还要学习照顾花花草草,并尝试集体协作。"

(4)教师指导幼儿仔细观察、思考:小鸡、小蛇、小狐狸、小猪都穿着什么颜色的衣服?它们是怎样合作玩游戏的?

(5)教师鼓励幼儿讨论、小结:小猪穿着粉红色的衣服,躺在地上,四脚朝天;小狐狸穿着橙色的衣服,站在小猪的肚子上,用双手托举着小蛇;小蛇穿着绿色的衣服,盘绕着身体;小鸡穿着黄色的衣服,站在小蛇的头上;它们相互合作,玩登高举重的杂技游戏。

(6)教师指导幼儿学习排列图案:把小猪的图案放在最下面,然后再上面摆放小狐狸的图案、小蛇的图案、小鸡的图案。

(7)教师鼓励幼儿戴上动物头饰,四人一组,摆个造型:小猪全蹲在下面,小狐狸半蹲在它后面,小蛇站立在小狐狸后面,小鸡踮起脚站在最后面。

(8) 教师和幼儿一起讨论、小结:我们小朋友要像小蜜蜂学习,热爱劳动,每天给班级的小花小草浇浇水;我们小朋友还要像小鸡、小蛇、小狐狸、小猪学习,大家团结友爱,齐心协力,一起做游戏。

2. 听故事

(1) 教师播放课件,引导幼儿仔细观察:看看有哪些小动物?它们在干什么?数数有几个小动物?

(2) 教师和幼儿一起讨论、小结:共有7个动物;在左边,坐着6个小动物,分别是小猴子、大灰狼、小老鼠、小猪、小狗、小鸟;在它们的对面,还站着1个大鸵鸟。

(3) 教师给幼儿讲解:"当然,它们还会听老师讲故事。""从前,有一只……"

(4) 教师鼓励幼儿猜一猜:谁是老师呢?

(5) 教师引导幼儿讨论、小结:我们小朋友平时是怎样听老师讲故事的呢?我们小朋友也要向小动物们学习,安静地坐好,把自己的小手小脚放好,认真地听老师讲故事。

(十) 播放课件:吃午饭了

1. 教师播放课件,引导幼儿仔细观察:看看有哪些小动物?它们坐在哪里?它们在干什么?数数有几个小动物?

2. 教师和幼儿一起讨论、小结:共有3张圆桌子、7个小动物;在左边桌子旁,坐着小狗、小鸭子、小青蛙;在中间桌子旁,坐着大象、海豚、穿山甲;在右边桌子旁,坐着大灰狼;它们都正在吃午饭。

3. 教师给幼儿讲解:"吃饭的时候,场面变得复杂起来。"大象挥着右手,喊道:"再来一碗!再来一碗!"海豚双手捧着碗,说道:"要鱼,我只喜欢吃鱼呀!"食蚁兽低着头,问道:"能不能给我的菠菜里面加点儿蚂蚁啊?"

4. 教师启发幼儿思考、讨论:为什么大象还要加饭?为什么海豚还要吃鱼?为什么食蚁兽要加蚂蚁?

5. 教师呈现食蚁兽图片,和幼儿一起讨论、小结:食蚁兽主要吃蚂蚁、白蚁和其他昆虫;食蚁兽用有力的前肢撕开蚂蚁和白蚁的巢,用长舌捕食。

6. 教师和幼儿一起讨论、小结:我们小朋友吃饭的时候,能不能像这几个小动物一样,大喊大叫?不能!我们要轻声地说话,要文明地进餐。

(十一) 播放课件:睡午觉了

1. 教师播放课件,引导幼儿仔细观察:看看都有哪些小动物?它们在干什么?数数有几个小动物?

2. 教师和幼儿一起讨论、小结:有6个小动物正躺在床上睡觉,它们是大象、小熊、海豚、小鸡、小狗、小蛇;还有2个小动物站在地上,准备去睡觉,它们是小鸭子、猫头鹰;此外,还有几个萤火虫飞来飞去,没有睡觉。

3. 教师给幼儿讲解:"吃完午饭,大家都得午睡了。""只有萤火虫们没有睡觉。"

4. 教师呈现萤火虫的图片,和幼儿一起讨论、小结:萤火虫是一种小型甲虫,因为它的尾部能发出荧光,所以叫萤火虫;因为萤火虫喜欢夜间活动,所以又叫夜火虫。

5. 教师和幼儿一起讨论、小结:我们小朋友午睡时,要向大象、小熊、海豚、小鸡、小狗、小蛇学习,保持安静,好好睡觉,不能像小鸭子、萤火虫、猫头鹰那样,自己不睡觉,还站在那里交头接耳,妨碍别人休息。

6. 教师引导幼儿休息一会:在小书包上,贴一个自己喜欢的小动物的图案,模仿一下这个小动物睡觉的样子。

(十二)播放课件:自由活动

1. 奔跑玩耍

(1) 教师播放课件,引导幼儿仔细观察:看看有哪些小动物?它们在干什么?数数有几个小动物?

(2) 教师和幼儿一起讨论、小结:共有6个小动物,从上到下、从左往右分别是鲸鱼、蜥蜴、长颈鹿、小狗、小老鼠、小狐狸;蜥蜴把呼啦圈套在鲸鱼的身上荡秋千,长颈鹿和小老鼠在谈心,小狗在骑三轮车,小狐狸在奔跑。

(3) 教师给幼儿讲解:"在下午的自由活动时间,小动物们跑啊,跳啊,结交了许多新朋友。"

(4) 教师鼓励幼儿分享、交流:说说自己刚认识的几个新朋友。

2. 打打闹闹

(1) 教师播放课件,引导幼儿仔细观察:看看有哪些小动物?它们在干什么?它们看上去怎么样呀?数数有几个小动物?

(2) 教师和幼儿一起讨论、小结:共有5个小动物,从前往后分别是穿山甲、小刺猬、小猴子、火烈鸟、小豹子,它们看上去一点也不高兴。

(3) 教师给幼儿讲解:"但是有时候,交朋友也不是件容易的事情。"穿山甲躲在一旁,轻声地说:"我有点害羞……"小猴子不小心,手指头碰到了小刺猬,痛得直叫唤:"哎哟!"火烈鸟看着小猴子,伤心地问道:"你是不是不喜欢我的发型?"

(4) 教师呈现穿山甲的图片,启发幼儿讨论、小结:穿山甲为什么要说自己有点害羞?穿山甲平时独居于洞穴之中,只有繁殖期才成对生活;穿山甲能吃很多白蚁,在保护森林、堤坝,维护生态平衡、人类健康等方面都起着很大的作用。

(5) 教师呈现刺猬图片,启发幼儿思考,引导幼儿讨论、小结:小猴子的手碰到了小刺猬,为什么会觉得很痛呢?小刺猬的身上都长满了什么?刺猬身体肥矮,爪子锐利,眼睛很小,毛很短,浑身有短而密的棘刺;遇到敌害时,就将身体蜷曲成球状,将刺朝外,保护自己。

(6) 教师先启发幼儿思考:火烈鸟为什么要那么问?再给幼儿讲解:火烈鸟性格怯懦,喜欢群栖,经常万余只结群一起嬉戏。

(7) 教师和幼儿一起讨论、小结:我们小朋友平时要互相关心,互相爱护,互相帮助,互相宽容,互相安慰,不能斤斤计较,大家一起好好做游戏,才能玩得开心。

(十三)播放课件：集体游戏

（1）教师播放课件，引导幼儿仔细观察：看看有哪些小动物？它们在干什么？数数有几个小动物？

（2）教师和幼儿一起讨论、小结：共有8个小动物，从左往右分别是小老虎、小山羊、小狐狸、小豹子、小鲸鱼、小猴子、大灰狼、小老鼠，它们在做游戏。

（3）教师给幼儿讲解："最后大家总会聚在一起，玩猫捉老鼠、跳山羊和狼来了的游戏。"

（4）教师指导幼儿戴上动物头饰，玩游戏：我们小朋友也学学小动物们，来玩一下"猫捉老鼠"的游戏、"跳山羊"的游戏、"狼来了"的游戏。

(十四)播放课件：太阳落山

1. 教师播放课件，引导幼儿仔细观察：看看有哪些小动物？它们在干什么？数数有几个小动物？

2. 教师和幼儿一起讨论、小结：共有6个小动物，从左往右分别是小鸟、河马、小猫、鳄鱼、猫头鹰、小猴子；有的在大声哭闹，有的在发呆。

3. 教师给幼儿讲解："当太阳快要落山的时候，有的同学觉得幼儿园的一天太漫长了。"小鸟站在河马身上，又哭又叫；河马站在地上，拼命嚎叫；小猫坐在地上，轻声哭泣，"我要妈妈"；鳄鱼趴在地上，不停地哭叫，地上都是它流下的"真实的眼泪"；猫头鹰和小猴子依偎在一起，张望发呆。

4. 教师引导幼儿思考、讨论、小结：我们小朋友平时想爸爸妈妈时，能不能像这些小动物一样大声哭闹？不能！我们小朋友都要做坚强的好孩子，在幼儿园里要好好表现，等着爸爸妈妈下班来接我们回家。

(十五)播放课件：爸妈来了

1. 教师播放课件，引导幼儿仔细观察：看看有哪些小动物？它们在干什么？数数有几个小动物？

2. 教师和幼儿一起讨论、小结：共有五对动物，它们是小袋鼠和大袋鼠、小刺猬和大刺猬、小猩猩和大猩猩、小鸟和大鸟、小蝌蚪和大青蛙。

3. 教师给幼儿讲解："别急，当放学的铃声一响，爸爸妈妈就会来接大家了。"小袋鼠看见妈妈，边欢快地叫着"耶！"边跳进了妈妈的袋子里，大袋鼠伸开双臂说："轻点儿，我的宝贝儿！"大青蛙对小蝌蚪说："来吧宝贝儿们，咱们回家吧！"

4. 教师鼓励幼儿仔细观察、思考：看看其他小动物是怎样跟着爸爸妈妈一起回家的？

5. 教师和幼儿一起讨论、小结：大刺猬和小刺猬正张开双臂要拥抱呢；大猩猩背着小猩猩；大鸟把小鸟紧紧地搂在怀里；大青蛙在前面游，5只小蝌蚪跟在它后面游。

6. 教师和幼儿一起戴上动物头饰，玩游戏：教师戴上大袋鼠的头饰，幼儿带上小袋鼠的头饰；教师边蹦蹦跳边对幼儿说："来吧宝贝儿们，咱们回家吧！"幼儿跟在老师后面蹦蹦跳。

7. 教师启发幼儿交流、小结：你们的爸爸妈妈是怎么接你们回家的？你们都长大了，都要学会自己走路回家哟！

(十六)播放课件：夜晚来了

1. 教师播放课件，引导幼儿仔细观察：你看到了什么？地上有什么？上面写着哪些数字？

2. 教师和幼儿一起讨论、小结：地上有三轮车、跳房子游戏图（上面写着数字12345678，这个游戏也是我们小朋友平时喜欢玩的游戏），还有个布娃娃。

3. 教师启发幼儿思考、讨论、小结：为什么小动物们都不见了？幼儿园放学了。

4. 教师给幼儿讲解："夜幕降临，幼儿园里静悄悄的，一个人也没有了。"

(十七)播放课件：蝙蝠来了

1. 教师播放课件，引导幼儿仔细观察、思考："咦，谁来了？"

2. 教师和幼儿一起讨论、小结：小蝙蝠飞来了。

3. 教师给幼儿讲解："哦不，小蝙蝠，晚上是不用上幼儿园的哦！明天再来吧，再见！"

4. 教师呈现蝙蝠图片，并提问：为什么蝙蝠会在晚上飞到幼儿园里来呢？

5. 教师和幼儿一起讨论、小结：蝙蝠看上去有点像老鼠，前后肢有薄膜与身体相连；它是夜行动物，白天憩息，夜间飞翔觅食，捕食蚊蚁等小昆虫。

(十八)模拟表演：上幼儿园

教师鼓励幼儿自由结伴，戴上自己喜欢的小动物头饰，表演高高兴兴上幼儿园的情景。

(十九)语言活动：比较异同

教师启发幼儿思考、讨论、小结：小动物的幼儿园和我们小朋友的幼儿园有什么相同的和不同的地方？在幼儿园里，我们小朋友一起学唱歌、学画画、听故事、玩游戏，一起吃饭、睡觉，认识新朋友。

四、教学活动延伸

1. 猜谜活动

教师和幼儿玩猜谜语的游戏，大家互换角色，说谜题或猜谜底。例如，教师可以先说谜题"生来四只脚，爱攀又爱跳，站坐都像人，浑身绒毛毛。（打一动物）"，后启发幼儿猜谜底"猴子"；也可以先教幼儿学说简单的谜题"个儿高又大，脖子似吊塔。（打一动物）"，后由教师猜出谜底"长颈鹿"。

2. 绘画活动

教师在班级的美工区摆放多种绘画材料，引导幼儿用彩笔画出自己所喜欢的绘本《幼儿园的一天》中的一些小动物。

3. 表演活动

教师在班级的表演区,为幼儿提供各种动物头饰、服装、道具、音响设备等,指导幼儿在班级搭建小舞台,鼓励幼儿自导自演绘本《幼儿园的一天》中的有趣情节。

4. 歌舞活动

教师在班级的音乐区提供多种光盘、乐器、服装、话筒等,鼓励幼儿载歌载舞,展示在幼儿园里所学的知识和技能,表现自己在幼儿园所度过的欢快的一天。

5. 阅读活动

教师在班级的图书区铺上漂亮的地毯,摆上舒服的靠垫,陈列《汤姆上幼儿园》《你好,幼儿园》《我爱幼儿园》《幼儿园的一天》等多种绘本,鼓励幼儿和同伴一起阅读,或借回家和爸爸妈妈共同阅读。

6. 亲子共阅

教师指导家长利用业余时间,带孩子到图书馆、书店去,看看各种图画故事书,培养孩子热爱阅读的好习惯。

7. 亲子创作

教师鼓励家长和孩子一起创作,让孩子讲讲、画画在幼儿园一天的生活,父母加以记录整理、补充添加,然后装订成册,制成独特的画册。

本章小结

本章小结如下图。

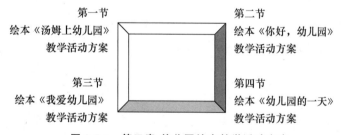

图 3-5-1　第三章 幼儿园绘本教学活动方案

绘本教学活动方案框架小结如下图。

图 3-5-2　绘本教学活动方案框架

本章复习思考题

1. 你是如何看待绘本《汤姆上幼儿园》的？请你围绕这个绘本，自己设计一个教学活动方案。

2. 你是如何看待绘本《你好，幼儿园》的？请你围绕这个绘本，自己设计一个教学活动方案。

3. 你是如何看待绘本《我爱幼儿园》的？请你围绕这个绘本，自己设计一个教学活动方案。

4. 你是如何看待绘本《幼儿园的一天》的？请你围绕这个绘本，自己设计一个教学活动方案。

5. 你认为教学活动方案主要应由哪几个部分组成？你认为哪个部分最重要？

6. 试自己选择一个绘本，自己设计一个教学活动方案。

 本章课外浏览网站

1. 北京学前教育网. http://www.bjchild.com/Index.html

2. 山东学前教育网. http://www.sdchild.com/

3. 上海学前教育网. http://www.age06.com/age06web3

4. 浙江学前网. http://www.06abc.com/

5. 福建学前教育网. http://www.fjchild.com/portal.php

6. 广东幼儿教育网. http://www.06gd.com/

 本章课外阅读书目

1. 杨明全著. 课程论[M]. 北京：中国人民大学出版社，2016.

2. 李生兰等著. 幼儿园与家庭、社区合作共育[M]. 北京：北京师范大学出版社，2016.

3. 靳玉乐主编. 课程论（第2版）[M]. 北京：人民教育出版社，2015.

4. 裴娣娜著. 现代教学论基础[M]. 北京：人民教育出版社，2015.

5. 李生兰等著. 学前儿童家庭与社区教育[M]. 北京：高等教育出版社，2015.

6. 李生兰著. 比较学前教育（第2版）[M]. 上海：华东师范大学出版社，2013.

第四章 幼儿园欢庆节日活动方案

本章提要

本章包括十二节:第一节是欢庆元旦活动方案;第二节是欢庆春节活动方案;第三节是欢庆元宵节活动方案;第四节是欢庆国际劳动妇女节活动方案;第五节是欢庆植树节活动方案;第六节是欢庆教师节活动方案;第七节是欢庆中秋节活动方案;第八节是欢庆重阳节活动方案;第九节是欢庆国庆节活动方案;第十节是欢庆万圣节活动方案;第十一节是欢庆全国消防日活动方案;第十二节是欢庆圣诞节活动方案。

本章重点

掌握节日活动方案设计的基本框架,包括活动目标、活动准备、活动过程、活动评价。

本章难点

节日活动方案如何体现节日的独特性、区域的适宜性。

本章导读

看图说话:在下面这张图中,你看到了什么?你想到了什么?

图片 4-0-1　美国 PPA 幼儿园中班幼儿十月份值日生图表

第一节 欢庆元旦活动方案

图片 4-1-1　上海市徐汇区乌鲁木齐南路幼儿园大厅新年期盼环境

一、欢庆活动目标

1．通过观赏园外社区环境、布置园内班级环境等活动，帮助幼儿了解元旦的含义和意义。

2．通过制作或品尝鸡蛋、面条、年糕等活动，帮助幼儿理解我国元旦的一些饮食习俗。

3．通过学习古诗、学说元旦祝福语等活动，培养幼儿的积极情感，发展幼儿的社会交往能力。

4．通过观看十二生肖图画故事等活动，帮助幼儿了解我国的民俗文化。

5．通过学习有关生肖的词语等活动，丰富幼儿的词汇，发展幼儿的语言表达能力。

二、欢庆活动准备

1．带领幼儿感受社区浓郁的元旦节目氛围。

2．邀请幼儿一起为幼儿园、为班级布置欢度元旦的环境。

3．制作有关元旦含义、习俗等图文并茂的课件。

4．指导幼儿在幼儿园手工作坊区制作面条、年糕，购买鸡蛋、面条、年糕。

5．制作王安石《元日》的图文并茂的课件。

6．制作有关元旦祝福语的图文并茂的课件。

7．制作有关十二生肖图画和故事的课件。

8．制作有关鸡的成语的图文并茂的课件。

三、欢庆活动过程

(一) 播放课件,了解元旦的含义

教师播放课件,给幼儿简单讲解:"元旦"中的"元"字,指的是开始,是第一的意思。"旦"字,是个象形字,上面的"日"字,代表太阳;下面的"一"字,代表地平线;"旦"字的意思就是太阳从地平线上冉冉升起,象征一日的开始。"元"字和"旦"字这两个字合起来,就是首日的意思,就是新年开始的第一天。

(二) 观看课件,知晓元旦饮食

1. 吃鸡蛋

教师先和幼儿玩个猜谜语的游戏。教师说谜面:"外面是圆的,中间是白的,里面是黄的,既好吃又有营养。(打一食品名)";幼儿说谜底:"鸡蛋"。

之后,教师为幼儿播放课件,并讲解:元旦时,人们有吃鸡蛋的习俗;每人都要吃一个鸡蛋。

2. 吃面条

教师先和幼儿玩个猜谜语的游戏。教师说谜面:"本来一大片,变成千条线,是线不缝衣,只在锅里见。(打一食物)";幼儿说谜底:"面条"。

之后,教师为幼儿播放课件,并讲解:元旦时,人们还有吃汤饼的习俗;汤饼就是长长的饼,就像我们小朋友经常吃的面条一样。

3. 吃年糕

教师先和幼儿玩个猜谜语的游戏。教师说谜面:"生在深山叶飘飘,零落人间用水浇,得到人间一把米,一条黄草捆上腰。(打一食物)";幼儿说谜底:"年糕"。

之后,教师为幼儿播放课件,并讲解:元旦时,人们还有吃年糕的习俗;年糕是把米磨成粉而制成的,年糕也叫粘粘糕,就是年年高的意思。

(三) 品尝美食,感受元旦的特色

教师利用当天的点心和午餐时间,和幼儿一起吃个鸡蛋、吃点面条和年糕,以加深幼儿对元旦的美好体验。

(四) 欣赏课件,了解元旦的古诗

教师播放课件,给幼儿朗读北宋王安石的古诗《元日》(爆竹声中一岁除,春风送暖入屠苏。千门万户瞳瞳日,总把新桃换旧符。),使幼儿意识到我们送走了旧年,迎来了新年。

(五) 集体练习,学讲元旦的祝福语

教师播放课件,给幼儿讲解祝福元旦的话语,并鼓励幼儿一起学说:元旦快乐!新年快乐!元旦到,向你说声感谢了!元旦到,我们的心情多么的美好!元旦到,元旦好,祝你平安健康了!

(六) 认识生肖,了解我国的民俗文化

教师播放课件,提问幼儿,并加以总结:你知道自己的属相是什么吗?在同一年出生

的小朋友,属相都是相同的,都属"龙"或者其他小动物。

教师边播放课件,边组织幼儿讨论,并进行总结:你们知道今年是什么生肖年吗?明年是什么生肖年呢?今年是猴年,明年就是鸡年。

教师边播放课件,边给幼儿讲解十二生肖的故事:十二生肖,也叫十二属相,由十二种自然界的动物组成,包括鼠、牛、虎、兔、龙、蛇、马、羊、猴、鸡、狗、猪。

(七)竞猜谜语,认识不同的生肖

教师和幼儿一起玩猜谜语的游戏,教师说出谜面,启发幼儿猜出谜底。例如,教师说出谜面:"从小浑身白,长大就变了,若要分男女,就得看它的头顶了。(打一动物)",引导幼儿猜出谜底:"鸡"。

(八)画画说说,分享喜爱的生肖

教师鼓励幼儿用彩笔画出自己喜欢的生肖图案,然后大家进行分享,说说这种小动物的特点、自己喜欢这种小动物的原因。

(九)熟悉生肖,学习生肖的词语

教师根据新年的生肖,把相应的成语教给幼儿。如果新年是鸡年,那么教师就可以先把一些有关鸡的词语及含义讲给幼儿听,例如,闻鸡起舞(一听见鸡叫,就起床练剑,比喻人抓紧时间努力学习)、金鸡独立(像公鸡一样,用一只脚站立)、鹤立鸡群(像仙鹤一样,立在鸡群之中,比喻人的才华出众)、呆若木鸡(像只木头鸡,形容人因惊恐而发愣)、鸡毛蒜皮(形容事小,不重要)、鸡肠狗肚(形容人的度量小)、鸡飞狗跳(把鸡吓得飞起来,把狗吓得跳起来,形容乱成一团);然后再指导幼儿用肢体动作来表现这些成语的意思。

四、欢庆活动延伸

1. 亲子游园会

教师建议家长利用接送孩子的时间,带领孩子参加幼儿园组织的游园会,和孩子一起在走廊里猜个谜语,在美术室画张画,在图书室读本书,在小舞台讲个故事,然后领取新年礼物,共同感受欢乐的迎新气氛。

2. 亲子观影视

教师建议家长在家里和孩子一起看看《十二生肖》的动画片或电影,给孩子讲讲十二生肖的故事,加深孩子对十二生肖的理解和喜爱。

3. 词语巧接龙

教师指导家长在家里和孩子一起玩词语接龙的游戏,只要词语中含有一个"鸡"字,就算接得正确。例如,当父亲说出"杀鸡儆猴"、母亲说出"杀鸡取卵"时,孩子可以说"鸡犬升天",也可以说"铁公鸡"或"鸡蛋里挑骨头"。

4. 猜谜语比赛

教师引导家长在家里开展猜谜语擂台赛,让孩子观战,作裁判。例如,父亲说个谜题:"查完一半,对调位置。(打两个汉字)";母亲说出谜底:"元旦"。如果孩子不懂,父母可以跟孩子解释:在"查完"两个字中,只需要一半;把上半部分去掉了,就只剩下下半部分的"旦元"了,再"对调位置",当然就是"元旦"了。

教师指导家长在家里进行猜谜语轮流赛,让孩子猜谜底,出谜题。例如,可以先由父母说谜题:"一朵红花头上戴,一件花衣身上盖。天还没亮就起床,唱得太阳升起来。(打一动物)";接着由孩子猜说谜底:"公鸡"。然后,再由孩子说谜题:"小帅哥儿嗓子妙,早上昂头把鸣报。(打一动物)";最后由父母猜出谜底:"公鸡"。

5. 参观博物馆

教师鼓励家长利用节假日,带领孩子去参观博物馆,寻找、观赏描绘生肖形象和象征意义的民间工艺作品、绘画、书画、春联和诗歌,以丰富孩子对生肖这一悠久的民俗文化符号的认识。

第二节　欢庆春节活动方案①

图片 4-2-1　上海市青浦区朵朵幼儿园赏春联活动

一、欢庆活动目标

1. 帮助幼儿了解春节的意义:春节是辞旧迎新的日子,也是我国重要的传统节日。
2. 通过开展多种活动,帮助幼儿体验、了解春节的传统习俗,同时感受春节欢乐祥和的节日气氛。

二、欢庆活动准备

1. 教师在班级日历上标出春节的日期,以引起幼儿的关注。
2. 教师和幼儿及家长一起收集有关春节的资料,并打印成册,放在班级的区角,供幼儿自由翻阅。
3. 教师绘画、拍摄一些春节的热闹场面。

---

① 本文作者:顾丽霞,教育管理硕士,高级教师,区优秀园丁,上海市青浦区朵朵幼儿园园长;徐中梅,二级教师,上海市青浦区朵朵幼儿园教师。

4. 教师和幼儿一起阅读、欣赏关于春节的故事、绘本、儿歌等,以加深幼儿对"春节"的认识。

5. 家长和幼儿一同设计"新年调查表",在爸爸妈妈的帮助下一起完成调查表,进一步了解新年的传统风俗。

表 4-2-1　春节调查表

宝贝们,春节就要到了,新年有许多有趣好玩的事情,你知道哪些呢?快和爸爸妈妈一起找一找,画一画吧!

1	你知道今年的春节是哪一天吗?	
2	你收集到的春节的风俗有哪些?	
3	你春节里最想做的事情是什么?	
4	你听过哪些有关春节的故事?	

三、欢庆活动过程

(一) 引发对春节的兴趣

教师播放历年"春节联欢晚会"的视频,激发幼儿的好奇心,提问幼儿:你们知道"春节"吗?什么时候我们过春节?

(二) 讲解春节的传统习俗

教师邀请一位家长志愿者,结合"爸爸进课堂"这个活动,和幼儿一起欣赏绘本《年》的故事,帮助幼儿初步了解"年"的由来。

教师边向幼儿呈现有关"春节"和"年"的资料,边向幼儿提问和讲解:在阅读了绘本之后,你们知道在春节里,我们都有哪些传统的习俗?我们会通过放鞭炮等方式来庆祝,长辈还会给晚辈发红包表示祝贺,大家还会相互串门拜年,恭祝新的一年万事如意,我们还会制作品尝各种各样的传统美食。

(三) 喜迎新春多种活动

1. *布置环境:热热闹闹迎新年*

教师和幼儿一起收集材料,布置教室,装扮环境,彰显喜庆气氛。

2. *迎新活动:欢欢喜喜过新年*

(1) 包春卷。教师邀请几位家长志愿者来到班级,教幼儿学包春卷,大家可在春卷皮中,加入自己喜欢的馅料,然后将包好的春卷送至食堂,炸熟以后,一起品尝,体会吃春卷的快乐。

(2) 剪窗花。教师邀请几位家长志愿者来到班级,教幼儿学剪窗花,鼓励幼儿选择自己喜欢的手工彩纸,自己设计窗花花纹,然后把剪好的窗花粘贴在教室里,进行展览和观赏。

(3) 做灯笼。教师邀请几位家长志愿者来到班级,教幼儿学做灯笼,然后一起悬挂和欣赏。

(4) 猜灯谜。教师和家长在灯笼上，写上谜面或谜底，指导幼儿玩猜灯谜的游戏。

(5) 说甜话。教师指导幼儿学说春节里常用到的祝福语，使幼儿能将祝福送给他人。

四、欢庆活动延伸

1. 送温暖活动

教师联系幼儿园所在的街道或社区，开展"春节送温暖活动"，带领幼儿一起去探望小区里的孤寡老人，并送上春节常吃的小糕点等，以示祝福；指导幼儿当个小演员，为爷爷奶奶表演节目，以示庆祝；引导幼儿给爷爷奶奶捶捶背，敲敲腿，以示孝顺。

2. 创作活动

教师鼓励幼儿把春节期间看到的一些美好的东西，都用笔画下来、记下来，开学时带到幼儿园里来展览。

第三节　欢庆元宵节活动方案①

图片 4-3-1　上海市青浦区朵朵幼儿园玩花灯活动

一、欢庆活动目标

1. 教师鼓励幼儿交流分享欢度元宵节的经历，体验庆祝元宵节的热闹场面。
2. 教师帮助幼儿了解本地区元宵节的习俗，激发幼儿热爱家乡的情感。

二、欢庆活动准备

1. 教师鼓励幼儿与家人一起过元宵节，初步感受元宵节的习俗。
2. 教师和幼儿及其家长准备汤圆（芝麻馅、豆沙馅、鲜肉馅、荠菜馅等）。
3. 教师制作 PPT（谜语、元宵灯会）。

---

① 本文作者：阮爱新，高级教师，上海市金山区教育学院科研员。

4. 教师准备上海市闹元宵的视频。

三、欢庆活动过程

(一) 分享过元宵节的经验

教师引导幼儿分享过元宵节的经历,用语言来表述或用作品来展示。

教师重点提问幼儿:你是怎么过元宵节的?

教师小结:元宵节是春节后的一个节日,又叫灯节。元宵节有很多习俗,如家家都要点灯,吃汤圆,猜灯谜等,以示庆祝。

(二) 提升过元宵节的经验

1. 尝元宵

教师和幼儿一起猜谜语(身穿雪白外衣,心里各种滋味。正月十五沿街卖,过了正月没人提。),指导幼儿说出谜底(汤圆或元宵)。

教师重点提问:你们吃过什么馅儿的汤圆? 为什么在元宵节,要吃汤圆呢?

教师和幼儿一起品尝元宵。

教师小结:元宵节吃汤圆,代表着团团圆圆,汤圆有芝麻馅、豆沙馅、鲜肉馅、荠菜馅等等,口味鲜美,味道独特。

2. 闹元宵

教师播放视频:闹元宵。

教师重点提问:看一看,在上海,人们是怎么闹元宵的?

教师小结:舞龙灯、舞狮子、串马灯、打莲湘、荡湖船、踩高跷,闹元宵真热闹。

3. 赏花灯

教师指导幼儿欣赏豫园灯会的PPT。

教师重点提问:你们看到了哪些花灯?

教师小结:元宵花灯真漂亮:大宫灯红又红,走马灯转不停,鲤鱼灯尾巴摇,兔子灯拉着跑。制作花灯的能工巧匠们,真是太了不起了!

(三) 升华过元宵节的经验

教师和幼儿一起将上述分享、提升有关元宵节的内容,编成儿歌。

教师小结:这就是我们上海的元宵节:温暖、热闹、特别。我们要做个地地道道的上海人,让世界各地的人们都来体验我们的元宵节。

四、欢庆活动延伸

教师鼓励幼儿在个别活动中,以绘画或创编儿歌的方式,表达自己对元宵节的体验。

第四节 欢庆国际劳动妇女节活动方案[①]

图片 4-4-1　上海市浦东新区东南幼儿园儿童为妈妈制作贺卡

一、欢庆活动目标

1. 使幼儿知道 3 月 8 日是国际劳动妇女节，是妈妈、奶奶、外婆们的节日。

2. 使幼儿学会尊敬、关心妈妈、奶奶、外婆，向她们表达自己的敬爱。

3. 使幼儿关心妈妈、奶奶、外婆，从内心感受到她们对家庭的付出，对自己的关爱，培养幼儿尊敬长辈、关心他人、热爱劳动的良好品质。

4. 使幼儿通过亲子活动，乐意做一件力所能及的小事，表达自己对妈妈、奶奶、外婆的喜爱。

二、欢庆活动准备

1. 指导幼儿了解妈妈、奶奶、外婆的生日、爱好或工作、家务活。

2. 准备音乐《世上只有妈妈好》。

3. 准备制作花束的材料、几何形图片；绘画活动"请喝一杯茶"所需的材料和工具，视频资料"请喝茶"等。

4. 照片展《我帮妈妈做事情》。

三、欢庆活动过程

（一）谈话活动：三八妇女节

1. 教师向幼儿提问并讲解：3 月 8 日是什么节日？妇女节，又称国际妇女节。妇女节是谁的节日？是妈妈、老师、阿姨、奶奶、外婆的节日。

2. 教师向幼儿提问并讲解：你身边有哪些人可以过妇女节？妈妈、老师、阿姨、奶

[①] 本文作者：倪靓君，二级教师，上海市浦东新区东南幼儿园教师。

奶、外婆都可以过妇女节。妈妈有什么爱好？妈妈做什么工作？妈妈在家里，都做哪些家务？妈妈为我做了什么？

3. 教师向幼儿提问并讲解：妈妈很爱我们，那我们要用什么行动来表达对妈妈的爱呢？给妈妈捶背、拿拖鞋、为妈妈洗脚、帮妈妈做家务；自己的事要自己做。

4. 教师向幼儿提问并讲解：你平时看到奶奶、外婆在家里做了什么事？她们为我做了什么事？我们可以为她们做些什么？我们可以用什么行动来表达对她们的爱？

(二)亲子活动:鲜花送亲人

1. 情景导入:送礼物

教师讲解并提问：妈妈、奶奶、外婆真辛苦，白天要上班，晚上要照顾宝宝，三八妇女节要到了，我们送一件礼物给她们好不好？那你们想送什么呢？请幼儿自由发言。

教师小结：你们送这么多礼物呀，她们一定会很高兴的。我们今天送她们一束花吧。

2. 欣赏与讨论:漂亮的花

教师提问幼儿：我们准备送什么礼物给妈妈、奶奶、外婆呢？教师和幼儿一起讨论，引导幼儿发现各种花的特征。哇，这么多的花，好漂亮哦，这些花长得一样吗？

教师取出一支康乃馨，提问幼儿：谁认识这枝花？它叫什么名字？它长什么样子？教师取出一支玫瑰花，提问幼儿：谁知道这又是什么花？它长什么样子？教师取出一支郁金香，提问幼儿：你们知道这是什么花吗？教师引导幼儿看一看郁金香长什么样子。

教师指导幼儿观看图片，说一说自己认识的、喜欢的花，比如，向日葵、百合花、月季花等等。

3. 讨论与演示:制作花束

教师指导幼儿观看并尝试：好看的花放在哪里好呢？瞧，老师已经准备好了包装纸，让我们一起试一试，把好看的花一朵一朵地装进去。

教师示范并指导幼儿观察：分别制作康乃馨、玫瑰花、郁金香，再在每一朵花的下面，画上花茎和叶子，这样，一束花就成功制完了。

教师鼓励幼儿自由选择包装纸进行创作，教师边观察边指导；教师给幼儿提供材料，引导幼儿在花瓣、花心上涂色，添画其他花。

教师指导幼儿把花扎起来，变成一束花，再扎上蝴蝶结。

4. 亲情互动:献上美花

教师鼓励幼儿说说自己选了哪些花，并引导幼儿学说祝福和感谢的话，例如，"妈妈，祝您三八节快乐！祝您永远像鲜花一样美丽！""奶奶，谢谢您一直照顾我！"

教师播放音乐《世上只有妈妈好》，引导幼儿给妈妈、奶奶、外婆献花，并送上祝福的话语。

(三)绘画活动:请喝一杯茶

1. 观看视频:请喝茶

教师播放视频并提醒幼儿观看：有人到家里来做客了，我们看看，妈妈在干什么？

2. 讨论分析：倒茶的姿态

教师引导幼儿观察：妈妈请客人喝茶时，她是怎么倒茶的？我们看看她拿水壶的手臂是怎么样的？她的手臂是直直的还是弯弯的？

教师鼓励幼儿尝试：这里有水壶，谁愿意学学妈妈的样子，来试一试？

3. 拓展想象：请喝一杯茶

教师启发幼儿思考：现在你会倒茶了，那你想请谁来喝茶呢？

教师指导幼儿学说：妈妈，您累了，我请妈妈喝杯茶；奶奶，您忙坏了，我请奶奶喝杯茶；外婆，您辛苦了，我请外婆喝杯茶。

教师鼓励幼儿模仿倒茶，同时给亲人双手递茶。

4. 操作表现：请您喝杯茶

教师提问并指导幼儿学画画：你给妈妈倒茶了吗？引导幼儿画为妈妈倒茶的动作。你还想给谁倒茶？除了倒茶，我们还可以请妈妈、奶奶、外婆吃什么？教师启发幼儿画糖果、水果等。

5. 情感体验：招待亲人

教师和幼儿进行情景表演：叮咚，门铃响了，奶奶带着礼物来做客了，"欢迎欢迎！请喝茶！"叮咚，门铃又响了，外婆来做客了，"欢迎欢迎！请喝茶！"

四、欢庆活动延伸

教师提醒幼儿，妈妈今天来接我们回家时，我们要和她拥抱一下，并说一声："妈妈，我爱您！"再把自己制作的小礼物献上去。

教师鼓励幼儿，回到家里，看到奶奶、外婆时，就对她们说"我爱您"，并送上自己制作的小礼物，再为她们洗脚、捶背、捶腿、按摩，做一些力所能及的事情。

第五节　欢庆植树节活动方案[①]

图片 4-5-1　上海市浦东新区潮和幼儿园教师和儿童植树造林活动

[①] 本文作者：卢美华，高级教师，上海市浦东新区潮和幼儿园园长。

一、欢庆活动目标

1. 使幼儿在讲讲、看看、玩玩、种种等活动中,知道3月12日是植树节,加深幼儿对常见树的认识,了解树木与人类的关系。
2. 使幼儿乐意参与植树节的相关活动,亲身体验劳动的乐趣,感受美化环境的意义,增强"人与自然和谐共处"的意识。
3. 使幼儿了解植树与环境的关系及植树的方法,增强幼儿的动手能力和团队协作能力。

二、欢庆活动准备

1. 教师制作树木与人类关系以及春天特征的多媒体课件。
2. 教师准备植树的工具,浇水的工具;活动前,在植树地点挖出树坑,以便于种植。
3. 教师和家长为幼儿准备心愿卡片,在卡片上写上自己的祝福和愿望。
4. 教师和幼儿一起制作常见树小纸牌若干张。
5. 教师准备音乐《爱护小树苗》。

三、欢庆活动过程

(一)谈话活动:夸夸我喜欢的树

1. 教师指导幼儿观看树木与人类关系的课件,并结合课件内容,组织幼儿讨论:你喜欢树吗?为什么?教师小结树对人类的益处:净化空气、调节气温、防风遮雨、防止火灾等功用。
2. 教师指导幼儿观看"沙尘暴"课件,并组织幼儿讨论:这里怎么了?如何来避免风沙带来的灾难呢?教师小结:植树造林,治理风沙。
3. 教师向孩子们介绍种树的意义,讲解护绿爱树的重要性。
4. 教师总结:《树真好》。

树真好,小鸟可以在树上筑巢,每天天一亮,小鸟就会叽叽喳喳地叫。

树真好,能挡住大风,不许风吵吵闹闹,到处乱跑。

树真好,我家屋子清清爽爽,阵阵风儿吹,满树花香往屋里飘。

树真好,我们全家在树荫下野餐,大家吃得很香,说说笑笑,热热闹闹。

树真好,天好了,树下铺着阴凉儿,我和我的小猫咪,躺在树下睡午觉。

树真好,如果有一只大狗来追我的小猫,小猫爬上大树躲起来,气得大狗"汪汪"乱叫。

树真好,我做个秋千挂在树上,让我的布娃娃坐上去,摇啊摇。

树真好,树叶在秋风里飘呀飘,树下铺着树叶地毯,我们可以在上面滚来滚去,跑跑跳跳。

5. 教师引导幼儿:今天是3月12日,是植树节,让我们一起去植树吧!

(二)种植活动:我是植树小能手

1. 看看说说:我的小树苗

教师指导幼儿认一认小树苗,有的是樱花树,有的是香樟树,有的是梨树,还有的是柿子树;再指导幼儿比一比:小树苗的树叶有什么区别?

2. 实践操作:种植树苗

教师指导幼儿在植树地点找到挖好的树坑;鼓励幼儿与小伙伴一起,把小树苗搬至树坑旁;启发幼儿与小伙伴分工合作,选派若干名幼儿把树苗种在树坑里,并填好土,浇水;教师组织幼儿讨论交流:小树栽下去了,我们应该怎样保护它们呢?教师指导幼儿在种植好小树苗的地方做好标记,插上小标志,便于日后负责照看和护理;教师播放音乐《爱护小树苗》,大家一起欣赏、感受。

3. 表达感受:我的小树快快长大

教师和幼儿一起围着小树苗,唱唱跳跳《感到幸福你就拍拍手》;教师鼓励幼儿对着小树苗,说一句祝福的话("我们和小树一起成长""小树苗,绿化环境,美化家园""小树,小树,晒晒太阳,喝喝水""小树苗,我爱你,天天来看你,你呀,快快长"等),把心愿卡挂在树上。

(三)玩玩说说:我认识的树

幼儿自由结伴,两人一组玩树牌:一方出一张树牌,另一方描述这棵树,说说树的名称、一两个主要特征,它是常绿树还是落叶树?如果说对了,那么这张牌归说对者所有;如果讲错了,出牌的一方就将牌收回,另一方重新出牌。最后以牌多者为胜。

四、欢庆活动延伸

1. 认养花草树木

教师鼓励幼儿自由组建"小小护绿队",去照顾我们幼儿园中的花草树木。每一个班级,认养一个绿化区域,照顾这一区域中的花草树木,并挂上一个标志,为校园增添一份绿色。

2. 浇灌水拔杂草

当天气转暖,地上的花草在太阳的照射下热得有些"口渴"时,教师就指导幼儿提水,给花草"解渴";当美丽的幼儿园中,小花坛里长出了一些小小的杂草时,教师就鼓励幼儿不怕脏不怕累,用自己的小手拔去杂草,使小花坛变得更整洁、漂亮。

3. 上街宣传倡议

在植树节期间,教师带领幼儿走进社区,向居民分发各类宣传资料,倡议大家:"让我们的世界变成青青世界,从我做起,从现在做起……"

第六节　欢庆教师节活动方案[①]

图片 4-6-1　浙江省杭州市文华幼儿园儿童为教师献上自制的花束

一、欢庆活动目标

1. 使幼儿知道 9 月 10 日是教师节,能体会到教师的辛苦和对自己的关爱。
2. 使幼儿能勇于向教师表达自己的感激之心和祝福之情,并逐渐将感恩之心转变为一种感恩行动。

二、欢庆活动准备

1. 制作"感恩有你"教师节主题宣传片。
2. 制作"感恩有你"教师节主题宣传海报,招募家长志愿者组织活动。
3. 与嘉宾园长、家委会会长共同召开家委会,商量、策划活动方案。
4. 各年级、各班级准备庆祝活动材料。

三、欢庆活动过程

(一)播放主题宣传片,亲子迎接问候

1. 在园门口 LED 机上,滚动播放反映教师一天工作的"感恩有你"教师节主题宣传片。
2. 家长志愿者和大班幼儿志愿者在园门口迎接老师入园,并送上自己的祝福语。

(二)分年级、分班级"感恩有你"教师节庆祝活动

1. 小班各班级:老师,请吃甜甜蜜蜜的糕点

(1) 播放幼儿刚入园时和老师在一起的照片

家长志愿者和孩子们一起在教室里回忆:当自己害怕、想妈妈的时候,有老师陪着;

[①] 本文作者:王连,高级教师,浙江省春蚕奖,杭州市优秀教师,浙江省杭州市文华幼儿园园长;叶丽鹏,一级教师,杭州市教坛新秀,杭州市文华幼儿园副园长。

当自己孤单无聊的时候,有老师和有趣的游戏陪着;当自己流鼻涕、不小心尿裤子的时候,有老师陪着、帮着。

(2) 亲子生活模拟制作

家长志愿者指导孩子们在生活模拟馆里制作甜甜蜜蜜的果汁、蛋糕和水果拼盘。

(3) 向自己班级的老师送去甜蜜和祝福

家长志愿者鼓励孩子们走进自己的班级,向老师献上点心和祝福。

2. **中班各班级:老师,愿您像花儿一样美丽**

(1) 阅读绘本《星星班的蚂蚁老师》

家长志愿者给孩子们阅读绘本《星星班的蚂蚁老师》,帮助孩子把绘本故事的情景迁移到现实生活中来,再次了解老师一日工作的内容,知道老师的辛苦和对自己的关爱。

(2) 手工制作贺卡、绘画

家长志愿者指导孩子学做爱心大贺卡:每个孩子用手指点蘸各色颜料,在已画好边框的两颗爱心中点画,并对大贺卡进行装饰;画面干后,家长志愿者在每个贺卡上写上孩子的名字。

家长志愿者指导孩子学做手掌树:每个孩子用颜料印出自己的手掌印,或对自己的勾线手掌印进行装饰,并将其剪下来;在家长志愿者的帮助下,写上自己的名字;再贴到已准备好的树干上,形成手掌树;作品完成后,装入画框。

家长志愿者指导孩子学做一束花:2—3位幼儿组成一组,共同制作;用牛皮纸制作成包花状的锥子形,贴在卡纸上;再在牛皮纸旁边,画花茎,用手指点蘸颜料画花朵,形成一束花。

(3) 幼儿向本班和外班老师送去贺卡和祝福

家长志愿者启发孩子们向自己班的老师、本园其他岗位的老师送去制作的贺卡、手掌树画、花束画和祝福。

3. **大班各班级:老师,让我为您做点啥**

(1) 谈话活动:说一件自己和老师的事儿

家长志愿者启发孩子们回忆老师对自己的关爱和付出,激发孩子们爱老师的情感。

(2) 观察活动:观看"老师的一天"

家长志愿者给孩子们播放视频,让孩子们观看老师的一天生活,包括园里各个岗位老师的工作;鼓励孩子们说一说,自己能为老师做点啥。

(3) 设计活动:"老师,让我为您做点啥"

家长志愿者鼓励孩子们仔细想想,自己能为老师做点啥,然后用图画的形式记在纸上。

(4) 协商活动:向心仪的老师送上祝福和计划

家长志愿者指导孩子们大胆走向自己选中的老师,送上一句祝福语和自己的计划(比如,我陪保安叔叔值一天岗,我帮保育员老师拖一次地,我为老师倒一杯水),与他们商量后,可以调整自己的计划。

（5）实践活动：努力完成自己的计划

家长志愿者协调安排，提醒、督导孩子们在接下来的一周内，完成自己制订的计划，使孩子们都能成为言行一致的好孩子。

四、欢庆活动延伸

1. 忆老师

教师鼓励家长给孩子们讲讲自己童年时代和老师友好相处的故事，老师是怎样爱自己的，自己又是怎样报答老师的。

2. 念儿歌

教师引导家长给孩子们念念儿歌《老师本领大》：我的老师本领大，样样东西都会画，画只小熊圆耳朵，画只小兔短尾巴，画只小猫抓老鼠，画只小狗啃骨头。

3. 赏歌曲

教师启发家长指导孩子们欣赏、学唱儿童歌曲《老师》：啦啦啦啦啦，你给我一句话，就打开我一扇窗；你给我一个微笑，我就浑身是力量；你给我一个眼神，我就找到了方向；你放开双手，让我遨游知识的海洋。老师呀老师，你像我兄长；老师呀老师，像老朋友一样；老师呀老师，是我学习的榜样；你给我的一切，我永远不会忘。啦啦啦啦啦。

第七节　欢庆中秋节活动方案

图片 4-7-1　上海市宝山区小鸽子幼稚园庆祝中秋节走廊环境

一、欢庆活动目标

1. 使幼儿知道中秋节是一个重要的传统节日，和春节、元宵节、端午节等传统节日一样，非常有趣、有意义。

2. 使幼儿知道有关中秋节的名称、美食、游戏和习俗，感受到祖国文化的丰富多彩。

3. 使幼儿在看看、听听、说说、尝尝、玩玩、做做的过程中，习得有关中秋节的多种知识和技能。

二、欢庆活动准备

1. 制作有关中秋节名称、饮食、游戏和习俗的课件,以帮助幼儿理解节日的特色。

2. 在班级的图书区,摆放有关中秋节的图书画册;在墙壁上,张贴有关中秋节的宣传图画,以营造浓郁喜庆的节日气氛。

3. 带领幼儿参观附近的糕点店或超市、食品店,以拓宽幼儿对月饼品种和吃法的知识。

4. 组织幼儿观赏附近的桂花树,以加深幼儿对中秋桂香的认识。

5. 购买当地的特色月饼,以便于全班幼儿都能在品尝活动中分享美食。

6. 提供多种游戏材料,以便于全班幼儿都能在小组活动中玩"卜状元"的游戏。

三、欢庆活动过程

(一)竞猜谜语,引出中秋月饼

1. 教师讲谜题:"圆圆墩墩一块饼,纸盒包装喜盈盈,只因和月心相应,吃饼还需看月明。(打一食品)",鼓励幼儿大胆想象,竞猜说出谜底:"月饼"。

2. 教师呈现实物"月饼",和幼儿一起为竞猜成功鼓掌喝彩。

(二)播放课件,讲解中秋佳节

1. 教师播放课件,给幼儿讲解中秋节的含义:农历八月十五,这一天是秋季的正中,所以叫"中秋"。中秋节,也叫月夕、秋节、仲秋节、八月节、八月会、追月节、玩月节、拜月节、女儿节、团圆节,是我们中国的主要传统文化节日,与春节、清明节、端午节并称为中国四大传统节日。

2. 教师播放课件,给幼儿讲解中秋节的美食:到了晚上,月亮圆圆,桂花飘香,亲朋好友大团圆,人们边赏月,边吃月饼和各种瓜果、蜜饯及熟食品。

3. 教师播放课件,给幼儿讲解中秋节的习俗:很早以前,就有祭月、拜月、赏月、吃月饼、赏桂花、饮桂花酒等习俗,流传至今,经久不息。

4. 教师播放课件,给幼儿讲解中秋节的寓意:中秋节以月之圆兆人之团圆,为寄托思念故乡、思念亲人之情,祈盼丰收、幸福,成为弥足珍贵的文化遗产。

(三)观看课件,全面了解月饼

1. 教师播放课件,向幼儿介绍月饼的种类:(1)按产地分,主要有广式月饼、苏式月饼、京式月饼、潮式月饼、滇式月饼、徽式月饼、衢式月饼、秦式月饼、晋式月饼;(2)按口味分,主要有甜味、咸味、咸甜味、麻辣味;(3)按馅心分,主要有五仁月饼、豆沙月饼、玫瑰月饼、莲蓉月饼、冰糖月饼、白果月饼、肉松月饼、黑芝麻月饼、火腿月饼、蛋黄月饼、桂花月饼、梅干月饼等;(4)按饼皮分,主要有酥皮月饼、奶油皮月饼、浆皮月饼、混糖皮月饼;(5)按造型分,主要有光面月饼、花边月饼。然后,教师再重点向幼儿介绍当地的特色月饼,使幼儿知晓本地的月饼主要属于哪一种,并知道自己喜欢吃什么样的月饼。

2. 教师播放课件,向幼儿介绍月饼的吃法:可以边吃月饼,边喝花草茶或清茶、杂锦粥、果醋饮料、红酒;也可以边吃月饼,边吃水果。

(四)品尝月饼,体验美食美味

教师和幼儿一起把当地的特色月饼切成多个小块,大家共同品尝,边吃边说:"八月十五月儿圆,中秋月饼香又甜""月圆圆,饼圆圆,中秋快乐"。

(五)话说月饼,强化月饼知识

教师和幼儿一起说说关于月饼种类的谜语,以强化幼儿关于月饼的知识经验。既可以先由教师说出谜题:"二队伍集合别离队(打一月饼种类)",后启发幼儿说出谜底:"五仁";也可以先由幼儿说出谜底:"(打一月饼种类)果子",后由教师编出谜题:"李花绽放在画中"。

(六)学说歇后语,理解节日特点

教师教幼儿学说中秋节的歇后语(例如,"八月十五吃月饼——节日的美食","八月十五吃年糕——还早","八月十五看灯笼——迟了大半年","八月十五的月亮——正大光明","八月十五看桂花——花好月圆"),并用肢体动作加以表现,以帮助幼儿进一步理解中秋节的美好寓意。

(七)分组游戏,学玩"卜状元"

教师指导幼儿三人一组,自由结伴,玩"卜状元"的游戏:把"月饼"切成大、中、小三块后,叠在一起,其中,最大的一块,放在下面,是"状元";中等大的一块,放在中间,是"榜眼";最小的一块,放在上面,是"探花"。三位幼儿轮流掷骰子,谁的数字最大,谁就是"状元",谁就吃最大的一块"月饼";依此类推,幼儿分别是"榜眼"或"探花",吃中等大的"月饼"或最小的"月饼"。这样,幼儿在游戏中,不仅能体会到节日的乐趣,而且还能获得数学知识。

(八)自选材料,创作心仪月饼

教师鼓励幼儿在班级的绘画区、手工区、建筑区里自由活动,选择不同的材料,自己设计,自行创作,画出或拼出、做出心目中最好吃的月饼。

四、欢庆活动延伸

1. 讲中秋博饼的故事

教师给幼儿讲讲中秋博饼的故事:在福建省厦门市,每逢中秋佳节,大街小巷都会传出博饼时骰子撞碰瓷碗的悦耳声;"博饼",也叫"博中秋饼""博会饼"。这一民俗活动与民族英雄郑成功有关,为了宽慰士兵"每逢佳节倍思亲"之情,他就激励士兵们边赏月边玩博饼游戏。

2. 读《水调歌头》的古诗

教师给幼儿朗读苏轼的《水调歌头》(丙辰中秋,欢饮达旦。大醉,作此篇,兼怀子由。明月几时有?把酒问青天。不知天上宫阙,今夕是何年?我欲乘风归去,又恐琼楼玉宇,高处不胜寒。起舞弄清影,何似在人间。转朱阁,低绮户,照无眠。不应有恨,何事长向别时圆?人有悲欢离合,月有阴晴圆缺,此事古难全。但愿人长久,千里共婵娟。),重点帮助幼儿理解古诗的最后两句;引导幼儿边模仿诗人昂首挺胸、眺望远方的姿态,边朗读古诗的最后两句。

3. 看《爸爸,我要月亮》的绘本

教师和幼儿一起欣赏绘本《爸爸,我要月亮》,生动形象地对幼儿进行讲解,[①]以密切幼儿与家长的亲子之情,丰富幼儿的天文知识。

4. 玩词语接龙的游戏

班级三位保教人员相互合作,向幼儿展演词语接龙的游戏:每人说一个成语,每个成语都必须含有一个"月"字(比如,花好月圆、水中捞月、海底捞月、披星戴月、戴月披星、步月登云、月满则亏、月盈则食、日月重光、众星拱月、众星捧月、众星攒月、日月如梭、烘云托月、月落星沉等),否则,就算输了。保教人员可请幼儿做裁判,仔细听听哪位教师说得又快又对。

5. 观月相变化的示意图

教师邀请幼儿家长或社区人士(最好是天文爱好者、天文工作者)来班级,给幼儿讲讲月相知识,指导幼儿观看月相变化示意图,教幼儿学习月相变化歌(初一新月不可见,只缘身陷日地中。初七初八上弦月,半轮圆月面朝西。满月出在十五六,地球一肩挑日月。二十二三下弦月,月面朝东下半夜。),使幼儿能理解月亮有阴晴圆缺的自然变化。

6. 猜月饼和月亮的谜语

教师鼓励家长在家里,和孩子一起玩猜月饼的谜语。例如,父母先说谜题:"平日不思,中秋想你,有方有圆,甜甜蜜蜜。(打一食品名)",后启发孩子说出谜底:"月饼"。或父母先说谜题:"没有雨下喜内心。(打一月饼种类)",后引导孩子猜出谜底:"豆沙"。

教师鼓励家长在中秋之夜,和孩子一起玩猜月亮的谜语。例如,父母先说谜题:"有时落在山腰,有时挂在树梢,有时像面圆镜,有时像把镰刀。(打一天体)",后指导孩子猜出谜底:"月亮"。

7. 参观社区多种场所

教师鼓励家长利用业余时间,多引领孩子去观赏小区里、公园中的桂花树,指导孩子闻一闻桂花的芳香,看一看金桂、银桂、丹桂和月桂的色彩,比一比它们的异同点,以丰富孩子关于花草树木的知识经验;多带领孩子去参观气象站或天文台、科技馆、博物馆等场馆,以培养孩子热爱科学的精神。

[①] 参阅:李生兰,等.学前儿童家庭和社区教育[M].北京:高等教育出版社,2015:188.

第八节 欢庆重阳节活动方案[①]

图片 4-8-1　上海市闵行区水清路幼儿园儿童为社区老人献上自制的小花

一、欢庆活动目标

1. 使幼儿知道农历九月初九是重阳节,尝试用多种方式表达对爷爷奶奶、外公外婆的敬爱。

2. 通过亲子活动,萌发幼儿关心长辈的情感,使幼儿意识到要感恩身边的人们。

二、欢庆活动准备

1. 教师准备音乐《感恩的心》。

2. 教师制作重阳节课件 PPT。

3. 教师准备卡纸、颜料……

4. 教师准备呼啦圈。

5. 教师准备重阳糕若干块。

三、欢庆活动过程

1. 举行欢迎仪式

教师播放音乐《感恩的心》,让幼儿邀请爷爷、奶奶、外公、外婆进班入座。

2. 幼儿歌舞表演

教师引导幼儿进行歌舞表演《我为爷爷奶奶敲敲腿捶捶背》。

3. 播放课件

教师播放课件,帮助幼儿了解重阳节的习俗和意义,并祝大家节日快乐。

[①] 本文作者:张喆,一级教师,上海市闵行区教育学院教研员。

4. 亲子小制作

教师先给幼儿讲讲重阳节"赏菊"的风俗习惯,然后指导幼儿和长辈们一起吹画《菊花》。

5. 亲子互动游戏

教师先给幼儿讲解"心心相印"的游戏规则(幼儿先跳入圈中,然后长辈再跳入圈中;当二人都跳入圈中以后,幼儿再将呼啦圈从下往上取出来,然后再放在前面,继续跳进去,直到跳到终点;谁先到达终点,谁就获胜。),然后鼓励幼儿和爷爷或奶奶、外公、外婆一起玩游戏。

6. 亲子品尝糕点

教师指导幼儿给爷爷或奶奶、外公、外婆奉上一块重阳糕,大家一起品尝,体验重阳节的乐趣。

四、欢庆活动延伸

1. 参观敬老院

教师组织幼儿参观附近的敬老院,鼓励幼儿给老人们唱首歌,跳个舞等。

2. 亲子郊游

教师引导父母利用双休日带着孩子邀请爷爷奶奶、外公外婆一起郊游、踏青、登山,亲近自然,活动筋骨,密切亲情。

第九节　欢庆国庆节活动方案[①]

图片 4-9-1　上海市青浦区徐泾幼儿园儿童在表演区吟诵古诗词

一、欢庆活动目标

1. 使幼儿知道每年的 10 月 1 日是国庆节,是祖国妈妈的生日。
2. 使幼儿感受到祖国的文化,萌发对祖国妈妈的热爱之情。

[①] 本文作者:杭爱华,高级教师,上海市特级园长,上海市青浦区徐泾幼儿园园长;徐花,一级教师,上海市青浦区徐泾幼儿园教师。

二、欢庆活动准备

1. 中国地图、五星红旗若干。
2. 解放军阅兵视频一段。
3. 操作材料若干。
4. 邀请家长参与。

三、欢庆活动过程

(一)活动导入

1. 教师提问幼儿:你知道10月1日是什么节日吗?国庆节是谁的节日?
2. 教师组织幼儿讨论:你想用什么样的方式,来庆祝我们祖国妈妈的生日?

(二)自主游戏

1. 教师指导幼儿和家长,按照自己的意愿,在班级选择不同的区域,进行游戏活动(见表4-9-1)。

表4-9-1 班级活动区域

区域名称	活动形式与内容
吟唱区——诗词吟唱	聆听伟人故事,热爱歌颂祖国
表演区——小解放军	观看解放军阅兵视频,扮演小解放军练兵
DIY区——造纸艺术	通过使用造纸机,探索造纸过程
书画区——笔墨生花	利用宣纸、笔墨、国画颜料,画烟花、天安门广场等
泥塑区——捏小泥人	彩泥制作,人物表现
彩绘区——彩绘涂鸦	用颜料制作青花瓷、小红旗等

2. 教师巡视指导

教师在班级各个区域中进行巡视,了解亲子游戏的情况,适时给予启发与指导。

(三)分享交流

1. 教师提问幼儿:你是用什么方式庆祝祖国妈妈的生日的?
2. 教师提问幼儿:在庆祝国庆的过程中,你学会了什么?你懂得了什么?

四、欢庆活动延伸

1. 观看视频

教师鼓励家长在国庆节期间,和孩子一起观看《中国,我爱你》电视节目、微视频。

2. 学唱歌曲

教师建议家长在国庆节期间,和孩子一起欣赏、学唱《我爱你,中国》等许多好听好唱的歌曲。

3. 外出游玩

教师建议家长在国庆节期间,带孩子外出观光、游玩,使孩子体验到国庆节的欢乐气氛,感受到祖国的地大物博。

第十节　欢庆万圣节活动方案[①]

图片 4-10-1　上海市宝山区小鸽子幼稚园儿童登台表演万圣节歌舞

一、欢庆活动目标

1. 帮助幼儿了解万圣节的由来，让幼儿初步感受西方国家的风俗习惯。
2. 促使幼儿体验节日神秘、有趣、狂欢的气氛，提高幼儿的胆量，增强幼儿的表现能力。

二、欢庆活动准备

(一) 布置全园环境

1. 在大厅，做好万圣节的环境创设（如在门廊上，悬挂"我型我秀，盛装狂欢""万圣节快乐"等条幅；在门厅台阶上，摆放多个南瓜）。
2. 在各班级，用幼儿的作品装饰教室（如悬挂鬼的脸谱），营造万圣节的气氛。
3. 在多功能厅，对舞台进行简单的万圣节装饰（如摆放南瓜塑料气球）。

(二) 提供游戏材料

准备好活动卡、小印章、各种小游戏所需要的材料。

(三) 请求家长配合

1. 向家长发放活动邀请函。
2. 请家长为孩子准备好一套装扮服装。
3. 请家长自愿报名参加亲子走秀，自备好服装。
4. 请家长来园前，给孩子穿戴好装扮服装，根据需要给孩子化个简妆。
5. 告知家长小游戏的玩法，提醒家长对孩子要保密。

[①] 本文作者：陶佳伟、李丹，二级教师，上海市宝山区小鸽子幼稚园教师；吴晓兰，高级教师，上海市优秀园丁，上海市宝山区小鸽子幼稚园园长。

6. 向家长做好安全宣传工作,引导家长照看好自己的孩子。

(四) 联欢活动彩排

主持人组织各年级组进行走秀彩排,同时邀请参与亲子走秀的家长志愿者进行彩排。

三、欢庆活动过程

(一) 集体活动:装扮走秀

1. 活动地点

教师、幼儿和家长分别来到三楼多功能厅,参加幼儿装扮走秀或亲子装扮走秀。

2. 活动顺序

第一场:小班组装扮走秀;第二场:中班组装扮走秀;第三场:大班组装扮走秀。

各年级组装扮走秀时,按照班级顺序进行,如从大一班到大二班,依次类推。

各班级装扮走秀时,先是幼儿装扮走秀,后是亲子装扮走秀。

3. 活动规则

(1) 各班家长将孩子送到班级以后,再上三楼多功能厅,按照班级顺序,就位等待;参加亲子装扮走秀的家长,则留在教室帮忙,和教师一起带领孩子来到三楼,准备装扮走秀。

(2) 各班幼儿,如果参加亲子装扮走秀,则不参与幼儿装扮走秀。

(3) 各班幼儿完成装扮走秀活动以后,由各班教师把幼儿带回教室,等待家长回到教室,拿上活动卡,带着孩子,到园内不同的区域,参与多种分散活动。

(二) 分散活动:亲子游戏

1. 游戏一:传"鬼"音游

材料:音乐"Knock, knock, trick-or-treat","鬼"(即用白布包的糖果)若干。

玩法:请家长带领孩子围坐成一个U字形,音乐开始时,就传"鬼",音乐停时,手上抓着"鬼"的幼儿或家长就上来表演节目。游戏结束后,把"鬼头"的糖果取出来分给大家吃,同时可获盖印章。

注意:表演节目是以家庭为单位进行的。

2. 游戏二:木乃伊包裹

材料:白纱布。

玩法:家长根据孩子的情况,在规定时间内用白纱布将孩子包裹成木乃伊,然后与"木乃伊"进行合照。游戏结束后,可以盖印章。

注意:游戏结束后,家长负责给孩子松绑,将"木乃伊"还原。

3. 游戏三:抓糖果

材料:糖果、绳子。

玩法:家长拿着用绳子绑好的糖果,让孩子跳起来,抓糖果。游戏结束后,可以盖印章。

注意:家长要根据孩子的情况,提高或降低绳子的高度,使孩子跳一跳,能抓到糖果。

4. 游戏四：讨糖果

材料：各种糖果若干个。

玩法：幼儿向各班保育员说出暗号、密语后，开始讨糖果。游戏结束后，可以盖印章。

注意：幼儿要和自己班级的保育员说句悄悄话，轻声地说话。

（三）活动结束

家长带孩子参加完全园的各个活动以后，活动卡上的章就盖满了，这样，就可以和孩子一起去领奖处挑选一个小奖品（如南瓜图案），然后高高兴兴地回家了。

四、欢庆活动延伸

1. 讲故事

教师给幼儿播放有关万圣节的小视频，讲讲国外小朋友过万圣节的故事。

2. 学词语

教师邀请家长志愿者来园进班，教孩子学习有关万圣节的一些英文单词。

3. 逛商店

教师鼓励家长利用业余时间，带领孩子到商场、超市里去逛一逛，寻找和万圣节有关的物品，感受万圣节的气氛。

第十一节　欢庆全国消防日活动方案[①]

图片 4-11-1　上海市宝山区小鸽子幼稚园儿童消防演习活动

一、欢庆活动目标

1. 使幼儿知道 11 月 9 日是全国消防日。

---

① 本文作者：魏倩，二级教师，周静，一级教师，上海市宝山区小鸽子幼稚园教师；吴晓兰，高级教师，上海市优秀园丁，上海市宝山区小鸽子幼稚园园长。

2. 使幼儿初步树立消防意识,提高幼儿的自我保护能力。

3. 使幼儿能了解消防队员的装备及消防的有关内容,体验消防员叔叔勇敢坚强的品质。

二、欢庆活动准备

1. 对幼儿进行消防安全教育。

2. 教师和幼儿事先熟悉校园(安全通道、安全出口)、楼梯(上下楼梯方法、顺序、路线)等。

3. 准备点火桶、毛巾、灭火器等物品。

4. 和社区消防队联系,邀请消防队员开着消防车来园。

5. 准备话筒、音响,布置场地(如排好每个班级的位置)。

三、欢庆活动过程

(一)互动观察

1. 教师提问幼儿:你们知道火警电话号码是多少吗?你们知道11月9日是什么日子吗?

2. 教师告诉幼儿:今天我们邀请了勇敢的消防队员们和我们一起来过全国消防日!

3. 教师请消防队员向幼儿介绍如何使用灭火器,并请大班个别幼儿学习对起火桶进行灭火操作。

4. 教师请消防队员向各班幼儿逐一介绍消防车上的各种器材的位置及用途。

5. 教师引导幼儿观看消防队员迅速穿上消防队服整队演练。

(二)消防演习

1. 准备就绪

全园参加演练人员各就各位,做好各种演练准备工作,由报警组人员点燃烟火(假设大楼起火)。

2. 迅速报警

(1)报警组拨打"119"号码报警,并迅速向园领导报告失火情况。

(2)引导组到路口迎候消防车。

(3)园领导立即启动学校灭火预案,通过广播下达命令:"全体教职工请注意,现在大楼发生火灾,请你们立即按消防逃生预案展开行动,各小组立即到位。"

3. 火场逃生

(1)园领导通过广播指挥教师和幼儿向楼外疏散:"大家不要慌张,要有秩序地撤离";"灭火组切断电源,用灭火器在外围灭火,疏散组和救护组展开行动"。

(2)疏散组在楼道内外疏散各班级教师和幼儿。

(3)二楼有部分教师和幼儿被困,他们在窗口向外呼救(如招手示意);园领导广播喊话:"楼上被困的老师和小朋友们,你们要镇定,千万不要盲目乱跑,不要跳楼,要积极想办法逃生,一时无法逃生的,要关严靠近走廊的门窗,防止引火入室,等待救援,救援老师马上就到了。"

4. 灭火救人,火场救护

(1) 消防队员到达火场,立即进行火情侦察,并帮助疏散幼儿。

(2) 消防战士和救护组教师进入教学楼内,寻找被困人员,先后从教学楼中救出二名"受伤"的幼儿。

(3) 班主任清点班级幼儿人数,然后消防队员开始灭火。

(4) 灭火结束后,消防队员收起器材。

(5) 现场总指挥宣布:小鸽子幼稚园消防逃生演练结束。

(三) 演练结束

消防活动演练结束以后,各班教师带领幼儿回到班级,组织幼儿进行讨论,说一说自己的感受,我们从今以后应该如何注意消防安全?应该如何保护自己?

四、欢庆活动延伸

1. 教师平时要重视收集有关消防宣传教育的实例(如录像、幻灯、图片等),随时对幼儿进行安全教育。

2. 教师鼓励幼儿回家以后,向父母询问防火灭火的知识、火灾中自救的方法等。

3. 教师带领幼儿参观社区中的消防队,全面了解消防叔叔的工作。

4. 教师带领幼儿参观上海消防博物馆、上海公安博物馆,丰富幼儿关于消防安全的知识。

第十二节　欢庆圣诞节活动方案[①]

图片 4-12-1　上海市宝山区小鸽子幼稚园大厅庆祝圣诞节活动环境

---

① 本文作者:顾雯珺、沈娇婧,二级教师,上海市宝山区小鸽子幼稚园教师;吴晓兰,高级教师,上海市优秀园丁,上海市宝山区小鸽子幼稚园园长。

一、欢庆活动目标

1. 使幼儿初步了解圣诞节的由来和风俗习惯,感受西方国家的文化风情。
2. 使幼儿在活动中能够大胆地表现自己,充分感受节日的快乐气氛,体验与老师、同伴、家长共同欢庆圣诞节的愉悦情感。

二、欢庆活动准备

(一) 布置环境

1. 在幼儿园大厅和走廊,摆放有关圣诞节的各种物品,创设节日环境。
2. 各班利用幼儿的作品、幼儿及家长提供的材料,装饰教室,营造圣诞节的气氛。
3. 在幼儿园大操场,悬挂欢度圣诞节的标语,环境大布置。

(二) 备好材料

1. 音乐:铃儿响叮当、平安夜、走秀音乐。
2. 食品:各种糖果、自助餐。
3. 手工:给每个幼儿提供一顶绒布圣诞帽、装饰材料(如纽扣、丝带、丝袜、彩纸、布、泡沫),幼儿也可自带小玩具、装饰来园。

(三) 邀请家长

1. 邀请幼儿家长来园,扮演圣诞老人。
2. 与幼儿商量,准备一份小礼物送给好朋友。

(四) 组织幼儿

各年级组的幼儿学跳不同的圣诞舞,例如,小班幼儿与家长互动舞蹈,中班、大班幼儿互动舞蹈。

三、欢庆活动过程

(一) 甜在圣诞

1. 欢迎幼儿来园

家长志愿者扮演圣诞老人,在园门口与幼儿打招呼、问候,并为幼儿分发糖果。

2. 教师与幼儿互动

教师和幼儿交谈:今天是什么节日?我们怎样庆祝圣诞节呢?

3. 向幼儿介绍节日

各班教师和幼儿一起观看有关圣诞节的视频,向幼儿介绍圣诞节的由来,和幼儿一起感受西方节日文化。

教师邀请家长志愿者给幼儿讲讲圣诞节的故事,或给幼儿讲读有关圣诞节的图画故事书。

(二) 乐在圣诞

1. 圣诞游戏

各班教师组织幼儿开展多种多样的圣诞节小游戏。例如,教师指导幼儿玩"Where is your sleigh?"的游戏:教师与幼儿及家长围成一个大圆圈坐好,请一名幼儿戴上圣诞帽,蒙上眼睛,扮演圣诞老人,站在圆圈中间,把"雪橇"放在他的身边;再请一名幼儿拿着"雪橇"绕着圆圈外边,边走边说:"Santa, Santa, where is your sleigh? Someone has taken it away. Guess who? Guess who?"然后把"雪橇"放在一名幼儿的背后;请被蒙着眼睛的幼儿来猜,他共有三次猜的机会;最后,再由一名拿着"雪橇"的幼儿扮演圣诞老人,蒙上眼睛,继续玩游戏。

2. 亲子互动

教师引导幼儿与家长一起对圣诞帽进行装饰,可使用班级的材料,也可使用自己带来的物品;提醒幼儿和家长在使用针线时,一定要注意安全。

教师启发幼儿戴上制好的圣诞帽,鼓励家长带着孩子,在幼儿园里去寻找自己喜欢的某个圣诞背景,摆各种姿势,进行拍照,合影留念。

3. 舞动全场

教师组织中班和小班幼儿到多功能厅里去,坐在指定的场地内,观看大班幼儿模特表演圣诞秀,为小哥哥小姐姐的精彩表演鼓掌。

教师指导幼儿听着音乐,边唱边舞,大家一起跳起欢乐的圣诞群舞;鼓励小班幼儿和家长手拉手,亲子多互动;启发中班、大班幼儿,相互间多拉手,同伴多互动。

(三) 爱在圣诞

1. 互送小礼物

教师和家长引导幼儿把自己准备好的一份圣诞小礼物,如圣诞卡片、圣诞图画,送给自己的好朋友,相互祝贺节日快乐!

2. 共享自助餐

教师和家长把幼儿带回班级,大家一起享受独特的圣诞自助大餐,边吃边聊,尽尝美食之乐。

四、欢庆活动延伸

1. 在社区观看圣诞景色

教师鼓励家长利用周末,带孩子到商场、超市逛逛,看看圣诞的场景,感受圣诞的气息。

2. 在家里欣赏圣诞场景

教师指导家长利用业余时间,和孩子一起读读有关圣诞节的图画故事书,唱唱有关圣诞节的歌曲,画画有关圣诞节的美景,玩玩有关圣诞节的游戏。

本章小结

本章小结如下图。

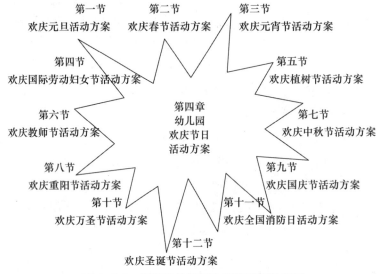

图 4-13-1 第四章幼儿园欢庆节日活动方案

活动方案小结如下图。

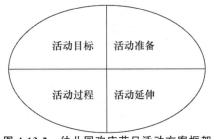

图 4-13-2 幼儿园欢庆节日活动方案框架

本章复习思考题

1. 你认为欢度节日活动方案主要应由哪几个部分组成？你认为哪个部分最重要？哪个部分最难设计？哪个部分最难实施？

2. 试以某个中国传统节日为例，设计一个欢庆活动方案。

3. 试以某个外国传统节日为例，设计一个欢庆活动方案。

4. 试以某个国际性节日为例，设计一个欢庆活动方案。

本章课外浏览网站

1. 北京学前教育网.http://www.bjchild.com/Index.html
2. 山东学前教育网.http://www.sdchild.com/
3. 上海学前教育网.http://www.age06.com/age06web3
4. 浙江学前网.http://www.06abc.com/
5. 福建学前教育网.http://www.fjchild.com/portal.php
6. 广东幼儿教育网.http://www.06gd.com/

 本章课外阅读书目

1. 郑春华著.中国节日[M].北京:少年儿童出版社,2016.
2. 李生兰等著.幼儿园与家庭、社区合作共育[M].北京:北京师范大学出版社,2016.
3. 范时勇著.传统节日[M].重庆:重庆大学出版社,2015.
4. 李生兰著.幼儿园与家庭、社区合作共育的研究[M].第2版.上海:华东师范大学出版社,2013.
5. 李生兰等著.学前教育法规政策的理解与运用[M].南京:南京师范大学出版社,2012.
6. 李松等主编.节日研究[M].济南:山东大学出版社,2010.
7. 沈利华著.中外传统节日[M].南京:凤凰出版社(原江苏古籍出版社),2006.

第五章 幼儿园游览参观活动方案

 **本章提要**

本章包括六节:第一节是游览上海外滩活动方案;第二节是游览上海市人民公园活动方案;第三节是参观上海图书馆活动方案;第四节是参观上海公安博物馆活动方案;第五节是参观福建博物院活动方案;第六节是参观福建省泉州海外交通史博物馆活动方案。

 **本章重点**

掌握游览参观活动方案设计的基本框架,包括活动目标、活动准备、活动过程、活动评价。

 **本章难点**

所设计的游览参观活动方案,要能反映当地的优势性、场所的独特性、时间的有效性。

 **本章导读**

看图说话:在下面这张图中,你看到了什么?你想到了什么?

图片 5-0-1 上海博物馆

第一节　游览上海外滩活动方案

图片 5-1-1　上海外滩

一、游览活动目标

1. 使幼儿知道上海外滩位于上海市中心黄浦区的黄浦江畔，即外黄浦滩，以丰富幼儿的知识经验。

2. 使幼儿知道外滩是上海的一大风景线，是国家 5A 级旅游景点，是游客到上海观光的必到之地，以培养幼儿的热爱家乡的情感。

二、游览活动准备

1. 教师上网查找有关上海外滩的各种信息，如地址（中山东一路 479 号）、交通路线（轨道交通 2 号线、10 号线南京东路站）、票价（全年免费开放）、主要景点（陈毅广场、人民英雄纪念碑、外滩历史博物馆、外白渡桥、黄浦公园）、公共厕所，为设计参观活动方案作准备。

2. 教师先去上海外滩实地考察，从黄浦江西岸的延安东路走到外白渡桥，初步计算行程所需要的时间，以修改、完善参观活动方案。

3. 教师告知幼儿游外滩活动，讲解安全事项，以激发幼儿游玩的兴趣，指导幼儿学会自我保护。

4. 教师邀请家长参与活动，以提高活动的安全系数，增强亲子互动，使家长获得利用旅游资源教育孩子的相关知识和技能。

三、游览活动过程

1. 瞻仰陈毅塑像

教师带领幼儿来到陈毅广场，告诉幼儿这是为了纪念新中国上海市第一任市长陈毅

图片 5-1-2　陈毅塑像

而建的;指导幼儿寻找塑像下面的"陈毅"二字,看看下面的数字是什么(1901—1972),想想这些数字代表什么意思(出生年—去世年,71岁);引导幼儿仰望陈毅塑像,告诉幼儿这是用青铜浇铸的,高 5.6 米,底座是用红色磨光花岗石砌成的,高 3.5 米;给幼儿读读塑像旁边的"生平介绍牌",告诉幼儿这尊昂然矗立的塑像栩栩如生地再现了陈毅元帅视察工作时的典型姿态,显示了他鞠躬尽瘁、勤勤恳恳的公仆形象,和蔼可亲、虚怀若谷的儒将风度。

2. 眺望浦东新区陆家嘴

教师带领幼儿来到黄浦江畔,走一走,逛一逛,引导幼儿看看宽阔的江面、游轮,告诉幼儿黄浦江是流经上海市区最大的河流;指导幼儿观察对岸的浦东新区陆家嘴,鼓励幼儿寻找东方明珠、金茂大厦、上海中心、上海环球金融中心等上海标志性建筑;告诉幼儿东方明珠塔高 468 米,它犹如一串从天而降的明珠,散落在上海浦东这片土地上,发射天线桅杆长 110 米,具有发射 9 套电视和 10 套调频广播节目的能力,改善了收听收视质量。

图片 5-1-3　幼儿观看浦东陆家嘴

图片 5-1-4　幼儿描绘浦东陆家嘴

教师鼓励幼儿拿出相机或手机、画板和画笔,拍下、画下自己喜欢的浦东陆家嘴一景。

3. 观赏万国建筑博览群

教师启发幼儿观察西面的多种多样的大楼,告诉幼儿这 52 幢不同时期、不同国家、不同风格的建筑,被称为"万国建筑博览群""东方华尔街",是我国近代建筑最集中、金融业最早集聚的沿江大道,是上海的标志性建筑和城市历史的象征。

教师鼓励幼儿拿出相机或手机、画板和画笔,拍下、画下自己喜欢的"万国建筑博览群"。

教师告诉幼儿上海外滩面朝开阔的黄浦江,背倚造型不同的建筑群,加上美轮美奂的长堤、绿化带,是极具特色的上海景观之一。

图片 5-1-5　幼儿观看万国建筑博览群

图片 5-1-6　幼儿画下万国建筑博览群

4. 瞻仰上海市人民英雄纪念塔

教师带领幼儿来到"上海市人民英雄纪念塔"前,教幼儿认读这10个金色大字,告诉幼儿这是为了缅怀为解放上海而献出生命的革命先烈而建成的纪念性建筑;启发幼儿看看塔的形状、数数塔体由几块组成(三块枪状塔体),告诉幼儿这寓意着鸦片战争、五四运动、解放战争以来光荣牺牲的先烈永垂不朽;通过让幼儿仰望塔顶,启发他们对先驱产生崇高的敬意。

图片 5-1-7　幼儿瞻仰上海市人民英雄纪念塔

图片 5-1-8　上海百年风云大型花岗石浮雕

5. 欣赏上海百年风云大型花岗石浮雕

教师带领幼儿走到下沉式圆岛上,指导幼儿观看上海百年风云大型花岗石浮雕,告诉幼儿浮雕全长120米,高3.8米,分为七组,共有97个典型人物,表现了先烈们伟大的斗争业绩;两翼为装饰性的花环图案,象征着上海人民对革命先烈的缅怀。

6. 参观外滩历史纪念馆

教师带领幼儿走到塔底,进入外滩历史纪念馆,指导幼儿看看珍贵的历史照片、有代表性的档案文献、实物、数码相框、投影、触摸屏、电子书等,了解外滩的历史变化和上海的改革发展。

图片 5-1-9　外滩历史纪念馆

图片 5-1-10　外白渡桥

7. 观看外白渡桥

教师带领幼儿来到外白渡桥边,启发幼儿寻找桥名的 4 个大字,看看桥是架在哪里的(架在中山东一路、东大名路之间的苏州河河段上)、桥上是否有车道和人行道(有,过桥人流量和车流量很高),使幼儿知道这是连接沪北、沪东的重要通道,是上海市区最大的一座钢铁桥;告诉幼儿外白渡桥,也叫外婆桥,闻名中外,是旧上海的标志性建筑之一,是中国第一座全钢结构铆接桥梁。

教师教幼儿用上海话学说上海童谣《摇啊摇,摇到外婆桥》(摇啊摇,摇到外婆桥,外婆叫我好宝宝。糖一包,果一包,外婆买条鱼来烧。头勿熟,尾巴焦,盛在碗里吱吱叫,吃拉肚里呼呼跳。跳啊跳,一跳跳到卖鱼桥,宝宝乐得哈哈笑),帮助幼儿了解上海方言、本土文化。

8. 仰望浦江潮人像雕塑

教师带领幼儿来到浦江潮这个大型青铜人像雕塑前,引导幼儿仔细观察,告诉幼儿雕塑塑造的是一位工人,他身躯伟岸,气吞山河,扬着风帆,迎向袭来的巨浪,不畏艰险,勇敢前进,使幼儿知道这幅作品的意义在于表彰上海工人阶级在革命和建设事业中的光辉业绩。

图片 5-1-11　浦江潮

四、游览活动延伸

1. 创建上海外滩

教师为幼儿提供各种材料(如废旧物品、农作物、豆类作物),鼓励幼儿在班级区角活动时,自由想象创造,搭建、拼摆自己心目中的上海外滩。例如,中班幼儿齐心协力,利用豆类作物,拼摆出东方明珠广播电视塔等外滩景观。

2. 聆听儿童歌曲

在幼儿园午睡时,教师可为幼儿播放歌曲《摇呀摇,摇到外婆桥》(摇呀摇,摇呀摇,摇到外婆桥,外婆叫我好宝宝,一只馒头,一块糕。摇呀摇,摇呀摇,摇到外婆桥,外婆叫我好宝宝,一只馒头,一块糕。摇呀摇,摇呀摇,摇到外婆桥。摇呀摇,摇呀摇,摇到外婆桥),让这首好听的睡眠曲陪伴着幼儿进入甜甜的梦乡。

图片 5-1-12　美丽的上海

3. 夜游上海外滩

教师鼓励家长利用晚上的时间,带领孩子去外滩逛一逛,使孩子感受到外滩的不同美:白天,它是繁华热闹的游览胜地;晚上,各栋建筑物灯光辉煌,犹如水晶宫。

4. 乘坐外滩观光隧道

教师鼓励家长利用双休日,带领孩子去乘坐位于浦西南京东路外滩与浦东陆家嘴东方明珠之间的外滩观光隧道,告诉孩子这是我国第一条越江行人隧道,采用全自动封闭车厢输送游客,全长 646.70 米,整个过江时间只需要 2.5—5 分钟;和孩子一起欣赏隧道内反映人物、历史、文化、科技、风景等各种图案、景象及背景音乐,使过江过程充满趣味性和娱乐性,给孩子留下美好的印象。

5. 观赏东方明珠广播电视塔

教师鼓励家长利用节假日,带领孩子去看看东方明珠广播电视塔(浦东新区世纪大道 1 号,全年开放,门票 35—180 元,轨道交通 2 号线陆家嘴站,http://www.orientalpearltower.com),告诉孩子塔高 468 米,是亚洲第一、世界第三的高塔,是全国首批 5A 级旅游景点;和孩子一起走进位于塔座的上海城市历史发展陈列馆(如城厢风貌、开埠掠影、十里洋场、海上旧踪、建筑博览、车马春秋等展馆),帮助孩子了解上海的发展过程;引导孩子观察东方明珠广播电视塔的多筒建筑结构(如 3 根主干和 3 根斜柱、3 个钢结构圆球),体验景观设施(如下球体、上球体和太空舱的观光层、旋转餐厅),加深孩子对上海标志性建筑的认识和喜爱。

6. 观看电影电视剧

教师鼓励家长利用业余时间,和孩子一起观看电影《陈毅市长》《大上海》、电视剧《上海滩》《上海上海》《上海风云》,并适时给予适当的讲解,使孩子能更好地了解上海、热爱上海。

第二节　游览上海市人民公园活动方案

图片 5-2-1　人民公园

一、游览活动目标

1. 使幼儿知道人民公园地处上海市中心最繁华地区，主园门位于黄浦区南京西路231号，公园北临南京西路，南连人民广场，西邻黄陂北路，东沿西藏中路，被认为是上海的"中央公园"，以提高幼儿的空间知觉能力。

2. 使幼儿知道人民公园是上海市4星级公园，素来享有"城市绿肺"之美称，增强幼儿的环保意识。

3. 使幼儿加深对花草树木、亭榭廊池的认识，发展幼儿的观察能力和思维能力。

二、游览活动准备

1. 教师上网查找有关人民公园的各种信息（如地址、交通指南、公园布局、公共厕所），为游览活动作准备。

2. 教师先去人民公园实地踩点，以选择适合幼儿游览的地方。

3. 教师通过多种形式邀请家长参与郊游活动，以增强活动的安全性。

4. 教师告知幼儿游览人民公园活动，讲解安全注意事项，以激发幼儿的兴趣。

三、游览活动过程

1. 在公园大门口观察

教师带领幼儿来到公园大门口，教幼儿认读"人民公园"这4个字，启发幼儿找找是谁题名的（陈毅市长题名），想想在外滩是否看到过陈毅市长的雕像；看看公园大门旁雕的是什么花的图案（荷花）；告诉幼儿这个公园是1952年开园的，过去是旧上海跑马场的一部分。

2. 在公园告示栏前观看

教师带领幼儿走进公园,教幼儿认读电子大屏幕上的中英文欢迎标语"人民公园欢迎您 Welcome to People's Park",鼓励幼儿说出字的颜色(红色、黄色)。

教师带领幼儿来到"公园告示栏"前,启发幼儿寻找"上海市星级公园"的标识(4颗星),给幼儿讲读"人民公园简介"和"上海市公园文明游园守则",指导幼儿观察"园区总平面图",发现自己当前所处的位置,想想可以先去哪里玩。

图片 5-2-2　欢迎大屏幕

图片 5-2-3　幼儿试开挖掘机

3. 在儿童乐园里游玩

教师带领幼儿按着路牌指引的方向朝东走去,来到儿童乐园,和幼儿一起看看各种游乐设施(如碰碰车、豪华转马、海盗船、旋转飞车、挑战者之旅、自控飞机、飓风飞椅、滑行龙、流星锤、迷你穿梭、挖掘机),给幼儿读读橱窗里的"大型游乐设施乘客乘坐安全注意事项"、各种设施旁边的"乘客须知",指导幼儿根据自己的兴趣爱好,选择一种设施进行游玩(如尝试开开挖掘机)。

4. 在南极石前观石

教师带领幼儿继续向东行走,启发幼儿寻找一块竖立的刻有"南极石"3个金色大字的大石头,告诉幼儿这不是"飞来石",而是中国第一支南极考察队在南极采集的、献给上海人民的特别石头;引导幼儿观察石池,告诉幼儿铺满密密麻麻的鹅卵石,走在上面,可以按摩足底穴位,有益身体健康。

图片 5-2-4　南极石

5. 在旱溪流观赏

教师带领幼儿继续向东行走,来到旱溪流,启发幼儿观察一下地形(狭长形),告诉幼儿这是依照自然界干涸的溪流用卵石铺的溪道,弯曲自然;在旱溪四周,有几块天然大卵石,可以坐下观赏休息。

6. 在健身乐园锻炼

教师带领幼儿来到健身乐园,和幼儿一起看看"健身宣传栏",给幼儿讲读"健身须知",告诉幼儿要科学健身、文明健身、安全健身,还要爱护器材;鼓励幼儿在"健康加油站"里,找一找各种健康器材(如太极推手、晃板、太极云手、滑行器、健骑器、赛艇、腹背锻炼器、跑步器),在腹背锻炼器、晃板上玩一玩;引导幼儿在健身大道上走一走。

图片 5-2-5　健身点

图片 5-2-6　上海当代艺术馆

7. 在百花苑赏花

教师带领幼儿来到百花苑,指导幼儿仔细观察各种各样的鲜花,说一说花的颜色,数一数花的瓣数,猜一猜花的名称,夸一夸花的美丽(如五颜六色、五彩缤纷、万紫千红、姹紫嫣红、百花齐放、繁花似锦、花团锦簇、争奇斗艳、鸟语花香)。

8. 在上海当代艺术馆观看

教师带领幼儿来到上海当代艺术馆,告诉幼儿这是上海第一座关注当代艺术和当代设计的私人美术馆,成功举办过艺术展、典藏品展、建筑空间艺术展等大型艺术展览活动,指导幼儿观看一些艺术展览。

9. 在西山瀑布观瀑

教师带领幼儿走到西山,拾级而上,在假山前,引导幼儿观察,并讲解:西山瀑布主峰是由太湖石堆叠而成的,溪流全长 40 多米,呈 S 形曲折下流,溪水有分有合,有急有缓,溪水潺潺,山水交融;溪流两边有蔓目和藤本类植物、水生和沼泽类植物,使这个人工瀑布看起来就像是大自然中的真山真水一样。

10. 在八角亭观景

教师带领幼儿走向山顶,来到八角亭前,指导幼儿观察亭子的特点(亭子就是造的比较简单的小房子,有顶无墙,这是用钢筋混凝土建成的,有八根柱子、八个角,飞檐翘角、琉璃瓦攒尖顶)、亭子周围的环境(栽植了雪松、香樟、广玉兰、女贞等,绿树成荫,花木葱茏),告诉幼儿亭子的作用(亭子就是供休息用的建筑物,大都建在路旁、花园里),提醒幼儿到亭子里去,坐在长椅上,休息一下,自由欣赏山下的景色。

11. 在荷花池赏荷

教师带领幼儿来到荷花池,指导幼儿观看满池的荷花、池边的垂柳、水杉林、水榭,教幼儿学说赞美花草树木的诗句（如"荷花出淤泥而不染，濯清涟而不妖"），教幼儿认识水榭的特点（水榭是指建在水边或水上的亭台，以便于游客休息、观赏风景）。

图片5-2-7　八角亭

图片5-2-8　荷花

12. 在碧翠湖观鱼

教师带领幼儿来到碧翠湖，引导幼儿寻找池塘里放养的金鱼，再看看池边的四角亭，告诉幼儿这个亭子是用钢筋混凝土造成的，绿色琉璃瓦攒尖顶，四角上翘；提醒幼儿在亭子里面的石椅上坐下休息，想想这个亭子和前面在西山看到的亭子有什么异同点（都是亭子，西山上的亭子是八角亭，这个亭子是四角亭），这个池塘和前面看到的荷花池有什么异同点（都是池塘，这个池塘比荷花池大；这个池塘里有金鱼，荷花池里有荷花；这个池塘旁边有四角亭，荷花池旁有水榭长廊）。

13. 在张思德塑像前观瞻

教师带领幼儿来到张思德塑像前，指导幼儿观看周围的花草树木，感受雪松、紫薇、红枫等使塑像掩映在苍松翠柏之中；鼓励幼儿模仿张思德的姿态，做几个爱劳动的动作；给幼儿讲讲张思德《为人民服务》的故事，启发幼儿学习张思德的精神。

图片5-2-9　四角亭

图片5-2-10　张思德

四、游览活动延伸

1. 到南京路步行街去逛逛

教师鼓励家长利用节假日，带领孩子到人民公园北边的南京路步行街去逛一逛，看看遍布路旁的各种上海老字号商店及商城,感受一下"中华商业第一街"的繁华景象,体验一下"十里南京路,一个步行街"的热闹气氛。再和孩子一起在电脑上看看《霓虹灯下的哨兵》这部老电影,给孩子讲讲"南京路上好八连"的故事。

图片 5-2-11　南京路步行街　　　　图片 5-2-12　上海城市规划展示馆

2. 到上海城市规划展示馆去看看

教师鼓励家长利用业余时间,带领孩子到人民公园南边的上海城市规划展示馆去看一看(人民大道 100 号,周二—周日开放,地铁 1 号线、2 号线、8 号线人民广场站,6 周岁以下及 130 厘米以下儿童免票参观,成人票 30 元,http://www.supec.org),使孩子有机会与这个"城市之窗"亲密接触;指导孩子认读展馆的中英文馆名(上海城市规划展示馆 SHANGHAI URBAN PLANNING EXHIBITION CENTER),告诉孩子这是国家 4A 级旅游景点,鼓励孩子观察展馆的外部造型(大楼像是中国传统的高大城楼中间的"城门",中心对称,通体白色,网状结构,顶部像四朵盛开的上海市花白玉兰),告诉孩子这座富有海派风情的建筑获得了包括国家建筑最高荣誉"鲁班奖"在内的多项奖项;引领孩子观察馆内的"上海之晨"艺术模型、"百万市民大搬迁"巨型浮雕,鼓励孩子在此拍照留影;引导孩子观察序厅、历史文化名城厅、临展厅、总体规划一厅、总体规划二厅、休闲观光环廊、"上海 1930"风情街,通过图片、模型、触摸屏、多媒体演示等多种形式,使孩子知道上海从一个小渔村发展成为中国最大的经济中心和国际型大都市的演变过程,帮助孩子了解上海城市发展的"昨天、今天和明天",加深孩子对"城市、人、环境、发展"之间关系的理解。

3. 到人民广场绿化地去玩玩

教师引导家长抽出时间,带领孩子去人民公园南边的人民广场绿化地(人民大道南侧,上海博物馆北侧)去玩玩,指导孩子看看香樟、雪松、白玉兰等花草树木,告诉孩子这是上海最大的园林广场,它和人民公园一样,以前也是跑马场,现在也是"城市绿肺";启发孩子寻找喷水池,看看它的中央(上海版图)、颜色(红、黄、蓝三色玻璃台阶)、层级(三层 9 级下沉式)、形状(圆形)、周围(4 座紫铜花坛,44 只石鼓灯),告诉孩子这是国内首创的大型音乐旱喷泉,美丽壮观。

图片 5-2-13　人民广场绿化地

图片 5-2-14　上海博物馆

4. 到上海博物馆去游览

教师鼓励家长抽出时间,带领孩子去上海博物馆参观(黄浦区人民大道 201 号,全年免费开放,轨道交通 1 号线、2 号线、8 号线人民广场站,http://www.shanghaimuseum.net),教孩子认识"上海博物馆"这五个字,告诉孩子这是一座大型的中国古代艺术博物馆,这个馆名也是由陈毅市长题写的;教孩子观察博物馆的造型特征(上圆下方,圆顶方体),告诉孩子这表示"天圆地方";和孩子一起观看各个展馆(如中国古代青铜馆、中国古代雕塑馆、中国古代陶瓷馆、暂得楼陶瓷馆、中国历代书法馆、中国历代绘画馆、中国历代玺印馆、中国古代玉器馆、中国历代钱币馆、中国明清家具馆、中国少数民族工艺馆和特别展厅),丰富孩子关于青铜、陶瓷、书法、绘画、钱币、印章、玉器、明清家具、少数民族服饰工艺等藏品的感性知识,提高孩子的艺术欣赏能力。

5. 到上海大剧院去参观

教师建议家长利用白天的时间,带孩子去上海大剧院参观(人民大道 300 号,每周一上午开放,门票 40 元,轨道交通 1 号线、2 号线、8 号线人民广场站,http://www.shgtheatre.com),指导孩子观察大剧院的造型,说说建筑的特征(好像音符串成的水晶宫殿,简洁流畅的几何形造型,皇冠般的白色弧形屋顶弯翘向天际,像个聚宝盆、艺术殿堂),告诉孩子它与东侧的上海城市规划展示馆一左一右相映成趣;引导孩子观看大厅、舞台、排练

图片 5-2-15　上海大剧院

厅、乐池、观众席,使孩子感受到大剧院的内部设施;告诉孩子大剧院已成功上演过歌剧、音乐剧、芭蕾、交响乐、室内乐、话剧、戏曲等各类大型演出和综艺晚会,使孩子意识到上海大剧院在艺术交流中的重要性。

教师鼓励家长利用晚上的时间,带孩子去上海大剧院观看演出,鼓励孩子描述一下建筑的美(白色弧形拱顶和具有光感的玻璃幕墙有机结合,在灯光的烘托下,宛如一个水

晶般的宫殿);指导孩子在一楼大堂展示厅看看"上海大剧院诞生记""上海大剧院摄影与少儿绘画展",萌发孩子的绘画兴趣;引导孩子在二楼大堂观赏法国雕塑家阿曼的铜雕作品《弦乐的律动》,告诉孩子提琴是一种西洋弦乐器,雕塑大师将几把提琴分解组合之后,就变成了一件神奇的艺术作品,产生了新的律动,提高孩子的欣赏能力;帮助孩子理解并遵守"观众须知",指导孩子按照戏票上打印的区域、排数、座号,寻找座位,对号入座;要求孩子入场后保持安静,做个文明的小观众;启发孩子为"名家、名团、名作"的"一流艺术作品"鼓掌喝彩,丰富孩子的艺术体验,提高孩子的艺术能力。

图片 5-2-16　阿曼铜雕《弦乐的律动》

图片 5-2-17　上海大剧院画廊

6. 到上海大剧院画廊去观赏

教师指导家长利用业余时间,带领孩子去上海大剧院画廊(靠近人民公园边门,原上海美术馆旁,黄陂北路286号,免费开放),看看画展、雕塑展,激发孩子的审美兴趣,发展孩子的审美能力,使孩子成为艺术小达人。

第三节　参观上海图书馆活动方案

图片 5-3-1　上海图书馆

一、参观活动目标

1. 使幼儿知道上海图书馆是一个综合性研究型公共图书馆,是中国十大图书馆之一;上海图书馆是阅览和外借馆藏的书刊文献资料的地方,会举办各类文化艺术展览、各类公益性讲座、读者活动,激发幼儿参观图书馆的兴趣。

2. 使幼儿看到上海图书馆有大量丰富的图书报纸杂志,有各种各样的阅览室、多种多样的机器设备、不同的工作人员、安静看书的男女老少;知道图书馆是一个藏书、看书、借书的好地方,体验图书馆阅读的氛围。

3. 使幼儿知道进入上海图书馆以后,要做个文明的小读者,要爱护文献资料和公共财物,在阅览室内要保持安静,不能吃东西,养成遵守规则的习惯。

二、参观活动准备

1. 教师上网(老网址 http://www.library.sh.cn,新网址 http://beta.library.sh.cn)查找上海图书馆的各种信息,如地址(淮海中路 1555 号)、交通路线(轨道交通 10 号线上海图书馆站、轨道交通 1 号线衡山路站、公交车 96 路复兴中路乌鲁木齐路站)、开放时间("365 天,天天都开放")、开放对象("360 行,行行可办证")。

2. 教师去上海图书馆进行预参观,实地了解图书馆的情况,和工作人员沟通,咨询带幼儿来馆事宜;带上身份证,办个"读者证",借几本自己喜欢的图书;完善参观活动方案。

3. 教师通过幼儿园网站、"家长园地"、《家园小报》、微信等各种形式宣传参观图书馆活动的意义,邀请家长积极参与,使家长知道图书馆是孩子学习的好地方,也是家长教育孩子的最佳场所;鼓励有"读者证"的家长,参观时把"读者证"带来;启发还没有"读者证"的家长,带上二代身份证,参观时办个"读者证";引导家长带上孩子的身份证或户口簿,参观时给孩子办个"少儿读者证"。

4. 教师给幼儿讲绘本故事《图书馆狮子》,萌发幼儿对图书馆的浓厚兴趣。

5. 教师把参观上海图书馆的活动告诉幼儿,使幼儿知道要"读万卷书,行万里路",萌发幼儿前往参观的迫切愿望;提醒幼儿注意路途安全,遵守图书馆规则。

图片 5-3-2 《图书馆狮子》

三、参观活动过程

(一)在上海图书馆前观赏

1. 观看图书自助借还亭

教师和家长带领幼儿来到上海图书馆东门旁,观看"24 小时图书自助借还亭",启发幼儿想想为什么要设立这个小亭子?设立这个小亭子有什么好处?引导幼儿看看机器,给幼儿讲读"24 小时图书自助借还操作流程",并演示"自助借书流程""自助还书流程"。

图片 5-3-3　24 小时图书自助借还亭　　图片 5-3-4　24 小时图书自助借还机

2. 观看东门标识牌

教师和家长带领幼儿来到上海图书馆东门标识牌前，鼓励幼儿寻找不同的箭头方向，启发幼儿想想它们都表示什么意思；指导幼儿寻找"24 小时图书自助借还亭"的名称、位置和箭头方向；引导幼儿观看"区域指引图"，知道当前所处的位置。

图片 5-3-5　上海图书馆东门标识牌

3. 观看图书馆标识牌

教师和家长带领幼儿来到上海图书馆正门前，指导幼儿观看馆名碑，教幼儿认读"上海图书馆 SHANGHAI LIBRARY"；引导幼儿观看欢迎牌，教幼儿认读"上海图书馆欢迎您 Welcome to Shanghai Library"；启发幼儿寻找馆徽，看看旁边还写了哪些信息；指导幼儿认读"咨询电话：64455555；网址：http：//www.library.sh.cn；地址：中国上海淮海中路 1555 号"。

图片 5-3-6　上海图书馆馆名碑　　　图片 5-3-7　上海图书馆欢迎牌

4. 观赏智慧树雕塑

教师和家长带领幼儿来到上海图书馆前的智慧广场,引导幼儿观看银色树形雕塑"智慧树",告诉幼儿:"生活里没有书籍,就好像没有阳光,智慧里没有书籍,就好像鸟儿没有翅膀,书籍是人类智慧的结晶,图书馆是书的海洋,读书可以让我们学到许多本领,增长我们的聪明才智",以唤起幼儿进入图书馆、在书的海洋世界里遨游的强烈愿望。

图片 5-3-8 智慧广场智慧树

图片 5-3-9 上海图书馆西门标识牌

5. 观看西门标识牌

教师和家长带领幼儿来到上海图书馆西门标识牌前,鼓励幼儿说说不同的箭头方向所代表的含义,看看现在所处的位置。

6. 观赏《大思想者》雕塑

教师和家长带领幼儿来到上海图书馆前的知识广场,指导幼儿观看黑色的人物雕塑,教幼儿认读"大思想者""罗丹",告诉幼儿这尊青铜雕塑是法国著名雕塑家罗丹的名作,雕塑是形体的艺术,这尊雕塑塑造了一个强有力的劳动男子;引导幼儿仔细观察(这尊青铜巨人肌肉强健,骨骼粗壮,俯身低头,弯腰屈膝而坐,把左手放在左膝上,右手托着下巴和嘴唇,眉头紧皱,目光下视,表情痛苦,深入思考),告诉幼儿思想者不仅用大脑、张大的鼻翼和紧闭的嘴唇思考,而且还用胳膊、腿、背上的肌肉思考,用握紧的拳头和紧张的脚趾思考;启发幼儿模仿一下大思想者的姿态,告诉幼儿:"没有书籍,就不能打赢思想之战,正如没有舰就不能打赢海战一样",图书馆是思想的宝库,是最有文化色彩的地方;使幼儿知道"知识就是力量",引导幼儿开始知识的殿堂之旅。

图片 5-3-10 罗丹《大思想者》

7. 观看正门标识牌

教师和家长带领幼儿来到上海图书馆的正门标识牌前,鼓励幼儿寻找上海图书馆的馆徽;查看箭头方向,想想它们和东、西门标识牌上的箭头方向有什么不同;指导幼儿观看"开放时间",了解各阅览室开放时间。

8. 观赏图书馆造型

教师和家长带领幼儿站在上海图书馆大楼前,先启发幼儿仔细观察这幢建筑物,看看它由几个塔形建筑组成?是东边的塔高,还是西边的塔高?这两座塔有什么特点?然后告诉幼儿:东边的塔高 58.8 米,西边的塔高 106.9 米,这座图书馆大楼就是由两座塔形高层和五层的裙房所组成的;使幼儿知道多维台阶式块体顶部造型,就像自然生长的台阶,象征着文化的积淀和人类向知识高峰的不断攀登。

图片 5-3-11　开放时间

图片 5-3-12　上海图书馆造型

9. 了解"读者须知"

教师和家长带领幼儿沿着图书馆前的台阶,拾级而上,引导幼儿边走边说:"书籍是人类进步的阶梯",我们要攀登书山,与书籍交朋友;来到图书馆大门口,指导幼儿观看图文并茂的"读者须知",使幼儿知道进馆后要保持安静,不能使随身设备发出声响;组织幼儿排好队伍,按顺序通过安检,进入一楼大厅。

图片 5-3-13　馆前台阶

图片 5-3-14　读者须知

(二)在上海图书馆里参观

1. 在一楼观看

(1) 学看"楼层指南"

教师和家长带领幼儿来到一楼大厅中央,告诉幼儿如果有什么问题,都可以问坐在

"总咨询台 INFORMATION DESK"里的叔叔阿姨;指导幼儿观看"楼层指南 READING ROOM GUIDE",使幼儿知道图书馆有G层、1层、2层、3层、4层,和幼儿一起在G层上找到"24小时图书自助借还亭",在各层找到快餐区、饮水机、卫生间等简图标志和箭头方向,帮助幼儿了解上海图书馆的布置格局、不同楼层的设施、怡人的环境。

（2）观赏大厅环境

教师和家长带领幼儿在大厅里轻轻地走一走、逛一逛,找一找"办证区",了解办理"读者证"的程序;瞧一瞧神奇的"妙笔",告诉幼儿妙笔就

图片 5-3-15　总咨询台

是比喻杰出的写作才能,妙笔生花、妙笔生辉都是比喻笔法高超的人写出动人的文章,引导幼儿学一学手握毛笔的姿势,鼓励幼儿要好好学习;看一看晶莹剔透的"风帆",读一读上面的汉字;找一找窗外的"孔子行教像",说一说头扎儒巾、双目前视、须发飘逸、身体前倾、双手作揖、谦卑有礼、雍容大度、透出圣人智慧的孔子,模仿一下孔子的姿势,想一想"求知"的含义,知道求得知识、学习新知识、探索新知识的重要性;找一找楼梯、电梯、自动扶梯,充分感受大厅的便捷、整洁、宁静、优雅、美丽。

图片 5-3-16　妙笔

图片 5-3-17　一帆风顺

图片 5-3-18　孔子行教像

图片 5-3-19　一楼西侧

(3) 进入大厅西侧

教师和家长带领幼儿走到大厅西侧,给幼儿读读门廊上方的多个阅览室的名称(如综合阅览室、多媒体报刊阅览室、一卡通书刊外借室/少儿图书外借室)和箭头方向;教幼儿认读"少儿图书外借室",鼓励幼儿寻找它的位置,知道它是在右前方。

① 在少儿图书外借室

教师和家长带领幼儿来到"少儿图书外借室"门口,先启发幼儿思考右边这几个机器是干什么用的?然后再告诉幼儿:这些机器都是图书杀菌机,要轻开轻关,按照上面的说明进行操作,就能有效消除灰尘与细菌,使图书变得特别洁净。

图片 5-3-20　少儿图书外借室

图片 5-3-21　自助图书杀菌机使用步骤

教师和家长带领幼儿走进"少儿图书外借室",观看室内自助借还书机、还书收纳箱;走进"少儿图书外借区",指导幼儿从书架上挑选自己喜欢的图书,轻拿轻放,安静阅读,告诉幼儿每人每次能借 10 本书,可在自助借还书机上办理外借手续。

图片 5-3-22　少儿图书外借区

图片 5-3-23　幼儿在外借区看书

教师和家长提醒幼儿在室外的自助图书杀菌机上,对所借的图书进行杀菌、除异味、除灰尘,以保证健康阅读。

图片 5-3-24　幼儿和家长在自助图书杀菌机上给外借图书杀菌

图片 5-3-25　中文书刊外借室

② 在中文书刊外借室

教师和家长带领幼儿来到中文书刊外借室门口观看,使幼儿知道进去要刷卡,室内有许多电脑和书架,一些叔叔阿姨正在电脑上查找书目,书架上有很多图书和杂志,摆放得非常整齐。

③ 在大厅里

教师和家长带领幼儿站在大厅里,指导幼儿环顾四周绿意盎然的环境,抬头仰望墙壁上两块巨大的长方形石雕,看看上面都刻着哪些图案、哪些文字;启发幼儿寻找玻璃橱窗里的上海图书馆模型,想想它和刚才我们在外面看到的上海图书馆造型是否相同。

图片 5-3-26　壁雕

图片 5-3-27　上海图书馆模型

④ 在综合阅览室

教师和家长带领幼儿经过"公共查询目录"区,来到综合阅览室门口,轻声地引导幼儿朝里面张望一下,看看许多老爷爷老奶奶是怎样认真读书、学习的。

⑤ 在多媒体报刊阅览室

教师和家长带领幼儿经过"参考外借区",来到多媒体报刊阅览室门口,指导幼儿观

图片 5-3-28　综合阅览室

图片 5-3-29　多媒体报刊阅览室

看地面印着的"进口""出口"标志,使幼儿知道应该从哪边进去,从哪边出来;启发幼儿仔细观察里面的许多大哥哥大姐姐正在安静地读报。

⑥ 在书店

教师和家长带领幼儿走进书店,观看各种图书是如何分类摆放的;看看"图书漂流园地"的图书和活动细则,萌生以后也来参加图书漂流活动的兴趣。

图片 5-3-30　书店

图片 5-3-31　图书漂流区

（4）走进大厅东侧

教师和家长带领幼儿来到大厅东侧,引导幼儿静悄悄地走进"近代文献阅览区",到"近代文献阅览室""上海地方文献阅览室""视觉障碍者阅览室"去看看;指导幼儿观看一些馆藏特展,如"伟大的史诗 纪念长征胜利 80 周年馆藏文献展"。

图片 5-3-32　近代文献阅览区

图片 5-3-33　伟大的史诗

2. 在二楼观看

教师和家长带领幼儿来到二楼参观，引导幼儿观看"二楼示意图"，帮助幼儿初步了解各种阅览室及其方位。

教师和家长指导幼儿站在"社会科学文献阅览区"门廊前，抬头观看上面的文字，给幼儿讲读"中文社会科学期刊阅览室""中文社会科学图书阅览室""旅游、体育阅览室""经济、法律阅览室""剪报服务""电子资源自助检索区"；在工作人员同意的情况下，带领幼儿轻轻地走进各个阅览室，观看一下；鼓励幼儿模仿门廊外边的少女怀抱图书的姿势。

教师和家长带领幼儿来到"古籍阅览区"门廊前，指导幼儿仰望上面的文字，给幼儿读读"古籍阅览室""家谱阅览室"；引导幼儿走进去，看看古代字画和红木制品。

图片 5-3-34　2楼示意图

图片 5-3-35　社会科学文献阅览区

图片 5-3-36　怀抱图书的少女

图片 5-3-37　古籍阅览区

图片 5-3-38　古代字画

3. 在三楼观看

教师和家长带领幼儿来到三楼，观看"三楼示意图"，引导幼儿站在"自然科学文献阅览区"门廊前，抬头观看上面的文字；告诉幼儿往左前方走是"中文参考工具书阅览室""中文科技期刊阅览室"，往右前方走是"中文科技图书阅览室""新阅读体验"，往正前方走是"视听区"；在征得工作人员同意的情况下，教师和家长带着幼儿轻轻地走进去看一看，使幼儿能对多种多样的自然科学图书杂志产生兴趣。

图片 5-3-39　三楼示意图

图片 5-3-40　自然科学文献阅览区

教师和家长带领幼儿来到东侧的"创新空间/产业图书馆""上海文化创意产业信息中心"门廊前，引导幼儿抬头观看上面的文字；在工作人员同意的情况下，指导幼儿走进"产业图书馆"里，仔细观看。

片 5-3-41　上海文化创意产业信息中心

图片 5-3-42　产业图书馆

4. 在四楼观看

教师和家长带领幼儿来到四楼，观看"4楼示意图"；在"外文文献阅览区"门廊前，教幼儿轻声阅读"友谊图书馆/赠书阅览室""联合国资料托存区""电子资源自助检索区""外文报刊阅览区""外文图书会议录阅览室""外文参考工具书阅览室""世博信息阅览室"；经过工作人员同意后，引导幼儿轻轻地走进去，观望一下，激发幼儿对外文图书、报刊的兴趣。

图片 5-3-43　4楼示意图

图片 5-3-44　外文文献阅览区

5. 自由活动

教师鼓励家长带着孩子在馆里自由活动一会儿,可以去"办证区",给自己或孩子办个"读者证";也可以去某个阅览室,和孩子一起阅读图书;此外,还可以去某个借阅室,借几本书带回家去阅读。

图片 5-3-45　办证处

图片 5-3-46　聂耳音乐广场

(三) 在上海图书馆外休闲

1. 在馆前拍照留影

教师和家长带领幼儿走出上海图书馆,分别以图书馆裙楼、《大思想家》雕塑、《智慧树》雕塑等为背景,拍摄全班集体照、家庭亲子照、个人风采照,记下这快乐的瞬间。

2. 到广场去休息

教师和家长带领幼儿来到上海图书馆东门对面的聂耳音乐广场,休息放松一下,看看人民音乐家聂耳的雕塑,在石条长椅子上坐一坐,歇一歇,喝点水,吃点点心,聊一聊参观上海图书馆的感想。

四、参观活动延伸

1. 开展畅谈观感活动

教师在班级组织幼儿开展谈话活动,鼓励幼儿说说参观上海图书馆的感受和收获,帮助幼儿意识到"书籍是黑暗中的萤火虫""书籍是我富有魔力的眼睛",使书香能陪伴幼儿快乐成长。

2. 开展摄影展览活动

教师鼓励家长和幼儿把在上海图书馆拍摄的各种照片,拿到班级来展览,大家一起分享参观的喜悦,以便在幼儿心中播下一颗爱书读书的种子。

3. 开展陶泥雕塑活动

教师给幼儿提供软陶,鼓励幼儿动脑思考,动手制作自己的《智慧树》雕塑、《大思想家》雕塑,培养幼儿的艺术创作兴趣和技能。

4. 开展图书阅读活动

教师鼓励幼儿白天在幼儿园的图书室、班级的图书角，大量阅读图书画册，形成"读好书，好读书，读书好"的班风园风；指导幼儿傍晚、节假日，再借一些图画书回家去看，培养幼儿热爱读书的兴趣和习惯。

5. 开展亲子共读活动

教师鼓励家长要经常和孩子一起阅读，在家庭中营造出"共读一本书""一起快乐阅读"的读书氛围，使图书成为孩子的伴侣，使阅读成为孩子日常生活中的重要组成部分，使孩子喜欢阅读、习惯阅读，在阅读中快乐，在快乐中成长。

6. 开展图书分享活动

教师可围绕世界读书日，策划并组织"阅读传递 传递悦读"的系列活动，引发家长和幼儿推荐图书、漂流图书，分享阅读体验、交流阅读心得，通过家园之间的互动，传递阅读的力量和快乐。

7. 开展图书借阅活动

教师鼓励家长和孩子一起常去图书馆，带上各自的读者证，去看书、借书、还书，使孩子能向往去图书馆，能喜欢去图书馆。

8. 观看文艺展览活动

教师鼓励家长利用节假日，带领孩子去上海图书馆展览厅，观看一些文化艺术类的展览活动，如馆藏文献展、历史文献展。

图片 5-3-47　上海少年儿童图书馆

9. 旁听免费讲座活动

教师鼓励家长利用业余时间，去上海图书馆报告厅，旁听一些文化教育方面的公益性讲座，如节能科普宣传活动。

10. 参观少儿图书馆活动

教师鼓励家长安排好业余时间，多带孩子去附近的少年儿童图书馆去参观学习，例如，上海少年儿童图书馆（南京西路962号）、长宁区少年儿童图书馆（仙霞路700弄41号）、静安区少年儿童图书馆（康定东路29号）、闸北区少年儿童图书馆（汾西路261弄24号）、杨浦区图书馆少儿馆（嫩江路民星二村38号）等，使孩子双休日、节假日经常能在图书馆中度过美好的一天，在图书馆中茁壮成长。

第四节　参观上海公安博物馆活动方案

图片 5-4-1　上海公安博物馆

一、参观活动目标

1. 使幼儿知道上海公安博物馆是国内第一家公安专题博物馆,了解上海建立警察机构一百多年来的历史变迁,上海市人民政府公安局建立后,上海公安在打击犯罪、保障建设、维护稳定等各方面的业绩。

2. 使幼儿丰富和加深对公安卫士的认识,了解安全防范知识,掌握简单的安全防范技巧。

二、参观活动准备

1. 教师查找馆址(位于徐汇区瑞金南路518号),了解公共交通(如轨道交通4、9号线等)、网址、开放时间(周一至周六 9:00～16:00)。

2. 教师进行预参观,以确定幼儿参观活动的具体时间,做好活动预案。

3. 教师邀请家长参与,给家长提供网址(http://www.policemuseum.com.cn),协助幼儿园做好参观工作。

4. 教师、家长和幼儿一起看看"精卫填海"动画片、电视剧,给幼儿讲讲这个中国古代神话故事(精卫小女孩,有一天到东海去游玩,不幸在水中淹死了。后来她的精灵变成了一种花脑袋、白嘴壳、红爪子的神鸟,每天从山上衔来石头和草木,投入东海,想把东海填平)。告诉幼儿这个故事反映了人类英勇顽强的拼搏精神。

5. 教师、家长和幼儿一起看看"夸父逐日"动画片,给幼儿讲讲这个中国古代神话故事(夸父想把太阳摘下来,就和太阳进行了赛跑。他口渴了,想喝水,就把黄河、渭河的水都喝干了。然后又想去喝大湖的水,但在半路就渴死了。他的手杖变成了大桃林,身躯化成了夸父山)。告诉幼儿这个故事说明了人类战胜自然的美好愿望。

6. 教师、家长和幼儿一起看看老电影《今天我休息》。

7. 教师、家长教幼儿演唱儿童歌曲《一分钱》。

8. 教师告知幼儿参观博物馆的一些注意事项。

三、参观活动过程

（一）在馆门口

1. 教师带领幼儿来到大门口，启发幼儿寻找馆名，教幼儿认读中英文馆名（上海公安博物馆，SHANGHAI MUSEUM OF PUBLIC SECURITY，缩写 SMPS）。

2. 教师启发幼儿思考"公安是什么意思"，然后告诉幼儿"维护公共治安就叫公安"，"公安也叫公安卫士、警察"。

3. 教师引导幼儿观察大门口两侧的浮雕（以上海黄浦江两岸的建筑为背景，以《日》与《夜》为主题），告诉幼儿这展示了上海公安工作走过的历程和公安干警的精神风貌。

图片 5-4-2　浮雕《日》

图片 5-4-3　浮雕《夜》

4. 教师给幼儿讲读"参观须知"，使幼儿知道不能携带饮料和食品进入场馆，不能随意丢弃杂物，要保持环境卫生，自觉遵守参观秩序，遵守相关规定。

（二）在序厅参观

1. 观赏大型墙雕

教师带领幼儿走进一楼大厅，指导幼儿仔细观察墙面中央气势恢宏的大型装饰浮雕《辉煌永存》（中间是警徽，左右两边分别是中国神话故事"精卫填海""夸父逐日"），告诉幼儿这表现了公安民警不畏艰难、勇于奉献的精神。

2. 观赏五根柱雕

教师提示幼儿数数大厅的立柱共有几根（5根），每根立柱上都雕刻了什么（五种警察形象），然后告诉幼儿：他们分别代表了刑事警、治安警、交巡警、消防警、看守警五大警种，这些公安英模浮雕，栩栩如生，令观者肃然起敬。

图片 5-4-4　浮雕《辉煌永存》

图片 5-4-5　五根柱雕

3. 寻找观看警车

教师启发幼儿在大厅里寻找警车，然后和幼儿一起来到右侧的警车展示区，指导幼儿观看各个年代、不同用途的警车，比较它们之间的异同。

4. 观看纪念品

教师带领幼儿来到大厅左侧的服务台、休息区、售品部，观看有关公安的图书画册、旅游纪念品。

图片 5-4-6　警车

（三）在公安史馆参观

1. 了解上海公安历史

教师带领幼儿走进公安史馆，指导幼儿观看各种警徽、警服、勋章等展品，旧上海的印度警察（也叫红头阿三）、英国警察和华人警察的蜡像，旧上海警察局，新中国上海公安局，帮助幼儿了解上海建立警察机构的历史、人民公安机关的发展。

图片 5-4-7　旧上海外国巡捕

图片 5-4-8　新上海人民公安

2. 了解电影《今天我休息》原型英模

教师带领幼儿走到英模马人俊展柜前，引导幼儿观看工作照、红绸带、出席证、电影剧照，告诉幼儿《今天我休息》这部电影的原型人物就是马人俊，他是公安派出所的一位民警，上海市劳动模范，国家公安部"一级英模"，曾受到毛泽东主席接见，鼓励幼儿回到家里以后,和爸爸妈妈一起看看这部电影,感受人民警察全心全意为人民服务的高尚品德。

图片 5-4-9　英模马人俊

图片 5-4-10　儿歌《一分钱》

3. 吟唱儿歌《一分钱》

教师带领幼儿循着《一分钱》的歌声,找到台式收音机展区,引导幼儿观看小朋友把捡到的一分钱交给警察叔叔的照片、《一分钱》的手稿、我国著名儿童音乐作曲家潘振声的照片;告诉幼儿潘爷爷是上海青浦人,《一分钱》这首儿童歌曲就是由他作词作曲的,1963年由中央人民广播电台首播,很快传唱全国;教师和幼儿一起跟着收音机吟唱儿歌《一分钱》(我在马路边捡到一分钱,把它交到警察叔叔手里边,叔叔拿着钱,对我把头点,我高兴地说了声:"叔叔再见!"),以加深幼儿对警察叔叔的了解和热爱之情。

(四)在英烈馆瞻仰

教师带领幼儿走进英烈馆,观看公安英烈的英勇事迹和珍贵遗物,促使幼儿认识到这些公安英烈为了保卫人民的生命和财产的安全,献出了自己宝贵的生命,萌发幼儿对英雄的崇拜之情,激励幼儿学习他们的勇敢精神。

(五)在刑事侦查馆参观

教师带领幼儿来到刑事侦查馆,指导幼儿观看密侦设备(如照相机)、扫描电子显微镜等,使幼儿了解刑侦技术的发展及作用;引导幼儿观察警犬"胜利"的标本,向幼儿普及警犬的知识(警犬也叫警用犬,是公安机关经过精心挑选并加以专门训练为侦察破案服务的良种犬。警犬在训导员的指令下,能担负警戒、巡逻、押送、追捕、搜爆、搜毒、鉴别追踪、寻找凶器、抢夺枪械等勤务);给幼儿讲讲上海公安人员破案的故事,使幼儿相信他们个个都是"神探福尔摩斯",佩服他们的智慧和神勇。

(六)在治安管理馆参观

教师带领幼儿来到治安管理馆,指导幼儿观看多种实物、图片,帮助幼儿从户籍行政管理、行业场所管理和社会治安防范等方面,来了解上海公安机关依法加强社会治安管理的情况;启发幼儿回家以后,看看家里的户口本、爸爸妈妈和自己的身份证、护照等证件。

(七) 在交通管理馆参观

教师带领幼儿来到交通管理馆,指导幼儿观看有关车辆管理、交通管理和交通管理设备的照片及实物;让幼儿观看八角岗亭的模型,并告诉他们过去在上海的各交通道口都设立了这样的八角岗亭,坐在岗亭中的是第一代女交通警,她们通过手动控制红绿灯;促使幼儿体会到上海交通管理的发展变化和交通警察在上海城市道路交通管理中作出的贡献,知道应该自觉遵守交通规则。

图片 5-4-11　八角岗亭

(八) 在监所管理馆参观

教师带领幼儿来到监狱和看守所馆,和幼儿一起浏览复制的号称"远东第一监狱"的上海提篮桥监狱部分特殊监房、新建使用的上海看守所模型,使幼儿意识到旧上海的监狱和看守所是摧残人、折磨人的牢笼,新上海的监狱和看守所是教育人、改造人的特殊学校。

(九) 在消防管理馆参观

教师带领幼儿走到消防管理馆,观看多种多样的实物和照片,让幼儿感受消防器材从简陋到完备的变化发展,知道上海是我国消防兴起最早、比较发达的一个大城市。

(十) 在警用装备馆参观

教师带领幼儿走到警用装备馆,引导幼儿浏览枪械、服装、装具、警械等实物,帮助幼儿了解公安装备发展的历史进程、中外警察使用过的枪械和武器。

(十一) 在警务交流馆参观

教师带领幼儿走到警务交流馆,指导幼儿观看精致的警用标志、警务用品和纪念品,帮助幼儿了解上海公安机关与世界各国、各地区警察之间的合作和交流情况。

图片 5-4-12　中国赴海地维和警察防暴队

四、参观活动延伸

1. 到消防模拟演练馆学习

教师向上海公安博物馆预约后,带领幼儿到消防模拟演练馆来进行参观学习,通过使幼儿在模拟场景中查找火灾隐患、体验空中逃生、有奖竞猜、观看情景剧表演等互动环节,在轻松愉快的活动中,了解火灾防范与火灾初期的控制,正确掌握火警处置方法和火场逃生技巧。

2. 参观上海消防博物馆

教师鼓励家长利用节假日带领孩子去参观上海消防博物馆(位于长宁区中山西路229号,免费开放,官网 http://www.fire.sh.cn),以巩固孩子关于消防的知识和技能。

3. 参观上海博物馆

教师鼓励家长利用业余时间带领孩子去参观上海博物馆(位于黄浦区人民大道201号,免费开放,官网 http://www.shanghaimuseum.net),以丰富孩子关于博物馆的知识。

图片 5-4-13 上海消防博物馆

图片 5-4-14 上海博物馆

4. 参观上海儿童博物馆

教师鼓励家长抽出一些时间带领孩子去参观上海儿童博物馆(位于长宁区宋园路61号,免费入场,官网 http://www.shetbwg.com),以培养孩子的探索精神和提高他们的动手操作能力。

5. 观看电视剧《交通警察》

教师指导家长和孩子一起观看电视剧《交通警察》,以加深孩子对交警的认识。

第五节 参观福建博物院活动方案

图片 5-5-1 福建博物院

一、参观活动目标

1. 使幼儿知道福建博物院位于福州市鼓楼区湖头街96号,介于西湖公园与左海公园之间,以提高幼儿的空间知觉能力。

2. 使幼儿知道福建博物院是集文物保护、文物考古、历史、自然标本、艺术研究为一体的省级综合性博物馆,以增强幼儿热爱家乡的情感。

二、参观活动准备

1. 教师上网查找有关福建博物院的各种信息(如馆址、开放时间、交通路线),与工作人员取得联系。

2. 教师提前去福建博物院参观,获取感性知识,完善活动方案。

3. 教师激发幼儿参观福建博物院的兴趣,邀请家长参与活动。

三、参观活动过程

(一) 在前广场参观

1. 在前广场上观察

教师带领幼儿来到馆前广场,启发幼儿寻找院碑(福建博物院),数数有几个字(5个),看看这几个字是什么颜色(蓝色),想想广场地面有什么形状(扩散水纹状)。

2. 在浮雕墙体前观看

教师带领幼儿来到浮雕墙体前观赏,品味中国文物精华,看看馆展信息公告:第十届国际新闻摄影比赛(华赛)获奖作品展、《绿叶对根的情意——华侨华人奉献展》、油画作品展、《博·戏》中国古代体育文物展。

3. 在台阶上行走

教师带领幼儿边走台阶,边数数,然后观看富有福建民居特色的几字形屋顶。

图片 5-5-2　院外浮雕墙体

图片 5-5-3　院门外台阶

图片 5-5-4　大厅咨询台

（二）在主馆里参观

1. 在大厅咨询台浏览

教师带领幼儿来到大厅咨询台，告诉幼儿，在这里可以获取一些参观资料；如果有什么问题，也可以问这里的叔叔阿姨，万一自己迷路了，也可以到这里来等老师。

2. 观展"福建古代文明之光"

教师带领幼儿走进"福建古代文明之光"展厅，依次浏览各个展区："山海家园 闽之先民""青铜辉映 礼乐初萌""越魂不灭 王族世家""衣冠南渡 闽中隆兴""丝路云帆 海国雄风""风云际会 东西交流"。教师可引导幼儿重点观看武夷山城村闽越王城遗址复原模型，给幼儿讲读"展示语"，使幼儿知道这是一个大型宫殿建筑群，整体布局恢宏大气；内城外郭，郭外有郊野。教师还可根据幼儿的兴趣爱好，让幼儿在"西汉楼船模型（复制品）"前，多停留一会儿，看看它与我们现在的船有什么异同点。

图片 5-5-5　武夷山城村闽越王城遗址复原模型

图片 5-5-6　西汉楼船模型（复制品）

3. 观赏"《博·戏》中国古代体育文物展"

教师带领幼儿走进"《博·戏》中国古代体育文物展"展厅，依次浏览各个展区："中华体育 源远流长——体育起源""君子六艺 儒者知兵——射御""文以立世 武以修身——武艺与武学""球场竞逐 健儿英姿——球类运动""博弈天下 修养人生——棋类活动""熊经鸟伸 吐故纳新——养生""散乐百戏 全民欢乐——休闲娱乐"。教师可以重点讲解中国古代流传久远、影响较大的一些体育奇葩。例如，当来到"磁州窑蹴鞠图瓷枕"展品前时，教师不仅可以指导幼儿观赏瓷枕（瓷枕呈八角形，中间绘黑彩蹴鞠图，四壁绘卷草纹），而且还可以向幼儿介绍蹴鞠知识（蹴鞠就是古人以脚蹴、踢、踢皮球的活动，类似我们今天的足球）。

图片 5-5-7　磁州窑蹴鞠图瓷枕

图片 5-5-8　华侨华人奉献展

4. 参观"绿叶对根的情意——华侨华人奉献展"

教师带领幼儿走进"绿叶对根的情意——华侨华人奉献展",让幼儿知道福建省旅居世界各地的华人华侨特别多,是著名的"华侨之乡"。中国人通过陆上、海上丝绸之路走出国门,形成"有海水的地方,就有华侨华人"的奇观。"华侨旗帜、民族光辉",是毛主席对侨领深情的赞美。同根同族华夏情,就是绿叶对根的情意!

(三)在积翠园艺术馆里参观

教师带领幼儿走进"积翠园艺术馆",使幼儿有机会目睹山水、人物、花鸟及篆、隶、楷、行、草等绘画书法作品,欣赏中国书画精品。

(四)在美术馆里参观

教师带领幼儿走进美术馆,指导幼儿观赏美术精品、陈列展览,来帮助幼儿理解油画、国画、漆画、民间农民画,使幼儿感受到"凡提漆画,必提福建",为福建拥有"中国现代漆画发展龙头"的美称而感到自豪。

图片 5-5-9　福建积翠园艺术馆

图片 5-5-10　福建省美术馆

(五)在自然馆里观赏

教师带领幼儿来到自然馆,启发幼儿观看这个建筑物造型的特点(像福建土楼),鼓励幼儿走进"恐龙世界""动物万象",寻找"巨无霸"恐龙和一些濒危物种,培养幼儿关爱自然、保护生态的意识。

(六)在林则徐雕塑前瞻仰

教师带领幼儿来到"民族英雄林则徐"雕像前,找找上面的数字(1785—1850),想想是什么意思(出生年—去世年,65岁),指导幼儿用语言描述造型严肃的塑像(林则徐身着披风,屹立远视,目光炯炯,眉宇间透出忧国忧民的爱国之情),给幼儿讲讲林则徐的故事(福州人,虎门销烟),萌发幼儿敬佩民族英雄的情感。

图片 5-5-11　自然馆　　　　　图片 5-5-12　民族英雄林则徐

四、参观活动延伸

1. 搭建福建博物院

教师鼓励幼儿利用各种废旧材料,在班级的区角里搭建福建博物院(从左到右依次为:前广场、主馆、积翠园、美术馆、林则徐塑像、自然馆),以加深幼儿对博物院的认识。

2. 参观福建民俗博物馆

教师鼓励家长利用节假日带领孩子参观位于福州市三坊七巷二梅书屋的福建民俗博物馆,帮助孩子了解闽派各个时期的古典家具、木雕木刻、福建各窑口瓷器、名人字画、工艺精品等民俗文物,培养孩子对富有福建特色的民俗文化,特别是福州的"闽都文化"的兴趣。

图片 5-5-13　福建民俗博物馆　　　　　图片 5-5-14　林则徐纪念馆

3. 参观林则徐纪念馆

教师鼓励家长利用节假日带领孩子去参观位于鼓楼区澳门路16号的林则徐纪念馆（原名林文忠公祠），指导孩子观看屏墙内浮雕虎门销烟图、正门上横额"林文忠公祠""导览图"，和孩子一起找找炮台、御碑亭、树德堂、林则徐坐像、放鹤台，引领孩子进入"林则徐史绩展"和"禁毒展"，使孩子感受到林则徐真是一代伟人。

第六节　参观福建省泉州海外交通史博物馆活动方案

图片 5-6-1　福建省泉州海外交通史博物馆

一、参观活动目标

1. 使幼儿知道福建省泉州海外交通史博物馆是中国唯一反映航海交通历史的专题性博物馆，为中国在航海与造船技术方面的许多伟大发明而感到骄傲。

2. 使幼儿知道泉州是"光明之城"，刺桐港是中世纪的东方大港，为泉州在开辟"海上丝绸之路"方面作出的重大贡献感到自豪。

二、参观活动准备

1. 教师给幼儿简单讲解泉州的简称"鲤"，泉州别名"鲤城""刺桐城""温陵"。

2. 教师带领幼儿参观泉州开元寺，看看木刻对联："此地古称佛国；满街都是圣人。"给幼儿讲讲泉州古时候寺院众多、人文昌盛的故事。

3. 教师给幼儿简单讲解意大利旅行家马可·波罗称泉州是"光明之

图片 5-6-2　泉州开元寺

图片 5-6-3　郑和

城"和他创作《马可·波罗游记》的故事。

4. 教师和幼儿一起看看动画片或电影、电视剧《郑和下西洋》,给幼儿讲讲郑和下西洋,率领船队,浩浩荡荡,由福建长乐开洋起锚的故事。

5. 教师给幼儿简单讲解泉州与"海上丝绸之路"有关的大事:是联合国唯一认定的"海上丝绸之路"起点,联合国教科文组织将全球第一个"世界多元文化展示中心"定址在泉州。

6. 教师查看泉州海外交通史博物馆的官网,了解博物馆的基本情况。

7. 教师提前去泉州海外交通史博物馆参观,和馆方协商安排带领幼儿来参观的各种事宜。

8. 教师通过微信等多种形式,发布参观泉州海外交通史博物馆的活动消息,邀请家长积极参与,共同做好参观活动的各项工作。

9. 教师告诉幼儿参观活动的时间、地点,激发幼儿参观泉州海外交通史博物馆的意愿,并做好各项准备工作。

三、参观活动过程

(一)在院门前观看

1. 教师将幼儿带到院门口,站在"泉州海外交通史博物馆"(Quanzhou History Museum of Marine Transportation)的标识牌下,指导幼儿认读印在上面的这几个白颜色的中英文字,再看看博物馆周围有哪些花草树木。

2. 教师引导幼儿在院门左侧的墙壁上,寻找馆名"泉州海外交通史博物馆",看看它们是什么颜色的字(金色),共有几个汉字(10个)。

图片 5-6-4　院门前标志牌

图片 5-6-5　院大门左侧

3. 教师启发幼儿在院门右侧的墙壁上,寻找博物馆的门牌号码(东湖路 425 号);给幼儿讲读旁边张贴着的博物馆简介;引导幼儿在玻璃窗上,观赏美丽的图案,并关注以下问题:上面都画了什么(船)?写了什么(欢迎您)?字是什么颜色(红色)?开馆时间从几点到几点(上午 8:30—下午 5:00)？要不要买门票(免费参观)？是不是天天开放(每周一闭馆)？

(二) 在大院里观看

1. 教师带领幼儿走进院内，引导幼儿观看小海港、停泊的大船和小船、右边的小码头及停泊工具(如木爪石碇、木碇、铁锚等"锚碇家族")、花草树木等，告诉幼儿：海港是沿海停泊船只的港口，有军港、商港、渔港等；船是利用水的浮力，在水上移动的重要的交通运输工具。

图片 5-6-6　院大门右侧玻璃橱窗

图片 5-6-7　主体楼前海船　　　　图片 5-6-8　主体楼边锚碇家族

2. 教师指导幼儿观看河左边的花草树木、路灯，教幼儿认读挂在灯柱上的彩色宣传标语和馆址导航(如"518 国际博物馆日　博物馆：致力于社会的可持续发展""中国舟船世界""泉州宗教石刻馆""海上丝路　泉州起航""方寸之间的大洋世界——海上丝绸之路文化邮票展""阿拉伯——波斯人在泉州陈列馆")。

(三) 在海交馆主体楼前观看

1. 教师带领幼儿来到海交馆主楼前，指

图片 5-6-9　主体楼前路边宣传标语

导幼儿观赏棕榈树，看看路灯和宣传语的颜色及形状(路灯是圆形、白色，宣传语是长方形、蓝底白字)，认读宣传语"海上丝路　泉州起航"；在海交馆立体示意图的左边，先寻找"泉州伊斯兰文化陈列馆"的标识和箭头方向(往左行)，然后再往左边看看这幢建筑物；在海交馆立体示意图的右边，先寻找"海交馆主体楼"的标识和箭头方向(往右行)，然后再寻找"泉州与古代海交史陈列馆""泉州宗教石刻陈列馆""中国舟船世界陈列馆""洗手间"的位置(分别在一楼、一楼、二楼、一二楼)。

图片 5-6-10　主体楼前示意图

图片 5-6-11　伊斯兰文化陈列馆

2. 教师引导幼儿观看海交馆主体楼,启发幼儿想想它看上去像什么(像一艘扬帆起航的大海船、像一艘远航归来停靠港湾的双桅帆船)。教师带领幼儿来到主体楼门前,鼓励幼儿寻找蓝色的字、金色的字,看看自己是否认识,指导幼儿观看"泉州海外交通史博物馆"这几个金色大字,并看看馆名是谁题写的。教幼儿认读"郭沫若",告诉幼儿:很早以前,他是中国科学院院长,这些字是他来视察海交馆时题写的,他认为泉州海交馆很重要;启发幼儿寻找红色的字,看看上面都写着什么。教幼儿认读电子屏上滚动播放的内容:免费参观,开放时间 8:00—17:00,逢周一闭馆(节假日除外)。

图片 5-6-12　主体楼门前

图片 5-6-13　主体楼入口处

(四) 在主体楼里观看

1. **在大厅里观看**

(1) 在左边观看

教师带领幼儿观看大厅左边的问询处、游客登记处,鼓励幼儿有礼地和工作人员打招呼,告诉幼儿老师要在登记本上写上名字和园名。

(2) 在中间观看

教师指导幼儿观察正面墙壁的上方,告诉幼儿:在左边的这个图标上,印着联合国教科文组织(UNESCO)的图案,旁边还印着几行中英文铜字"和平友谊　文明对话　回顾历史　展望未来";教师引导幼儿观看沙池里陈列着的海船模型,它们都是什么材料制作的船模(木制)？数数有几艘船模(5艘)、有多少面帆(15面)，看看这些船模的区别(如船模的大小、颜色、帆的面数及大小高低不同)；教师指导幼儿仔细阅读沙池旁边的"泉州海外交通史博物馆展示导览图"。

图片 5-6-14　大厅

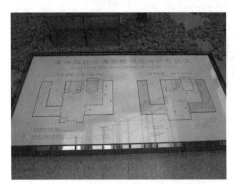

图片 5-6-15　展示导览图

(3) 在右边观看

教师引导幼儿观看大厅右手边摆放的"博物馆温馨提示"，给幼儿讲读上面的注意事项：保持展厅安静有序，不在馆厅内奔跑、嬉闹、喧哗和饮食；在展厅保持整洁，不随地吐痰，不乱扔杂物纸屑；爱护文物展品，不触摸展品；注意防止头碰玻璃展柜。

2. 在宗教石刻馆观看

教师带领幼儿走进一楼左边的"泉州宗教石刻陈列馆"，给幼儿讲读"前言"上的主要内容，和幼儿一起观看各种珍贵藏品(如《马可·波罗游记》袖珍画、基督教尖拱形四翼天使石刻、脚踩恶魔的印度教女神)，帮助幼儿了解泉州出土的大量基督教、印度教、摩尼教等外来宗教石刻，使幼儿感受到泉州作为东方第一大港，吸引了大量外国移民，带来了多种宗教文化。

图片 5-6-16　宗教石刻陈列馆

图片 5-6-17　《马可·波罗游记》袖珍画

3. 在古代海交史馆观看

(1) 在门口观看

教师带领幼儿来到一楼右侧的"泉州与古代海外交通史陈列馆"门前，引导幼儿观看左边陈列的帆船，找找桅杆在哪里(上面)？有几根(一根)？帆在哪里(上面)？有几面

图片 5-6-18　厦门舢板(实船)

(一面)？桨在哪里(后面)？船首在哪里(前端)？船尾在哪里(后端)？船有什么特点(中间空)？船有什么用处(捕鱼、运输)？给幼儿读读上面的标识，告诉幼儿：这是厦门舢板，是一只实船，是从民间征集来的，是厦门沿海一带用来捕鱼、运输的小型帆船；最早的船是独木舟(把一根圆木中间挖空)，后来就出现了有桨和帆的船；每一只船都有一个叫船身的部分，早期的船是木制的；所有的船体都是中空的，重量较轻，能浮在水面上；船首在船的前端部位，船尾在船的后端部位，螺旋桨是装在船尾的。

(2) 在馆里观看

教师带领幼儿走进泉州与古代海外交通陈列馆，和幼儿一起观看泉州与海外交通历史有关的许多珍贵文物资料(如图片、模型、陶器、瓷器)，告诉幼儿：泉州，也叫刺桐，很早以前就是"海上丝绸之路"的最著名的一个港口，是"东方第一大港"，是我国著名的侨乡，使幼儿能简单了解泉州悠久辉煌的航海交通史。

4. 在东亚文化之都观看

教师带领幼儿到一楼临时展厅，观看"光州—横滨—泉州东亚文化之都城市规划发展图片联展"，帮助幼儿了解泉州的过去、现在和未来。

5. 在舟船世界馆观看

教师带领幼儿来到二楼，走进中国舟船世界陈列馆，观看多种多样的船模(如长江船、黄河船、战船、出国使船、华丽游船)、各具特色的实船(如雅美船、牛皮船、羊皮筏、独木舟、乌篷船)，观赏举世闻名的郑和下西洋的庞大船队、郑成功与殖民者海军作战的舰队，观看海船制造过程、海战情景、海上作业的画面。教师告诉幼儿：泉州很早就形成了优良的航海传统，造船业兴盛发达，郑和船队中的一些舰船，就是在泉州造的，一些船员就是泉州的水手、舵工、通事等；那时是中国人的舟船时代，中国的造船与航海技术在世界上遥遥领先。

图片 5-6-19　郑和下西洋船队模型

图片 5-6-20　郑成功战船

（五）在海交民俗文化馆观看

教师带领幼儿来到泉州海交民俗文化陈列馆，和幼儿一起观看泉州本地民间的各种民俗器具，如生活起居用具，渔业、手工业、农业生产工具，节日喜庆、婚丧礼仪、宗教信仰等专用器物，和幼儿一起感受泉州民俗文化圈。

（六）在伊斯兰文化馆观看

教师带领幼儿来到主体楼的东侧，引导幼儿观察"泉州伊斯兰文化陈列馆"的外形，告诉幼儿：这是以阿拉伯建筑形式为基调设计的，突出了伊斯兰建筑风格。

教师带领幼儿走进陈列馆，观看馆藏的伊斯兰珍贵石刻文物、伊斯兰国家捐赠的相关展品，和幼儿一起体验泉州与阿拉伯地区以及东南亚、中南半岛等伊斯兰国家的友好交往史。

（七）在泉州古船馆观看

教师带领幼儿来到位于开元寺的泉州湾古船陈列馆，观看陈列的宋代海船，告诉幼儿这是国内发现年代最早、体量最大的宋代海外贸易海船；带领幼儿观看古代大量的船属用具、航海用具，告诉幼儿石碇、木碇、铁锚等物的巨大作用。

四、参观活动延伸

1. 在班级建筑区造船

教师扩大班级的建筑区，给幼儿提供多种废旧材料，启发幼儿自己设计，自己建造心目中的各种大船，并加以命名。

2. 在班级绘画区画船

教师在班级的美术区，给幼儿准备多种多样的彩笔、画纸，鼓励幼儿大胆想象，绘制、装饰美丽的大船。

3. 开展关爱海洋活动

2008年联合国大会决定，从2009年开始，每年的6月8日为世界海洋日。我国自2010年起，在每年的6月8日举办"世界海洋日暨全国海洋宣传日"活动。教师可结合这一宣传日，和幼儿一起看电影《海洋》（纪录片）、舞台剧《碧海丝路》，促使幼儿了解海洋，关爱海洋，拥抱海洋，感恩海洋，善待海洋；教师还可围绕当年的宣传日主题，开展丰富多彩的活动，促使幼儿手拉手保护海洋环境，心连心传承海洋文明。

4. 游览郑成功公园

教师鼓励家长利用业余时间，带领孩子去游览郑成功公园，指导孩子在大坪山下，仰望民族英雄郑成功的青铜塑像；登上大坪山巅后，与巍然峙立的郑成功骑马雕像"亲密接

图片 5-6-21　郑成功骑马雕像

触"，拍照留影；在与孩子一起休闲、娱乐、锻炼身体、观景的同时，给孩子讲讲一代儒将英勇善战的故事，强化孩子崇拜英雄、热爱祖国的情感。

5. 参观泉州博物馆

教师引导家长利用双休日，带领孩子去参观泉州博物馆，帮助孩子了解闽南建筑风格，指导孩子在"泉州历史文化""泉州南音、戏曲艺术""泉州古代书法""泉州民间收藏"等展厅观展，加深孩子对泉州古港文明及"海上丝绸之路"的认识。

6. 参观中国闽台缘博物馆

教师启发家长利用节假日，带领孩子去参观中国闽台缘博物馆，引导孩子在馆前，看看景观广场上的馆名卧碑、倒影池、音乐喷泉、九龙柱、七彩灯柱等；在二楼展馆中厅，观赏火药爆绘壁画；在二楼展厅里，观看《闽台缘》的实物、文献、图片等；在三楼展厅里，观看《乡土闽台》专题展，透过春夏秋冬四个时节，了解闽台两地共有的民俗习性，加深孩子对闽台同胞一脉相承、手足情深的理解。

图片 5-6-22　泉州博物馆

图片 5-6-23　中国闽台缘博物馆

本章小结

本章小结如下图。

图 5-7-1　第五章幼儿园游览参观活动方案

幼儿园游览参观活动方案框架如下图。

图 5-7-2　幼儿园游览参观活动方案框架

 本章复习思考题

1. 你认为参观活动方案主要应由哪几个部分组成？你认为哪个部分最难设计？你认为哪个部分最难做到？
2. 试以你所在地的某个公园为例，设计一个参观活动方案。
3. 试以你所在地的某个图书馆为例，设计一个参观活动方案。
4. 试以你所在地的某个博物馆为例，设计一个参观活动方案。
5. 试以你所在地的某个超市为例，设计一个参观活动方案。
6. 试以你所在地的某个书店为例，设计一个参观活动方案。
7. 试以你所在地的某个体育馆为例，设计一个参观活动方案。
8. 试以你所在地的某个敬老院为例，设计一个参观活动方案。

 本章课外浏览网站

1. 北京学前教育网．http://www.bjchild.com/Index.html
2. 山东学前教育网．http://www.sdchild.com/
3. 上海学前教育网．http://www.age06.com/age06web3
4. 浙江学前网．http://www.06abc.com/
5. 福建学前教育网．http://www.fjchild.com/portal.php
6. 广东幼儿教育网．http://www.06gd.com/

本章课外阅读书目

1. 郑霞著.数字博物馆研究[M].杭州:浙江大学出版社,2016.
2. 保继刚等著.主题公园研究[M].北京:科学出版社,2016.
3. 李生兰等著.幼儿园与家庭、社区合作共育[M].北京:北京师范大学出版社,2016.
4. 李生兰等著.学前儿童家庭与社区教育[M].北京:高等教育出版社,2015.
5. 吴建中著.图书馆的价值·吴建中学术演讲录[M].上海:上海科学技术文献出版社,2014.
6. 上海图书馆编.转型时代的图书馆:新空间·新服务·新体验[M].上海:上海科学技术文献出版社,2014.
7. 上海博物馆、中国博物馆协会博物馆管理专业委员会编.智造展览——博物馆馆长讲博物馆2[M].北京:北京大学出版社,2014.
8. 〔法〕克莱尔·德·阿尔古著.儿童艺术博物馆:和孩子一起欣赏世界名画[M].任真,译.北京:人民美术出版社,2014.
9. 余剑峰著.国际建筑理论与实践丛书——博物馆展陈设计[M].南京:江苏科学技术出版社,2014.

第六章　幼儿园与其他机构协作

**本章提要**

本章包括三节：第一节是幼儿园与家庭共育；第二节是幼儿园与社区合作；第三节是幼儿园与小学衔接。

**本章重点**

第一节幼儿园与家庭共育；第三节幼儿园与小学衔接。

**本章难点**

第二节幼儿园与社区合作。

**本章导读**

看图说话：在下面这张图中，你看到了什么？你想到了什么？

图片 6-0-1　上海市宝山区小鸽子幼稚园幼儿家长旗袍秀

第一节 幼儿园与家庭共育

图片 6-1-1 上海市宝山区小鸽子幼稚园吴园长在家园同庆万圣节活动上做总结

一、幼儿园与家庭共育的意义

幼儿园与家庭共育的意义非常重大,主要表现在以下几个方面。

(一) 有助于提升依法办园水平

幼儿园与家庭合作共育有利于贯彻执行我国各项教育法规政策,推进幼儿园的改革与发展。2015年10月,中华人民共和国教育部发布了《关于加强家庭教育工作的指导意见》,要求幼儿园充分发挥在家庭教育中的重要作用,强化"家庭教育工作指导","建立健全家庭教育工作机制",统筹各种家园沟通渠道;丰富"指导服务内容",营造良好家园关系和共同育人氛围;发挥好家长委员会作用,共同办好家长学校。[①] 2016年3月,教育部在发布的《幼儿园工作规程》中,又明确指出,幼儿园应当"主动与幼儿家庭沟通合作,为家长提供科学育儿宣传指导,帮助家长创设良好的家庭教育环境,共同担负教育幼儿的任务";建立"与家长联系的制度","认真分析、吸收家长对幼儿园教育与管理工作的意见与建议"。[②] 在依法治教、依法办园的今天,幼儿园要生存要发展,就必须遵纪守法,与家庭密切合作。

(二) 有助于提高家庭教育质量

幼儿园与家庭合作共育有利于增强家长的教养能力,提升家庭的教育质量。家庭是孩子的第一个课堂,父母是孩子的第一任老师。中外许多科研成果表明,家庭教养质量的高低,直接关系到孩子发展的水平。幼儿园与家庭合作,有助于家长缓解教育认识不到位、教育水平不高、教育资源短缺等问题,矫治重智轻德、重知轻能、过分宠爱、过高要

---

① 中华人民共和国教育部. 关于加强家庭教育工作的指导意见[EB/OL]. [2016-08-01]. http://www.moe.edu.cn/srcsite/A06/s7053/201510/t20151020_214366.html.
② 中华人民共和国教育部. 幼儿园工作规程[EB/OL]. [2016-08-01]. http://www.moe.cn/srcsite/A02/s5911/moe_621/201602/t20160229_231184.html.

求等弊病,避免缺教少护、教而不当,远离"虎妈""狼爸",树立正确的育儿观、成才观,履行教养孩子的职责,掌握教养孩子的科学知识,言传身教,因材施教,提高家庭教育的针对性和有效性。

(三) 有助于促进儿童和谐发展

幼儿园与家庭合作共育有利于形成教育合力,促进儿童的健康成长。尽管儿童白天的大部分时间是在幼儿园里度过的,但晚上、双休日、节假日的时间都是在家庭中度过的。只有当教师和家长齐心协力,结成教育"统一战线",才能确保教育影响的一致性。教师和家长需要共同为儿童提供丰富的生活环境,重视儿童身体锻炼,培养儿童的自我保护意识,塑造儿童良好的生活习惯、自理习惯、学习习惯和品德行为,促进儿童健康快乐地成长和全面发展。

二、幼儿园与家庭共育的内容

幼儿园与家庭共育的内容丰富多彩,主要体现在以下几个方面。

(一) 向家长传递幼儿园的教育理念和实践活动

幼儿园可以围绕工作重点,有目的、有计划地向家长宣传学前教育法规政策、办园理念、教育目标、内容和途径等,使家长能够全面而又深入地了解幼儿园教育,为配合幼儿园教育提供坚实的基础。例如,在刚开学的时候,幼儿园可召开小班全体家长会议,由园长向家长宣讲幼儿园的办园理念和特色、教育目标和途径、家长联系制度,由年级组长向家长介绍小班幼儿生理和心理发展的特点、小班幼儿一日活动的安排表等,以帮助家长认识到教育要考虑儿童的年龄特点和个性差异,要寓教于游戏活动之中。

(二) 向家长推介家庭教育的科学知识和实战经验

幼儿园可以家庭为中心,根据家长和儿童的实际情况,向家长介绍先进的家庭教育理论、最新的家庭教育研究成果、有效的家庭教育实践活动,使家长能够在家里及时地对孩子进行相应的教育,为强化幼儿园教育创造良好的条件。例如,针对某些幼儿挑食、不爱吃蔬菜的毛病,教师就在《家园小报》上,呈现图画故事书《饥饿的毛毛虫》的封面和故事梗概,鼓励家长把这本书借回家,和孩子一起阅读,分享阅读的体会,帮助孩子理解不能暴饮暴食,要多吃蔬菜的道理,使孩子养成良好的饮食习惯,促进身体的健康成长。

(三) 向家长介绍社区中可利用的免费的教育资源

幼儿园可以社区为平台,结合季节的变化、节日的特点,向家长推介家门口可以利用的免费、有益的各种资源,使家长意识到社区资源的重要性和独特性,为形成幼儿园、家庭、社区的合作共育奠定宽广的基础。例如,5月18日是国际博物馆日,教师可提前在"家长园地"上,向家长隆重推出这一节日,并图文并茂地呈现当地免费开放的各种博物馆信息,激发幼儿的参观兴趣,鼓励家长利用业余时间,带领孩子到博物馆去观赏、寻宝,引领孩子感受人类的文明进步。

三、幼儿园与家庭共育的原则

幼儿园与家庭共育,要想达到预期的目标,完成预定的内容,就必须遵循以下几条基本原则。

(一) 主体性原则

幼儿园与家庭共育,要遵循主体性原则,始终以家长为主体,承认家长的地位,尊重家长的权威,发挥家长的作用。

教师在与家长共育的过程中,要意识到家长具有自主性、主动性、能动性、独立性、创造性,能够树立正确的教养目标,端正教养态度,认识教养特点;能够做好自己的主人,决定自己的行为,把握自己的命运。

教师在与家长合作时,一定要注意克服独断专行的毛病,不能把自己的主观意志强加给家长,要求家长按照自己的意愿说话、做事。

(二) 互动性原则

幼儿园与家庭共育,要遵循互动性原则,使家长能通过与他人、环境的相互作用,不断得到发展。

教师在与家长共育的过程中,要创造条件,想方设法,全方位地进行各种互动,既要重视教师与家长、教师与幼儿、家长与幼儿、家长与家长、幼儿与幼儿的深入互动,也要注意家长与活动材料、游戏情境、图书学具的充分互动。

教师在与家长合作时,一定要注意克服单向、片面的毛病,不能总是由自己出主意,单方面的组织活动,致使家长陷于被动地接受信息的窘境。

(三) 活动性原则

幼儿园与家庭共育,要遵循活动性原则,寓教于各种活动之中,使家长能从做中学,通过多种感官的体验,掌握科学育儿的多项技能。

教师在与家长共育的过程中,要注意活动的全面性。首先,要注意活动内容的全面性,既要有健康教育、社会教育、语言教育类的活动,也要有科学教育、数学教育、艺术教育类的活动。其次,要注意活动种类的全面性,既要有动脑、动口的活动,也要有动手、动眼、动耳的活动。再次,要注意活动场所的全面性,既要有室内活动,也要有室外活动。最后,要注意活动形式的全面性,既要有全园活动,也要有年级活动、班级活动。

教师在与家长合作时,一定要注意克服形式主义的毛病,不能让家长静坐旁观,错失活动的有利机会,降低活动的实际价值。

(四) 趣味性原则

幼儿园与家庭共育,要遵循趣味性原则,寓教于乐,使家长在轻松愉快的气氛中,获取科学育儿的知识经验。

教师在与家长共育的过程中,要认识到"兴趣是最好的老师"。首先,要使交流的话题具有趣味性。教师所选择的交流主题应是家长感兴趣的,这样,才能吸引家长的注意力,提高家长的出席率。其次,要使交流的手段具有趣味性。教师所使用的交流方式要生动形象,这样,才能激发家长的兴趣,降低交流内容的难度。再次,要使交流的过程具有趣味性。教师所安排的交流各环节都应充满乐趣,这样,才能使家长轻松愉快地投入其中。

教师在与家长合作时,要注意避免交流的枯燥无味,不能把家长当作空容器,硬性灌输,导致家长失去参与的热情和动力。

(五) 实效性原则

幼儿园与家庭共育,要遵循实效性原则,只有实事求是,贴近生活,与时俱进,才能事半功倍地促进教师、家长、幼儿的共同成长。

教师在与家长共育的过程中,要尽力做到真实有效。首先,要做好沟通前的各项准备工作,做到胸有成竹,这是保证实效性的前提条件。其次,要灵活运用多种沟通方法,做到有的放矢,这是提高实效性的关键因素。再次,要营造良好的沟通氛围,机智打破各种僵局,这是增强实效性的必要条件。最后,要对沟通结果进行总结评价,不断反思改进,这是强化实效性的重要环节。

教师在与家长合作时,一定要注意克服脱离实际的毛病,不好高骛远,不故弄玄虚,要脚踏实地,量力而行,以免事倍功半,降低家园沟通的效率。

总之,幼儿园与家庭共育,不仅要注意科学性,而且也要讲究艺术性,只有遵循这些原则,才能提高共育的质量。

四、幼儿园与家庭共育的渠道

幼儿园与家庭共育的渠道多种多样,按同时参与互动的家长人数多少来分,主要有以下两种。

(一) 幼儿园与家长集体沟通的渠道

幼儿园与家长集体沟通交流的渠道,主要有:家长会、家长开放日、家长委员会、家长学校、家教经验交流、家教沙龙、亲子活动等。在这些沟通渠道中,有的以静态为主(如家长会),有的则以动态为主(如家长开放日)。

1. 家长会

(1) 召开家长会的目的

幼儿园召开家长会,旨在拉近幼儿园与家庭之间的距离,密切教师与家长之间的关系,家园双方达成幼儿教育共识,组成教育幼儿的同盟军。通过家长会,教师能更快地熟悉幼儿家长,了解幼儿家庭的情况;家长也能更多地接触孩子的老师,了解幼儿园的教育;家长之间还能相互认识,增进了解,交流育儿经验。例如,新学期召开的小班家长会,能使家长与教师全力配合,共同缓解幼儿的入园焦虑,使幼儿能更快地适应幼儿园的集体生活。

（2）召开家长会的时间

幼儿园要定期召开家长会。一般来讲，幼儿园每学期要召开1—3次（学期初、学期中、学期末）家长会，以便教师能及时地与家长交流孩子的情况。家长会大多安排在晚上或双休日进行，以便更多的家长能抽出时间出席；每次开会大约持续1小时，以便家长能在会上集中精力。

（3）召开家长会的规模

幼儿园召开的家长会，从规模上讲，主要有三种：园级家长会；年级家长会；班级家长会。

园级家长会，即全园家长会议，由于出席的家长很多，同时也是为了表示会议很重要，所以，一般都是在幼儿园多功能厅举行的；会议往往是由副园长来主持，园长致辞，并作重点发言，主要是向家长宣讲本园教育发展的现状和所取得的成就，以赢得家长的信任和好评。例如，园长会很高兴地向家长介绍幼儿园在各种评比督导中获得的等第及好评、教师和幼儿在多种比赛竞赛中获得的奖项及名次等，使家长能更多地了解幼儿园。

年级家长会，即小班年级组家长会、中班年级组家长会、大班年级组家长会，大都是由年级组长做主持人，并作重点发言，主要是向家长介绍小班或中班、大班儿童的发展特点及本年级的教育要点。例如，如果是大班年级组家长会，教师就会重点向家长介绍幼小衔接的意义、目标、内容、方法，使家长能和幼儿园保持一致，尊重儿童的特点，重视游戏活动，注意培养儿童浓厚的学习兴趣、良好的学习习惯、独立自主的精神、自己做事的能力，共同为儿童顺利进入小学做好身心各方面的准备工作。

班级家长会，即本班家长会，大都是在自己班级的教室里进行的，班级教师相互协商，分工负责，担当主持人或作重点发言，向家长介绍本班师资情况（如主班和配班教师情况、保育员情况）、餐室情况（如活动室、盥洗室、餐厅、午睡室）、幼儿情况（如人数、性别、身心发展特点），向家长讲解本学期的教育计划（如各月活动安排）、目标、任务、内容（如健康、社会、语言、科学、艺术）、途径（如一日活动安排）、方法（如游戏法）以及希望家长配合的事项等。例如，班级将要在十月份开展"祖国真美丽"的主题教育活动，为了展示祖国各地的绮丽风光，教师可能就会在这段时间里，邀请家长把自己外出旅游拍摄的照片，拿到班级来，举办摄影展，指导幼儿观赏，以强化幼儿热爱祖国的情感。

（4）召开家长会的策略

幼儿园召开的家长会，要想取得事半功倍的效果，就要注意活动的过程，把握好每一个细节。

① 认真准备家长会的内容，制作图文并茂的讲解课件。在会前，教师要开动脑筋，想方设法使自己的教育理念、班级的教育工作能易于被家长理解、认可和接受，可通过运用电脑多媒体设备，播放一些图片和照片、音频和视频，使原本枯燥乏味的照本宣科变成生动活泼的微电影，激发家长的兴趣，提高会议的效率。

② 精心设计"家长会邀请函"，并通过多种形式发放给家长。"通知"是告知有关事

项,而"邀请"则是请求出席或参加。由此可见,"邀请"比"通知"更会让家长感到温暖、友好,更能提高家长的参与率,因此,教师要尽可能把过去的"家长会通知"改写为现在的"家长会邀请信"。教师可提前一周,在家长园地或家园小报、微信圈里发布家长会的信息,邀请家长做好准备,前来参加;在开会的前一天,作个温馨提示,欢迎家长来参会。

③ 合理布局"家长签到处",备好纸笔、饮水、会议日程表。教师要多摆放几张签到表、几支签字笔,以方便家长签字,减少家长排队等待的时间;要提供饮用水、水杯、茶叶,使饥渴的家长能及时饮到水,感到宾至如归;要陈列日程表,使有需要的家长能提前看到,做到心中有数。

④ 主持人宣布家长会开始,热烈欢迎各位家长的到来。主持会议的教师,着装要大方得体,语言要简洁明确,情绪要饱满友好,使家长一开始就能受到主持人的积极影响。

⑤ 主持人简要介绍家长会的流程,提示一些注意事项。例如,请家长把手机调到静音状态。

⑥ 园长致辞欢迎家长来参会,并向家长介绍幼儿园的基本情况。例如,园长向家长说明幼儿园的办园历史、教育理念、课程特色、经验成效,要求家长注意孩子的人身安全(如要严格执行幼儿接送制度)、卫生保健(如要每天提醒孩子主动参加晨检)、身心健康,重视家园的合作共育(如要遵守家长行为规范),只有步调一致,才能促进孩子的全面发展。

图片 6-1-2　上海市宝山区小鸽子幼稚园吴园长给家长讲解亲子共读的重要性

⑦ 年级或班级教师代表发言,向家长介绍本年级或本班级的教育活动。例如,向家长呈现不同年龄班一日生活作息时间表的安排,并说明差异安排的原因,希望家长能尊重孩子的特点,重视游戏活动的价值。

⑧ 主持人鼓励家长提出问题或建议,园长、教师现场进行解答和回应。例如,当家长提出还有哪些方式可以向教师讨教孩子的教育问题时,教师就可以告诉家长每天接送孩子时都可以和教师交流,还可以给教师发电子邮件、手机信息或微信留言等。通过家园双方的互动、分享、交流,就能走出单向传递信息的困境,克服形式主义的弊病,激发家长的积极性、主动性,增强会议的实效性。

⑨ 主持人感谢家长的全程参与,期望家长今后仍能支持幼儿园的工作。例如,欢迎家长参与家长委员会工作,加入家长志愿者队伍,编辑家园小报,参加家长开放日活动,布置班级环境等。

2. 家长开放日

(1) 家长开放日的主要作用

家长开放日,是幼儿园在特定的时间里,向家长开放园内外的各种教育活动。这种开放,从时间上讲,包括每天开放、每周开放、每月开放、每学期开放;从形式上讲,包括家长观教、家长参教、家长助教、家长执教、家长评教。[①]

幼儿园家长开放日,不仅能使家长从中获益,还能使教师和儿童从中受益。在家长开放日,家长有机会走进幼儿园,深入班级,旁观孩子的一日活动,这样,就能更全面地了解孩子的生活、游戏和学习;家长还有机会仔细观看教师布置的班级环境、组织的各项活动,亲身感受到教师工作的辛苦,从而更加尊重教师的劳动,更好地配合幼儿园的教育。与此同时,家长开放日也能促使教师把压力转化为动力,不断提高自己的教育水平和指导能力。此外,家长开放日还有助于儿童形成积极的学习态度,发展良好的社会情感。

(2) 家长开放日的准备工作

家长开放日的准备工作,包括:制订各种开放活动计划(如学年计划、学期计划、月计划和周计划);安排一日开放活动;设计多种开放活动教案(如健康领域教案、社会领域教案、语言领域教案、科学领域教案、艺术领域教案);布置开放活动环境;邀请家长抽空参加开放活动等。

在准备开放日的过程中,教师可以根据儿童年龄的大小、能力的强弱,吸引他们参与到班级环境的布置中来;教师还可以根据家长的就业状况、个性特点,鼓励他们参与到班级活动的设计中来。

(3) 家长开放日的实施过程

家长开放日的实施过程,包括:开放活动的时间分配(如从几点到几点,分别进行什么活动),开放活动的场所选择(如在本班教室、在户外活动场地、在多功能厅),开放活动的种类安排(如区角活动、体育活动、自由活动、生活活动、游戏活动、学习活动),开放活动的组织实施(如教师组织或家长辅助、家长组织),开放活动的家长参与(如家长参与的人数、性别、辈分、次数、广度、深度)等。

图片 6-1-3　上海市金山区朱行幼儿园吴园长做总结评价

在实施开放日的过程中,教师可以根据活动场地的扩大、活动种类的变化,适时地邀请更多的家长从静坐旁观发展到全身心投入其中。例如,当儿童在户外进行自由活动时,教师就可以鼓励家长参与到孩子的活动中

---

① 李生兰.幼儿园家长开放日活动的研究[M].上海:华东师范大学出版社,2008:11.

去,和孩子一起玩。

(4) 家长开放日的评价工作

家长开放日的评价工作,包括:开放活动由谁来评价(即评价的主体是谁);开放活动对谁进行评价(即评价的客体是谁);开放活动用什么标准进行评价(即评价的指标有哪些);开放活动怎样进行评价(即评价的策略是什么)。

在评价开放日的过程中,教师要尽可能发挥家长和儿童的作用,不仅要使他们成为评价的客体,更要让他们成为评价的主体。

3. 家长委员会

(1) 认识家长委员会的价值

儿童健康成长是幼儿园教育和家庭教育的共同目标。建立家长委员会,对于发挥家长作用,促进家园合作,优化育人环境,建设现代学校制度,具有重要意义。

(2) 推进家长委员会的组建

幼儿园应成立家长委员会,园长和教师要组织家长,按照一定的民主程序,本着公正、公平、公开的原则,在自愿的基础上,选举出能代表全体家长意愿的在园、在班儿童家长组成园级、年级、班级家长委员会,选好家长委员会的牵头人;要从实际出发,确定家长委员会的规模、成员分工。家长委员会成员应具有正确教育观念,掌握科学的教育方法,热心幼儿园教育工作,富有奉献精神,有一定的组织管理和协调能力,善于听取意见、办事公道、责任心强,能赢得广大家长的信赖。①

图片 6-1-4 上海市徐汇区乌鲁木齐南路幼儿园大班家委会简介

(3) 明确家长委员会的任务

家长委员会的主要任务是:对幼儿园重要决策和事关幼儿切身利益的事项提出意见和建议;发挥家长的专业和资源优势,支持幼儿园保育教育工作;帮助家长了解幼儿园工作计划和要求,协助幼儿园开展家庭教育指导和交流。②

(4) 发挥家长委员会的作用

家长委员会在幼儿园园长指导下工作,要发挥幼儿园主导作用,落实幼儿组织责任,纳入幼儿园日常管理工作;要尊重家长意愿,充分听取家长意见,调动家长的积极性

---

① 中华人民共和国教育部.关于建立中小学幼儿园家长委员会的指导意见[EB/OL].[2016-08-03]. http://www.moe.edu.cn/srcsite/A06/s7053/201202/t20120217_170639.html.
② 中华人民共和国教育部.幼儿园工作规程[EB/OL].[2016-08-03]. http://www.moe.edu.cn/srcsite/A02/s5911/moe_621/201602/t20160229_231184.html.

和创造性;要根据幼儿园发展状况和家长实际情况,采取灵活多样的组织方式,确保家长委员会工作取得实效。家长委员会要针对幼儿园教育和家庭教育中的突出问题,重点做好德育、保障儿童安全健康、防止和纠正幼儿园教育"小学化"、化解家园矛盾等工作。家长委员会要邀请有关专家、园长、教师、优秀家长组成家庭教育讲师团,面向广大家长定期宣传党的教育方针、相关法律法规和政策,传播科学的家庭教育理念、知识和方法,组织开展形式多样的家庭教育指导服务和实践活动。[①]

4. 家长学校

(1) 家长学校的指导思想

幼儿园家长学校,是宣传普及家庭教育知识,提升家长素质的重要场所,是指导推进家庭教育的主阵地和主渠道。

幼儿园家长学校要遵循党的教育方针和政策,始终坚持德育为先、育人为本的宗旨,以促进儿童健康成长为目标,以提升家长素质为核心,以全国家庭教育工作规划为指导,宣传普及科学的家庭教育理念、知识和方法,组织开展形式多样的家庭教育实践活动,努力提高家庭教育指导服务水平,为构建和谐的家庭和社会环境,培养德智体美全面发展的社会主义建设者和接班人发挥重要的基础作用。

(2) 家长学校的主要任务

幼儿园家长学校的主要任务是:面向广大家长宣传党的教育方针、相关法律法规和政策,宣传科学的家庭教育理念、知识和方法,引导家长树立正确的儿童观和育人观;组织开展形式多样的家庭教育实践活动,增进亲子之间的沟通和交流,使家长和儿童在活动中共同成长进步;通过多种形式为家长、儿童提供指导和服务,帮助解决家庭教育中的难点问题,提升家长教育培养子女的能力和水平;增进家庭与幼儿园的有效沟通,努力构筑幼儿园、家庭、社区"三结合"的未成年人教育网络,为儿童健康成长营造良好环境。

(3) 家长学校的建设目标

幼儿园家长学校,要按照阵地共用、资源共享、节俭办学、务求实效的原则,努力达到有挂牌标识、有师资队伍、有固定场所、有教学计划、有活动开展、有教学效果的规范化建设目标。

(4) 家长学校的组织管理

幼儿园家长学校的校长由园领导兼任,与负责具体事务的教师、家长代表等人员共同组成园务管理委员会,负责家长学校日常管理工作;家长学校的师资由幼儿园教师或聘请相关专业人士、志愿者担任,场地可利用现有的活动室、教室等。

(5) 家长学校的教学要求

幼儿园家长学校,在教学内容上,要依据《全国家庭教育指导大纲》,因地制宜地开展

---

① 中华人民共和国教育部. 关于加强家庭教育工作的指导意见[EB/OL].[2016-08-03]. http://www.moe.edu.cn/srcsite/A06/s7053/201510/t20151020_214366.html.

宣传实践和指导服务；在教学形式上，要针对家长儿童需求，采取灵活多样的教育和传播手段；在组织管理上，要健全工作机构，完善管理制度，不断提高家长学校办学质量和水平。①

(6) 家长学校的活动种类

幼儿园家长学校，每学期至少组织1次家庭教育指导和2次亲子实践活动。② 有条件的幼儿园要向周边社区延伸家庭教育活动，做好社区0—3岁和未入园儿童的家庭教育指导工作。

(7) 家长学校的质量评价

幼儿园要把家长学校工作纳入幼儿园工作的总体部署，把家庭教育指导纳入教师岗前培训、在岗培训和骨干培训中，纳入形式多样的教育教学活动中，纳入研究与督导评估中。

图片 6-1-5　上海市浦东新区潮和幼儿园家长学校讲座

总之，幼儿园与家长集体交流的这些通道，具有指导面广、受益率高的优势，符合当前我国幼儿园和班级规模都普遍较大的特点，对家长科学育儿知识的普及起到了极大的推动作用。

（二）幼儿园与家长个别沟通的渠道

幼儿园与家长个别沟通交流的渠道多种多样，主要有：家庭访问、接送交流、家长便条、家长园地（如图片6-1-6）、家园小报（如图片6-1-7）、家长接待日、电话交流、家长手册、家长志愿者（如图片6-1-8）、幼儿园网站、班级主页、邮件、短信、飞信、班级QQ群和家长微信群。这些沟通渠道，有的以语言媒介为主（如家庭访问），有的以印刷媒介为主（如家园小报），还有的则以电子媒介为主（如微信群）。

图片 6-1-6　上海市宝山区小鸽子幼稚园班级家长园地

---

① 全国妇联、教育部、中央文明办.关于进一步加强家长学校工作的指导意见[EB/OL].[2016-08-03]. http://www.moe.gov.cn/jyb_xxgk/moe_1777/moe_1779/201105/t20110516_119729.html.

② 中华人民共和国教育部.关于加强家庭教育工作的指导意见[EB/OL].[2016-08-03]. http://www.moe.edu.cn/srcsite/A06/s7053/201510/t20151020_214366.html.

图片 6-1-7　上海市宝山区小鸽子幼稚园家园小报

图片 6-1-8　上海市青浦区徐泾幼儿园杭园长指导家长义工上岗

1. 家庭访问

（1）家庭访问的作用

家庭访问就是教师利用自己的业余时间，到幼儿家中进行访问，了解幼儿及其家庭的情况，与家长沟通交流，为家长提供科学的育儿指导，帮助家长创设良好的家庭教育环境，共同促进孩子的成长发展。

（2）家庭访问的时间

一般在暑假里，教师都会对全班幼儿特别是新生进行普遍的常规家访；在学期中，教师还会对个别幼儿进行特殊的重点家访。例如，某个幼儿生病了，有一段时间没来园了，教师就会登门去探望，带点水果、玩具、图书赠给幼儿，还会带去全班小朋友的祝福。

在家访前，教师需要提前几天和家长沟通，选择双方都比较方便的时间进行家访。如果遇到特殊情况，不能按时到达，教师要提前和家长说明原因，争取家长的谅解，商量合适的时间，以后再来家访。

（3）家庭访问的记录

教师在进行家庭访问前，需要精心设计家庭访问记录表（见表 6-1-1）。这样可以确定家访的目标、内容、想与家长沟通的问题、需要听取的建议。家访记录表大小要适中，在一张 A4 纸内完成即可。

（4）家庭访问的评价

在对幼儿家庭进行访问以后，教师要认真反思，及时写下自己的心得体会。还要对家访的效果进行评价，看看是否达到了自己预定的目标；如果达到了目标，有哪些经验可以继续发扬；如果未达到目标，今后应采取哪些措施加以弥补。

此外，教师还要通过不同的方式，真诚地向家长表示谢意，感谢他们接待教师的来访，支持班级的工作；热情地向家长发出邀请，欢迎他们经常对班级的工作提出改进建议，为孩子的发展贡献自己的力量。

表 6-1-1　家庭访问记录表

家访教师：	家访日期：		记录教师：	记录日期：
幼儿信息	姓名：	性别：		是否独生：
幼儿家庭主要信息	详细住址： 公共交通： 同住家长： 家长手机号码：			
家访目标				
家访时间	年　月　日；星期		上午：	下午：
家访地点	家里： 家外：			
家访人员	接待家长： 参与家长：			
家访过程	准时到达幼儿家庭 自我介绍 感谢家长受访 介绍幼儿园情况： 介绍班级情况： 核实幼儿信息： 了解幼儿情况（如兴趣爱好）： 了解家庭情况（如家庭结构）： 了解家长情况（如职业优势）： 鼓励家长交流 倾听家长建议 感谢家长接待 按时离开幼儿家庭			
家访效果	很好：	较好：　　一般：	较差：	很差：
家访改进	新生初次家访 跟进式家访 特殊事件家访			
其他				

2. 送接交流

(1) 送接交流的意义

送接交流主要是指在幼儿每天上午入园、下午离园的过程中，家长来园送孩子、接孩子时，教师和家长进行面对面的交流。这种交流有利于教师和家长及时沟通孩子的情况，交换孩子的信息，达成共识，防患于未然，及时地解决孩子身上的问题，促进孩子的成长发展。

（2）送接交流的话题

① 送时交流的主要话题

家长送孩子来园进班时，教师可站在班级门口，与他们进行简单的互动交流：向幼儿及家长微笑、打招呼，引导幼儿说见面时的礼貌用语；询问幼儿昨晚在家的情况、今天入园洗手的情况、晨检的情况；简要回答家长提出的问题；建议家长看看门旁的"家长园地"、大厅里的"今日食谱"，了解孩子今天的学习和生活等方面的安排情况。

② 接时交流的主要话题

家长来园接孩子回家时，教师可站在班级里面，与他们进行简要的分享沟通：向家长及幼儿微笑、打招呼，鼓励幼儿说再见时的礼貌用语；告诉家长孩子在园一天的简况、取得的进步；回答家长提出的问题；建议家长再仔细看看门旁的"家长园地"、大厅里的"今日食谱"，用手机拍下自己感兴趣的内容，回到家里以后，可以和孩子一起温习今天所学过的内容（如儿歌、歌曲、绘画、数学），为孩子补充其他营养成分；指导家长带孩子到户外游戏场地玩玩，注意孩子的安全。

（3）送接交流的策略

① 送时交流的主要策略

家长送孩子来园时，教师与其交流的策略主要有以下几条。

一是要让家长"高兴而来"。 一日之计在于晨。早晨的见面对大家来讲，都特别的重要，它会直接影响到幼儿、家长和教师一天的心情，所以，教师要热情地欢迎幼儿和家长，使他们能"高兴而来"，拥有一份好心情，家长也能放心地去上班。

二是要把握好"短平快"的节奏。 对大家来讲，早晨的时间都很宝贵，家长要赶紧离开好去上班，教师要为教学工作做准备，还要接待其他幼儿和家长，因此，教师要控制好与每个家长单独交流的时间，迅速、高效地完成与全班家长的交接工作。

三是要加强教师间的分工与合作。 班级两位教师可以进行分工协作、轮流主谈，一位教师负责专门接待家长，另一位教师则负责组织幼儿活动。这样，就能增强主谈教师的交流意识，强化主谈教师的交流行为，使交流活动能有序地进行，达到预期的目标。

② 接时交流的主要策略

家长接孩子回家时，教师与其交流的策略主要有以下几条。

一是要让家长"满意而去"。 教师可先跟几位同时来接孩子的家长一起交流孩子今天的良好表现，每个孩子挑选一个优点来讲，这样，家长和幼儿"皆大欢喜"，"满意而去"。然后教师再把某位家长拉到旁边去，跟她说几句悄悄话，告诉她孩子身上表现出的不足之处。这样，家长就不会觉得大丢面子，并能易于接受教师的改进建议。

二是要把握好"稳准狠"的节奏。 傍晚离园时，幼儿比较兴奋，家长也陆续入园，多种声音交织在一起，仿佛在演奏着一曲交响乐，教师要把班上的每一位幼儿交到家长的手里，并不是一件容易的事情。教师要帮助幼儿做好各种准备工作，把需要带回家的物品放好；要确认亲子关系，保证对接的正确、安全、可靠；要把幼儿当天发生的重大事件如实、巧妙地向家长反映，争取家长的理解和配合；要提醒家长在回家的路上，倾听孩子当日在园的见闻,潜移默化地引导孩子爱幼儿园、爱老师、爱小伙伴。

三是要提高交流的广度、频度、效度。**首先,要根据家长的就业情况,拓宽交流的广度。**有些家长是上班一族,早上没有什么时间与教师交流,这就需要教师提醒他们下班后来接孩子时,可多与教师聊聊,提出自己的各种困惑,向教师咨询各种共育的问题。**其次,要根据家长的性格特征,增加交流的频度。**有些家长的性格比较内向、压抑、退缩、胆怯,不喜欢说话,不爱交际,与教师的交流较少,这就要求教师迎难而上,主动出击,消除家长的各种顾虑,积极主动地向家长介绍孩子在园的表现,用自己的真情实意唤发起家长交谈的兴趣和热情。**再次,要根据家长的辈分状况,提升交流的效度。**如果交流的对象是祖辈家长,那么教师就要和他们多说说孩子在园吃饭、睡觉的情况,并适时地向他们传递一些营养均衡的知识、培养自理能力的重要性。如果交流的对象是幼儿的父母,那么教师就要和他们多讲讲孩子在园学习、游戏、运动的情况,并及时地向他们推介一些亲子书目、亲子游戏。此外,还可鼓励家长在等待接孩子的过程中,沟通交流,相互取经。

3. 家长微信群

(1) 家长微信群的重要价值

微信作为时下最热门的社交信息平台,被越来越广泛地使用。幼儿园、班级创建的家长微信群,也就逐渐成了幼儿园与家庭、教师与家长交流不可缺少的重要桥梁,使大家能够即时便捷地共享幼儿生活与学习的大量信息,提高教师的工作效率,吸引更多的家长参与到教育中来。一方面,在生活和工作节奏日益加快的今天,教师和家长都没有太多专门的时间当面进行交流,而微信则能通过视频和音频、图片和文字,发布孩子在园在班信息,在一定程度上弥补这一缺憾,因此显得很有必要。另一方面,现在是一个信息化的社会,网络已成为快速浏览获取信息的最好途径之一,因此幼儿园、教师通过微信平台向家长宣传幼儿教育政策、推送先进的家庭教育理念和科学的育儿经验,就显得极有可能。

中国互联网络信息中心(CNNIC)发布的第 39 次《中国互联网络发展状况统计报告》显示:(1) 网民规模突破 7 亿,互联网普及率增长稳健。截至 2016 年 12 月,中国网民规模达 7.31 亿,互联网普及率达到 53.2%,超过全球平均水平 3.1 个百分点。同时,移动互联网塑造的社会生活形态进一步加强,"互联网+"行动计划推动政企服务多元化、移动化发展。(2) 手机网民规模达 6.95 亿,手机上网主导地位强化。截至 2016 年 12 月,我国手机网民规模达 6.95 亿,网民中使用手机上网的人群占比由 2015 年底的 90.1%提升至 95.1%,网民上网设备进一步向移动端集中。随着移动通信网络环境的不断完善以及智能手机的进一步普及,移动互联网应用向用户各类生活需求深入渗透,促进手机上网使用率增长。(3) 在线教育、在线政务服务发展迅速,互联网带动公共服务行业发展。2016 年上半年,各类互联网公共服务类应用均实现用户规模增长,在线教育、在线政务服务用户规模均突破 1 亿,多元化、移动化特征明显。在线教育领域不断细化,用户边界不断扩大,服务朝着多样化方向发展,同时移动教育提供的个性化学习场景以及移动设备触感、语音输出等功能性优势,促使其成为在线教育主流;在线政务领域,政府网站与政务微博、微信、客户端的结合,充分发挥互联网和信息化技术的载体作用,优化政务服务的用户体验。相信,随着互联网普及率的提高、手机上网主导地位的增强、在线教育和政务服务的发展,"弹指间传递信息"的家长微信群将会在家园沟通上发挥出更大的作用。

(2) 家长微信群的信息推送

幼儿园、教师创建的家长微信群,要想发挥出应有的合作共育作用,就需要及时推送以下几个方面的信息。

① **幼儿园层面的多种保教信息**。教师要把幼儿园发布的重要的制度公告(如安全接送制度公告)、会议通知(如家长学校讲座通知)、调查评价表(如家长评教表)、重大事件、大型活动和特色活动的安排(如亲子活动的日程安排)、每天的食谱,及时地转发至本班家长群,欢迎他们来参加幼儿园的活动,关注孩子的科学喂养。

② **年级层面的各种教育信息**。教师要把年级组发送的幼儿一日生活作息时间表、近期的重要活动安排(如家长开放日活动或大班毕业典礼活动的日程安排、亲子春游活动或秋游活动的场所选择)及注意事项,尽快地转发到本班家长群,希望他们做好各项准备工作,邀请他们参与志愿服务活动。

③ **班级层面的各种活动信息**。教师要在班级家长群,提前公布本学期的教育目标、本月的教育计划、本周的教育内容、当天的主要活动、希望家长参与的活动(如家长会)和配合的工作,适时上传全班儿童的活动照片(如集体的锻炼活动、餐点活动、教学活动、午睡活动和游戏活动的照片)和文字说明,使家长能图文并茂地了解到孩子在园一天的运动、生活、学习和游戏,树立正确的儿童观和教育观。

④ **幼儿层面的个别发展信息**。教师要定期在班级家长群,重点向几位家长分别发送他们孩子在园的表现、创作的作品,使他们能迅速、直观、深入地了解孩子的发展动向,知道孩子的兴趣爱好、强项弱项,并能与教师配合,在家中对孩子因材施教,促进孩子更好地成长。

⑤ **家庭层面的各种保教信息**。教师还可实时地在班级家长群,发送国内外优秀育儿的文章,以丰富家长科学育儿的知识,提高家长科学育儿的能力,强化家长与幼儿园合作的意识。

(3) 家长微信群的使用规则

为了妥善利用班级微信群,教师就需要和家长一起商讨制定若干规则,共同遵守,文明健康地互动交流。

① **自愿性**。教师发起的以班级为单位的微信群,会把全班幼儿的家长加到群里,以便于全面地进行交流。虽然教师是"群主",家长是"群员",但双方都有自主权。

② **自觉性**。"群主"和"群员"在班级微信群里,都要珍惜时间,语言简明,换位思考,善解人意。首先,"群主"要在微信群里,如实转发幼儿园对班群提出的各种要求(比如,教师在上班时,不能刷微信;家长在教师下班后,如无特殊情况,尽量不要发微信咨询孩

子情况,以免影响教师休息),这样,就能促使大家自觉去执行。其次,"群主"在发送那些不需要"群员"回复的通知类信息时,要在每条信息的后面加上"不用回复"等字样,以避免多余信息的干扰、重要信息的淹没。再次,"群主"要提醒广大"群员",不要"过度沟通",互相吐槽"取暖",而要尽量给微信群"减负",以免被微信"绑架",为微信所"累"。

③ 公平性。"群主"在微信群里发出的有关幼儿的文字、照片、音频、视频等内容,一定要做到平等,确保每名幼儿都有机会"出场""上台""露脸""亮相",而不能每次都只发某几位幼儿的照片或作品。教师可每周轮流发布班级1—2个小组幼儿的活动照片,按月逐步发出全班各组幼儿的最新动态。这样,就能使每位"群员"做到心中有数,对班群充满了信心、希望和期待。

④ 教育性。"群主"和"群员"在班群里发布的任何信息都应该具有教育意义,有利于孩子的健康成长。"群主"应引导大家多推荐优质教育资源、科学育儿的知识,多交流亲子活动的经验,多为班级的活动献计献策,而不能违反幼儿园的各项规定,违规使用微信群。"群员"也不能发表违反国家法律、法规的内容,不能使用不文明的语言、文字、图片,不能发布网络游戏链接、商业广告、集赞、代购、投票、募捐等与幼儿园无关的信息。只有这样,才能建立一个良好的群聊秩序,畅通家园沟通的渠道,保障幼儿教育质量的提高。如果某位"群员"不守规矩,那么"群主"就会将其拉黑、删除出群。

⑤ 正面性。"群主"和"群员"在班群里,都应传播正能量的信息,积极向上的内容。"群主"要多表扬、多鼓励幼儿和家长,尽量做到少批评、不批评。"群主"和"群员"都要认识到自己在群里的位置,知道班群是个公共空间,而不是私人场所,不能自说自话,随心所欲;要时刻提醒自己,调节好情绪,控制住冲动,不发送负能量的信息,做到不晒娃,不晒房,不晒车,不晒游,不炫富,不显摆,不攀比,不闲聊,不请赞,不奉承,不争吵,不投诉,不告状。只有大家都遵守"群居时代"的生存法则,才能还班级群一片净土,形成良好的群聊氛围,促进良性沟通,真正发挥微信群的作用。

⑥ 个别性。"群主"可以就本班幼儿普遍存在的问题,和"群员"进行集体交流,但如果只是少数几个幼儿出现的问题,"群主"则应分别与他们的家长进行单独沟通,以保护幼儿及其家庭的隐私,促进家园一体工作的展开;千万不能在微信群里留言,公开点名批评这几位幼儿,以免使班群变成了曝光台,家长脸上挂不住,甚至诱发家长的对立情绪,妨碍家园关系的深化。另外,由于家长们都很关心孩子的成长,有的幼儿家庭,父母、祖父母、外祖父母都想加入班群,都想第一个知道孩子的最新消息。据此,"群主"就可建议这些家长,召开一个家庭会议,推举一两位家长作为代表进入班群,否则班群过大,不利于提高工作效率。

班级微信群属于组织传播,以教师为中心,兼具"一对多"(如教师发布通知)、"一对一"(如教师回答个别家长的问题)和"多对多"(家长们讨论某个话题)等传播模式,只有大家都遵守规则,才能提高信息传播的效率。

总之,幼儿园与家长个别交流的这些通道,具有针对性强、实效性高等优势,对提高家长因材施教的能力具有重要的指导作用。

综上所述,幼儿园与家庭集体沟通的渠道和个别沟通的渠道,均各有利弊,只有从实际情况出发,把这两者有机地结合起来使用,才能不断扩展交流的向度,加强交流的深度,更好地实现家园共育的目标。

第二节 幼儿园与社区合作

图片 6-2-1　上海人民英雄纪念塔

一、幼儿园与社区合作的意义

幼儿园与社区合作的意义,主要体现在以下几个方面。

(一)有利于贯彻教育法规政策

近几年来,我国政府相继出台了许多教育法规政策,推动了学前教育快速步入依法治教的轨道。依法办园,规范办园,是幼儿园生存发展的生命线,也是幼教工作者专业成长的催化剂。2016年,教育部颁布了《幼儿园工作规程》,明确指出:"幼儿园应当加强与社区的联系与合作,面向社区宣传科学育儿知识,开展灵活多样的公益性早期教育服务,争取社区对幼儿园的多方面支持。"同年,教育部和民政部、科技部、财政部、人力资源社会保障部、文化部、体育总局、共青团中央、中国科学技术协会等九部门又联合发布了《关于进一步推进社区教育发展的意见》,强调指出:要"引导各级各类学校和社会力量积极参与社区教育";要"鼓励各级各类学校充分利用场地设施、课程资源、师资、教学实训设备等积极筹办和参与社区教育";要"充分利用社区文化、科学普及、体育健身等各类资源,发掘教育内涵,组织开展社区教育活动,实现一个场所、多种功能,促进基层公共服务资源效益最大化";要"开展形式多样的早期教育活动,有条件的中小学、幼儿园可派教师到社区教育机构提供志愿服务"。可见,强化法制观念,执行法规政策,在学法、知法、守法的基础上,科学、有序地加强幼儿园与社区的合作,不仅能营造幼儿园的法制环境,优化幼儿园的指导工作,还能提高幼儿园的社会声誉和经济效益。

(二) 有利于提高幼儿教育质量

社区是若干社会群体或社会组织聚集在某一个领域里所形成的一个生活上相互关联的大集体,它包括一定数量的人口、一定范围的地域、一定规模的设施、一定特征的文化、一定类型的组织。社区的资源特别丰富,既有人力资源(如领导领袖、志愿者、专业人士、居民、人际关系)、地理资源(如区位、规模、景观)、物质资源(如设施、设备),也有文化资源(如名胜古迹、风俗习惯)、组织资源(如团体、机构、单位)。幼儿园与社区合作,就能开门办学,凝聚社会共识,形成发展合力,整合各类教育资源,拓宽教育内容,扩展教育途径,改革教育方法,提高教育质量,促进幼儿园内涵发展。

(三) 有利于促进幼儿快乐成长

幼儿的知识习得、能力提高,不是通过静坐在教室、封闭在幼儿园里完成的,而是通过让他们主动地观察周围的世界、认真地模仿身边的人们、积极地探索有趣的事物、勇敢地尝试不同的体验等多种方式进行的。幼儿园与社区合作,就能给幼儿提供"耳听六路""眼观八方""行万里路"、动脑思考、动手操作等多种多样的机会,满足幼儿身心发展的各种需要,增强幼儿的自然观察智能、运动智能、人际交往智能、空间智能、语言智能、逻辑数理智能、音乐智能、内省智能,促进幼儿的全面发展。

二、幼儿园与社区合作的原则

幼儿园与社区合作的原则,主要有以下几条。

(一) 安全至上原则

生命可贵,安全高于天。幼儿园在与社区合作时,要遵守安全至上的原则。要以幼儿的生命为本,高度重视幼儿的安全问题,时时想安全,事事为安全,处处要安全。在安排幼儿外出参观游览活动时,要制定切实可行的安全措施和预案,指定专人负责;要开展必要的自护自救教育,教给幼儿自我保护的方法,增强幼儿安全防范意识和自我保护能力;要建立完善幼儿外出参观游览活动人身安全保险制度和相关配套制度;要保障幼儿乘车出行安全,排查车辆、线路及驾驶人员隐患;要确保活动场地、设施、器材的安全性,要引导幼儿认识安全警示标志,了解安全操作程序,培养幼儿安全活动的意识和行为,防止和杜绝意外事故的发生。

(二) 因地制宜原则

"十里不同风,百里不同俗。"幼儿园在与社区合作时,要遵守因地制宜的原则。要以当地的条件为根,实事求是,从具体情况出发,就地取材,精准定位,制定适宜的目标,选择适当的内容,采取妥善的措施,运用相应的方法,组织恰当的活动。**一方面**,要就地取材,充分利用优越的地理环境、优势资源,因势利导,灵活多样的开展各项活动,打造合作共育的品牌,以到达"舍远谋近者,逸而有终"的境地,而不能摆花架子,急于求成,盲目发展。**另一方面**,要随时变通,注意克服不良的地理条件、弱势资源,审时度势,因陋就简地开展各种活动,形成合作共育的特色,而不能好高骛远,盲目跟风,照搬照抄,以免陷入

"舍近谋远者,劳而无功"的误区。

(三) 互利互惠原则

"己所欲之,必先予之";"己所不欲,勿施于人"。幼儿园在与社区合作时,要遵守互利互惠的原则。要以合作能为双方都带来较大的利益为出发点,良性互动,平等互助,彼此受益,共同发展,而不能"过河拆桥""忘恩负义"。**首先,要重视相互了解**。幼儿园只有与社区多沟通,多交流,多互动,多分享,才能增加对彼此的了解,形成相互信任的关系,增进彼此之间的友谊,搭建合作共赢的平台。**其次,要促进相互合作**。幼儿园只有与社区多协商,多配合,多互助,才能相得益彰,在突显幼儿园作用的同时,还要注意发挥社区的巨大功能,使幼儿园融入社区,就好像是鱼儿跃进了大海一样,充满活力和生机,更好地促进幼儿的发展。**再次,要讲究知恩图报**。幼儿园只有与社区平等互助,将心比心,知恩感恩,优待对方,"滴水之恩,当涌泉相报",才能使社区资源"取之不尽,用之不竭",使"请进来"的活动,"来得多""来得快",使"走出去"的活动,"走得稳""走得远"。**最后,要注意实现双赢**。幼儿园只有与社区同心合力,携手共进,相辅相成,相得益彰,才能促使利益的双向流动,达到合作共赢的彼岸,实现双方利益的最大化。

(四) 持之以恒原则

"锲而舍之,朽木不折;锲而不舍,金石可镂。"幼儿园在与社区合作时,要遵守持之以恒的原则。要放下思想包袱,克服畏难情绪,坚持不懈地进行下去,不断深化,构建开放、有序、务实的长效合作机制,努力使之成为教育的新常态,而不能因噎废食,知难而退,"三天打鱼,两天晒网",半途而废。幼儿园不仅要利用春游、秋游等固定时间,组织全园幼儿集体外出,到大自然、大社会中去,接受教育;还要灵活利用四季中的其他时光,鼓励教师结合主题教育内容,以班级为单位,经常带领幼儿走出园门,开展小型的社会实践活动,以培养幼儿的社区归属感和认同感,激发幼儿爱家乡、爱祖国的情感。

三、幼儿园与社区合作的形式

幼儿园与社区合作的形式,主要有以下两种。

(一) 请进来

幼儿园要开门办园,有目的、有计划地把社区中的有识之士请进来,敬贤礼士,纳谏如流,充分发挥他们各自的作用,做到"人尽其才",而不能态度傲慢,"如临大敌","拒人于千里之外",浪费了社区中极其宝贵的人力资源。

1. 为家长成长服务

幼儿园可结合家长工作,分期把社区中的有关专家学者请进来,给家长做讲座,搞咨询,办沙龙,共研讨,以提高家庭教育指导的权威性和针对性,丰富家长的卫生保健知识、心理学和教育学的知识,增强家长的教养能力。

2. 为教师成长服务

幼儿园可结合科研、教研、园本培训,定期把社区中的相关专家学者请进来,给教师做专题讲座,开展听课、评课、备课和说课等活动,和教师共同研讨切磋,以增强教师的科研能力、教研能力,提高教师的教育素养,促进教师的专业发展。

3. 为幼儿发展服务

幼儿园可结合主题教育、教育内容,适时把社区中不同职业的人们请进来,进入活动室、游戏室、美工室,打造科探室、厨艺室、制作室,做教师,做助教,做玩伴,与幼儿亲密接触,以扩展幼儿的感性知识,增强幼儿的社交能力,促进幼儿的全面发展。

图片 6-2-2　上海市宝山区小鸽子幼稚园邀请社区老年舞蹈队来园同庆六一节

4. 为幼儿园发展服务

幼儿园可结合具体情况,及时把社区中的热心人士请进来,组建志愿者队伍,促进社区居民的参与,以丰富幼儿园的人力资源,提升幼儿园的办园质量。

5. 为社区婴幼儿服务

幼儿园可根据自身条件,利用双休日时间,向社区开放游戏场地和设施,免费为0—3岁儿童提供保育和教育服务,实现资源的融通共享,以扩大社区儿童的受教率,提高社区居民的满意度,促进教育公平。

图片 6-2-3　上海市浦东新区潮和幼儿园周日上午开展社区婴幼儿早教活动安排

图片 6-2-4　上海市浦东新区潮和幼儿园周日上午开展社区婴幼儿早教活动现场

(二) 走出去

幼儿园要打开园门,有步骤、有组织地带领幼儿走出去,参观游学,体验学习,全面运用社区中的各种场所资源,使每个幼儿都有机会公平地享受这些优质的教育资源,做到"物尽其用",而不能态度冷淡,熟视无睹,"大材小用",荒废了社区中非常珍贵的物力资源。

1. 到商业场所去感知

教师可带领幼儿到社区中的商业场所（如商厦、超市、水果店、花店、药店、农场）去感知，指导幼儿数数商厦的楼层，乘乘商厦的电梯，看看墙上的美图，比比商品的包装、颜色、形状、标签，掂掂食品的分量，闻闻美食的味道，以拓宽幼儿的商品知识、数学知识，培养幼儿的判断能力、推理能力。

2. 到运输场所去体验

教师可带领幼儿到社区中的运输场所（如公交车站、地铁站、加油站、停车场、修车场、洗车站、火车站、机场）去体验，鼓励幼儿说说交通工具的主要作用，比较各种交通工具的优缺点，以加深幼儿对交通工具的理解，激发幼儿对旅行的兴趣。

3. 到文化场所去学习

教师可带领幼儿到社区中的文化场所（如公园、图书馆、文化馆、博物馆、美术馆、科技馆、体育馆、影剧院、大学）去学习，引导幼儿仔细观察在人文公共场馆里安静读书、认真观赏的人群，使幼儿亲身感受到"人人皆学、时时能学、处处可学"的良好社会风尚，以培养幼儿遵守社会规则的意识，激发幼儿对学习的兴趣。

4. 到服务场所去观看

教师可带领幼儿到社区中的服务场所（如医院、邮政局、消防站、公安局）去参观，给他们讲讲这些场所的独特标志和重要作用，看看消防水车和消防演习，以增强幼儿对生命的认识和理解，提高幼儿健康安全教育的质量。

5. 到特殊场所去奉献

教师可带领幼儿到社区中的一些特殊场所（如敬老院）去奉献，组织幼儿给老人送温暖、讲故事、表演节目，和老人一起登高远眺、观赏菊花、吃重阳糕，以培养幼儿尊老敬老爱老助老的意识和行为，把"百善孝为先"的中华民族传统美德植入幼儿的心间。

图片 6-2-5　上海市嘉定图书馆

图片 6-2-6　华东师范大学校园一角

第三节　幼儿园与小学衔接

图片6-3-1　江苏省昆山市花溪小学

一、幼儿园与小学衔接的意义

幼儿园与小学衔接具有重要的意义,主要体现在以下几个方面。

(一)有助于执行规章制度

制度是要求成员共同遵守的办事规章和行动准则,具有程序性、指导性、规范性和约束性的特点。《幼儿园工作规程》指出:"幼儿园应当建立业务档案、财务管理、园务会议、人员奖惩、安全管理以及与家庭、小学联系等制度。"可见,幼儿园与小学衔接,就能使这一制度不是挂在墙上的"装饰品",而是落到了实处的"指南针",有助于规范办园行为,保证幼教"本色",防止和纠正"小学化"现象,促使保育和教育工作正常进行。

(二)有助于衔接两段教育

幼儿园和小学是两个不同的教育阶段,由于教育对象的年龄特点不同,因而在教育目标、教育任务、教育内容、教育环境、教育途径、教育方法等方面都有所不同。由于这两个教育阶段是"左邻右舍",有着"承前启后"的影响,所以,就需要做好衔接工作,有针对性地缩小两个阶段之间的差异,为儿童的发展架桥铺路,以免两段教育相互脱节,导致儿童无所适从。

幼小衔接是指从幼儿园(特别是大班)升入小学低年级(特别是一年级)时,在教育上所进行的各种链接工作。这有助于幼儿园密切与小学之间的关系,全面了解小学教育的情况,摆正自己的位置,"坚守阵地",履行职责,为小学教育做好各种准备,而不能越俎代庖,顶替小学教育,以免违背教育规律,导致儿童后劲不足。

(三)有助于幼儿愉快入学

儿童从幼儿园进入小学,是其发展过程中的一个重要转折点,对其今后的成长具有举足轻重的作用;儿童的身心发展不仅具有阶段性,还具有连续性,因此,加强幼小衔接就显得特别重要。这有助于幼儿深入了解小学生的情况,知道他们要背着书包去上学,要上好几门课、好几节课,要做作业、参加考试;有助于幼儿做好身心各方面的准备,树立自信心,学会自我调节,克服入学焦虑,平稳有序过渡,顺利进入小学,独立学习和生活,而不会产生不适应现象。

二、幼儿园与小学衔接的内容

幼儿园与小学衔接的内容,主要表现在以下几个方面。

(一)激发幼儿强烈的入学愿望

愿望是心中期望实现的美好的想法,是对一件事物的希望、设想与期待。"没有某种美好的愿望,也就永远不会有美好的现实。"大班幼儿在身体上和心理上,都已具备了上小学的条件,他们在内心深处是非常向往升入小学的,他们十分羡慕小学生能穿着校服,戴着红领巾,背着新书包去上学,所以,教师要意识到"没有伟大的愿望,就没有伟大的天才",注意升华幼儿对小学的向往之情,强化他们迫切的入学愿望,使他们能对小学的生活充满了期待,萌生"我也要上小学""我也要做个优秀的小学生"的光荣感和自豪感,为实现自己的梦想而努力。

(二)培养幼儿浓厚的学习兴趣

兴趣是指力求认识某种事物或从事某种活动的心理倾向,是一种无形的动力。"知之者不如好之者,好之者不如乐之者。"幼儿一旦对学习产生浓厚的兴趣,就会积极主动地去学习,专心致志地去钻研,自觉克服各种困难,不断体验成功的愉悦,进一步提高学习的效率。因此,教师既要重视引导幼儿对语言、艺术的学习兴趣,也要注意培养幼儿对科学、数学的学习兴趣;教师既要重视通过学习活动、学习材料、学习过程来引发幼儿的直接学习兴趣,也要注意通过学习目的、学习结果来培养幼儿的间接学习兴趣,以便能根据幼儿自身的兴趣特点,培养优良的兴趣品质,夯实幼儿求知的力量。

(三)塑造幼儿良好的学习习惯

学习习惯是在学习过程中反复练习形成并发展的,是个体自动化的学习行为方式。"今夫弈之为数,小数也;不专心致志,则不得也。"可见,培养幼儿聚精会神、心无旁骛的学习习惯是取得优良的学习效果的保证。据此,首先,要帮助幼儿形成用心学习的好习惯,使幼儿能够学会静坐倾听,专时专用,讲求效益,做到该玩时则玩,该学时则学。其次,要帮助幼儿形成独立学习的好习惯,使幼儿能够通过自己的努力,领会所学的知识,掌握所学的技能,发展学习的适应能力。最后,要帮助幼儿形成创新学习的好习惯,使幼儿能够学会发散思维,用不同的方法去解决学习上所遇到的各种难题,发展思维的流畅性、灵活性和创造性。

三、幼儿园与小学衔接的原则

幼儿园与小学衔接的原则,主要有以下几条。

(一)全面性原则

幼儿园要做好幼小衔接工作,就要遵循全面性原则,全方位地培养幼儿的入学适应能力,增强幼儿的身体适应能力,培养幼儿的学习适应能力,提高幼儿的社会适应能力,促进幼儿身心的和谐发展;不能片面强调幼儿某个方面的发展,轻视甚至否定幼儿其他方面的发展,以免损害幼儿身心的健康。例如,在幼儿园的一日活动中,教师要重视发挥游戏在幼儿成长中的作用,注意通过幼儿积极主动的探索学习,来锻炼幼儿的身体,强健幼儿的体魄,激发幼儿的学习兴趣,增强幼儿的入学愿望,塑造幼儿良好的学习习惯和品德行为习惯,培养幼儿的独立生活能力和社会交往能力,提高幼儿的抗挫能力和承受能力,促进幼儿身心的全面和谐发展,而不能机械片面地向幼儿灌输知识,要求幼儿学习拼音,大量识字,学做数学题等。

(二) 渐进性原则

幼儿园要做好幼小衔接工作,就要遵循渐进性原则,有计划、有步骤地对幼儿进行教育,逐步提高对幼儿的入学准备要求。一方面,要按照幼儿园保教工作的顺序,规划设计幼小衔接的整体目标,合理确立幼儿小班时的近期目标、中班时的中期目标和大班时的远期目标,使之环环相扣,层层递进,螺旋上升,而不能急躁冒进,急于求成,把小学的教育目标植入其中。另一方面,要按照幼儿身心发展的顺序,选择安排幼小衔接的各项内容,由浅入深,从易到难,而不要拔苗助长,急功近利,把小学的教育内容混入其中。只有这样,既考虑幼儿当前发展的现实,又考虑幼儿长远发展的需求。

(三) 协同性原则

幼儿园要做好幼小衔接工作,就要遵循协同性原则,和家庭、小学紧密协作,共同为幼儿的发展创造良好的环境。要充分利用各种传媒,宣传科学的幼儿教育理念;要灵活运用各种形式,开展家庭教育的指导;要通过多种途径,帮助家长转变教育观念,增强教育能力;要通过多种方式,提高家长教育孩子的科学性和艺术性,更好地了解孩子身心发展的规律和特点,更多地陪伴孩子的学习和成长,使孩子度过一个快乐的童年时光,将来能高高兴兴地上小学,而不会盲目地要求孩子参加各种各样的补习班,提早识字,学算术,读拼音等,导致孩子失去学习的兴趣,降低入学的愿望。

(四) 严禁性原则

幼儿园要做好幼小衔接工作,就要遵循严禁性原则,采取各种有效措施,严格禁止各种"小学化"倾向的滋生和蔓延,以捍卫幼儿的权利。要严禁教师压缩园本课程的内容,加快园本课程的进度,把小学一年级的教育内容夹塞进来,让大班幼儿提前学习;要严禁教师缩短幼儿游戏活动、自由活动的时间,增加教学活动、集体活动的时间;要严禁教师以培养幼儿特长为名,对大班幼儿进行各种强化训练活动,甚至布置家庭作业;要严禁教师以任何名义向家长推荐、要求家长购买各种幼儿教材、读物和教辅材料;要严禁教师围绕小学招生工作,对大班幼儿进行模拟面试、测试、考核等多种评价活动等。对违反规定的教师,不能放任自流,而要及时帮助其改正;对屡教不改的教师,则不许其参与评优、评先活动。① 只有矫正"小学化"的弊病，整治"小学化"的内容，才能保证幼儿教育的纯洁性。

四、幼儿园与小学衔接的策略

幼儿园与小学衔接的策略，主要有以下几种。

（一）以幼儿为中心的策略

以幼儿为中心的策略，要做到时时处处尊重幼儿，把幼儿放在首位，考虑幼儿的年龄特点和个体差异，紧密围绕幼儿来展开丰富多彩的活动：通过集体教学活动，给幼儿提供大量的观察学习的机会；通过小组区域活动，给幼儿提供互动的模拟表演的机会；通过个人自由活动，给幼儿提供充足的探索材料的机会，来充分发挥幼儿的主体作用，激发幼儿的学习兴趣。例如，在大班下学期，教师可在语言教学活动中，给幼儿讲解"心愿树"的故事；指导幼儿在美术区，设计"心愿树"，制作"心愿卡"，绘制"心愿画"；鼓励幼儿把自己创造的入学心愿作品呈现出来，挂到树上去。

图片 6-3-2　上海市宝山区小鸽子幼稚园儿童许愿树

（二）以节日为契机的策略

以节日为契机的策略，就是要充分利用中外各种不同的节日资源，适时地对幼儿进行相应的教育，培养幼儿对图书的兴趣，对阅读的渴望，丰富幼儿对小学的了解，加深幼儿对校纪校规的理解。

1. 国际儿童图书日

4月2日是"国际儿童图书日"，由国际儿童读物联盟（IBBY）于1967年设立。我国于1986年正式宣布加入这一组织，1990年成立了中国分会，并引进这一节日，设为"中国儿童阅读日"，旨在架起儿童与图书的桥梁，促进儿童阅读，引领儿童成长，使中国儿童能与世界儿童处在同一个阅读起跑线上。据此，教师可以围绕儿童图书日和阅读日，开展一系列的幼小衔接活动。首先，可以指导幼儿多读些图画故事书（如丹麦童话大师安徒生的《卖火柴的小女孩》《丑小鸭》《皇帝的新装》），以吸引幼儿对图书的兴趣，使幼儿能沉浸在图书的诗情画意之中。其次，教

图片 6-3-3　国际儿童图书日海报

---

① 中华人民共和国教育部. 关于规范幼儿园保育教育工作 防止和纠正"小学化"现象的通知[EB/OL].[2016-08-23]. http://www.moe.edu.cn/srcsite/A26/s3327/201112/t20111228_129266.html.

师可以给幼儿讲讲每年儿童图书日的主题(如 2010 年的主题是《一本书正等着你,找到它!》),以帮助幼儿理解图书的作用,使幼儿能意识到读书与生活密不可分。再次,教师还可以和幼儿一起欣赏插图画家设计的图书日海报(如图片 6-3-3,诺埃米·比利亚穆萨设计的独具匠心的海报:红色的背景中央是一棵粗壮的大树,树枝末端"长"着一本本书籍,一名儿童攀爬在枝丫间,仰着头读着自己找到的一本书),以丰富幼儿愉快的阅读体验,使幼儿能感受到书籍是充满魔力的。

2. 世界读书日

4 月 23 日是"世界读书日",由联合国教科文组织设定于 1995 年,旨在向全世界推广阅读、出版和对知识产权的保护。1997 年,中央宣传部、文化部和国家教委等九个部委共同发出了《关于在全国组织实施"知识工程"的通知》;2004 年,中国图书馆学会为了实施"倡导全民读书,建设阅读社会"为宗旨的"知识工程",在全国范围内举办大型活动让全国公众都知道"世界读书日";2009 年,中国图书馆学会又倡议开展"全国少年儿童阅读年"活动,强力推进少年儿童阅读推广工作,建立我国的少年儿童阅读节,让孩子喜欢阅读、习惯阅读,在阅读中快乐,在快乐中成长。教师可结合节日资源,广泛开展各种阅读活动,使幼儿能不断攀登书山,在阅读中茁壮成长。一方面,教师可以有计划地引导幼儿阅读一些意趣盎然的图画故事书(如《大卫上学去》),以培养幼儿对图书的喜爱之情,帮助幼儿学会与同伴友好相处,知道要遵守学校的规章制度,做到"有令则行,有禁则止"。另一方面,教师还可以有步骤地组织幼儿开展图书漂流活动,鼓励每个幼儿都参与到活动中来,成为一名漂友,在首漂、转漂、求漂、受漂、收漂的过程中,养成爱护图书、珍惜时间、热爱学习、勤奋读书的优良习惯;在浓郁书香的熏陶下,亲身感受到"生活里没有书籍,就好像没有阳光;智慧里没有书籍,就好像鸟儿没有翅膀",使读书成为日常生活中不可缺少的一部分。

图片 6-3-4　大卫上学去

3. 举办大班毕业典礼活动

6 月 1 日是"国际儿童节",由国际民主妇女联合会于 1949 年 11 月在莫斯科设立,旨在保障世界各国儿童的生存权、保健权和受教育权,改善儿童的生活。新中国成立以后,中央人民政府政务院于 1949 年 12 月规定,把中国儿童节与国际儿童节统一起来。每年,幼儿园都会举行各种各样的庆祝活动。为了使幼儿感受到童年的幸福和快乐,教师可以结合儿童节这一重要的传统节日,开展大班毕业典礼活动,和幼儿一起演唱《毕业歌》《老师,再见了》等歌曲,欢跳《飞得更高》等舞蹈,朗诵《毕业诗》《再见了,幼儿园》等诗歌,表演《昨天今天明天》等小品;给幼儿颁发毕业证书、毕业纪念册等奖品,在激发幼儿喜悦之情、感恩之情和惜别之情的基础上,帮助幼儿在心理上和幼儿园"断奶",告别幼儿园,更上一层楼,去迎接崭新的美好的小学生活。

(三) 以家长为纽带的策略

以家长为纽带的策略,就是要深刻认识到家长在幼小衔接中的重要地位,充分发挥家长的主导作用,通过多种多样的形式,丰富家长科学育儿的知识,增强家长教养孩子的能力,提高家园合作共育的效率。

1. 给家长做讲座

幼儿园可以邀请心理学专家、教育学专家来园,通过家长学校、家长会等形式,向全园家长宣传儿童心理学、家庭教育学的理论知识,使家长了解幼儿园教育和小学教育的异同点,为孩子的幼小衔接做好长远规划;还可以邀请小学校长、教导主任、班主任、任课教师来园,通过年级家长会、家长沙龙等形式,向大班家长普及幼小衔接的专门知识和具体经验,消除家长的入学焦虑,为孩子的入学做好各项准备工作。

2. 请家长忆童年

教师可以邀请家长志愿者来园进班,给孩子们讲讲自己童年时代上学的故事,给孩子们看看自己背过的小书包、用过的文具盒、读过的教科书、写过的作业本、穿过的校服、戴过的红领巾、校徽、拍过的照片等,以丰富幼儿对小学的认识,加深幼儿对小学生的理解。

3. 邀家长玩游戏

教师可以邀请全班家长来园,和孩子们一起做游戏,玩"上学"的角色游戏和表演游戏,指导家长和孩子互换角色,轮流扮演"教师"和"小学生",以帮助幼儿理解小学的师生关系,掌握小学生的行为规范。

4. 望家长多访友

教师可以鼓励家长多带孩子走亲访友,经常到有小学生的亲朋好友家里去串门去拜访,使孩子能有更多的机会与小学生接触交流,为孩子树立向同伴小学生学习的好榜样,培养孩子的沟通能力,增强孩子的交往能力。

(四) 以社区为平台的策略

以社区为平台的策略,就是要开发和利用社区中的各种教育资源,使之能和幼儿园、家庭形成牢固的"金三角",全面发挥幼小衔接同盟军的重要作用。

1. 参观小学

教师先和附近的小学联系好,然后邀请家长志愿者共同策划组织幼儿去参观;在教导主任的帮助下,引导幼儿仔细观察校园的环境布置,比较一下与幼儿园环境的异同点;带领幼儿走进教室,看看桌椅的摆放,比较一下与班级活动室的区别;指导幼儿坐在教室的后排,认真倾听教师的讲课,注意观察小学生的举手发言,了解上课的流程;鼓励幼儿和小哥哥、小姐姐互动交流,提出自己感兴趣的问题。这样,幼儿就能通过耳闻目睹,真实地感受到小学生的学习状况,消除对小学的陌生感,激发入学的强烈愿望,并能以积极的心态去迎接自己的小学生活。

2. 参观文具店

教师先和附近的文具店联系好,然后邀请家长志愿者一起策划组织幼儿去参观;在店员的帮助下,指导幼儿认识多种多样的文具及其用途,使幼儿知道书包、文具盒、铅笔、橡皮、尺子等都是小学一年级学生必备的学习用品,鼓励幼儿挑选1件自己喜欢的小文具,并用自己的零花钱购买,以培养独立自主的意识和行为。

3. 参观书店

教师先和附近的书店联系好,然后邀请家长志愿者一同策划组织幼儿去参观;在店员的帮助下,启发幼儿观察书店的布局和书架的特点,了解各类图书的功能及其摆放位置;指导幼儿认读各种各样的图书,寻找自己喜欢的图书;要求幼儿轻拿轻放,爱护图书,安静读书;鼓励幼儿自己挑选1本喜欢的图书,自己排队付款购买,以丰富幼儿对图书的认识,强化幼儿对书海的体验,在幼小的心田种下爱书、买书和读书的种子。

4. 参观图书馆

教师先和附近的图书馆联系好,然后邀请家长志愿者一起带领幼儿去参观;在馆员的帮助下,引导幼儿观察各个楼层陈列的图书,使幼儿感受到丰富而全面的海量藏书;指导幼儿观看在各个区域阅读的男女老少,使幼儿感受到安静而浓郁的读书氛围;引导幼儿观看自助借书还书的机器及操作流程,使幼儿感受到科技的发展进步;启发幼儿寻找并阅读自己喜爱的图书,使幼儿感受到读书的乐趣;鼓励幼儿挑选并借阅1本自己喜欢的图书,使幼儿意识到图书是生活的必需品,养成爱读书、会借书、乐阅读的好习惯。

5. 参观书展

教师先和展览馆联系好,然后邀请家长志愿者一同组织幼儿去参观书展;带领幼儿来到不同的展厅、展区、展台,观看、寻找、阅读有趣的图书,为幼儿提供更多地与图书亲密接触的机会,使幼儿能和图书交上好朋友,喜欢图书,多读书,读好书,使书香能永远陪伴幼儿快乐成长。

 本章小结

本章小结如下图。

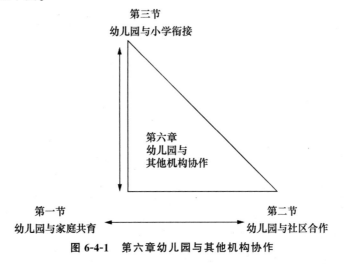

图6-4-1 第六章幼儿园与其他机构协作

第一节小结如下图。

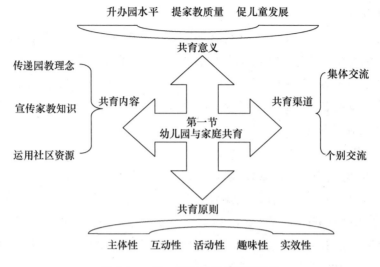

图 6-4-2　第一节幼儿园与家庭共育

第二节小结如下图。

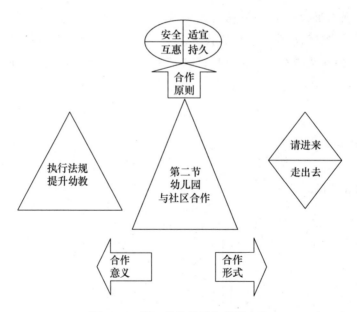

图 6-4-3　第二节幼儿园与社区合作

第三节小结如下图。

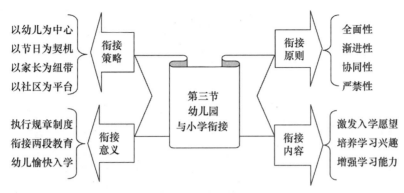

图 6-4-4　第三节幼儿园与小学衔接

本章复习思考题

1. 你是如何看待幼儿园与家庭共育的？你喜欢哪几种幼儿园与家庭共育的形式？你认为教师在与家长沟通时,应该注意哪些问题？

2. 你读了全国妇联、教育部、中央文明办《关于进一步加强家长学校工作的指导意见》以后,有何感想？

3. 你读了教育部《关于建立中小学幼儿园家长委员会的指导意见》以后,有何感想？

4. 你读了教育部《关于加强家庭教育工作的指导意见》以后,有何感想？

5. 你是如何看待幼儿园与社区合作的？你认为教师在运用社区资源时,应该注意哪些问题？

6. 读了教育部《关于联合相关部委利用社会资源开展中小学社会实践的通知》以后,你有何感想？

7. 读了教育部等七部门《关于推进学习型城市建设的意见》以后,你有何感想？

8. 读了教育部等九部门《关于进一步推进社区教育发展的意见》以后,你有何感想？

9. 你是如何看待幼儿园与小学衔接的？你认为教师在为儿童进行入学准备时,应该注意哪些问题？

10. 读了教育部《关于规范幼儿园保育教育工作防止和纠正"小学化"现象的通知》以后,你有何感想？

本章课外浏览网站

1. 中华人民共和国教育部网. http://www.moe.edu.cn/

2. 中国家庭教育学会网. http://jtjy.china.com.cn/node_512278.htm
3. 中国社区教育网. http://www.shequ.edu.cn/
4. 北京学前教育网. http://www.bjchild.com/Index.html
5. 上海学前教育网. http://www.age06.com/age06web3

 本章课外阅读书目

1. 陈鹤琴著.家庭教育[M].第2版.上海:华东师范大学出版社,2013.
2. 李生兰著.幼儿家庭教育[M].第2版.上海:上海教育出版社,2000.
3. 赵忠心著.家庭教育学:教育子女的科学与艺术[M].北京:人民教育出版社,2001.
4. 全国妇联儿童工作部编.全国家庭教育调查报告[M].北京:社会科学文献出版社,2011.
5. 中国儿童中心组编.我国家庭教育指导服务体系构建与推进策略研究[M].北京:中国人民大学出版社,2016.
6. 李洪曾主编.幼儿家庭教育指导[M].北京:北京师范大学出版社,2001.
7. 李生兰著.学前儿童家庭教育与活动指导[M].第3版.上海:华东师范大学出版社,2014.
8. 李生兰著.幼儿园家长开放日活动的研究[M].上海:华东师范大学出版社,2008.
9. 于显洋著.社区概论[M].第2版.北京:中国人民大学出版社,2016.
10. 张凤华主编.海淀区社区儿童早期教育基地管理手册[M].北京:北京师范大学出版社,2010.
11. 李生兰等著.学前儿童家庭与社区教育[M].北京:高等教育出版社,2015.
12. 李生兰等著.幼儿园与家庭、社区合作共育[M].北京:北京师范大学出版社,2016.
13. 李生兰著.幼儿园与家庭、社区合作共育的研究[M].第2版.上海:华东师范大学出版社,2013.

第七章 中美学前教育比较研究

 **本章提要**

本章包括三节:第一节是中国幼教工作者对美国幼儿园规章制度的评价研究;第二节是中国幼教工作者对美国幼儿园公共环境的评价研究;第三节是中国幼教工作者对美国幼儿园班级环境的评价研究。

 **本章重点**

第一节中国幼教工作者对美国幼儿园规章制度的评价研究。

 **本章难点**

第二节中国幼教工作者对美国幼儿园公共环境的评价研究;第三节中国幼教工作者对美国幼儿园班级环境的评价研究。

 **本章导读**

看图说话:在下面这张图中,你看到了什么?你想到了什么?

图片 7-0-1 美国 IUCPKC 幼儿园教师和幼儿在户外活动场地上玩耍

第一节 中国幼教工作者对美国幼儿园规章制度的评价研究

图片 7-1-1　美国 IUCC 幼儿园班级门口家长接送孩子签名处

一、问题的提出

幼儿园规章制度是由幼儿园制定的,以书面形式呈现的,并通过某些方式加以公示的非针对个别事务的处理的规范总和。幼儿园规章制度反映了幼儿园的核心价值观念,体现了幼儿园的整体管理水平。幼儿园规章制度有助于维护幼儿园的正常秩序,提高幼儿园的管理效率。《国家中长期教育改革和发展规划纲要(2010—2020 年)》指出,要"坚持以开放促改革、促发展。开展多层次、宽领域的教育交流与合作,提高我国教育国际化水平。借鉴国际上先进的教育理念和教育经验,促进我国教育改革发展,提升我国教育的国际地位、影响力和竞争力。适应国家经济社会对外开放的要求,培养大批具有国际视野、通晓国际规则、能够参与国际事务和国际竞争的国际化人才"。美国幼儿园的规章制度有哪些？我国幼教工作者是如何对其加以评价的？他们对这些规章制度的喜好程度如何？认可程度怎样？我们有没有必要学习这些规章制度？有没有可能加以借鉴？本章试图借用"他山之石",来"攻克"我国幼儿园管理中的一些"壁垒",以全面提高幼儿教育的质量。

二、研究的过程

(一) 准备研究材料

从美国幼儿园的规章制度中,随机选出六项,配以相应的文字材料和照片资料。

1. 一些幼儿园执行的招生制度是：按照先来后到的顺序进行招生,谁先报名,就先招收谁。

2. 一些幼儿园执行的收费制度是：按照家庭年收入、家庭人口数等来收费；家庭收入越高,收费越高。

3. 许多幼儿园执行的开放制度是:天天向家长开放,欢迎家长随时来访。

4. 许多幼儿园执行的郊游制度是:在每次郊游活动前,家长要在郊游协议书上签字,表示同意孩子参加郊游活动,否则孩子不能参加郊游活动。

5. 许多幼儿园执行的送接制度是:家长来送孩子、接孩子时,都要在班级门口的"签名本"上,写下自己的名字和时间。

6. 一些幼儿园执行的迟接制度是:家长在规定的时间以后,来接孩子,要被罚款;如果迟接1分钟则要交1美元,迟接5分钟则要交5美元,以此类推;每学期迟接孩子的次数不能超过3次。

(二) 设计评价表格

针对美国幼儿园的各项规章制度,设计4个问题:(1)我国幼教工作者对这项规章制度的喜好程度;(2)我国幼教工作者对这项规章制度的认可程度;(3)我国幼教工作者认为借鉴这项规章制度的必要程度;(4)我国幼教工作者认为借鉴这项规章制度的可能程度。在每个问题的后面,都有5个备选答案(从A到E,肯定的程度逐渐减弱),被试从中选择1个符合自己想法的答案。评价表格共由24个单项选择题所组成。

(三) 统计评价表格

随机向10个省市(A省、F省、G省、H1省、H2省、J省、S1市、S2省、S3省、Z省)①的100名幼教工作者发放评价表格;边向他们播放PPT课件(含有各项规章制度的文字与照片、评价表)边进行讲解,提醒他们依次完成评价表上的各个问题;当场回收评价表格。本研究共收到92份评价表格,回收率为92%,其中有效评价表格87份(其中园长39份,教师48份),有效回收率为87%;②组织部分幼教工作者进行座谈,交流各自的看法;上机处理有效表格,得出各项研究结果。

三、研究的结果与分析

(一) 我国幼教工作者对美国幼儿园招生制度的评价结果

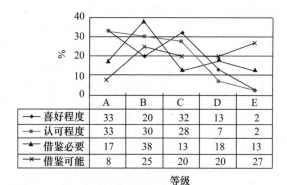

图 7-1-1 对美国幼儿园招生制度的评价结果

---

① 研究者遵循科研规范,将这些省份的真实名称隐去,分别用符号替代。
② 维尔斯曼认为,调查一类专业人群,最低回答率被认为是70%。参阅〔美〕威廉-维尔斯曼. 教育研究方法导论[M]. 袁振国,主译. 北京:教育科学出版社,1997:222.

由图 7-1-1 可知:(1)我国 53% 的幼教工作者是喜欢美国幼儿园的招生制度的,其中"很喜欢"的占 33%,"较喜欢"的占 20%,"一般"的占 32%,"较不喜欢"的占 13%,"很不喜欢"的占 2%。(2)我国 63% 的幼教工作者是认可美国幼儿园的招生制度的,其中认为"很好"的占 33%,"较好"的占 30%,"一般"的占 28%,"较不好"的占 7%,"很不好"的占 2%。(3)我国 55% 的幼教工作者认为有必要借鉴美国幼儿园的招生制度,其中认为必要性"很大"的占 17%,"较大"的占 38%,"一般"的占 13%,"较小"的占 18%,"很小"的占 13%。(4)我国 33% 的幼教工作者认为有可能借鉴美国幼儿园的招生制度,其中认为可能性"很大"的占 8%,"较大"的占 25%,"一般"的占 20%,"较小"的占 20%,"很小"的占 27%。

访谈发现:我国半数以上幼教工作者之所以拥护这项招生制度,主要是因为它有助于实现教育的公平、公正;我国大多数幼教工作者之所以认为借鉴该项招生制度的可能性比较渺茫,主要是因为"开后门"之风在现阶段还难以刹住。一些园长抱怨道:我们本不想"搞关系",但是不搞不行呀;我们谁也得罪不起呀,这些"条子生"都是"有权有势"的大人物"打了招呼"过来的;如果我们不给这些"达官贵人"的面子,那么幼儿园日后要想办成什么事情,就会遇到许多意想不到的困难。

美国幼儿园实行的是"先报先招"的招生制度,依据的是报名顺序;而我国幼儿园实行的是"就近入园"的招生制度,①依据的是空间方位。中美两国幼儿园执行这项招生制度的目的都是要为每一个儿童提供平等的受教育的权利,以确保教育的公平,均无可非议,只不过是我国在实施的过程中受到了"黑客"的侵袭,染上了"病毒",而远离了初衷。造成这种不良状况的原因可能是:我国幼儿园之间的差距比美国大,家长择园的心态又比美国功利,因而滋生了教育资源短缺、人为哄抢的"怪象"出现。相信随着我国政府对幼儿园合理布局的统筹规划、公益性、普惠性幼儿园的大量涌现,办园条件的逐步改善,"入园难""入园贵"的问题会得到逐步解决,"条子生"的现象最终会"不攻自破",每个孩子都能就近进入优质园,教育公平的梦想终会成为现实。

(二)我国幼教工作者对美国幼儿园收费制度的评价结果

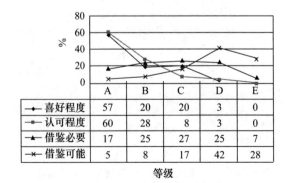

	A	B	C	D	E
喜好程度	57	20	20	3	0
认可程度	60	28	8	3	0
借鉴必要	17	25	27	25	7
借鉴可能	5	8	17	42	28

等级

图 7-1-2 对美国幼儿园收费制度的评价结果

---

① 企业、事业单位和机关、团体、部队设置的幼儿园,除招收本单位工作人员的子女外,有条件的应向社会开放,招收附近居民子女入园。参阅 1996 年 3 月 9 日国家教委令第 25 号发布,《幼儿园工作规程》。

由图7-1-2可知：(1) 我国77%的幼教工作者是喜欢美国幼儿园的收费制度的，其中"很喜欢"的占57%，"较喜欢"的占20%，"一般"的占20%，"较不喜欢"的占3%，"很不喜欢"的占0。(2) 我国88%的幼教工作者是认可美国幼儿园的收费制度的，其中认为"很好"的占60%，"较好"的占28%，"一般"的占8%，"较不好"的占3%，"很不好"的占0。(3) 我国42%的幼教工作者认为有必要借鉴美国幼儿园的收费制度，其中认为必要性"很大"的占17%，"较大"的占25%，"一般"的占27%，"较小"的占25%，"很小"的占7%。(4) 我国13%的幼教工作者认为有可能借鉴美国幼儿园的收费制度，其中认为可能性"很大"的占5%，"较大"的占8%，"一般"的占17%，"较小"的占42%，"很小"的占28%。

访谈发现，我国绝大多数幼教工作者之所以赞成这项收费制度，主要是因为这样做显得更公平、更公正，家庭收入低，就应该少交点，家庭收入高，就应该多交点，"劫富济贫"；[①]大部分幼教工作者之所以认为我们没有必要、更没有可能借鉴这项收费制度，主要是因为两国的差异太大了，在我国，家长除了有工资以外，还可能会有其他"灰色"收入，因而很难准确地知道每个家庭的真正经济条件，况且少数家长还可能在工作单位或居住街道开一张"贫困证明"来交给幼儿园，尽管他们事实上没有那么贫困，这样一来，幼儿园就会滋生出一些"贫困儿童"，变得"入不敷出"，难以支撑下去了。

长期以来，我国幼儿园实行的收费标准都是由地方政府统一规定的，采用的是"一刀切"的方式，即在同一所幼儿园里，每个家庭所交的费用是相同的。国家教委早在1989年颁发的《幼儿园管理条例》中就指出，"幼儿园可以依据本省、自治区、直辖市人民政府制定的收费标准，向幼儿家长收取保育费、教育费"；在1996年发布的《幼儿园工作规程》中又强调，"幼儿园收费按省、自治区、直辖市或地(市)级教育行政部门会同有关部门制定的收费项目、标准和办法执行"。近几年来，随着社会主义和谐社会的建构，我国政府开始向弱势群体倾斜，在儿童入园费用上也做出了相应的调整和改革。2010年，国务院在《国家中长期教育改革和发展规划纲要(2010—2020年)》中明确指出，要"对家庭经济困难幼儿入园给予补助"；在《国务院关于当前发展学前教育的若干意见》中又进一步指出，要"制定优惠政策，鼓励社会力量办园和捐资助园，家庭合理分担学前教育成本。建立学前教育资助制度，资助家庭经济困难儿童、孤儿和残疾儿童接受普惠性学前教育"，"国家有关部门2011年出台幼儿园收费管理办法。省级有关部门根据城乡经济社会发展水平、办园成本和群众承受能力，按照非义务教育阶段家庭合理分担教育成本的原则，制定公办幼儿园收费标准"。2011年，国务院在《中国儿童发展纲要(2011—2020年)》中又重申，要"建立学前教育资助制度，资助家庭经济困难儿童、孤儿和残疾儿童接受普惠性学前教育"；国家发展改革委、教育部、财政部在《幼儿园收费管理暂行办法》中也强调，

---

① 期望大多数家庭支付占工资收入10%的托儿费是合理的，但低收入家庭所负担的托儿费占他们工资收入的28%，这个数字还不到高收入阶层所交托儿费的5%。参阅：〔美〕Dorothy June Sciarra & Anne G. Dorsey. 幼儿园的开办与管理[M]. 张咏，等译. 北京：中国轻工业出版社，2003：10.

"对家庭经济困难的幼儿、孤儿和残疾幼儿,应酌情减免收取保教费。具体减免办法由省级教育、价格和财政部门制定"。相信随着我国政府对学前教育投入的不断加大,办园成本合理分担机制的日益完善,每个适龄儿童都不会因为家庭经济条件的局限而被拦在幼儿园的大门之外,都会有机会享受"价廉物美"的幼儿教育。

(三) 我国幼教工作者对美国幼儿园开放制度的评价结果

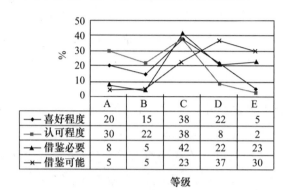

图 7-1-3 对美国幼儿园开放制度的评价结果

由图 7-1-3 可知:(1) 我国 35% 的幼教工作者喜欢美国幼儿园的开放制度,其中"很喜欢"的占 20%,"较喜欢"的占 15%,"一般"的占 38%,"较不喜欢"的占 22%,"很不喜欢"的占 5%。(2) 我国 52% 的幼教工作者认可美国幼儿园的开放制度,其中认为"很好"的占 30%,"较好"的占 22%,"一般"的占 38%,"较不好"的占 8%,"很不好"的占 2%。(3) 我国 13% 的幼教工作者认为有必要借鉴美国幼儿园的开放制度,其中认为必要性"很大"的占 8%,"较大"的占 5%,"一般"的占 42%,"较小"的占 22%,"很小"的占 23%。(4) 我国 10% 的幼教工作者认为有可能借鉴美国幼儿园的开放制度,其中认为可能性"很大"的占 5%,"较大"的占 5%,"一般"的占 23%,"较小"的占 37%,"很小"的占 30%。

访谈发现,美国幼儿园的开放制度在我国之所以不受欢迎,主要是因为园长和教师顾虑重重。他们认为每学期向家长开放一次活动是应该的,也是可以接受的,都已经习惯了;但是如果每个月向家长开放一次活动,那就会有很大的压力;如果每周向家长开放一次活动,那就太难了;如果每天向家长开放活动,那简直是"不可思议了"。因为我们的幼儿园规模很大,全园有 300 多名儿童,家长一来,都没地方站着看早操了;班级规模太大了,每班都有 35 名以上的儿童,家长来了,都没地方坐下来;有家长在,孩子好"人来疯",不遵守课堂纪律;有的家长好挑教师毛病,有的家长好"指手画脚",还有的家长好"包办代替"……从而影响幼儿园保教工作的正常进行。

可喜的是,1996 年《幼儿园工作规程》提出的"幼儿园可实行对家长开放日的制度"的要求,早已深入人心,并成为幼教工作者的良好行为习惯。遗憾的是,在这一法规政策中做出的"幼儿园每班幼儿人数一般为小班(3 至 4 周岁)25 人,中班(4 至 5 周岁)30 人,大班(5 周岁至 6 或 7 周岁)35 人,混合班 30 人。学前幼儿班不超过 40 人"的规定,今天还没能变成现实。可悲的是,国家教育委员会、建设部早在 1988 年下发的《城市幼儿园建筑面积定额(试行)》中就规定"活动室:每班一间,使用面积90平方米,供开展室内游戏和各种活动以及幼儿午睡、进餐之用。如寝室与活动室分设,活动室的使用面积不宜小于54平方米"的这一基准,今天还没有达到。另外,在我国各级各类幼儿园的评审标准中,也没有要求幼儿园甚至是示范性幼儿园做到"天天向家长开放,欢迎家长随时来访"。相信随着我国幼儿园办园水平的普遍提升,幼教工作者对家园关系认识的日益提高,幼儿园对家长开放活动的频度会逐步增加,开放活动的效度会不断增强。

(四) 我国幼教工作者对美国幼儿园郊游制度的评价结果

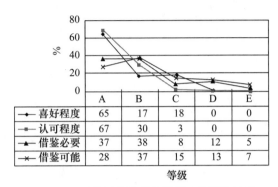

图 7-1-4 对美国幼儿园郊游制度的评价结果

由图7-1-4可知:(1) 我国82%的幼教工作者喜欢美国幼儿园的郊游制度,其中"很喜欢"的占65%,"较喜欢"的占17%,"一般"的占18%,"较不喜欢"的占0,"很不喜欢"的占0。(2) 我国97%的幼教工作者认可美国幼儿园的郊游制度,其中认为"很好"的占67%,"较好"的占30%,"一般"的占3%,"较不好"的占0,"很不好"的占0。(3) 我国75%的幼教工作者认为有必要借鉴美国幼儿园的郊游制度,其中认为必要性"很大"的占37%,"较大"的占38%,"一般"的占8%,"较小"的占12%,"很小"的占5%。(4) 我国65%的幼教工作者认为有可能借鉴美国幼儿园的郊游制度,其中认为可能性"很大"的占28%,"较大"的占37%,"一般"的占15%,"较小"的占13%,"很小"的占7%。

访谈发现,我国绝大多数幼教工作者之所以赞成这项郊游制度,主要是因为这样做能够"有备无患""预防万一",和家长共同承担责任,让家长分担一些风险;我国大多数幼儿园每学期也会组织一两次春游、秋游活动,都是让园领导审阅签字,而没有让家长认可签名,没能做到"防患于未然";美国幼儿园考虑得很全面、很细致,这项郊游制度很具体、很实用,我们以后也可以这样去做,先要求家长签字表示同意,然后再带领他们的孩子外出参加活动。

近几年来,我国政府颁布了一系列法规政策,以进一步加强宣传引导,为幼儿园安全工作创造良好的社会舆论氛围,切实保障广大年幼儿童的健康成长。2006年教育部和公安部等部门联合颁发了《中小学幼儿园安全管理办法》,强调"学校安全管理遵循积极预防、依法管理、社会参与、各负其责的方针","社会团体、企业事业单位、其他社会组织和个人应当积极参与和支持学校安全工作,依法维护学校安全","学校组织学生参加大型集体活动,应当采取下列安全措施:(一)成立临时的安全管理组织机构;(二)有针对性地对学生进行安全教育;(三)安排必要的管理人员,明确所负担的安全职责;(四)制定安全应急预案,配备相应设施","学生监护人应当与学校互相配合,在日常生活中加强对被监护人的各项安全教育"。2011年《教育部办公厅关于中小学幼儿园安全工作2011年第2号预警通知》明确指出,要"进一步密切与有关部门、社区、村委会、家长的联系……进一步完善学生外出集体活动预案,坚持'谁组织、谁负责''谁批准、谁负责'原则,责任到人,措施到位,确保集体活动安全"。2012年教育部在《关于做好2012年中小学幼儿园安全工作的通知》中,又进一步指出,不仅要"切实加强校园安全防范","努力保障学生交通安全",而且还要"积极应对各种自然灾害","深入开展学生安全教育","做好干部教师安全培训",此外还要"健全完善长效工作机制。……要加强与学生家长的联系,增强家长的安全意识和监护人责任意识,使家长密切配合学校工作"。相信随着我国政府对儿童安全问题的全面重视,安全知识"进头脑"工作的日益普及,幼儿园各项安全管理制度的不断完善,组织开展安全检查和隐患整改工作的深入细化,儿童外出游览活动的第一道"安全防线"就会牢固建立,以确保儿童身心安全健康的成长。

(五)我国幼教工作者对美国幼儿园送接制度的评价结果

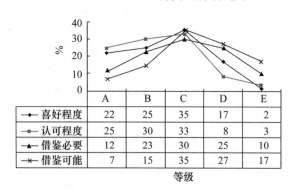

图 7-1-5 对美国幼儿园送接制度的评价结果

由图 7-1-5 可知:(1)我国 47% 的幼教工作者喜欢美国幼儿园的送接制度,其中"很喜欢"的占 22%,"较喜欢"的占 25%,"一般"的占 35%,"较不喜欢"的占 17%,"很不喜欢"的占 2%。(2)我国 55% 的幼教工作者认可美国幼儿园的送接签名制度,其中认为"很好"的占 25%,"较好"的占 30%,"一般"的占 33%,"较不好"的占 8%,"很不好"的占 3%。(3)我国 35% 的幼教工作者认为有必要借鉴美国幼儿园的送接签名制度,其中认为必要性"很大"的占 12%,"较大"的占 23%,"一般"的占 30%,"较小"的占 25%,"很小"的占 10%。(4)我国 22% 的幼教工作者认为有可能借鉴美国幼儿园的送接签名制度,其中认为可能性"很大"的占 7%,"较大"的占 15%,"一般"的占 35%,"较小"的占 27%,"很小"的占 17%。

访谈发现,我国将近一半的幼教工作者之所以拥护这项送接制度,主要是因为家长在送孩子、接孩子时,都能签下自己的名字和时间,这样就能维护教师的权益,使教师和家长的责任变得更加明确。访谈还发现,我国绝大多数幼教工作者之所以不提倡借鉴这项签名制度,主要是因为这样做尽管好,但是在我们幼儿园里"行不通",每个班级都有几十名儿童,家长来送接孩子时,班级门口本来就很拥挤,如果再让他们签个名,那就会使班级门口变得拥挤不堪,还会牵扯教师更多的时间和精力。

美国幼教工作者对此则有不同的观点,在他们看来,家长"每天必须为孩子在前厅签到,并签名离开。这是绝对重要的,因为这一列表可在发生紧急情况或事件时用来检查到园的人数"。[①] 在送接孩子时,让家长签名,纵然会增加教师的工作量,但是如果这样做,能对幼儿的安全起到监督和提醒的作用,那我们何乐而不为呢?如果我们能由此及彼,举一反三,建立园车接送签名制度,那么还可能会避免类似"儿童被遗忘在幼儿园校车内致死"的悲剧重演。我们应该本着"着眼长远,立足当前,标本兼顾,注重预防"的工作方针,重视保障儿童的安全;利用安全教育日,全面"普及安全知识,提高避险能力";制定幼儿园安全工作考核目标,健全幼儿园安全工作检查机制,严格实行园长安全管理责任制,及时消除各种安全隐患。

(六)我国幼教工作者对美国幼儿园迟接制度的评价结果

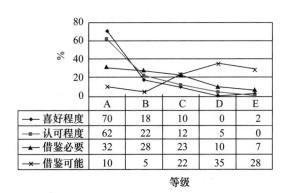

图7-1-6 对美国幼儿园迟接制度的评价结果

由图7-1-6可知:(1)我国88%的幼教工作者喜欢美国幼儿园的迟接制度,其中"很喜欢"的占70%,"较喜欢"的占18%,"一般"的占10%,"较不喜欢"的占0,"很不喜欢"的占2%。(2)我国84%的幼教工作者认可美国幼儿园的迟接制度,其中认为"很好"的占62%,"较好"的占22%,"一般"的占12%,"较不好"的占5%,"很不好"的占0。(3)我国60%的幼教工作者认为有必要借鉴美国幼儿园的迟接制度,其中认为必要性"很大"的占32%,"较大"的占28%,"一般"的占23%,"较小"的占10%,"很小"的占7%。(4)我国15%的幼教工作者认为有可能借鉴美国幼儿园的迟接制度,其中认为可能性"很大"的占10%,"较大"的占5%,"一般"的占22%,"较小"的占35%,"很小"的占28%。

访谈发现,我国绝大多数幼教工作者之所以大力追捧这项迟接罚款制度,主要是因为它保护了教师的切身利益。教师平时工作很辛苦,大都有自己的小家庭,到了下班时

---

① 〔美〕Dorothy June Sciarra & Anne G. Dorsey.幼儿园的开办与管理[M].张咏,等译.北京:中国轻工业出版社,2003:352.

间,也应该离园回家,处理自己的事情;家长迟接孩子,就应该给予一定的经济制裁,这样,家长以后就不会再迟接孩子了,教师就能按时下班休息了。访谈还发现,我国大多数幼教工作者之所以认为借鉴这项制度的可能性很小,主要是因为:家长大都是双职工,他们下班的时间又不比我们早,有的还比我们晚;幼儿园要全心全意地为家长服务,解除家长的后顾之忧,教师必须等到班级最后一个小朋友被接走了以后,自己才能回家,家长迟接孩子是件很正常的事情,早已习惯了。

由此可见,我国幼教工作者不仅有着较强的维权意识,而且能站在家长的角度考虑问题,这是难能可贵的;但是教育理想与家庭现实之间的较大差距,又使他们陷入了"鱼和熊掌不可兼得"的两难境地。虽然早在 1995 年发布的《中华人民共和国劳动法》就已经做出了具体的规定:"国家实行劳动者每日工作时间不超过 8 小时、平均每周工作时间不超过 44 小时的工时制度","用人单位由于生产经营需要,经与工会和劳动者协商后可以延长工作时间,一般每日不得超过 1 小时;因特殊原因需要延长工作时间的在保障劳动者身体健康的条件下延长工作时间每日不得超过 3 小时,但是每月不得超过 36 小时","有下列情形之一的,用人单位应当按照下列标准支付高于劳动者正常工作时间工资的工资报酬:(一)安排劳动者延长时间的,支付不低于工资的百分之一百五十的工资报酬",但是,时至今日,我国幼儿园也没有严格执行这些条款,教师延长工作时间,投入放学值班活动,都是司空见惯的,不计报酬的,因为 1996 年颁发的《幼儿园工作规程》明确指出,"幼儿园同时为家长参加工作、学习提供便利条件",2006 年出台的《中小学幼儿园安全管理办法》又强调:"小学、幼儿园应当建立低年级学生、幼儿上下学时接送的交接制度,不得将晚离学校的低年级学生、幼儿交与无关人员。"在"一切为了孩子"的宗旨下,在"全面服务于家长"的前提下,如何做到不延长教师的工作时间,不增加教师的工作负荷,使教师能健康快乐地工作和生活,是需要我们解决的一大矛盾。2011 年国家发展改革委、教育部、财政部在《幼儿园收费管理暂行办法》中明确提出:"学前教育属于非义务教育,幼儿园可向入园幼儿收取保育教育费","公办幼儿园保教费标准根据年生均保育教育成本的一定比例确定","保育教育成本包括以下项目:教职工工资、津贴、补贴及福利、社会保障支出、公务费、业务费、修缮费等正常办园费用支出"。在遵守国家教育法规政策的基础上,在加强幼儿园收费管理、规范幼儿园收费行为的实践中,如何保障教师的合法权益,使教师能"按劳取酬""多劳多得",是值得我们探讨的一大难题。

四、研究的结论与讨论

(一)结论

1. 对美国幼儿园规章制度的喜好程度

我国幼教工作者最喜欢的是美国幼儿园实行的迟接制度,其次是郊游制度,再次是收费制度,最后是招生制度、送接制度、开放制度。

2. 对美国幼儿园规章制度的认可程度

我国幼教工作者最认可的是美国幼儿园实行的郊游制度,其次是迟接制度,再次是收费制度,最后是招生制度、开放制度、送接制度。

3. 借鉴美国幼儿园规章制度的必要程度

我国幼教工作者认为最有必要借鉴的是美国幼儿园实行的郊游制度,其次是迟接制度,再次是招生制度、收费制度,最后是送接制度、开放制度。

4. 借鉴美国幼儿园规章制度的可能程度

我国幼教工作者认为最有可能借鉴的是美国幼儿园的郊游制度,其次是迟接制度,再次是招生制度,最后是送接制度、收费制度、开放制度。

(二) 讨论

1. 幼教法规政策的引领

幼儿园的规章制度是幼儿园根据党和国家的教育方针、政策、法律、法规,按照保教规律和本园情况,通过条文的形式,对保教人员的工作、学习和生活等方面提出的具有强制性和约束力的准则和规范。中华人民共和国成立以来,我国政府在不同的历史时期都颁发了一系列法规政策,毋庸置疑促进了幼儿园教育的发展,但也不可避免地打上了时代的烙印,具有一定的局限性。我们应该跟上时代发展的步伐,"从高位入手,做好顶层设计,尽快弥补学前教育政策重要空缺"[①],例如,要完善"就近入园"政策的具体内容、操作流程和运行机制,为幼儿园规章制度的健全起到"保驾护航"的作用,以不断提升幼儿教育的质量。

2. 幼儿园规章制度的完善

幼儿园的规章制度即幼儿园的"法",它表明了幼儿园要提倡什么,反对什么,鼓励什么,禁止什么,对教师和家长的行为都有导向作用,能够增强他们的责任意识,形成良好的园风园貌。我国幼儿园的规章制度主要有:安全卫生管理制度、行政总务管理制度、教职工队伍建设与管理制度、教研与教育管理制度、目标与质量管理制度、保育管理制度、幼儿发展评估制度等。可见,这些规章制度主要是面向教职员工的,偏向于园内的管理,而未能重视家长,关注到园外的因素。因此,我们应该学习借鉴美国同行的成功经验,丰富和完善我国幼儿园的规章制度,使管理工作不断程序化、规范化、科学化,完成从"人"制到"法"制的转型,以真正促进全体儿童的发展。

3. 幼儿园与家庭的合作

幼儿园的规章制度不仅能规范教师和家长的行为,而且还能协调家园双方的关系,提高管理的成效。美国幼儿园通过自己的网站、《家长手册》《简讯》等渠道,把和儿童及其家庭有关的招生制度、收费制度、开放制度、郊游制度、送接制度、迟接制度等全部公示出来,使家长明白自己的权利和义务,这样做不仅确保了家长对幼儿园教育的知情权、监督权、决策权、参与权,还能使家长置身于平等、友好、自尊、自爱的氛围之中,从而巩固了和谐的家园关系。我们可以参照效仿美国幼儿园的有效举措,及时把幼儿园的规章制度

---

① 庞丽娟.做好顶层设计弥补学前教育政策重要空缺[EB/OL].(2012-03-08). http://www.gov.cn/2012lh/content_2086124.htm.

告知教师和家长,使他们对自己应当做什么、怎样去做好心中有数、有章可循、有法可依、有所适从,并能各司其职、各得其所、相互配合、齐心协力,以共同促进每个儿童的发展。

4. 幼教工作者权益的维护

幼儿园的规章制度的建立与健全,应有助于幼教工作者劳逸结合,正常地进行各项工作,完成每项任务。我国幼儿园的规模普遍较大,办园条件又不平衡,加上班级规模大都超编,致使幼教工作者承受了过多过大的工作压力。早在2007年我国颁布的《中华人民共和国劳动合同法》就明确指出:"用人单位应当依法建立和完善劳动规章制度,保障劳动者享有劳动权利、履行劳动义务","用人单位在制定、修改或者决定有关劳动报酬、工作时间、休息休假、劳动安全卫生、保险福利、职工培训、劳动纪律以及劳动定额管理等直接涉及劳动者切身利益的规章制度或者重大事项时,应当经职工代表大会或者全体职工讨论,提出方案和意见,与工会或者职工代表平等协商确定","在规章制度和重大事项决定实施过程中,工会或者职工认为不适当的,有权向用人单位提出,通过协商予以修改完善","用人单位应当将直接涉及劳动者切身利益的规章制度和重大事项决定公示,或者告知劳动者"。因此,在建立幼儿园规章制度的时候,我们不仅要考虑儿童的发展、家长的需要,而且还要关爱教师的生命,维护他们的合法权益,严格控制班级规模,不让他们超负荷的工作;坚决遵守作息制度,不让他们超时间的工作,以全面保障他们的身心健康。此外,我们还应采取多种形式,帮助教师学法、懂法、守法、用法,依法行使法律赋予的权利,自觉履行法律规定的义务,不断提高依法维权的能力,通过正当渠道反映诉求。

第二节 中国幼教工作者对美国幼儿园公共环境的评价研究

图片 7-2-1 美国 IUCA 幼儿园户外活动环境

一、问题的提出

环境对幼儿的发展具有潜移默化的影响,幼儿园良好环境的创设有助于幼儿健康快乐地成长。早在2001年,教育部就在《幼儿园教育指导纲要(试行)》中指出:"幼儿园应为幼儿提供健康、丰富的生活和活动环境,满足他们多方面发展的需要,使他们在快乐的童年生活中获得有益于身心发展的经验";2010 年国务院在《关于当前发展学前教育的若干意见》中也指出,要"为儿童创设丰富多彩的教育环境",还在《国家中长期教育改革和发展规划纲要(2010—2020 年)》中指出,要"借鉴国际上先进的教育理念和教育经验,促进我国教育改革发展"。幼儿园环境包括公共环境和班级环境,公共环境主要是指幼儿园建筑物的外观造型、内部的大厅走廊、户外的活动场地等公共部分的环境。我国幼教工作者对美国幼儿园的公共环境会做出怎样的评价?他们为何会做出这样或那样的评价?本章试图对这些问题进行探讨,以优化我国幼儿园公共环境的创设,进一步提高办园的质量。

二、研究的过程与步骤

(一) 准备研究材料

研究者对自己在美国幼儿园所拍摄的公共环境的照片加以选择,共选出 90 张照片(其中有关建筑物外观造型、内部大厅走廊、户外活动场地的环境照片各 30 张),并制成 PPT1—90。

图片 7-2-2　美国 CU 幼儿园建筑物外观造型

图片 7-2-3　美国 PC 幼儿园大厅

图片 7-2-4　美国 PS 幼儿园走廊

图片 7-2-5　美国 UIUC 幼儿园户外活动场地

(二) 设计评价表格

研究者针对美国幼儿园的公共环境,设计评价工具,该评价工具共有 16 道题目(其中 2 道题是关于建筑物的外观造型环境,6 道题是关于内部的大厅走廊环境,8 道题是关于户外的活动场地环境);在每题的后面,都呈现了 5 个备选答案(从 A 到 E,肯定的程度逐渐减弱);要求评价者从中选择 1 个符合自己情况的答案;把评价表格制成 PPT91—97。

(三)发收评价表格

研究者选取 8 省,各省随机(F 省、G 省、H1 省、J 省、S1 省、S2 省、X 省、Z 省)选取 30 名幼教工作者作为样本,向其发放评价表格,共发放 240 份;边播放 PPT 课件边进行讲解,提醒他们依次完成评价表格上的各个问题;当场回收评价表格,共收到 198 份,回收率为 83%,其中有效评价表格 183 份(其中园长 105 份、教师 60 份、教研员及科研员和干训员共 18 份),有效率为 76%;①组织各地 6 名幼教工作者进行座谈(共 48 名),②交流各自的观感,并加以录音。

(四)处理研究数据

研究者上机统计处理有效评价表格,得出下面 7 张图表;把访谈资料转换成文本,并加以分类整理。

三、研究的结果与分析

(一)对美国幼儿园外观造型环境的评价结果与分析

1. 评价结果

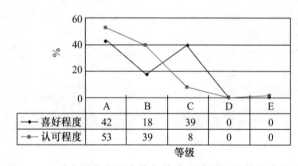

图 7-2-1 对美国幼儿园建筑物的外观造型环境的评价结果

由图 7-2-1 可知:(1) 我国 60% 的幼教工作者喜欢美国幼儿园建筑物的外观造型,其中"很喜欢"的占 42%,"较喜欢"的占 18%,"一般"的占 39%,"较不喜欢"的和"很不喜欢"的均为 0。(2) 我国 92% 的幼教工作者认可美国幼儿园建筑物的外观造型,其中认为"很好"的占 53%,"较好"的占 39%,"一般"的占 8%,"较不好"的和"很不好"的均为 0。

访谈发现,我国大多数幼教工作者之所以肯定美国幼儿园建筑物的外观造型环境,

---

① 维尔斯曼认为,调查一类专业人群,最低回答率被认为是 70%。参阅:〔美〕威廉-维尔斯曼.教育研究方法导论[M].袁振国,主译.北京:教育科学出版社,1997:222.

② 王汉生认为,调查会人数以 5—7 人为宜,最多不要超过 10 人。参阅:袁方.社会科学研究方法教程[M].北京:北京大学出版社,1997:277.

主要是因为:(1)这些建筑物的造型大都比较"美观""新颖""别致""独特""多元""没有什么相似的建筑物":有的"看上去像个农庄""林中营寨",具有"田园风味";有的"看上去像个城堡""宫殿""具有童话意境""会受到幼儿喜爱";有的看起来"很清新",具有"现代气息";有的看起来"很简朴",具有"原生态性"。不像我国幼儿园的建筑"看上去都差不多","没有什么新意和生气","比较单调"和"呆板"。(2)这些建筑物大多是平房,不像我国幼儿园基本上都是楼房,相比而言,平房会比楼房更加安全一些。(3)这些建筑物的门前大多是"平地",如果有"台阶"的话,那么还会在门旁边伴随着"坡地",这样就能使婴儿车和轮椅畅通无阻;我国幼儿园都有园门和楼门,园门往往都是建立在平地上的,但是楼门口大都设有几级台阶,不便于使用婴儿车和轮椅这些特殊的交通工具。

2. 结果分析

建筑造型是构成建筑外部形态的美学形式,是能被人直观感知的建筑空间的物化形式。中美幼儿园在建筑物外观造型环境上的较大差异可能来自以下几个原因:**(1) 设计幼儿园建筑的观念不同。**在我国,人们倾向于认为幼儿园的建筑物看上去就应该像个幼儿园的样子,外观设计要中规中矩、规范统一,不要别出心裁、标新立异;而在美国,人们则会认为"由于每一所幼儿园都应该依据家长和教师的需要进行设计,所以它并不意味着幼儿园的设计千篇一律"[①]。**(2) 对幼儿园建筑作用的认识不同。**我国幼儿园大多是"卖方市场",还没有意识到幼儿园建筑物对家长、对幼儿的潜在影响。而美国幼儿园主要是"买方市场",大多拥有"顾客是上帝"的服务理念,不仅考虑到幼儿园建筑物会对家长的择园产生直接影响,"因为家长和参观者常常根据幼儿园的外观形成对一个幼儿园的看法,因此必须保持地面的清洁卫生以及园舍本身的吸引力。幼儿园的房舍可通过它的规模、颜色、结构和设计来吸引人们"[②];而且还认识到建筑物也会对幼儿的情绪产生重要的影响,所以必须使幼儿园"看上去像是一个幼儿居住的地方。楼房如果经过精心设计,它不但可以精确地反映计划的理念,而且会使使用者感到十分舒适"[③]。**(3) 园长参与幼儿园建筑设计的程度不同。**我国在新建或改建、扩建幼儿园的建筑时,大都是上级主管部门和开发商说了算,园长实际上是没有什么发言权的。而美国则强调园长"必须参与进来","因为他们最了解幼儿园的需要"[④];为了建造出受人欢迎的幼儿园,园长在参与的过程中,还要精心挑选建筑师,因为"许多建筑师并不了解幼儿园的需要,所以你要选择一位愿意洗耳恭听并采纳你建议的人"[⑤]。**(4) 幼儿园贯彻落实法规政策的力度不同。**美国国会在 1990 年就颁发了《美国残疾人法》(*Americans with Disabilities Act of 1990*,ADA),要求"公共设施应当易于为残疾人接近和使用";在 2008 年又发布

---

① 〔美〕Dorothy June Sciarra & Anne G. Dorsey. 幼儿园的开办与管理[M]. 张咏,等译. 北京:中国轻工业出版社,2003:104.
② 同上书,第 101 页。
③ 同上书,第 109 页。
④ 同上书,第 43 页。
⑤ 同上书,第 111 页。

了《美国残疾人法修正案》(ADA Amendments Act of 2008),提高了残疾人的地位,扩大了残疾人的权利,[①]而幼儿园"用斜坡代替楼梯"的建筑设计就是其严格遵守法律的真实写照。我国政府也早于1990年就颁发了《中华人民共和国残疾人保障法》(中华人民共和国主席令第3号),2008年又对此进行了修订,要求"各级人民政府和有关部门应当按照国家无障碍设施工程建设规定,逐步推进已建成设施的改造,优先推进与残疾人日常工作、生活密切相关的公共服务设施的改造"[②],但在幼儿园的建筑设施上还未彰显出知法守法的风采。相信今后我国各级政府和开发商在改造幼儿园的建筑物时,都会在主楼门口的阶梯旁边补建斜坡等无障碍设施,以改善残疾儿童的活动环境。

(二) 对美国幼儿园大厅走廊环境的评价结果与分析

1. 对大厅环境的评价结果与分析

(1) 评价结果

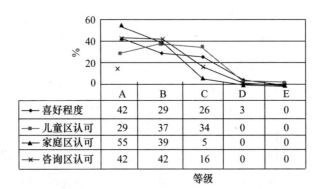

图7-2-2 对美国幼儿园大厅环境的评价结果

由图7-2-2可知:① 我国71%的幼教工作者喜欢美国幼儿园大厅的环境,其中"很喜欢"的占42%,"较喜欢"的占29%,"一般"的占26%,"较不喜欢"的占3%,"很不喜欢"的为0。② 我国66%的幼教工作者认可美国幼儿园大厅的"儿童区"环境,其中认为"很好"的占29%,"较好"的占37%,"一般"的占34%,"较不好"的和"很不好"的均为0。③ 我国94%的幼教工作者认可美国幼儿园大厅的"家庭区"环境,其中认为"很好"的占55%,"较好"的占39%,"一般"的占5%,"较不好"的和"很不好"的均为0。④ 我国84%的幼教工作者认可美国幼儿园大厅的"咨询区"环境,其中认为"很好"的占42%,"较好"的占42%,"一般"的占16%,"较不好"的和"很不好"的均为0。

访谈发现,我国大多数幼教工作者之所以赞赏美国幼儿园大厅的环境,主要是因为:① **这些大厅**看上去都"很温馨""很漂亮",还摆放着"一些家具",营造出了"家"的氛围,让人感到"轻松愉快""宾至如归";不像我们的幼儿园大厅看上去都"很正八经","板着面孔说话"的味道很重,给人以"严肃""沉重"的感觉。② **儿童区的作品**表现出浓浓的童趣,既有儿童的绘画、拼贴作品,也有儿童的沙子、木工作品,能够缩短儿童与幼儿园之间

[①] http://www.ada.gov 2012-06-22
[②] http://www.gov.cn 2012-06-22

的心理距离;我们的幼儿园虽然没有"展示过幼儿的沙子作品"和"木工作品",但却会呈现幼儿的许多"纸盒作品""陶艺作品"。③ **家庭区的布置**"好像家庭",既有"沙发""椅子"和"桌子",又有"鲜花""绿叶",给人以"家的感觉""美的印象";既有"各种简讯"纸质材料的平面呈现,又有"柔和灯光"的垂直映照,给人以"神秘感""浪漫感""立体感"。不像我们幼儿园总是要求大家"节约用电","白天不要开灯","以免浪费电能"。④ **咨询区的位置**"就设在大楼的门口",这样显得"很方便",因为"家长一走进大门,就能看见坐在这里的工作人员","有什么话想说,马上就能说","有什么事想问,马上就能问";咨询区的陈列好像"商场里的柜台""酒吧里的吧台""医院里的导医台",显得"很开放""很平等""很友好",因为家长能一眼看到"柜台""吧台""导医台"后面的人员和物品,这样就能减轻"问询""沟通"时的一些压力。而我们的幼儿园目前还"没有设立这样的咨询区"。

(2) 结果分析

大厅环境是走进幼儿园建筑物所看到的第一道风景线,具有"首因效应"的功效。中美幼儿园在大厅环境创设上存在的一些异同点及成因主要表现在以下几个方面:① **从总体来看**,两国都很重视大厅环境的布置,但所走的路径有所不同,我国走的是"教育化"的路子,而美国走的却是"娱乐性"的路子;由此所烘托出的气氛当然也就不同,我国的气氛显得比较"凝固",而美国的气氛却显得比较"鲜活"。② **从儿童区来看**,两国在大厅里都开辟了儿童区,但所陈列的儿童作品的种类有所不同,美国儿童的作品有木工作品、沙子作品,而我国儿童的作品有纸盒作品、陶艺作品。③ **从家庭区来看**,美国比我国更为关注家庭区的创立和改进,更为重视家长的需要和体验,在他们看来,"一所幼儿园应该提供空间充足、富有吸引力的设施,它们不但为幼儿设计或改造,而且应该同时满足幼儿园教师和家长的需要"[①];"这里的灯光和教室里的灯光一样重要。这里的灯光应该明亮但不刺眼。教室在理想情况下应该是充满阳光的,但在没有阳光的时候,人造的阳光区域也可以创设幼儿及家长们希望在整个幼儿园中都能体验到的真正温暖氛围"[②]。④ **从咨询区来看**,美国比我国更加重视咨询区的创设和布局,更加关注家长的生理和心理需求,在他们看来,"如果接待者或秘书的办公室有一个可以眺望大门口的大窗户,那么当家长或者参观者到达的时候,他们之间便会有视觉上的联系,这样家长或者参观者在寻求帮助时心情可能会更愉快。……如果幼儿的家长或者参观者进入幼儿园找不到可以问询的人,他们或许会认为没有人关心他们的需要,有可能怀着沮丧的心情离开"[③]。由此可见,"幼儿园的办园理念影响到空间的类型和安排"[④],美国幼儿园对家庭区和咨询区的设置,折射出他们比我们更为重视家长的地位,更加强调家长的参与。

---

① 〔美〕Dorothy June Sciarra & Anne G. Dorsey.幼儿园的开办与管理[M].张咏,等译.北京:中国轻工业出版社,2003:99.
② 同上书,第102页.
③ 同上书,第102页.
④ 同上书,第107页.

2. 对走廊环境的评价结果与分析

(1) 评价结果

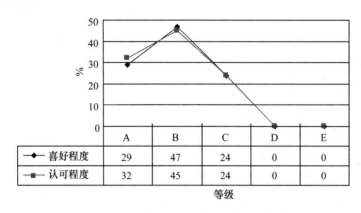

图 7-2-3　对美国幼儿园走廊环境的评价结果

由图 7-2-3 可知：① 我国 76% 的幼教工作者喜欢美国幼儿园走廊环境，其中"很喜欢"的占 29%，"较喜欢"的占 47%，"一般"的占 24%，"较不喜欢"的和"很不喜欢"的均为 0。② 我国 77% 的幼教工作者认可美国幼儿园走廊环境，其中认为"很好"的占 32%，"较好"的占 45%，"一般"的占 24%，"较不好"的和"很不好"的均为 0。

访谈发现，我国大多数幼教工作者之所以赞叹美国幼儿园的走廊环境，主要是因为：① **墙壁环境的布置儿童化**，既贴着"儿童在园的生活照片"和"活动照片"，又贴着"儿童的粘贴作品"和"涂画作品"；这与中国的幼儿园"有些不同"，我们还会呈现"教师的许多美术作品"。② **地面环境的布置便利化**，既为儿童摆放着共用的"长条凳子"，以便于他们同时坐下"换衣服""换鞋子""交流""谈心"；又为儿童设立了独用的"架子""柜子"，以便于他们悬挂自己的"帽子""衣服""书包"，摆放自己的作品。中国幼儿园目前还"做不到这些"，因为我们的走廊都"比较狭窄"，"摆不下这么多东西"。③ **空中环境的布置简洁化**，虽然有教师制作的"树叶娃"和"卡通娃"、儿童创作的"彩球"和"彩虹"，但看上去就像是"蜻蜓点水"，显得比较"简洁"；不像我们的幼儿园"悬挂的物品都很多"，看上去就像是"满汉全席"，显得有点"繁杂"。④ **角落环境的布置适宜化**，在万圣节时，能用"稻草人""南瓜""蝙蝠"等物品来装扮；在圣诞节时，又用"圣诞老人""圣诞树""圣诞花"等物品来装饰。这与我们幼儿园的做法"比较相似"，能根据节日的变化进行相应的"调整"和"更新"。

(2) 结果分析

走廊环境是幼儿园楼内的第二道风景线，是联结门厅和教室的主要桥梁。中美幼儿园在走廊环境创设上的异同主要反映在以下几个方面：① **在价值取向上**，两国都很重视"让走廊环境说话"，充分发挥其在儿童成长中的媒介作用。② **在相互关系上**，美国比我国更加注意协调走廊的物理环境和心理环境之间的关系，更加重视呈现教师、特别是幼儿的日常活动，他们认为，"设计幼儿园所遇到最大的挑战之一是将一个冷冰冰的工厂改造成一个富有人性的环境。这种改造的一部分要使房间和走廊能够反映在此度过许多时光的幼儿和成人的生活方式"①。③ **在具体要求上**,美国强调走廊要短而有趣且互不干扰,注意发挥其"阳光大道"的双赢作用,他们相信,"正像幼儿可以不穿过既长又没意思的或许令人有些害怕的走廊就可以到达教室一样,大人们也可以不用打扰幼儿玩耍就能方便地到达他们要去的地方"②;而我国则更重视走廊的宽阔性,要求"双面布房"的净宽度不能小于"1.8 米","单面布房"的净宽度不能小于"1.5 米"。③

(三) 对美国幼儿园户外活动环境的评价结果与分析

1. 对户外活动场地进入的评价结果与分析

(1) 评价结果

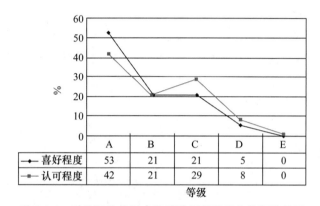

图 7-2-4 对美国幼儿园户外活动场地的进入的评价结果

由图 7-2-4 可知:① 我国 84% 的幼教工作者喜欢美国幼儿园进入户外活动场地的多种方式,其中"很喜欢"的占 53%,"较喜欢"的占 21%,"一般"的占 21%,"较不喜欢"的占 5%,"很不喜欢"的为 0。② 我国 63% 的幼教工作者认可美国幼儿园进入户外活动场地的多种方式,其中认为"很好"的占 42%,"较好"的占 21%,"一般"的占 29%,"较不好"的占 8%,"很不好"的为 0。

访谈发现,我国大多数幼教工作者之所以赞美美国幼儿园进入户外活动场地的多种方式,主要是因为:① **从班级后门直接进入户外活动场地**,既方便又安全。他们的教室安装了"前后""两扇门","后门"直接通往户外活动场地,这样教师组织幼儿外出活动,真是"太方便了""太安全了";"不像我们班级只有一扇门","进进出出都很拥挤的"。② **从班级前门间接进入户外活动场地**,"比较安全"。"这和我们班级差不多",设置的都是"双扇平开门",教师带领儿童"先走出教室,后来到户外活动场地"。③ **从幼儿园大门曲线进入户外活动场地**,既有开放性又有危险性。户外活动场地不在幼儿园里,既"有好处",

---

① 〔美〕Dorothy June Sciarra & Anne G. Dorsey. 幼儿园的开办与管理[M]. 张咏,等译. 北京:中国轻工业出版社,2003:100.
② 同上书,第 102 页。
③ 中国学前教育研究会编. 中华人民共和国幼儿教育重要文献汇编[M]. 北京:北京师范大学出版社,1999:254.

也"有坏处":好处就是"家长接了孩子以后还可以到这里来玩","附近的居民也可以利用这里的场地";坏处就是"很不安全","难以管理"。

(2) 结果分析

户外活动场地是幼儿园室内活动场地的延伸部分,是儿童接触空气、阳光和水的天然浴场。中美幼儿园在进入户外活动场地的方式上存在的异同点主要表现在以下几个层面:① **在种类上**,美国多于我国,他们有三种进入方式,而我们只有一种进入方式,导致这种差异的原因可能是我国对幼儿园户外活动场地的统一规定,置"安全"于至高无上的地位,试图通过各种"堵塞"的措施来消除任何安全隐患。② **在偏好上**,"以班级后门直接进入户外活动场地"深受中美幼教工作者的喜爱,因为"计划者应该考虑幼儿室内外以及它们之间的日常交通方式。……一个好的地面计划应考虑到这个事实,即幼儿应该能直接到室外,要么从他们自己的教室,要么从至少在走廊里闲逛或者在用于其他用途的地方"①,所以,"要把直接与有围栏的户外场地相连的地面设置得很方便。当幼儿直接从他们的教室走向有防护栏的户外场地时,教师既可以监督那些在屋外玩耍的幼儿,也可以监督那些待在屋里的幼儿"②。

2. 对户外活动场地围栏的评价结果与分析

(1) 评价结果

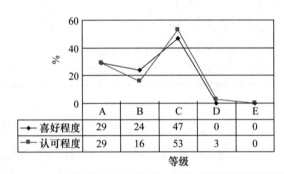

图 7-2-5　对美国幼儿园户外活动场地的围栏的评价结果

由图 7-2-5 可知:① 我国只有 53% 的幼教工作者喜欢美国幼儿园户外活动场地的围栏,其中"很喜欢"的占 29%,"较喜欢"的占 24%,"一般"的占 47%,"较不喜欢"的和"很不喜欢"的均为 0。② 我国只有 45% 的幼教工作者认可美国幼儿园户外活动场地的围栏,其中认为"很好"的占 29%,"较好"的占 16%,"一般"的占 53%,"较不好"的占 3%,"很不好"的为 0。

访谈发现,我国幼教工作者对美国幼儿园户外活动场地的围栏的评价两极分化,有褒有贬,这主要是因为:① **围栏的材料多样**。他们幼儿园的围栏既有"木栅栏",也有"铁栏杆""铁丝网",做到了"软硬兼施""内外通透",彼此"看得见";不像我们幼儿园的围墙

---

① 〔美〕Dorothy June Sciarra & Anne G. Dorsey.幼儿园的开办与管理[M].张咏,等译.北京:中国轻工业出版社,2003:103.

② 同上书,第 101 页。

太"单一"了,都是用"砖瓦""钢筋水泥"砌成的,致使"内外隔绝",彼此"看不见"。② **围栏的高度不够。**他们幼儿园的围栏都"太矮了",大都只有"1米"高,这样就"很不安全","坏人很容易跨进去的","偷东西""拐骗小孩";不像我们幼儿园的围墙"都很高",基本上都在"2米""2.2米""3米"以上,此外还会"在墙头上插进碎玻璃片""安装倒刺""拉上铁丝网""布上高压线""安装电网",这样就能"防患于未然","严防事故的发生",降低"坏人做坏事"的概率。

(2) 结果分析

户外活动场地的围栏是幼儿园保护儿童生命的重要防线,关系到儿童的人身安全。中美幼儿园户外活动场地在围栏上存在的较大差异可能和以下几个因素有关:① **对围栏作用的认识不同。**美国对幼儿园围栏作用的认识主要以儿童为焦点,且比较全面具体,在他们看来,"室外游戏区拥有栅栏,就能防止儿童走上街道,避免坑道、水坑或水井等危险物对儿童造成的伤害"①;"设有防护栏的游戏区域不但可以防止幼儿离开游戏场地,还可以防止他们损害设备,干扰其他幼儿做游戏,以及帮助他们远离诸如场地四周的破玻璃之类的危险性材料"②。而我国则还没有形成这样的认识,且焦点分散,我们只是从宏观上提出幼儿园游戏场地的"围护、遮栏设施""应安全、美观、通透"。③ ② **对围栏设置的要求不同。**我国各级各类教育机构都建有围墙,幼儿园当然也不能例外,且对高度有硬性的规定(远高于成人的身高),此外还会在墙头安放其他障碍物,以防止不法分子的进入;而美国的大学乃至中小学都没有设立围栏,但是幼儿园却有围栏,且对高度有一定的规定(近似于幼儿的身高),这就表明他们意识到了幼儿园是不同于其他教育机构的,且格外重视幼儿的人身安全问题。

3. 对户外活动场地区域的评价结果与分析

(1) 评价结果

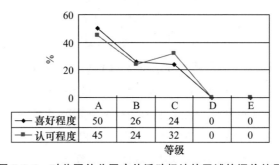

图 7-2-6 对美国幼儿园户外活动场地的区域的评价结果

由图 7-2-6 可知:① 我国 76% 的幼教工作者喜欢美国幼儿园户外活动场地的区域,

---

① http://www.naeyc.org 2012-06-22
② 〔美〕Dorothy June Sciarra & Anne G. Dorsey. 幼儿园的开办与管理[M]. 张咏,等译. 北京:中国轻工业出版社,2003:101.
③ 中国学前教育研究会编. 中华人民共和国幼儿教育重要文献汇编[M]. 北京:北京师范大学出版社,1999:248.

其中"很喜欢"的占 50%,"较喜欢"的占 26%,"一般"的占 24%,"较不喜欢"的和"很不喜欢"的均为 0。② 我国 69%的幼教工作者认可美国幼儿园户外活动场地的区域,其中认为"很好"的占 45%,"较好"的占 24%,"一般"的占 32%,"较不好"的和"很不好"的均为 0。

访谈发现,我国大多数幼教工作者之所以赞同美国幼儿园户外活动场地的区域,主要是因为:① **场地的材质丰富**。他们既有"塑胶地""草地"和"土地",也有"木屑地";而我们虽没有"木屑地",但却有"水泥地""卵石地"。② **场地的功能齐全**。他们既有"运动区""储藏区",也有"休闲区";而我们则没有"休闲区"。③ **场地的种类多样**。他们既有"体育活动区",也有"玩沙区""玩水区";而我们的"玩水区比他们大得多","有很大的戏水池",此外,我们还有"种植区"和"饲养区"。④ **场地的划分明显**。他们的婴儿班和学步儿班都有本班"专用的场地",并用"栅栏分隔"开来;幼儿班有大家"共用的场地"。而我们往往是"各班交替"使用某个场地,或"同年级共同使用"某块场地。⑤ **场地的面积颇大**。他们的面积都很大,加上幼儿人数又少,就显得更加"开阔";而我们的面积则"较小",加上幼儿人数又多,就显得更为"狭小"。

(2) 结果分析

户外活动场地是幼儿园开展户外活动的物质基础,不同的区域对儿童身心的发展具有不同的作用。中美幼儿园在户外活动场地的区域上表现出的这些异同可能来自以下几个原因:① **类似的教育观念**。"近山者仁,近水者智"。两国幼教工作者都认识到玩沙、玩水有助于儿童手脑并用、心灵手巧,因此都为儿童开辟了玩沙区、玩水区,使儿童能够通过挖沙堆沙、塑造形状、漂流玩具、划水涉水等活动,全面观察沙的变化,深入了解水的特性,促进推理能力和创造能力的发展。② **不同的评审标准**。我国许多省市都在办园基本标准{如《上海市托幼园所办学等级标准(试行)》[沪教委基(2003)62 号]、《山东省幼儿园基本办园条件标准(试行)》[鲁教基字(2010)10 号]、《湖北省学前教育机构办园基本标准(试行)》[鄂教基(2012)11 号]}中指出,幼儿园要在户外活动场地上开辟种植园地、动物饲养角,以便于儿童进行专门的种植和饲养活动;而美国则没有在《学前教育机构标准和认证指标》(*NAEYC Early Childhood Program Standards and Accreditation Criteria*)中明确规定开展饲养活动和种植活动的具体场所,因此许多幼儿园不是在户外而是在室内设立了相应的区域。③ **不同的面积规定**。我国对幼儿户外活动人均占地面积的要求低于美国。城乡建设环境保护部、国家教育委员会在《城市幼儿园建筑面积定额(试行)》[(88)教基字 108 号]中指出:"室外活动场地,包括分班活动场地和共同活动场地两部分",其中分班活动场地"每生 2 平方米。"共用活动场地"每生 2 平方米。"① 上海市教育委员会在《上海市托幼园所办学等级标准(试行)》中规定:"户外活动

---

① 中国学前教育研究会编.中华人民共和国幼儿教育重要文献汇编[M].北京:北京师范大学出版社,1999:265.

场地的人均面积不低于1.5平方米。"① 湖北省教育厅在《湖北省学前教育机构办园基本标准(试行)》中规定:"户外活动面积,幼儿人均2平方米及以上。"② 山东省教育厅在《山东省幼儿园基本办园条件标准(试行)》中规定:城市幼儿园、乡镇中心幼儿园、农村幼儿园的室外活动场地面积每生"不应小于4平方米"。③ 而美国学前教育研究会则在《学前教育机构标准和认证指标》中规定:"每个幼儿在室外游戏场地的面积至少有75平方英尺。"④

4. 对美国幼儿园户外活动场地器械的评价结果与分析

(1) 评价结果

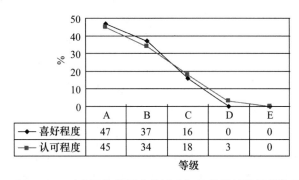

图 7-2-7 对美国幼儿园户外活动场地的器械的评价结果

由图7-2-7可知:① 我国84%的幼教工作者喜欢美国幼儿园户外场地的器械,其中"很喜欢"的占47%,"较喜欢"的占37%,"一般"的占16%,"较不喜欢"的和"很不喜欢"的均为0。② 我国79%的幼教工作者认可美国幼儿园户外场地的器械,其中认为"很好"的占45%,"较好"的占34%,"一般"的占18%,"较不好"的占3%,"很不好"的为0。

访谈发现,我国绝大多数幼教工作者之所以赞扬美国幼儿园户外活动场地的器械,主要是因为:① **器械的制作材料多样**。他们既有钢铁制品,如高低杠、爬杆,也有塑胶制品,如跷跷板,此外还有木制品,如火车、秋千;而我们的木制品却较少,甚至没有。② **器械的呈现形式不同**。他们既有单独设立的简单玩具,如平衡木与跷跷板、秋千分开安置,且秋千的数量很多、玩法多样;也有联合设立的复杂玩具,如攀登架与滑滑梯和荡桥一同设置。而我国幼儿园的秋千数量则较少,可让几个幼儿合在一起荡的长椅秋千、轮胎秋千则更少。③ **器械的教育作用全面**。他们既有增强幼儿上肢、下肢、躯干运动能力的器械,如吊篮⑤、爬网、踏板、钻圈,也有保证幼儿放松、休息的设备,如大桌子和长凳子,这样就能使幼儿劳逸结合,玩累了坐下来歇一会儿;而我们发展幼儿上肢的运动器械则较少,且没有放置能让幼儿坐下来放松一下、休息一下的设备。

---

① http://www.shmec.gov.cn 2012-06-22
② http://www.hbe.gov.cn 2012-06-18
③ http://www.sdchild.com 2012-06-18
④ 1平方英尺约等于0.092903平方米,75平方英尺约等于6.97平方米。——作者注
⑤ 这些吊篮大都很高,儿童伸手触摸不到,只有借助其他器具,才能用双手抓住吊篮,使身体悬空,然后通过左手和右手交替地抓握吊篮,往前行进,到达另一端。——作者注

(2) 结果分析

户外活动场地的器械是幼儿园开展户外体育游戏活动的关键因素,是儿童成长的最好伙伴。中美幼儿园户外活动场地在器械上表现出的差异可能具有以下几个原因:① **价值观的不同。**美国较多的是从环境建构出发来考虑问题,他们不仅注意钢铁制品这种"硬环境"的作用,而且还强调塑胶制品、木制品这类"软环境"的影响;而我国更多地是从经济条件出发来考虑问题,我们没有美国那么富裕,必须精打细算,钢铁制品、塑胶制品要比木制品更加牢固结实、经久耐用,更加不怕风吹雨打、使用损耗,因此被较多地加以选择和利用。② **发展观的不同。**一方面,中美幼教工作者虽然都很重视儿童身体的全面发展,但在美国幼教工作者看来,"发展和冒险"是相互依存、相互促进的,儿童更喜欢富有挑战的、冒险的环境,儿童就是在冒险中获得成长的,因此,在为儿童安装运动器械时,既有增强"下肢""躯干"运动技能的普通器械,也有提高"上肢"运动技能的冒险器械;而在我们看来,"发展和冒险"是相互矛盾、相互制约的,儿童自我保护的能力较差,冒险对儿童来讲就是一种潜在的危险,因此,各种运动器械的安装和使用都要以安全为本位,不能舍本逐末,本末倒置。**另一方面,中美幼教工作者都很重视儿童身心的和谐发展,**但在美国幼教工作者看来,儿童进行户外活动时也需要有张有弛、动静交替,使儿童想玩就玩、想歇就歇,因此必须为儿童提供一些休息的设施设备;而在我们看来,儿童进行户外活动时就应该多运动,达到足够的运动量,如果儿童想休息,那么就由教师统一带回教室,大家一起放松、休息。

四、研究的结论与建议

(一) 研究结论

1. 美国幼儿园建筑外观环境,得到了我国6成以上幼教工作者的肯定:其中认可的比例(92%)高于喜欢的比例(60%)。

2. 美国幼儿园大厅走廊环境,得到了我国7成以上幼教工作者的肯定:对大厅环境的喜欢率为71%,对大厅环境的认可率依次是家庭区最高为94%、咨询区其次为84%、儿童区再次为66%;对走廊环境的喜好率为76%、认可率为77%。

3. 美国幼儿园户外活动环境,得到了我国4成以上幼教工作者的肯定:在户外活动场地的进入上,喜欢率(84%)高于认可率(63%);在户外活动场地的围栏上,喜欢率(53%)高于认可率(45%);在户外活动场地的区域上,喜欢率(76%)高于认可率(69%);在户外活动场地的器械上,喜欢率(84%)高于认可率(79%)。

(二) 思考与建议

1. 法规政策要为幼儿园公共环境的创设保驾护航

法规政策是幼儿园创设公共环境的依据和保障。20世纪80年代以来,我国政府颁布了一系列法规政策(例如,1987年城乡建设环境保护部、国家教育委员会发布了《托儿所、幼儿园建筑设计规范》,1988年国家教育委员会、建设部发布了《城市幼儿园建筑面积定额(试行)》,1992年国家教育委员会发布了《幼儿园教玩具配备目录》),为幼儿园建筑造型、走廊、室外游戏场地等公共环境的建设奠定了必要的法制基础,促进了幼儿园公共环境走向安全化、卫生化、儿童化、教育化和艺术化。但今天来看,这些法规政策还存在着一些局限和不足,需要加以修订和完善(比如,扩大幼儿户外人均占地面积定额);与此同时,还要增加一些新的法规政策(比如,研制出台《农村幼儿园建筑面积定额(试行)》),以全面提高我国幼儿园公共环境的育人水平,确保城乡幼儿园建筑既能反映公共建筑造型的共同规律,也能反映特殊建筑造型的自身规律;既能与所在社区的建筑风格协调一致,又能保持自己的独特魅力;既能反映"新、奇、趣、美"的幼教建筑的个性风采,又能满足不同年龄幼儿身心发展的各种需求。

2. 评审标准要为幼儿园公共环境的创设推陈出新

评审标准是幼儿园创设公共环境的指南和动力。美国幼儿园的评审标准主要是由全国学前教育研究会制定的,并不断地加以改进,1998年曾对1985年公布的标准进行了修订,2006年又对1998年的标准进行了更新,在最新的《学前教育机构标准和认证指标》中,提出了10项评估标准,其中1项就是"物质环境",包括建筑的设计、户外环境的布局、户外设备和器具及材料的安置这几个部分,不仅要求幼儿园的户外游戏场地适合儿童的年龄、发展水平、能力、需要和兴趣,还要求幼儿园的设施设备达到《美国残疾人法案》规定的各种标准,易于每个儿童进出建筑物和室外活动场地。[①]

我国幼儿园目前还没有全国统一的评审标准,各省(市)都制定了自己的标准。2003年上海市教育委员会和卫生局在对1995年颁发的标准进行修订的基础上,又发布了《上海市托幼园所办学等级标准(试行)》,对一级园的户外活动场地面积、大型运动器具都提出了具体的要求;[②]2009年上海市教育委员会在对1996年颁发的标准进行修订的基础上,又发布了《上海市示范性幼儿园标准(修订稿)》[沪教委基(2009)83号],要求幼儿园的"设施设备"不仅要"符合《上海市幼儿园建设标准》和《上海市幼儿园装备标准》的要求",而且还要"能满足教育教学和特色发展的需求,且利用率高"。[③] 2010年山东省教育厅发布了《山东省幼儿园基本办园条件标准(试行)》(鲁教基字〔2010〕10号),分别对城市、乡镇中心、农村幼儿园基本办园条件标准做出了规定,不仅对室外活动场地的面积和软质地面提出了具体的要求,而且还对大中型运动器械以及器械之间的安全距离做出了硬性的规定;[④]2012年湖北省教育厅发布了《湖北省学前教育机构办园基本标准(试行)》(鄂教基〔2012〕11号),对幼儿园的户外活动面积、体育活动器械也都做出了具体的规定。[⑤] 毋庸置疑,这些标准都对当地幼儿园的举办起到了"门槛底线"和"杠杆调节"的作用,有助于保证和提升办园质量。期盼今后我国各省(市)在修订和完善办园条件标准

---

① http://www.naeyc.org 2012-06-18
② http://www.shmec.gov.cn 2012-06-22
③ http://www.shmec.gov.cn 2012-06-22
④ http://www.sdchild.com 2012-06-18
⑤ http://www.hbe.gov.cn 2012-06-18

时,能更多地加入公共环境创设的不同内容和具体指标,以确保幼儿园建筑造型的生动形象、新奇直观,大厅走道布局的活泼可爱、鲜明合理,室外活动场地的安全宽敞,设施器械的充足适用。

3. 保教团队要为幼儿园公共环境的创设推波助澜

保教团队是幼儿园创设公共环境的资源宝库。在美国,保教团队的作用发挥得比我国保教团队更加全面、多样、充分。例如,在幼儿园外观建筑和内部构造完成之前,园长都要出谋划策,给建筑师和设计师提出相应的建议;而在我国,保教团队作用的发挥则主要是在幼儿园交付使用以后,这时的园舍大都早已定型,园长的作用明显被弱化了。

作为幼儿园公共环境中占主导地位的建筑,既是幼儿园形象的一个重要标志,也是吸引幼儿的一个重要元素,它们的造型美有助于促进幼儿身心的健康发展,提升幼儿园环境的教育质量,因此幼儿园建筑造型的设计就显得尤为重要,既要注意内部的结构合理,又要注意外貌的生动有趣;既要达到上级主管部门规定的各种标准,又要实现幼儿和谐发展的各项目标。为使幼儿园公共环境的创设更有生命、灵气、童真、童趣,就必须打造一支环境创设研究团队。一方面,要重视发挥园长在团队中的引领作用,积极主动地投身到幼儿园的硬件建设中去,做好公共环境的统筹安排和合理布局。另一方面,还要注意发挥每个队员在团队中的聪明才智,集思广益,分工协作,齐心协力,利用集体的力量,做好公共环境的创新设计和科学使用。例如,在装饰幼儿园的公共环境时,园长要求"环境创设小组"务必做到"色调与幼儿生动活泼的特性相匹配";小组长通过查阅文献资料,发现了"高明度、高饱和度的颜色、暖色、高对比度的色彩处理,可以使幼儿产生兴奋、开朗、欢快的心情",就建议组员们分别采用莓红、豆黄、湖蓝及紫藤等颜色,在大门、围墙、栏杆和主要设备上以不同的比例反复出现,形成了主色调,营造出了轻松、愉快、自然、温馨的色彩氛围。再如,在布置幼儿园的公共环境时,园长要求"环境创设小组"必须做到"色彩与教育活动的安排相统一";小组成员便纷纷地行动起来,使色彩的运用与季节的变化、节日的氛围、主题的内容相吻合。比如,在"春节"来临之际,运用了纯正的中国红(如中国结、春联、窗花),来打造欢乐祥和、团圆喜庆的节日气氛;在"圣诞节"来临之际,选用了红色(如圣诞花)、绿色(如圣诞树)和白色(如圣诞蜡烛),来打造平安快乐、温馨浪漫的节日气氛。

4. 家长群体要为幼儿园公共环境的创设添砖加瓦

家长群体是幼儿园创设公共环境的坚强后盾。家长群体是个"古道热肠"的积聚地,他们都有望子成才之心,都有自己的观念、兴趣和爱好,这就形成了幼儿园"取之不尽、用之不竭"的丰富的"地下矿藏";家长群体是个"藏龙卧虎"的芳草园,他们来自不同的行业,具有独特的知识和能力,这就构成了幼儿园"弥补教师之弱项、不足"的稀缺的"地上金库"。因此,幼儿园要鼓励、支持家长展示自己的爱心,发挥自己的特长,为公共环境的创设献计献策、出力流汗,以便更好地促进幼儿的发展。例如,园长可邀请身为建筑师、心理学家、美学家的家长们,全面参与"环境创设小组"的活动,为幼儿园外形的建造、细节的设计、色彩的运用奉献自己的职业经验和一技之长,以确保幼儿园的整个体形既能做到舒展、开放,符合幼儿的生理尺度,使幼儿产生轻松的感觉,又能做到高低错落、丰富多彩,符合幼儿的心理特点,使幼儿拥有愉悦的感受。

第三节 中国幼教工作者对美国幼儿园班级环境的评价研究

图片 7-3-1 美国 PPB 幼儿园班级图书区

一、问题的提出

班级环境是幼儿园环境的重要组成部分,它对幼儿身心的发展具有直接的影响,良好的班级环境的创设有利于儿童健康快乐地成长。2001 年教育部就在《幼儿园教育指导纲要(试行)》中要求幼教工作者,"为幼儿提供健康、丰富的生活和活动环境,满足他们多方面发展的需要,使他们在快乐的童年生活中获得有益于身心发展的经验";2010 年国务院在《关于当前发展学前教育的若干意见》中又要求幼教工作者,"为儿童创设丰富多彩的教育环境",在《国家中长期教育改革和发展规划纲要(2010—2020 年)》中还要求幼教工作者,"借鉴国际上先进的教育理念和教育经验,促进我国教育改革发展"。美国幼儿园的班级环境主要是指班级内部的物质环境,不仅包括基本的区域安排(如设施、设备和材料),而且还包括独特的一室三用(用于活动、餐点和午睡)、观察室(窗)、教师办公区的空间配置。我国幼教工作者对美国幼儿园的班级环境会做出怎样的评价?他们认为我们可以从中借鉴什么?本章试图对这些问题进行探讨,以优化我国幼儿园的班级环境创设,促进儿童更好地发展。

二、研究的过程与步骤

(一)准备研究材料

研究者对自己在美国幼儿园所拍摄的各种年龄班环境的照片加以选择,共选出班级内部环境照片 69 张[1 岁班、2 岁班、3 岁班、4 岁班、5 岁班、3—5 岁班的照片各 10 张;一室三用、观察室(窗)、教师办公区的照片各3张],制成PPT1—69。

图片 7-3-2 1 岁班环境

图片 7-3-3 2 岁班环境

图片 7-3-4 3 岁班环境

图片 7-3-5 4 岁班环境

图片 7-3-6 5 岁班环境

图片 7-3-7 3—5 岁班环境

图片 7-3-8　班级的一室三用

图片 7-3-9　班级的教师办公区

(二) 设计评价表格

研究者针对美国幼儿园班级的环境,设计出 4 个问题:(1) 我国幼教工作者对美国幼儿园班级环境的喜好程度;(2) 我国幼教工作者对美国幼儿园班级环境的认可程度;(3) 我国幼教工作者认为借鉴美国幼儿园班级环境的必要程度;(4) 我国幼教工作者认为借鉴美国幼儿园班级环境的可能程度。在每个问题的后面,都有 5 个备选答案(从 A 到 E,肯定的程度逐渐减弱);要求评价者从中选择最符合自己情况的答案。把评价表格制成 PPT70—78。

(三) 发收评价表格

研究者向每省随机选取 30 名幼教工作者发放评价表格,8 省(F 省、G 省、H1 省、J 省、S1 省、S2 省、X 省、Z 省)共发放 240 份;边播放 PPT 课件,边进行讲解,然后提醒他们依次完成评价表格上的各个问题。当场回收评价表格,共收到 198 份,回收率为 83%;有效评价表格 183 份(园长 105 份、教师 60 份、教研员及科研员和干训员共 18 份),有效率为 76%。[①] 组织各地 6 名幼教工作者进行座谈(共 48 名),[②] 交流各自的观感,并加以录音。

(四) 处理研究数据

研究者上机统计处理有效评价表格,得出下面 9 张图表;把访谈资料转换成文本,并整理归类。

三、研究的结果与分析

(一) 对 1 岁班环境的评价结果与分析

由图 7-3-1 可知:(1) 我国 95% 的幼教工作者喜欢美国幼儿园 1 岁班环境,其中"很喜欢"的占 84%,"较喜欢"的占 11%,"一般"的占 5%,"较不喜欢"的和"很不喜欢"的均

[①] 维尔斯曼认为,调查一类专业人群,最低回答率被认为是 70%。参阅:〔美〕威廉·维尔斯曼.教育研究方法导论[M].袁振国,主译.北京:教育科学出版社,1997:222.

[②] 王汉生认为,调查会人数以 5—7 人为宜,最多不要超过 10 人。参阅:袁方.社会科学研究方法教程[M].北京:北京大学出版社,1997:277.

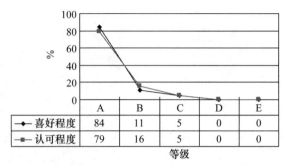

图 7-3-1　对 1 岁班环境的评价结果

为 0。(2) 我国 95％的幼教工作者认可美国幼儿园 1 岁班环境,其中认为"很好"的占 79％,"较好"的占 16％,"一般"的占 5％,"较不好"的和"很不好"的均为 0。

访谈发现,我国幼教工作者非常喜欢、高度认可美国幼儿园 1 岁班环境的主要原因有:(1) 半圆形的桌子里还镶嵌着几把椅子,真的很有意思,我们以前没见过;看上去很安全,幼儿会坐得稳当,不会东倒西歪的;很实用,幼儿能进行各种各样的活动;教师能同时照看好几个幼儿,提高工作的效率。(2) 爬楼梯、滑滑梯的运动器械设计得很好;材料很好,都是用木头做的,在上面还铺了绒布,这样就更安全了,不像我们的玩具都是塑胶做的;适合年幼的儿童往上爬、往下滑。

综上,我国几乎所有的幼教工作者之所以高度赞扬美国幼儿园 1 岁班的环境,主要是因为:活动设备的新颖独特和运动器械的安全适宜。

(二) 对 2 岁班环境的评价结果与分析

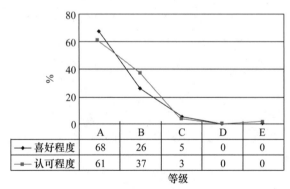

图 7-3-2　对 2 岁班环境的评价结果

由图 7-3-2 可知:(1) 我国 94％的幼教工作者喜欢美国幼儿园 2 岁班环境,其中"很喜欢"的占 68％,"较喜欢"的占 26％,"一般"的占 5％,"较不喜欢"的和"很不喜欢"的均为 0。(2) 我国 98％的幼教工作者认可美国幼儿园 2 岁班环境,其中认为"很好"的占 61％,"较好"的占 37％,"一般"的占 3％,"较不好"的和"很不好"的均为 0。

访谈发现,我国幼教工作者很喜欢、很认可美国幼儿园 2 岁班环境的主要原因有:(1) 图书区设在班级的一个角落里,能使幼儿安静地阅读图书,而不受干扰,环境布置得很温馨;地上有一块很大很漂亮的地毯;图书都放在低矮的架子上,面朝着幼儿摆放;有好几个动物形状的坐垫、靠垫,幼儿会很喜欢的;还有一个大摇椅,坐上去肯定会很舒服。
(2)娃娃家设在班级的中间地带,便于幼儿展开游戏活动,环境布置得很有情趣:有一张小桌子和几把小椅子,在桌子上还摆放了一盆花,很有吸引力;在物架上摆放了几个洋娃娃,在架子旁边还放置了几辆婴儿车,很有动态感。

综上,我国几乎所有的幼教工作者之所以赞赏美国幼儿园2岁班的环境,主要是因为:图书区和娃娃家这2个活动区在班级所处的物理空间比较适当,所营造出来的心理氛围比较宜人。

(三) 对3岁班环境的评价结果与分析

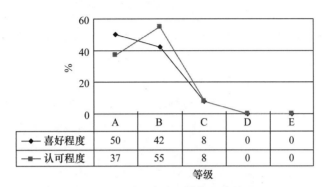

图 7-3-3 对3岁班环境的评价结果

由图 7-3-3 可知:(1)我国92%的幼教工作者喜欢美国幼儿园3岁班环境,其中"很喜欢"的占50%,"较喜欢"的占42%,"一般"的占8%,"较不喜欢"的和"很不喜欢"的均为0。(2)我国92%的幼教工作者认可美国幼儿园3岁班环境,其中认为"很好"的占37%,"较好"的占55%,"一般"的占8%,"较不好"的和"很不好"的均为0。

访谈发现,我国幼教工作者喜欢、认可美国幼儿园3岁班环境的主要原因有:(1)图书区里的图书很多,封面都朝外摆放着,还有长沙发、充气垫子和靠背垫子;通过书架、沙发与其他区域分割开来。(2)家庭区的东西很多,有灶台、洗涤池、柜子,还有炊具、餐具;桌子是长方形的、很大,桌子上铺着一块很大很漂亮的塑料布,桌布上摆着鸡蛋盒、长柄锅、盘子等;通过柜子与其他区域分离开来。(3)积木区的空间很大,地上铺着很大的一块地毯,架子里的玩具很多,有不同形状、不同尺寸的积木,还有消防车、消防梯等模型;通过玩具架与其他区域隔离开来。

综上,我国绝大多数幼教工作者之所以赞赏美国幼儿园3岁班的环境,主要是因为:图书区、家庭区和积木区这3个活动区的边界很分明,材料很丰富。

(四) 对4岁班环境的评价结果与分析

由图 7-3-4 可知:(1)我国90%的幼教工作者喜欢美国幼儿园4岁班环境,其中"很喜欢"的占61%,"较喜欢"的占29%,"一般"的占11%,"较不喜欢"的和"很不喜欢"的均为0。(2)我国95%的幼教工作者认可美国幼儿园4岁班环境,其中认为"很好"的占61%,"较好"的占34%,"一般"的占5%,"较不好"的和"很不好"的均为0。

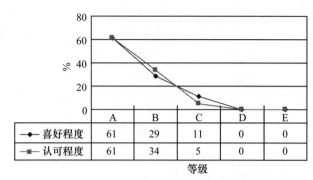

图 7-3-4 对 4 岁班环境的评价结果

访谈发现,我国幼教工作者很喜欢、很认可美国幼儿园 4 岁班环境的主要原因有:(1)家庭区很大很明亮,中间的大桌子上摆放着一盆盛开的向日葵,太漂亮了;靠墙有灶台、洗涤池,左边的大筐里,堆放着许多水果和蔬菜;右边的架子里,悬挂着许多衣服和帽子,旁边还竖放着一面大镜子,便于穿着打扮。(2)积木区的空间很大,地上铺着一块大地毯,积木很多。在架子下面,铺放着许多大型积木;在架子旁边,摆着几个大木箱,箱子里面放着许多小积木;在架子里面,摆放着许多中型积木。(3)科学区靠近窗户,采光很好,材料较多。在窗台上,摆放着花草盆景;在桌子上,摆放着放大镜、果实、树枝、树叶等;在物架上,陈列着人体模型、温度计、手电筒、天平、磁铁、贝壳等。(4)玩沙区的沙池较大,里面有一个大型挖沙机,是坐在上面挖沙的,幼儿会很喜欢玩的,我们就没有这种玩具;池子里还有小桶、小铲子、筛子、翻斗车、货车;不仅能发展幼儿的动手操作能力,而且还能增强幼儿的腿部肌肉能力。(5)木工区靠近班级门口,很显眼,工具和材料很多,都是真的。在操作台上,有起子、锯子、锤子、扳子、钳子、卷尺、砂纸、护目镜等;在材料箱里,有铁钉和木块等,不像我们的木工工具和材料都是假的、塑料的;这才是真正的木工活动,能使幼儿获得真实的体验。

综上,我国绝大多数幼教工作者之所以赞赏美国幼儿园 4 岁班环境,主要是因为:家庭区、积木区、科学区、玩沙区、木工区这 5 个活动区的空间都很宽敞,材料都很真实。

(五)对 5 岁班环境的评价结果与分析

由图 7-3-5 可知:(1)我国 79% 的幼教工作者喜欢美国幼儿园 5 岁班环境,其中"很喜欢"的占 45%,"较喜欢"的占 34%,"一般"的占 21%,"较不喜欢"的和"很不喜欢"的均为 0。(2)我国 84% 的幼教工作者认可美国幼儿园 5 岁班环境,其中认为"很好"的占 47%,"较好"的占 37%,"一般"的占 16%,"较不好"的和"很不好"的均为 0。

访谈发现,我国幼教工作者喜欢、认可美国幼儿园 5 岁班环境的主要原因有:(1)在积木区,地上铺着一块大地毯;架子上摆放着不同形状和不同大小的积木、不同颜色的积塑、多种交通工具以及人物和动物的模型;墙壁上张贴着一张很大很鲜艳的"美国版图"。(2)在科学区,窗台上有盆景,架子上有人体器官和人体骨骼模型、地球仪、天平、温度计、放大镜、石头、树皮;墙壁上有"美国气象图""美国天体图"。(3)在体育区,地上铺着一块很大的"跳房子"地毯,我们现在已不太玩了;"房子"内容和形式都很丰富,由不同的

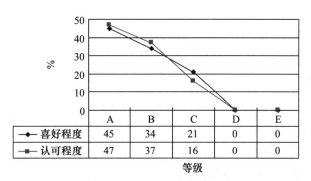

图 7-3-5　对 5 岁班环境的评价结果

颜色、不同的形状、不同的数字所组成,既好看又实用。

综上,我国大多数幼教工作者之所以赞赏美国幼儿园 5 岁班环境,主要是因为:积木区、科学区、体育区这 3 个活动区的创设既有浓郁的本土情结,又有宽泛的异国情调。

(六) 对 3—5 岁班环境的评价结果与分析

由图 7-3-6 可知:(1) 我国 84％的幼教工作者喜欢美国幼儿园 3—5 岁班环境,其中"很喜欢"的占 29％,"较喜欢"的占 55％,"一般"的占 16％,"较不喜欢"的和"很不喜欢"的均为 0。(2) 我国 82％的幼教工作者认可美国幼儿园 3—5 岁班环境,其中认为"很好"的占 32％,"较好"的占 50％,"一般"的占 18％,"较不好"的和"很不好"的均为 0。

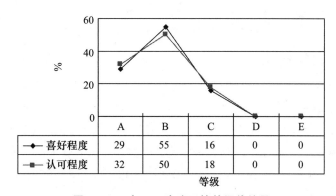

图 7-3-6　对 3—5 岁班环境的评价结果

访谈发现,我国幼教工作者喜欢、认可美国幼儿园 3—5 岁班环境的主要原因有:(1) 图书区里的图书很多,有的书很大,比我们的图书要大好几倍;有的书是放在书架上的,很整齐;有的书是放在小篮子里的,很有趣。(2) 绘画区里的画架很高,幼儿可以站着画画,这样就会有大画家的感觉;画笔也很多;还有塑料围裙,幼儿画画时把它戴上,就不会把衣服弄脏了。(3) 书写区里的笔和纸太多了,幼儿选择的余地很大,受到的限制很少。(4) 电脑区里有好几台电脑,可同时供好几个幼儿使用;有的电脑连接着打印机,有的电脑旁边还摆放着扫描仪、耳机、光盘等。

综上,我国大多数幼教工作者之所以赞赏美国幼儿园 3—5 岁班的环境,主要是因为:图书区、绘画区、书写区、电脑区这 4 个活动区拥有独特的材料,配套的设备。

（七）对班级一室三用环境的评价结果与分析

由图 7-3-7 可知：(1) 我国仅有 48% 的幼教工作者喜欢美国幼儿园班级一室三用的环境，其中"很喜欢"的占 23%，"较喜欢"的占 25%，"一般"的占 35%，"较不喜欢"的占 12%，"很不喜欢"的占 5%。(2) 我国只有 48% 的幼教工作者认可美国幼儿园班级一室三用的环境，其中认为"很好"的占 23%，"较好"的占 25%，"一般"的占 37%，"较不好"的占 12%，"很不好"的占 3%。(3) 我国仅有 43% 的幼教工作者认为有必要借鉴美国幼儿园班级一室三用的环境，其中认为必要性"很大"的占 23%，"较大"的占 20%，"一般"的占 30%，"较小"的占 18%，"很小"的占 8%。(4) 我国仅有 42% 的幼教工作者认为有可能借鉴美国幼儿园班级一室三用的环境，其中认为可能性"很大"的占 27%，"较大"的占 15%，"一般"的占 23%，"较小"的占 23%，"很小"的占 12%。

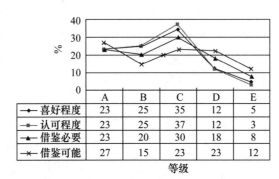

图 7-3-7　对班级一室三用环境的评价结果

访谈发现，我国幼教工作者喜欢、认可美国幼儿园班级一室三用环境的主要原因是：(1) 教室很大，幼儿人数又少，教师能够顺利地开展各项活动。(2) 区角活动时，幼儿能在教室里自由地走动，干自己喜欢的事情。(3) 餐点活动时，幼儿能围坐在教室里的桌椅旁，吃早餐、吃午餐；教师也可以和幼儿坐在一起，大家共进早餐和午餐，很温馨。(4) 午睡时，教师和幼儿把堆放在墙角的简易床拿下来，放在教室的某个空地方，让幼儿睡觉。我国幼教工作者不喜欢、不认可美国幼儿园班级一室三用环境的主要原因是：(1) 不卫生。(2) 加大了教师的工作量。

访谈还发现，我国幼教工作者认为有必要也有可能借鉴美国幼儿园班级一室三用环境的主要原因是：(1) 这样能充分利用教室的空间，又能把幼儿园的午餐室和午睡室节省出来。(2) 这样教师就能和幼儿进行更多的互动，培养幼儿良好的进餐习惯。我国幼教工作者认为没有必要也没有可能借鉴美国幼儿园班级一室三用环境的主要原因是：(1) 我们的活动室太小了，幼儿人数又多，本来进行区角活动时就很难，根本没有地方摆桌子吃饭、放小床午睡。(2) 我们的午睡床很大、很多，在教室里是摆不下的。(3) 现在评估、检查、验收时，对办园条件的规定越来越多、越来越高，要求一室一用，不能混用。

综上，我国部分幼教工作者之所以认同美国幼儿园班级一室三用的环境，主要是因为：较大的教室空间有利于培养幼儿自主的意识和行为，增加幼儿与教师互动的频度和深度，促进幼儿更好的成长发展。

(八) 对班级观察室(窗)环境的评价结果与分析

由图 7-3-8 可知：(1) 我国 73% 的幼教工作者喜欢美国幼儿园班级观察室(窗)的环境，其中"很喜欢"的占 45%，"较喜欢"的占 28%，"一般"的占 17%，"较不喜欢"的和"很不喜欢"的均占 5%。(2) 我国 73% 的幼教工作者认可美国幼儿园班级观察室(窗)的环境，其中认为"很好"的占 35%，"较好"的占 38%，"一般"的占 22%，"较不好"的占 2%，"很不好"的占 3%。(3) 我国 51% 的幼教工作者认为有必要借鉴美国幼儿园班级观察室(窗)的环境，其中认为必要性"很大"的占 18%，"较大"的占 33%，"一般"的占 30%，"较小"的占 10%，"很小"的占 8%。(4) 我国只有 30% 的幼教工作者认为有可能借鉴美国幼儿园班级观察室(窗)的环境，其中认为可能性"很大"的占 10%，"较大"的占 20%，"一般"的占 33%，"较小"的占 25%，"很小"的占 12%。

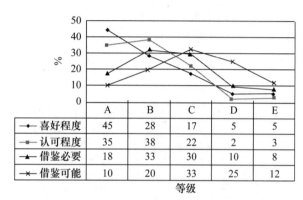

图 7-3-8　对班级观察室(窗)环境的评价结果

访谈发现，我国幼教工作者喜欢、认可美国幼儿园班级观察室(窗)环境的主要原因是：(1) 通过观察室(窗)，成人就能看到幼儿的真实表现。(2) 幼儿在教室里，看不到家长，这样就不会受到家长在身旁时的那种影响，也就不会"人来疯"了。(3) 这样幼儿园就不需要在教室里安装监控设备了。(4) 便于园长及时了解教师的工作和幼儿的表现。我国幼教工作者不喜欢、不认可美国幼儿园班级观察室(窗)环境的主要原因是：(1) 有了观察室(窗)，不就等于安装了监控设备吗？(2) 这样教师就时时刻刻都在别人的监视之下了，自己的什么隐私都没有了。

访谈还发现，我国幼教工作者认为有必要也有可能借鉴美国幼儿园班级观察室(窗)环境的主要原因是：(1) 家长就会有更多的机会来看孩子的活动，而又不会影响教师的工作。(2) 便于园长听课、看课、评课，客观地了解教师的教学能力。(3) 有利于教师在自然情境下，完成教学开放任务，让其他教师观察评价。我国幼教工作者认为没有必要也没有可能借鉴美国幼儿园班级观察室(窗)环境的主要原因是：(1) 我们是从建筑商手里接管幼儿园的，这时幼儿园都造好定型了，通过验收了，我们不可能进行改建。(2) 我们的教室本来就很小，不可能再开辟出几平方米作为观察室；我们的走道比较窄，墙上也没有窗户，要重新打造观察窗就很难。(3) 观察室还要安装好几种装备，这要花很多钱的，我们没有这笔经费。

综上,我国部分幼教工作者之所以认同美国幼儿园班级观察室(窗)的环境,主要是因为:既能提高家长参与幼教的效率,促进幼儿的和谐发展,又能提升园本教研的水准,促进教师的专业成长。

(九) 对班级教师办公区环境的评价结果与分析

由图 7-3-9 可知:(1) 我国只有 42% 的幼教工作者喜欢美国幼儿园班级教师办公区的环境,其中"很喜欢"的占 21%,"较喜欢"的占 21%,"一般"的占 45%,"较不喜欢"的占 11%,"很不喜欢"的占 3%。(2) 我国只有 40% 的幼教工作者认可美国幼儿园班级教师办公区的环境,其中认为"很好"的占 24%,"较好"的占 16%,"一般"的占 50%,"较不好"的占 8%,"很不好"的占 3%。(3) 我国仅有 29% 的幼教工作者认为有必要借鉴美国幼儿园班级教师办公区的环境,其中认为必要性"很大"的占 13%,"较大"的占 16%,"一般"的占 47%,"较小"的占 16%,"很小"的占 8%。(4) 我国仅有 34% 的幼教工作者认为有可能借鉴美国幼儿园班级教师办公区的环境,其中认为可能性"很大"的占 21%,"较大"的占 13%,"一般"的占 42%,"较小"的占 13%,"很小"的占 11%。

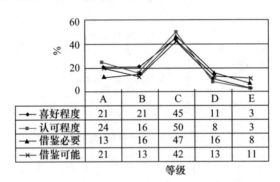

图 7-3-9 对班级教师办公区环境的评价结果

访谈发现,我国幼教工作者喜欢、认可美国幼儿园班级教师办公区环境的主要原因是:(1) 便于教师全面开展各项工作:一边照看幼儿,一边还能帮助幼儿完成作品。(2) 教师可以利用不带班的时间,布置班级环境,准备后面的活动。(3) 带班教师和不带班教师之间能更好地合作,相互帮助。我国幼教工作者不喜欢、不认可美国幼儿园班级教师办公区环境的主要原因是:(1) 带班教师和不带班教师之间的区别就变得不大了,教师的职责就不容易分别开来了。(2) 教师不带班时,在班级也没法安心备课呀,因为教室里太吵闹了,幼儿那么多。

访谈还发现,我国幼教工作者认为有必要也有可能借鉴美国幼儿园班级教师办公区环境的主要原因是:(1) 我们幼儿园各个班级都已经这样做了,效果还不错。(2) 能把教师的办公室腾出来,改作他用。我国幼教工作者认为没有必要也没有可能借鉴美国幼儿园班级教师办公区环境的主要原因是:(1) 教师"结对子"活动会难以开展。(2) "师带徒"活动会难以进行。(3) 教研活动会受到影响。

综上,我国部分幼教工作者之所以认可美国幼儿园班级教师办公区的环境,主要是因为:既能培养每个教师的注意分配能力,提高工作效率,又能增强班级教师之间的合作能力,促进共同成长。

四、几点思考与建议

(一) 以儿童为本位:生动展示班级的各种特征

研究结果表明,美国幼儿园各个年龄班的环境创设都折射出了以儿童为本的教育理念,既表现出了鲜明的个性特点(比如,在 1 岁班里,有独特的活动设备;在 4 岁班里,有真实的木工器材),也反映出了稳定的共性特征(比如,在每个班级,都设立了几个活动区角;在每个区角,都陈列了许多活动材料)。

这启发我们,在优化班级环境时,需要注意以下几点。

首先,要考虑、尊重儿童的年龄特征。 我们应为不同年龄阶段的儿童选择、配备不同的设施、设备和材料,并不断地引进、添置备受教师喜爱的美国幼儿园班级里的那些活动器械和材料,以增强儿童的学习兴趣和游戏愿望。

其次,要重视、加强儿童的区角活动。 我们应时刻牢记寓教育于活动之中的原则,为儿童提供丰富多彩的活动材料,并借鉴美国的经验,把真实的活动工具和材料投放到不同的区角中,以提高儿童的操作能力和探索精神。

再次,要扩大、拓宽儿童的活动空间。 我们应合理布局各种活动的区角,使每个儿童都有机会独自进行活动、参与小组游戏,以发展儿童的个性品质和社交能力。美国学前教育研究会在 2006 年发布的《学前教育机构标准与认证指标》中规定:优质幼儿园应该使每个儿童在室内主要活动区中的面积至少为 35 平方英尺[1],约为 3.15 平方米[2]。我国城乡建设环境保护部、国家教育委员会在 1987 年颁发的《托儿所、幼儿园建筑设计规范》中指出:活动室的最小使用面积是 50 平方米;[3]国家教育委员会、建设部在 1988 年颁布的《城市幼儿园建筑面积定额(试行)》中又指出:活动室的使用面积不宜小于 54 平方米。[4] 如果我们按照每班 30 名幼儿来计算的话,那么室内人均面积还不足 2 平方米,远低于美国的标准。最近几年,随着《国家中长期教育改革和发展规划纲要(2010—2020年)》和《关于当前发展学前教育的若干意见》的出台,我国各级政府都提高了当地的办园标准。例如,2010 年山东省教育厅在《山东省幼儿园基本办园条件标准(试行)》中就规定:城市幼儿园、乡镇中心幼儿园、农村幼儿园的活动室使用面积分别为 70 平方米、60 平方米、50 平方米以上;2012 年湖北省教育厅在《湖北省学前教育机构办园基本标准(试行)》中也规定:活动室的使用面积不小于 54 平方米。相信随着我国学前教育法规政策的不断完善,经济发展水平的不断提高,幼儿园的规划、建设、管理和评估不断朝着标准化、科学化和规范化的方向前行,班级环境定能不断得到改善,幼儿成长的环境定能不断得到优化。

---

[1] http://www.naeyc.org 2013 年 1 月 14 日
[2] 作者注:1 平方英尺约等于 0.09 平方米,35 平方英尺约等于 3.15 平方米。
[3] http://www.moe.edu.cn 2013 年 1 月 14 日
[4] http://www.moe.edu.cn 2013 年 1 月 14 日

(二)以效率为平台:综合利用班级的各种空间

研究结果表明,美国幼儿园的各个年龄班都能综合利用所拥有的各种空间,没有浪费每一个宝贵的空间资源,充分发挥出了环境的整体育人功能。这启发我们在优化班级环境时,需要注意以下两方面。

一方面,要重视幼儿的一室多用。 早在1987年,城乡建设环境保护部、国家教育委员会就在《托儿所、幼儿园建筑设计规范》中指出:"生活用房包括活动室、寝室、乳儿室、配乳室、喂奶室、卫生间(包括厕所、盥洗、洗浴)、衣帽贮藏室、音体活动室等。全日制托儿所、幼儿园的活动室与寝室宜合并设置。"[①]1988年,国家教育委员会、建设部又在《城市幼儿园建筑面积定额(试行)》中指出:"活动室,每班一间,使用面积90平方米,供开展室内游戏和各种活动以及幼儿午睡、进餐之用。"[②]尽管这些法规政策提倡幼儿园把活动室与午餐室、午睡室合并设置,但现实却并非如此,许多幼儿园都是专室专用,浪费了稀缺的空间资源,与"厉行节约""低碳生活""绿色消费"的环保理念不相吻合。众所周知,全日制幼儿园里的儿童,每天在园8小时,但午睡只有2小时,午餐只有1小时,致使午睡室和午餐室的利用率都较低。因此,我们应该在满足儿童生活基本需要的前提下,参照美国的做法,将午睡、午餐和活动合并于一室,做到一室多用,这样就能把午睡室和午餐室改造成教室,用来扩大招生规模。这既是现阶段我国普及幼儿教育的需要,也是依法办园的需要,此外还是与世界幼教发达国家对接的需要。

另一方面,要兼顾教师与幼儿的同室共用。 1987年城乡建设环境保护部、国家教育委员会在《托儿所、幼儿园建筑设计规范》中指出:"服务用房包括医务保健室、隔离室、晨检室、保育员值宿室、教职工办公室、会议室、值班室(包括收发室)及教职工厕所、浴室等。"1988年国家教育委员会、建设部在《城市幼儿园建筑面积定额(试行)》中指出:"办公室,全园使用面积按第三条所列规模,分别为75平方米、112平方米、139平方米,包括园长室、总务财会室、教师办公室和保育员休息更衣室等。"由于我国仍处在社会主义初级阶段,城乡幼儿园之间存在着很大的差别,儿童的入园率又急需得到提高,因此,我们必须从国民经济发展的实际水平出发,勤俭办园,效仿美国的做法,把教师的办公桌挪移到班级里来,使腾空的办公室改建成儿童的活动室。这样既有助于提高学前教育的普及率,保障每个儿童受教育的权利,又有助于增强幼儿园房屋的使用率,促进幼儿园的可持续发展。

(三)以科研为导向:合理构建班级的各种用房

研究结果表明,美国优质幼儿园、高校附属幼儿园都为各个班级设置了小巧适用的观察室(窗),方便了学生的见习、实习和研究,提高了教研和科研的质量。这启发我们要把示范园、高校附属幼儿园办成研究型的幼儿园,发挥其在学前教育中的引领和先锋的作用。为此,在优化班级环境时,需要注意以下两方面。

---

① http://www.moe.edu.cn 2013年1月15日。
② 同上注。

一方面，要完善幼儿园的房屋设备，改善办园的物质条件。今后在新建、改建和扩建示范园、高校附属幼儿园时，要把建立"观察室（窗）"提到重要的议事日程上来，使全国各地的示范园、高校附属幼儿园都能成为当地的"第一个吃螃蟹的人"，为研究型幼儿园的建设和发展做好硬件上的铺垫工作。

另一方面，要利用观察室（窗），提高家园合作共育的质量。在幼儿园建立观察室（窗）以后，就不能把它当作摆设，使它成为显得"档次高"的装饰品，而要加以充分地利用，以促进教师、幼儿和家长的共同成长。教师既要指导家长学会透过观察室（窗），观看孩子每天在常态下的各种活动，分析评价孩子的发展水平，又要鼓励家长善于利用观察室（窗），观看孩子在特殊活动中的各种表现，理解、欣赏孩子的成长进步。

 本章小结

本章小结如下图。

图 7-4-1　第七章中美学前教育比较研究

第一节小结如下图。

图 7-4-2　第一节中国幼教工作者对美国幼儿园规章制度的评价研究

第二节小结如下图。

图 7-4-3　第二节中国幼教工作者对美国幼儿园公共环境的评价研究

第三节小结如下图。

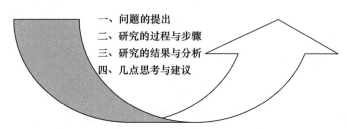

图 7-4-4　第三节中国幼教工作者对美国幼儿园班级环境的评价研究

 本章复习思考题

1. 你认为什么是幼儿园的规章制度？你是如何看待美国幼儿园规章制度的？它与中国幼儿园规章制度有什么异同点？

2. 你认为什么是幼儿园的公共环境？你是如何看待美国幼儿园公共环境的？它与中国幼儿园公共环境有什么异同点？

3. 你认为什么是幼儿园的班级环境？你是如何看待美国幼儿园班级环境的？它与中国幼儿园班级环境有什么异同点？

 本章课外浏览网站

1. 中国学前教育研究会网．http：//www.cnsece.com/

2. 美国学前教育研究会网．http：//www.naeyc.org/

3. 外国中小学教育杂志社．http：//wgzxxjy.qikann.com/

4. 外国教育研究杂志社．http：//wgjy.chinajournal.net.cn/WKD/WebPublica-

tion/index. aspx? mid=wgjy

5. 比较教育研究杂志社. http://bjjy. chinajournal. net. cn/WKD/WebPublication/index. aspx? mid=bjjy

 本章课外阅读书目

1. 〔英〕贝磊,〔英〕鲍勃,〔南非〕梅森主编. 比较教育研究:路径与方法[M]. 李梅,主译. 北京:北京大学出版社,2010.

2. 〔德〕于尔根·施瑞尔主编. 比较教育中的话语形成[M]. 郑砚秋,等译. 北京:北京大学出版社,2011.

3. 王承绪等主编. 比较教育[M]. 第三版. 北京:人民教育出版社,1999.

4. 张民选主编. 比较初等教育[M]. 北京:中央广播电视大学出版社,2004.

5. 张民选等编著. 中外合作办学认证体系的构建与运作[M]. 北京:高等教育出版社,2010.

6. 张秀琴主编. 外国人看中国教育[M]. 北京:高等教育出版社,2012.

7. 李生兰著. 走进21世纪的美国学前教育[M]. 南京:南京师范大学出版社,2012.

8. 李生兰著. 比较学前教育[M]. 上海:华东师范大学出版社,2013.

9. 王长纯,王建平主编. 中国比较教育学科研究史[M]. 北京:人民教育出版社,2016.

第八章 学前教育发展趋势

**本章提要**

本章包括三节：第一节是美国学前教育机构对儿童进行反偏见教育及启示；第二节是美国学前教育机构《保教人员手册》的特点及启示；第三节是澳大利亚学前教育工作者《职业道德规范》及启示。

**本章重点**

第二节美国学前教育机构《保教人员手册》的特点及启示；第三节澳大利亚学前教育工作者《职业道德规范》及启示。

**本章难点**

第一节美国学前教育机构对儿童进行反偏见教育及启示。

**本章导读**

看图说话：在下面这张图中，你看到了什么？你想到了什么？

图片8-0-1 美国 IUCUP 幼儿园教师和幼儿共进午餐

第一节　美国学前教育机构对儿童进行反偏见教育及启示

图片 8-1-1　美国 IUCP 幼儿园教师带领幼儿到向日葵地里拾荒

什么是偏见？在美国学前教育专家看来，偏见就是一种消极的社会观点和态度，它对个体或群体的看法不是以事实而是以成见为基础的，①它导致了由于个人身份而遭到不公平的对待。② 反偏见就是积极努力挑战偏见、成见和各种歧视。美国学前教育机构为什么要对儿童进行反偏见教育？其目标是什么？原则有哪些？如何进行成效评价？我们能从中受到什么启发？本节试图对这些问题加以探讨。

一、美国学前教育机构对儿童进行反偏见教育的原因

美国学前教育机构对儿童进行反偏见教育的原因，主要有以下几个方面。

（一）是传承美国人人生而平等理念的需要

对儿童进行反偏见教育是发扬光大美国"所有人生来都平等"理念的需要。美国有着悠久的倡导平等自由的历史，著名的民权运动领袖、诺贝尔和平奖得主马丁·路德·金（Martin Luther King, Jr.），曾于 1963 年就在华盛顿特区，主持了一场声势浩大的群众集会示威游行，并在林肯纪念堂前，发表了《我有一个梦想》（I Have a Dream）的演说，迫使美国国会在 1964 年就通过了《民权法案》（Civil Rights Act of 1964），废除了种族隔离和种族歧视政策，为每个美国人（既包括白人和黑人、妇女和各种少数族裔，也包括同性恋者和残疾人）打开了公平的大门。美国政府从 1986 年起，就把每年一月的第三个星期一，定为"马丁·路德·金日"（Martin Luther King, Jr. Day），且为联邦法定假日，

---

① Wilma Robles de Melendez & Vesna Beck. Teaching Young Children in Multicultural Classrooms: Issues, Concepts, and Strategies (2nd edition)[M]. Clifton Park, NY: Thomson Delmar Learning, 2007:459.

② Ibid., 457.

以纪念这位伟人为黑人谋求平等权利而发动的民权运动。然而,在当今美国社会,仍然存在着许多偏见和歧视,从儿童一出生,就干扰着他们的生活和学习,并以各种各样的方式侵入到学前教育中来。因此,学前教育专家们呼吁要把反歧视运动进行到底,要广泛开展反偏见教育,使儿童从小就能相信正义的力量,为他们的健康成长营造公平的社会环境,为他们将来走向成功奠定良好的人格基础。

(二) 是履行联合国《儿童权利公约》的需要

对儿童进行反偏见教育是贯彻执行联合国《儿童权利公约》(Convention on the Rights of the Child)的需要。早在1989年,联合国大会就通过了《儿童权利公约》。这是第一部保障儿童权利且具有法律约束力的国际性条约,旨在为全球儿童创建良好的成长环境。该《公约》要求世界各国:"遵守本公约所载列的权利,并确保其管辖范围内的每一儿童均享受此种权利,不因儿童或其父母或法定监护人的种族、肤色、性别、语言、宗教、政治或其他见解、民族、族裔或社会出身、财产、伤残、出生或其他身份而有任何差别";"采取一切适当措施,确保儿童得到保护,不受基于儿童父母、法定监护人或家庭成员的身份、活动、所表达的观点或信仰而加诸的一切形式的歧视或惩罚";"培养对儿童的父母、儿童自身的文化认同、语言和价值观、儿童所居住国家的民族价值观、其原籍国以及不同于其本国的文明的尊重";"培养儿童本着各国人民、族裔、民族和宗教群体以及原为土著居民的人之间谅解、和平、宽容、男女平等和友好的精神,在自由社会里过有责任感的生活";"在那些存在有族裔、宗教或语言方面属于少数人或原为土著居民的人的国家,不得剥夺属于这种少数人或原为土著居民的儿童与其群体的其他成员共同享有自己的文化、信奉自己的宗教并举行宗教仪式,或使用自己的语言的权利"。学前教育专家们指出,今天的美国儿童还没有完全生活在一个平等的社会里,他们还没有得到均等的机会去享受各种权利,实现自己的梦想。因此,专家呼吁学前教育工作者要团结起来,共同致力于反偏见教育,自觉遵守《公约》中的各项条款,树立正确的儿童观和权利观,与家庭、社区紧密合作,促使每个儿童都能获取生存的权利、充分发展的权利、免受伤害与虐待及剥夺的权利、全面参与家庭和社会生活的权利,保障每个儿童的全面发展,使他们的生活变得更加美好。

(三) 是消解学前教育偏见顽症的需要

对儿童进行反偏见教育是消除学前教育界各种沉渣弊病的需要。美国学前教育专家们指,在幼儿园中,存在着较为严重的偏见乱象。**一方面,体现在保教人员身上。**一些教师认为,最好还是只教儿童认识人们之间的相同性,而不要教儿童了解人们之间的差异性,以免导致儿童的认知偏见。可见,这些教师误解了偏见产生的根源,因为差异本身不会产生任何问题,教师不恰当地对待差异才会使儿童产生偏见。儿童从偏见中学会了偏见,而不是从了解人类的多样性中学会了偏见。还有一些保教人员甚至直接在儿童面前表现出了偏见,致使儿童在角色游戏中、与同伴交流时,或评价故事时,都会重复这些诋毁性的言论。① **另一方面,它也折射在教育资料上。**一些幼儿教育资料只关注美国主流文化的家庭和儿童,只提及中产阶级、白种人、健全的人、会讲英语的人、父母双全的家庭,好像他们就是幼儿园唯一需要合作的伙伴,而客观公正地描述低收入家庭的孩子或农村家庭的孩子的幼儿教育资料却很少。尽管关心和尊重有色人种的儿童图书在逐渐增多,但也还没能完全涵盖美国众多的民族及文化。此外,也只有少数儿童玩具、图片、歌曲、报纸反映了不同的家庭结构(如离异家庭、单亲家庭、寄养家庭、同性恋家庭、残疾人家庭、无家可归者家庭、失业者家庭、犯人家庭、新移民家庭、军人家庭)。这些认知的偏差,资源的不平等,都会对儿童的学习产生极大的负面影响。"阻碍儿童发展的不是人类差异本身,而是基于这些差异的不公平的对待和伤害。"②因此,为了防止儿童出现有失偏颇的言行,学前教育专家们呐喊必须清除各种偏见和歧视现象,为儿童树立客观真实的正面榜样,提供全面多样的学习资源,使每个儿童都能在公平公正的教育环境中茁壮成长。

(四)是推动学前教育适宜发展的需要

对儿童进行反偏见教育是促进学前教育适宜发展的需要。美国学前教育研究会(National Association for the Education of Young Children)在《发展的适宜的学前教育实践》(*Developmentally Appropriate Practice in Early Childhood Programs Serving Children from Birth through Age 8*)中指出,儿童生活的社会文化环境特别重要,它制约着学前教育实践发展的适宜性。教师要理解并尊重每个儿童及其家庭,以确保他们在幼儿园里都能获得有意义的、积极的学习经验。教师在为儿童创设学习环境时,不仅要考虑儿童的年龄特征和个体差异,而且还要考虑儿童的社会文化因素。儿童在多元文化和社会背景中学习和成长,教师要从儿童的家庭、幼儿园、社区所处的社会文化背景出发,来了解儿童的发展。"即便是一个生活在健康的社区、充满爱的家庭中的孩子,也可能会受到种族歧视或性别歧视等社会偏见的消极影响。"③教师要了解社会文化背景和家庭环境对儿童学习的影响,理解儿童的发展水平,熟知儿童会通过多种方式来展示自己的成就。儿童随着年龄的增长,需要学会与各种各样的人(从与自己社会文化背景相同的人到与自己社会文化背景不同的人)友好相处,以便将来能在全球化的社会中发挥出更大的作用。但这种应变能力不是轻易、快速形成的,而是依赖于成人不断的支持和帮助。因此,对儿童进行反偏见教育就显得非常重要,既能为未来世界培养合格的小公民,也能强化学前教育发展的适宜性。教师不仅要为儿童提供多种多样的学习和体验的机会,使他们都能为自己的家庭和文化感到自豪,而且还要教给儿童基本的知识和技能,

---

① Wilma Robles de Melendez & Vesna Beck. Teaching Young Children in Multicultural Classrooms: Issues, Concepts, and Strategies (2nd edition)[M]. Clifton Park, NY: Thomson Delmar Learning, 2007:77.

② Louise Derman-Sparks & Julie Olsen Edwards. Anti-Bias Education for Young Children and Ourselves[M]. Washington, DC: National Association for the Education of Young Children, 2010:3.

③ Carol Copple & Sue Bredekamp. Developmentally Appropriate Practice in Early Childhood Programs Serving Children from Birth through Age 8 (3rd Edition)[M]. Washington, DC: National Association for the Education of Young Children, 2009:13.

使他们都能接受和欣赏人类文化的多样性。

(五) 是遵守教师职业道德规范的需要

对儿童进行反偏见教育是学前教育工作者遵守职业道德规范的需要。美国学前教育研究会在《道德行为准则和承诺声明》(Code of Ethical Conduct and Statement of Commitment)中指出,保教人员要树立正确的核心价值观,"要认识到只有考虑儿童的家庭、文化、社区和社会环境,才能很好地理解和支持儿童";要认真履行对儿童的道德责任,要"在积极的情感和社会环境中,对儿童进行保育和教育,促进每个儿童认知的发展,支持每个儿童的文化、语言、种族和家庭结构";而"不能歧视儿童,剥夺某些儿童的权益或给予某些儿童特殊的待遇,不能因为儿童的性别、种族、国籍、移民身份、母语、宗教信仰、身体状况、残疾,就剥夺儿童参与某种教育或某项活动的权益,也不能因为儿童家庭的婚姻状况或家庭结构、家长的性取向、宗教信仰或其他属性,就剥夺儿童参与某种教育或某项活动的权益"。[①] 因此,对儿童进行反偏见教育,既能尊重每个儿童的家庭文化,也能使保教人员更好地践行职业道德规范。学前教育工作者不仅要树立正确的儿童观、家庭观和教育观,全面了解儿童的生活,深刻反思自己的工作,积极为儿童的全面发展创造条件,而且还要平等地对待每个儿童,尊重每个儿童的独特品质,使每个儿童的潜力都能得到最大限度地开发。

(六) 是促进学前儿童健康成长的需要

对学前儿童进行反偏见教育是促进他们健康快乐发展的需要。这既有可能,也有必要。首先,儿童身心发展之迅速,使他们具备了接受反偏见教育的前提条件。通过教育,他们就能获得归属感,对自己的身份和文化持有积极的态度。其次,儿童生活的世界日益多元化、班级的同伴逐渐多样化,使他们拥有了接受反偏见教育的环境氛围。通过教育,他们就能懂得要学会宽容包容,要相互尊重,相互学习,大家一起快乐成长。再次,社会的不平等、不公正现象,导致许多儿童还未获得本属于他们的那些"基本人权"。因此,这就很有必要对他们进行反偏见教育,使他们都能意识到自己应该享有的权利,应受的教育,以便他们在将来成为对社会有贡献的人。最后,儿童在成长的过程中,受到了一些不公平的对待,阻碍了他们才能的发展。因此,也很有必要对他们进行反偏见教育,使他们能相信正义的力量,知道通过自己的努力,能实现自己的梦想。

总之,美国对儿童进行反偏见教育,既是提高学前教育质量的需要,也是从小培养儿童公平正义精神的需要。

二、美国学前教育机构对儿童进行反偏见教育的目标

美国学前教育机构对儿童进行反偏见教育的目标,主要有以下几个。

[①] National Association for the Education of Young Children. Code of Ethical Conduct and Statement of Commitment[EB/OL]. http://www.naeyc.org/positionstatements/ethical_conduct. 2016-04-09.

(一) 使每个儿童都能形成积极的自我认同和群体认同

美国学前教育专家认为,对儿童进行反偏见教育的首要目标,就是要使"每一个儿童都能拥有良好的自我意识和自信心,为自己的家庭感到骄傲,能积极认同自己的社会身份"[①]。可见,这个目标重在强调培养儿童的身份意识,强化儿童的自我价值感,使儿童不仅能欣赏自己的身份,还能认可同伴的身份。学前教育专家希望保教人员在围绕这一目标开展工作时,能以儿童的自我概念为基础,组织各项活动;能尊重每个儿童的家庭,发展儿童积极的自我意识;能全面支持儿童的社会认同,提升儿童的移情能力。

(二) 使每个儿童都能与不同文化背景的同伴愉快相处

美国学前教育专家认为,对儿童进行反偏见教育的第二个目标,就是要使"每一个儿童都能对人类的多样性感到舒适和快乐,学会用恰当的语言来表现人们之间的差异和密切的联系"[②]。可见,这个目标重在强调帮助儿童学会接受和欣赏他们与同伴之间的相同点和不同点,理解和尊重别人,公平地对待别人。学前教育专家期待保教人员在围绕这一目标开展工作时,能在探寻人类的相似性和不同性之间寻找到一个平衡点,因为人们虽然拥有近似的生理需求,但生活方式却大不相同;应引导儿童探索同伴身上表现出来的多样性,使他们意识到即便是来自同种族、相似文化、经济条件和家庭背景的儿童,也会拥有许多差异;应引领儿童认识在社区里生活和工作的人们,以扩展儿童的感性知识,加深儿童对多样性的理解。

(三) 使每个儿童都能发展对偏见言行的批判思维能力

美国学前教育专家认为,对儿童进行反偏见教育的第三个目标,就是要使"每一个儿童都能增强对不公平现象的辨别能力,能用语言表达不公平的现象,并能认识到不公平的危害"[③]。可见,这个目标重在强调帮助儿童理解不公平及其害处,培养儿童的批判性思维能力,提高儿童的自我意识。学前教育专家期望保教人员在围绕这一目标组织活动时,要通过谈话、游戏等多种形式,了解儿童对人类多样性的感受和认识,测评儿童的误解和成见;要组织多种教育活动,帮助儿童区分真实与虚假,培养儿童的同情心和公平感;要支持儿童的批判性思维活动,使他们能通过自己的努力,把不公平的事情变为公平。例如,在开展"残疾人停车位"的教育活动时,教师带领儿童来到幼儿园的停车场,观看残疾人的车位及人们停车的情景;当儿童发现有的人虽然不残疾,但却把车子停在了残疾人专用的停车位上时,他们就给这些车子贴上"罚单";后来,这种乱停车的现象很快就消失了。

(四) 使每个儿童都能增强自我保护和保护同伴的能力

美国学前教育专家认为,对儿童进行反偏见教育的第四个目标,就是要使"每一个儿

---

① Louise Derman-Sparks & Julie Olsen Edwards. Anti-Bias Education for Young Children and Ourselves[M]. Washington, DC: National Association for the Education of Young Children, 2010:4.
② Ibid.
③ Ibid., 5.

童都能有权利、有能力与别人合作或独自采取行动,去反对偏见和歧视"[①]。可见,这个目标重在强调帮助儿童掌握多种策略,使他们能够有效抵制各种不公平的言行,降低其对自己和同伴的伤害。学前教育专家期盼保教人员在实施这一目标时,能及时发现妨碍儿童生活的任何不公平的做法;能全面了解儿童的感受、看法、兴趣;能深入了解每个家庭教育孩子对付歧视的方式;能教给儿童应对偏见的多种方法。例如,为了帮助儿童认识和解决种族歧视的问题,教师就向儿童呈现一本日历(上面印着的都是白人儿童的照片),引导儿童仔细观察,并展开讨论;使儿童意识到这本日历是很不公平的,因为它没有显示各种肤色儿童的照片;鼓励儿童给制作日历的公司写请愿书,敦促其承诺以后再印制日历时,一定会展现各种肤色儿童的照片。

总之,美国对学前儿童进行反偏见教育,旨在帮助儿童获得在多元社会中生活所需要的积极的态度、丰富的知识和应变的能力。

三、美国学前教育机构对儿童进行反偏见教育的原则

美国学前教育机构对儿童进行反偏见教育的原则,主要有以下几条。

(一) 面向每一个儿童

这条原则要求学前教育工作者在对儿童进行反偏见教育时,应以儿童为中心,而不应以儿童的人种为转移。一方面,要对有色人种的儿童进行反偏见教育,培养他们对个人身份和社会身份的感知能力,帮助他们学会抵制对有色人种的各种成见和歧视,以创造一个更加公平的社会。另一方面,还要对白色人种的儿童进行反偏见教育。这不仅是因为种族歧视的根源在于白人的历史和文化,更是因为当今社会依然存在的许多不平等弊病也在阻碍着白色人种儿童自我意识的发展、对别人态度的形成。[②] 所以,要帮助他们正确地认识自己的身份,形成对别人的积极态度。当然对不同人种的儿童所进行的反偏见教育的内容,应有所不同。由于社会的不公平和偏见会以这样或那样的方式阻碍每一个儿童的健康发展,因此,在班级的日常活动中,一定要竭尽全力做到公平公正。只有这样,才能确保每一个儿童都能从活动中受益,不断成长。

(二) 关注儿童现实状况

这条原则引导学前教育工作者在对儿童进行反偏见教育时,要从儿童的实际情况出发,考虑儿童家庭的生存状态。因为每个儿童的个体特征、发展水平以及家庭的生活条件、文化背景都不相同,所以,对他们进行反偏见教育的重点,也应有所不同。"对于女童,教师可能更要支持她们发展数学和科学能力;而对于男童,教师则可能更要鼓励他们发展与同伴合作互动的能力。"[③]对于比较自卑的儿童,教师可能更需指导他们学会抵制有损种族或文化的社会信息,帮助他们建立积极的身份认同,促使他们在幼儿园和以后

---

① Louise Derman-Sparks & Julie Olsen Edwards. Anti-Bias Education for Young Children and Ourselves[M]. Washington,DC:National Association for the Education of Young Children,2010:5.
② Ibid.,7.
③ Ibid.

的生活中能取得成功;而对于比较自傲的儿童,教师则可能更需引导他们发展正确的自我概念,摒弃优越感,学会与同伴平等相处。对于富裕家庭的儿童,教师可能更要帮助他们认识到只以财富的积累来证明自身价值的局限性;而对于贫穷家庭的儿童,教师则可能更要帮助他们提高自尊心和自信心。只有以儿童及其家庭的现实生活为基础,来实施反偏见教育,才能真正促进儿童健康快乐地成长。

(三) 促进教育适宜发展

这条原则提示学前教育工作者在对儿童进行反偏见教育时,要理解学前教育研究会提出的《发展的适宜的学前教育实践》的精神实质,坚信儿童的发展和学习发生于多元社会和文化背景中,并受其影响,要努力建立一个关怀学习者的社区。"因为幼儿园是儿童在家庭之外的第一个社区,这个社区的特点对儿童的发展至关重要。别人怎样对待儿童、儿童如何对待别人,在这个时期都烙下了很深的印记。"[1]为了支持儿童的学习和成长,教师要创建一个和谐的学习者社区,使反偏见教育能深入地、持久地进行下去。为此,教师既要确保所选择的材料、所设计的环境,能丰富儿童反偏见的知识,促进儿童认知、社会性和情感的发展,也要确保所提供的经验、所开展的活动,能增强儿童反偏见的能力,促进儿童批判性思维的发展。

(四) 重视师幼双边互动

这条原则鼓励学前教育工作者在对儿童进行反偏见教育时,既要关注儿童自发的活动,适时地对儿童进行随机教育,也要重视教师预设的活动,有计划地对儿童进行针对性教育。毋庸置疑,当儿童提出有关身份的问题、评论有关公平的问题时,都是教师对儿童进行反偏见教育的重要契机,必须及时把握,巧妙施教。但是,仅仅当儿童自发地做出这些反应时,教师才进行反偏见教育,那是远远不够的。教师还必须积极主动地开展反偏见教育的活动,根据家庭和社区的特点,为儿童设计独特的学习环境,有意识地投放多种学习材料,激励儿童去尝试、去探索。因此,为了提高反偏见教育的质量,教师必须在儿童发起的活动与教师引发的活动之间寻找一个最佳平衡点。

(五) 贯穿于教育全程

这条原则启发学前教育工作者在对儿童进行反偏见教育时,要有全局观和整体观,要渗透到教育的各个方面,要贯穿于教育的整个过程。由于反偏见教育是一项十分复杂而又艰巨的任务,并不是临时开设的一节课、偶尔开展的一项活动或一天活动,就能完成的。因此,教师要时刻关注发生在幼儿园里、班级里的每一件事情,精心为儿童打造各种学习良机,"使文化的多样性成为班级日常活动的一部分"[2],并融入全年的教育活动之中去,使儿童感受到文化的多元性和普遍性,通过多种方式日积月累,掌握反偏见的知识

---

[1] Carol Copple & Sue Bredekamp. Developmentally Appropriate Practice in Early Childhood Programs Serving Children from Birth through Age 8 (3rd Edition)[M]. Washington, DC: National Association for the Education of Young Children,2009:16.

[2] Eva L. Essa. Introduction to Early Childhood Education (6th edition)[M]. Belmont CA: Wadswoth,2011:404.

和技能。

(六) 全面深入了解自己

这条原则提醒学前教育工作者在对儿童进行反偏见教育时,要实事求是,扬长避短。反偏见教育工作就像是一场漫长的旅行,有多条道路可走,有多种节奏可循。这既是一种激励,也是一种挑战。教师要全面深刻地认识自己,从自己的实际情况出发,选择适合自己的路径和节奏。既可以基于自己的职业经验,独自开始这场旅程,也可以和同事、家长、社区成员结伴而行,共同开启这场旅途。

(七) 避免误入"旅游"歧途

这条原则告诫学前教育工作者在对儿童进行反偏见教育时,要全面、广泛,持之以恒,而不能掉入"旅游"陷阱,断章取义,速战速决。因为在"旅游"课程中,只强调占主导地位群体(如白人、中产阶级、健全的人)的文化的重要性,把他们的价值观念和行为准则作为课程的主体,使其在幼儿园日常活动中占据着统治地位;而轻视其他非主流群体的文化的价值,只偶尔把他们当作课程的一部分,通过节日活动或特殊单元的形式闪现闪离,直到第二年的此时此刻才可能重现。同样,在"旅游"方法中,也只是通过节日庆祝活动、食物烹饪活动、服饰陈列活动等,来传递一些文化的信息,而"没有同儿童每天的生活密切联系,淡化了文化的多样性,仅仅把多元文化看作是一种表征,而不是对生活的真实反映"[1]。所以,不论是"旅游"课程,还是"旅游"方法,都有失公允,都从本质上削弱了反偏见教育的作用,都应加以摒除。教师要尊重人类社会的不同文化,把相似性、多样性和差异性全部整合到教育中去,使之成为儿童每天学习和体验的必不可少的一部分。

(八) 学校家庭社区合作

这条原则呼吁学前教育工作者在对儿童进行反偏见教育时,要团结一切可以团结的力量,加强园内外的合作。一方面,保教人员之间要密切联系;另一方面,保教人员要与家长、社区成员加强沟通。实践证明,当教师向其他成人评论社会不平等、文化多样性的问题时,所遇到的挑战往往要大于儿童。其实,这不足为奇,因为"皇帝的新装"这种社会综合征致使许多成人对偏见问题保持沉默。[2] 然而,成人之间的真诚协作却特别重要,既有利于更好地对儿童进行反偏见教育,也有利于成人获得更多的有益经验。所以,"不能把学校、家庭、社区彼此孤立起来,而要想方设法使他们彼此密切相连"[3],促使保教人员、家长、社区成员都能参与进来,形成统一战线,扩大反偏见教育的成效。

总之,这些原则都从不同侧面提出了对儿童进行反偏见教育的基本要求,只有遵循各条原则,才能达到预期的效果。

---

[1] Eva L. Essa. Introduction to Early Childhood Education (6th edition)[M]. Belmont CA: Wadswoth, 2011:404.

[2] Louise Derman-Sparks & Julie Olsen Edwards. Anti-Bias Education for Young Children and Ourselves[M]. Washington, DC: National Association for the Education of Young Children, 2010:9.

[3] Anti-Defamation League. Creating an Anti-Bias Learning Environment[EB/OL]. http://www.adl.org/education-outreach/curriculum-resources/c/creating-an-anti-bias-learning-environment.html#.Vyb9wPmEB-k. 2016-04-21.

四、美国学前教育机构对儿童进行反偏见教育的评价

美国学前教育机构对儿童进行反偏见教育的评价,主要是从以下几个方面来进行的。

(一)园长对教师进行评价

美国学前教育专家指出,园长要通过多种形式对教师进行全面、持久的评价,以保证评价的客观性、公正性。

1. 聚焦教师,进行评价

园长在以教师为焦点,对教师进行评价时,着重检测以下几个方面:(1)是否促进多元文化、自我价值感、尊严和团结,知道不同于别人并不是不如别人;(2)是否接受每个儿童的独特性及其文化背景,认识到每个儿童都是有价值的、能作出贡献的;(3)是否运用儿童的经验去教授儿童;(4)是否构建师幼互动模式,鼓励教师和儿童相互学习;(5)是否把技能教学与多元文化教学结合起来,认识到没有必要把它们分割开来;(6)是否理解儿童具有巨大的学习潜能,能促进师幼互动;(7)是否在班级形成合作、团结、分享个人经验的氛围;(8)是否给儿童呈现反映不同文化的材料,而不是只呈现代表主流群体文化的材料;(9)是否意识到自己的偏见;(10)是否理解尽管学习能力、认知方式、期望在不同文化中有所不同,但它们都会对教学方法和课程设计产生重要的影响。[①]

2. 聚焦儿童,进行评价

园长在以儿童为焦点,对教师进行评价时,重点考查以下几个方面:(1)是否鼓励儿童认识到自己的独特性;(2)是否鼓励儿童了解自己的、群体的、社区的历史根基;(3)是否鼓励儿童接受别人的不同之处,认识到不同并不意味着劣质;(4)是否鼓励儿童促进文化平等,尊重其他文化,反对无知偏见;(5)是否鼓励儿童自由发表言论,愿意分享自己的文化和其他群体的文化;(6)是否鼓励儿童发展责任感和归属感,意识到在一个多元化群体中团结也是可能的。[②]

(二)教师对自己进行评价

美国学前教育专家指出,教师要通过不同视角对自己的工作进行深入的、细致的评价,以提高评价的有效性、发展性。

1. 自评自我的意识水平

教师的自我意识是教师对儿童进行反偏见教育的认知前提。 学前教育专家鼓励教师反思自己的自我意识水平是否在不断提高,主要包括以下几个问题:(1)我意识到自己的文化身份和历史了吗?我对我是谁感到舒适吗?(2)我意识到我可能持有偏见吗?(3)我把多样性和特殊性看成是所有儿童都能获得成功的优势了吗?(4)我能准确、诚

---

① Barbara M. Elliott. Measuring Performance: the Early Childhood Educator in Practice [M]. Albany, NY: Delmar, 2002: 137.

② Ibid., 138.

实地回答儿童关于差异性的问题吗?当我不知道某个问题的答案时,我敢于承认吗?(5)当我听到对别人的非议、偏见和歧视时,我能及时地加以干预吗?我能采取行动抵制偏见吗?(6)我有可以信赖的同事支持我反偏见教育的想法和做法吗?[①] 可见,这些问题重在激励教师评价自己的认同感、对差异性的认识、对偏见的反应,以促使教师用正确的观念去指导自己的行动。

2. 自评班级的物质环境

班级的物质环境是教师对儿童进行反偏见教育的基本条件。 学前教育专家指导教师反观班级的物质环境的布置是否恰当,主要包括以下几个问题:(1)所有儿童都便于使用班级的材料和设备吗?(2)所有儿童都有平等的机会参与活动吗?(3)我的班级呈现了儿童及其家庭的照片了吗?陈列了与他们的背景和经验相关的材料了吗?(4)我的班级拥有同等的机会去再现反映不同的文化和种族、不同的家庭种类和结构、不同年龄段的不同生活方式、不同性别的多种角色等方面的图片和材料了吗?(5)我的班级有代表男性/女性、不同种族/肤色的玩具和服装吗?(6)我的班级有儿童可用来表示他们身体特征的各种各样的艺术媒体吗?[②] 可见,这些问题重在引导教师评价自己是否为儿童提供了同等的选择和使用班级里各种各样的材料的机会,以鞭策教师充分发挥环境的潜移默化的积极影响。

3. 自评班级的教育环境

班级的教育环境是教师对儿童进行反偏见教育的重要保障。 学前教育专家指引教师反思班级的教育环境的创设是否适当,主要包括以下几个问题:(1)我的语言和非语言的信息没有成见、偏见吗?我有效地为儿童提供认识自己和别人的多样性的机会了吗?在我的班级,黑色和棕色与其他颜色同样重要吗?我积极鼓励儿童对差异、成见、偏见进行批判性思考了吗?我教导少数民族和非少数民族团体为消灭不公平而不断努力了吗?(2)我同样尊重和承认所有儿童做出的努力及取得的成就了吗?(3)我对所有儿童的学习都抱有且表现出很高的期望了吗?(4)我把每个儿童都看作是独立的个体、不同的社会及文化群体中的一员了吗?我这样去对待他们了吗?(5)在我的交往和课程中,我认识到儿童可能会被不同的家庭成员照顾了吗?儿童可能会有不同的家庭结构了吗?(6)我承认并尊重儿童在学习方式上所表现出的个体和文化差异了吗?我有效地应对儿童多样化的学习方式了吗?我统整多种沟通方法来支持儿童的学习了吗?我使用各种各样的方法来评估儿童的学习了吗?(7)我通过课程和班级常规来促进不同群体儿童之间的相互合作了吗?(8)在班级日常活动中,我帮助儿童批判性思考和解决有

---

① Dora W. Chen, John Nimmo, and Heather Fraser. Becoming a Culturally Responsive Early Childhood Educator: A Tool to Support Reflection by Teachers Embarking on the Anti-Bias Journey[J]. Multicultural Perspectives, 2009, 11(2): 105.

② Ibid., 105-106.

关公平的问题了吗?① 可见,这些问题重在引领教师评价自己是否通过语言、课程、教学策略和教育期望,把平等的理念传递给了儿童,以强化教师在班级建立一个良好的学习社区。

4. 自评班级的伙伴关系

班级的伙伴关系是教师对儿童进行反偏见教育的必要同盟。学前教育专家启发教师反思班级与家庭、社区的关系是否和谐,主要包括以下几个问题:(1)我和家长的交流是以尊重家庭文化的方式进行的吗?(2)我为不会说英语的家庭提供了简讯及会议的翻译了吗?(3)班级给儿童提供的食物符合社区/家庭的饮食文化吗?(4)我支持家园不同的转换和照看儿童的常规了吗?当家园双方对保教儿童的信念和目标发生冲突时,我能兼顾幼儿园的政策、尊重并公平地对待家庭的请求、真诚地与家庭合作以达成一致了吗?(5)我真的欢迎家长参与到班级的教育中来吗?如果他们不能来,我鼓励他们通过其他方式参与了吗?(6)我和家庭一起为儿童创设学习环境了吗?(7)我很了解社区、扩展儿童的班级学习了吗?(8)我能有效地运用社区的物力和人力资源来帮助儿童认识多样性和偏见了吗?② 可见,这些问题一方面重在引导教师评价自己是否重视与家长沟通、了解家庭对儿童早期文化社会化的影响,以促进教师更好地与家庭共育;另一方面还重在引领教师评价自己是否重视融入社区、运用社区资源对儿童进行多元文化教育,以助推教师更多地与社区合作。

总之,美国学前教育机构在对儿童进行反偏见教育的评价时,以教师为中心,把外部评价和内部评价有机地结合起来;重视发挥教师的主体作用,强调班级环境、家园社区关系对儿童发展的影响。

五、美国学前教育机构对儿童进行反偏见教育给予的启示

美国学前教育机构对儿童进行反偏见教育的成因、目标、原则及评价,引发了我们许多思考,给了我们一些有益的启示。

(一)要确保学前教育的公平性、公正性

公平公正地对待每一位儿童,保障他们合法受教育的权益,既是美国同行重视反偏见教育给予我们的启示,也是我国学前教育依法办园的需要。早在1991年,我国就批准了《儿童权利公约》,声明要为儿童创设良好的成长环境,保证儿童的生存权、受保护权、发展权和参与权。最近几年,我国又出台了许多保护儿童权利的法规政策。例如,2011年国务院颁布了《中国儿童发展规划纲要(2011—2020年)》,指出要遵守"儿童平等发展原则",强调要"创造公平社会环境,确保儿童不因户籍、地域、性别、民族、信仰、受教育状况、身体状况和家庭财产状况受到任何歧视,所有儿童享有平等的权利与机会"。2012

---

① Dora W. Chen, John Nimmo, and Heather Fraser. Becoming a Culturally Responsive Early Childhood Educator: A Tool to Support Reflection by Teachers Embarking on the Anti-Bias Journey [J]. Multicultural Perspectives, 2009, 11(2): 106.

② Ibid.

年全国人民代表大会常务委员会又发布了《中华人民共和国未成年人保护法》，声明"未成年人不分性别、民族、种族、家庭财产状况、宗教信仰等，依法平等地享有权利"，进一步指出"未成年人享有受教育权，国家、社会、学校和家庭尊重和保障未成年人的受教育权"，"学校应当尊重未成年学生受教育的权利，关心、爱护学生，对品行有缺点、学习有困难的学生，应当耐心教育、帮助，不得歧视，不得违反法律和国家规定开除未成年学生"。2014年国务院办公厅还印发了《国家贫困地区儿童发展规划（2014—2020年）》，重申"儿童发展关系国家未来和民族希望，关系社会公平公正，关系亿万家庭的幸福"，而"促进贫困地区儿童发展是切断贫困代际传递的根本途径，是全面建成小康社会的客观要求，也是政府提供基本公共服务的重要内容"，明确指出要"推进学前教育。坚持政府主导、社会参与、公办民办并举，多种形式扩大贫困地区普惠性学前教育资源"，"完善学前教育资助制度，帮助家庭经济困难儿童、孤儿和残疾儿童接受普惠性学前教育"。2015年全国人民代表大会常务委员会还公布了《中华人民共和国教育法》，强调"中华人民共和国公民有受教育的权利和义务"，"公民不分民族、种族、性别、职业、财产状况、宗教信仰等，依法享有平等的受教育机会"；"国家采取措施促进教育公平，推动教育均衡发展"，"国家制定学前教育标准，加快普及学前教育，构建覆盖城乡，特别是农村的学前教育公共服务体系"；"各级人民政府应当采取措施，为适龄儿童接受学前教育提供条件和支持"。可见，学前教育要公平公正的国家声音越来越强大，依法保障儿童合法权利已经成为时代的主旋律。唯有知法守法，才能跟上世界学前教育发展的步伐。

（二）要强化保教人员的职业道德规范

关爱儿童，尊重儿童，不歧视儿童，不侮辱儿童，不仅是美国学前教育工作者必须遵守的职业伦理规范，也是我国幼教工作者依法执教的需要。2012年教育部颁发了《幼儿园教师专业标准（试行）》，要求教师"关爱幼儿，尊重幼儿人格，富有爱心、责任心、耐心和细心"，"尊重幼儿权益，以幼儿为主体，充分调动和发挥幼儿的主动性；遵循幼儿身心发展特点和保教活动规律，提供适合的教育，保障幼儿快乐健康成长"。同年全国人民代表大会常务委员会还发布了《中华人民共和国未成年人保护法》，要求"幼儿园、托儿所的教职员工应当尊重未成年人的人格尊严，不得对未成年人实施体罚、变相体罚或者其他侮辱人格尊严的行为"。2015年教育部又印发了《幼儿园园长专业标准》，要求园长"主动维护儿童合法权益"，"关爱幼儿"，"平等对待不同民族、种族、性别、身体状况及家庭状况的幼儿"，"使每个幼儿都能接受有质量的教育"。2016年教育部还颁布了《幼儿园工作规程》，强调指出"幼儿园教职工应当尊重、爱护幼儿，严禁虐待、歧视、体罚和变相体罚、侮辱幼儿人格等损害幼儿身心健康的行为"。因此，为了促进幼教工作者的专业发展，建设高素质的幼教工作者队伍，深入推进学前教育的改革，在职前培养和在职培训中，我们都要把反偏见教育的种子播撒进去，不断提升幼教工作者的职业道德水准，使他们都能真正成为幼儿健康成长的启蒙者和引路人。

（三）要清除学前教育的各种偏见沉渣

在美国幼儿园存在着诸多偏见乱象，在我国幼儿园也不例外。因此，我们要警醒深思,并及时加以矫正、治疗,而不能让偏见沉渣继续阻碍办园质量的提升,妨碍儿童的健康成长。**一方面**,我们要检测和消除幼儿园物质环境中存在的各种偏见怪象:要仔细审查班级环境的布置和设施、教师使用的教材和教具、儿童使用的玩具和图书是否带有性别偏见、职业偏见、家庭偏见、城乡偏见;一旦发现,要迅速纠正,使每个儿童都能生活在一个健康的、平等的、舒适的物质环境中,获取个人发展所需要的各种资源。**另一方面**,我们要反思和清除幼儿园教育环境中存在的各种偏见怪圈:要全面反省在与儿童交往的过程中,自己的一言一行是否暗含着对发展水平不同、家庭条件不同、户籍所在地不同的儿童拥有不同的情感倾向;一经发觉,要快速改正,使每个儿童都能愉快地度过在园生活,促进儿童身心的和谐发展。还要深刻反省在与家长互动的过程中,自己的言谈举止是否暗藏着对家庭结构不同、居住条件不同、职业不同、学历不同的家长怀有不同的价值观念;一经察觉,要及时扭转,使每个家长都能乐于参与到班级的教育活动中来,提高家园合作共育的成效。

(四) 要培养儿童反偏见的意识和行为

我们要学习借鉴美国同行对学前儿童进行反偏见教育的经验,重视全程全方位地培养儿童反偏见的意识和行为。**首先,要在幼儿园的一日活动中,增强儿童的自信心**。既可通过看图书、听故事等多种静态活动,使儿童知道自己是一个独立的个体,是独一无二的,不可替代的,以帮助儿童树立坚定的自信心;也可通过动手操作、尝试探索等多种动态活动,使儿童看到自己所取得的进步,体验到成功的快乐,相信自己确实很能干,以培养儿童持久的自信心。**其次,要在与家庭的合作活动中,强化儿童的自豪感**。既可通过家长义工、家长助教等来园进班活动,使儿童能耳闻目睹家长的聪明才智,体会到家长的巨大作用,为自己的爸妈及同伴的爸妈喝彩和点赞;也可通过走进家庭、邻里互访等分享交流活动,使儿童能看到同伴家庭的独特环境,礼貌对待众多的家庭成员,学做"小主人"和"小客人",为自己的家庭及同伴的家庭感到骄傲和自豪。**再次,要在与社区的共育活动中,培养儿童的认同感**。既可通过"走出去"参观郊游等活动,使儿童能有多种时机进入社区中的不同场所,切身感受到每个场馆的独特作用及其相互关系;也可通过"请进来"支教援教等活动,使儿童能有许多机会了解社区中的不同人员,深刻认识到职业没有高低贵贱之分,各行各业的人有机地组合在一起,才形成了我们这个和谐的社会大家庭。**最后,要掌握各种契机,把儿童培养成反偏见的小卫士**。要重视"遇物而诲"、"相机而教",使儿童能随时随地地习得反偏见的知识和技能,形成抵制偏见的行为习惯。不论是当别人污辱自己的人格还是非议自己的身体,都能勇敢地加以抨击,学会保护自己。例如,当听到别人说自己是个"小笨蛋"时,能迅速地加以指正("你这样说我,是不对的;你要向我道歉;你如果道歉了,我就会原谅你的。");当听到别人说自己是个"小胖墩"时,能机智地加以反击("你这样说我,是很不公平的;我虽然'体胖',但是我'心宽'。")。

第二节　美国学前教育机构《保教人员手册》的特点及启示

图片 8-2-1　美国 IUCP 幼儿园教师在手工活动中辅助幼儿剪纸

在美国,许多学前教育机构都编制了《保教人员手册》(*Staff Handbook*),并在开学初发给全体保教人员,要求他们认真阅读,以了解机构的文化和制度,规范自己的工作。学前教育机构的《保教人员手册》,既是机构指导保教人员行为的准则,也是保教人员必须遵守的法则,此外还是保教人员在机构内部从事工作、享受待遇的依据。本节试图通过对随机获取的 18 本美国学前教育机构的《保教人员手册》进行研读,来了解它的制定目的、外表形式、基本框架、重要内容,并分析其主要特点,以期为研制我国幼儿园的《保教人员手册》提供借鉴与参照,促进保教人员的规范管理、队伍建设和专业发展。

一、美国学前教育机构《保教人员手册》的编制目的及特点

美国学前教育机构为什么要编制《保教人员手册》? 其主要目的是什么? 查阅这 18 本手册,发现其中 12 本(占 67%)写出了编制的目的。

1. 在《A 早期教育机构保教人员手册》上写道:[①]主要是为了给保教人员提供一个指南,要求他们去遵守;每个保教人员都有责任熟悉它,了解它所包含的各种信息,如保教人员的岗位及任务。

2. 在《C 儿童发展中心保教人员手册》上写道:主要是为了给保教人员提供参考信息,使他们能明确政策规定、组织结构;每个保教人员都要在上面签名,表示自己已阅读并理解所列出的各项政策。

3. 在《FTCC 早期教育中心保教人员手册》上写道:主要是为了向保教人员说明他们的责任及福利与机构的使命及目的、与本州的教育法规和政策都是一致的。

4. 在《HSU 儿童中心保教人员手册》上写道:主要是为了给保教人员提供机构的重

[①] 研究者遵循科研规范,将学前教育机构的真实名称隐去,用符号替代;下同。

要信息,回答他们在第一天上班或在这一年里工作可能会遇到的各种问题。

5. 在《ICC 早期教育中心保教人员手册》上写道:主要是为了给保教人员提供一个参照,并帮助大家按照共同的方针、政策和措施去一起工作。

6. 在《LP 学习中心保教人员手册》上写道:主要是为了使保教人员能熟悉机构现在的政策、措施和准则。

7. 在《MU 儿童发展实验室保教人员手册》上写道:主要是为了给所有保教人员提供便于参考阅读的一种图书。

8. 在《SCC 开端计划保教人员手册》上写道:主要是为了帮助保教人员了解并掌握机构的政策、措施和运作程序;增进彼此之间的了解,加强贯彻执行方针政策的力度,确保一致性和公平性。

9. 在《SSU 学前教育中心保教人员手册》上写道:主要是为了帮助保教人员了解机构及政策和执行程序。

10. 在《TLC 早期教育部保教人员手册》上写道:主要是为了向保教人员提供机构的人事政策、运作程序、福利和行为规则,以便于他们阅读、理解、熟悉和遵守。

11. 在《UCSB 早期保育和教育儿童中心保教人员手册》上写道:主要是为了帮助保教人员熟悉机构的各种信息,理解机构的指导思想,知道自己每天要运用的政策和程序。

12. 在《WC 儿童中心早期教育机构保教人员手册》上写道:主要是为了给保教人员提供参考和指导,使他们能知道幼儿园工作的概况、政策、程序及其福利。

由此可见,美国学前教育机构编制《保教人员手册》的主要目的是帮助保教人员了解机构的基本信息、办学理念、规章制度、运作过程、福利待遇,使刚进入机构的准保教人员能迅速成长为机构的合格保教人员,增强他们对机构文化的认同感和忠诚度,规范他们的日常行为;加强对机构内部的人事管理,提升机构整体的运作效率。因此,《保教人员手册》既是美国学前教育机构保教人员的行动指南,也是机构内部保教人员管理的重要文件,此外还是机构管理的有效工具。

二、美国学前教育机构《保教人员手册》的外表设计及特点

这 18 本学前教育机构《保教人员手册》在外表设计上具有如下几个特点。

1. 从封面上看:(1) 从色彩上讲,以黑白为主:封面是黑白色的占 67%(12 本),是彩色的占 33%(6 本)。(2) 从文字上讲,都加以编辑:都对封面的文字进行了加工修饰,用不同的字体与字号来呈现。(3) 从图片上讲,平分秋色:封面无图的占 56%(10 本),有图画或照片的占 44%(8 本)。这样,经过编辑的文字更能吸引保教人员的注意力,插入的图案更能显示学前教育的专业性。

2. 从大小上看,都是 A4 纸:全部用 A4 纸来制作呈现。A4 纸是正规文本所普遍采用的一种形式。这样,标准的纸张更能突显其规范性,说明阅读的重要性。

3. 从页码上看,40 页左右:在 30 页及以下的占 28%(5 本),在 31—50 页的占 56%(10 本),在 51 页及以上的占 17%(3 本)。这样,厚薄比较适中,详略比较得当,才会使

保教人员去阅读它,去了解它。反之,如果过厚过长,就可能没有人会去阅读;如果过薄过短,则可能会缺少许多重要的信息。

4. 从年份上看,较为新颖:制作及修订在 2011 年及以后完成的占 67%(12 本),在 2010 年及以前完成的占 17%(3 本),无年份记录的占 17%(3 本)。这样,不断更新的内容有助于保教人员与机构的发展同步,与时俱进。

由此可见,《保教人员手册》是美国学前教育机构保教人员获得的第一个正式文件,是其了解机构文化的第一扇窗户,也是机构树立良好形象的重要一环。因此,许多学前教育机构都非常重视它的外表设计和装帧编排,以充分发挥其首因效应的功能,给保教人员留下美好的第一印象,使他们在获取有用信息的同时,还能得到美学享受。

三、美国学前教育机构《保教人员手册》的目录设置及特点

这 18 本学前教育机构《保教人员手册》在目录设置上具有以下几个特点。

1. 从目录的设立与否来看:设立为主。设有目录的占 78%(14 本),没设目录的占 22%(4 本)。设立目录,既会使《保教人员手册》看上去像图书杂志一样完整无缺,又会使保教人员感到温暖友好。

2. 从目录的层次级别来看:一级为主。在设立"目录"的 14 本中,有一级目录的占 64%(9 本),有二级目录的占 36%(5 本)。这样就使《保教人员手册》能便于保教人员"顺藤摸瓜",快速找到自己所需要的各种信息。

3. 从目录的条目数量来看:差距悬殊。在这些手册中,一级目录的条目数量大不相同,从 9 条、11 条到 27 条、30 条、33 条,再到 57 条、60 条,直至 101 条。这样就使《保教人员手册》表现出了个性、差异性,反映出不同的学前教育机构对保教人员有着不同的具体要求。

4. 从目录的条目名称来看:大同小异。一级目录的条目名称主要有以下几种:(1)学前教育机构的特征和教育(如历史、使命、课程、纪律);(2)保教人员的招聘和专业发展的政策(如平等就业、不歧视、就业要求、雇用手续、入园教育、职业培训);(3)保教人员的岗位职责和行为规范(如岗位、期望、职责、服装要求);(4)保教人员的薪酬福利和待遇(如工资、休假、病假、丧假、健康与失业保险、育儿福利);(5)保教人员的考勤管理和申诉程序(如考勤政策、工作时间、投诉);(6)学前教育机构的健康、安全和卫生政策及程序(如事故处理程序、紧急情况应对程序、疏散程序、疾病排除指导措施、洗手政策、卫生政策与传染病告知、药物政策与家长书面许可、清洗和消毒程序及次数);(7)与家长沟通的政策和程序(如家长参与、亲子关系)。这样就使《保教人员手册》表现出了共性、相似性,反映出不同的学前教育机构对保教人员有着共同的基本要求。

由此可见,美国学前教育机构通过在《保教人员手册》上设立目录,分门别类地呈现机构内部的人事制度管理规范,既覆盖了机构人力资源管理的各个方面规章制度的主要内容,又适应机构独特个性的生存发展需要,同时,弥补了规章制度制定上的一些疏漏,使其不仅成为机构管理保教人员的有力"武器",而且也是保教人员融入机构共同体的重要载体。

四、美国学前教育机构《保教人员手册》的内容呈现及特点

这18本学前教育机构《保教人员手册》在内容呈现上具有以下几个特点。

(一) 对新保教人员的欢迎祝福:以情感人

在多本《保教人员手册》的首页上,都有一段简洁明了而又热情洋溢的话语,欢迎新员工的到来,并表达对他们的期望,祝愿他们将来取得卓越的成就,反映了机构对保教人员情感投资的重视。例如,在《ICC早期教育中心保教人员手册》上写道:欢迎您来到我们的中心!很高兴您成为我们团队中的一员,我们相信吸引和维持一支高素质的保教人员队伍是非常重要的,它能为我们所服务的儿童和家庭提供优质的教育。在《HSU儿童中心保教人员手册》上写道:我们竭诚欢迎您成为中心的一员,我们希望今年对您将是十分有益的一年,您将有机会建立同事关系,学习新技能,理论联系实际。在《UCSB早期保育和教育儿童中心保教人员手册》上写道:我们十分高兴地欢迎您来到中心,加入我们的专业人员团队,我们努力在我们彼此之间、我们与家庭之间,创造一种良好的氛围,希望您很快就能与新朋友、新同事相处愉悦。

情绪具有巨大的感染作用。学前教育机构《保教人员手册》中充满温情的迎新话语,有助于新员工消除"陌生人"的心理障碍,满怀信心地迈入机构,迅速建立归属感,产生积极友好的情感体验,以达到以情感人的心理功效,促使"同舟共济"的梦想成真。

(二) 对新保教人员的上岗培训:以境陶人

在多本《保教人员手册》里,都涉及对新员工上岗培训的目的、时间、内容、形式等信息,反映了机构对保教人员园本培训的重视。

1. 培训的目的。 许多学前教育机构认为,对新员工进行上岗培训,能够帮助他们更好地了解机构的组织和自己的工作,促使他们能够更快地"上路"。例如,在《SCC开端计划保教人员手册》上写道:对新员工进行培训,使他能很快地了解联邦开端计划的实践标准、机构的政策和程序、自己的工作以及工作的内部与外部之间的关系,清醒地意识到机构对他们的成就期望、帮助支持和评价反馈。在《FTCC早期教育中心保教人员手册》上写道:为了给儿童和家庭提供高质量的服务,我们需要雇用和留住高素质的保教人员,我们努力使每个员工拥有满意的就业体验和愉快的工作场所;当你加入到我们的员工队伍中来时,你就要像一个专业的儿童保教人士那样去工作,你对工作的态度是很重要的;因此,所有保教人员都必须参加专业发展培训和在职培训。

2. 培训的时间和内容。 许多学前教育机构认为,所有保教人员一旦开始就业,就必须尽早地接受入职、入园、入班的基本培训,促使他们能够更好地适应工作的需要。例如,在《SSU学前教育中心保教人员手册》上写道:新员工必须在受雇工作的最初2周里接受培训,以便了解机构的运作及人事政策、均衡的营养、国家学前教育研究会的认证标准和课程方案、成人与儿童的比率、预防虐待和歧视儿童的计划、机构组织结构、保教人员会议和培训要求、监督和评价信息、保教人员酬金和休假、行为管理方案、反歧视政策、保密政策、保健政策、社区资源、家长沟通。在《FTCC早期教育中心保教人员手册》上写

道:新员工在受雇工作的最初 6 周里,至少要受到在园 16 个小时的上岗培训;在最初 2 周里,要接受有关"诊断虐待和歧视儿童、机构运作政策、《家长手册》、安全睡眠政策、机构监督政策"等方面的 6 小时培训;在后面 4 周里,要接受有关"了解工作的具体职责、研习儿童保育的法律法规、评论机构人员和保教政策及目标、说明本州和地方政府的作用以及对机构的影响、观察机构的运营、维护安全和健康的环境、理解标准和注册要求"等方面的 10 个小时培训。在《ICC 早期教育中心保教人员手册》上写道:新员工在刚开始工作的 14 天里,要接受机构主任、主任助理或班主任给予的有关"机构之旅、班级实战、健康和安全政策及程序"的培训;在入职的最初 90 天里,要通过一些视听媒体来完成有关"最低注册要求、机构的目标和哲学及观念、儿童指导和行为管理方法、团队建设"的培训。在《C 儿童发展中心保教人员手册》上写道:新员工在最初工作的 6 周里,必须完成 16 个小时的入园培训,这包括了解机构的宗旨和目标、政策和程序、注册条例、防止虐待和歧视的健康和安全程序;在最初工作的 3 个月里,要和老员工一样,必须接受心肺复苏和急救训练。在《ISU 儿童发展实验学校保教人员手册》上写道:新员工在受雇工作的最初 6 个月里,要接受有关血源性病原体知识的培训、婴儿和儿童及成人的心肺复苏和急救培训、报告虐待儿童的培训;在第 1 年里,至少还要参加 10 个小时的职业发展培训活动(每周受雇工作 20 个小时以上的员工)或 5 小时的职业发展培训活动(每周受雇工作 20 个小时以下的员工)。

3. 培训的形式。许多学前教育机构都强调把直接培训和间接培训有机地结合起来,通过阅读材料、参观机构、观看活动、与同事交谈、和家长交流、和儿童互动等丰富多彩的形式,帮助新员工从不同的侧面来了解机构、认识机构、理解机构、认同机构,促使他们能够尽快地胜任。例如,在《WC 儿童中心早期教育机构保教人员手册》上写道:每年我们都采用多种多样的形式来对新员工进行培训:(1)学习研讨:组织新员工学习讨论国家学前教育研究会制定的教师行为标准、课程纲要和方案标准等;(2)实地考察:带领新员工在机构里走一走,看一看,帮助他们了解急救包的位置、紧急疏散的程序、每天的日程安排等;(3)观察学习:给新员工提供观看操作实物的机会,使他们知道如何使用电话、电器、消防报警器和灭火器等。

万事开头难。学前教育机构《保教人员手册》中提出对新员工进行上岗培训,就是在给他们提供专业支撑和拐杖,为他们的成长发展铺路和架桥,使他们这些"新手"一"上路",就能"全副武装","披甲上阵",朝着既定的目标前行;从一开始就能做个职业选手,说行话,办行事,逐渐成为专业能手,轻松自如地、"游刃有余"地去工作。

(三) 对保教人员的仪表要求:以美悦人

在多本《保教人员手册》上,都提到对保教人员的仪表要求,反映了机构对文化品位和保教人员形象的关注。

1. 彰显职业特征。许多学前教育机构都要求保教人员的服饰要体现职业的特点,而不能带有任何广告色彩,以树立良好的职业形象。例如,在《WNMU 早期教育中心保教人员手册》上写道:员工的穿着打扮要有专业性,适合工作的需要。在《C 儿童发展中心保教人员手册》上进一步写道:员工的外表要体现机构的价值取向,穿戴风格应反映职业特点,向所服务的儿童和家庭展现职业的风采和最好的形象,适合工作的需要。在《A早期教育机构保教人员手册》上还写道:员工的外表很重要,它是员工整体的一部分,应反映员工是一名成功的幼教专业人士;员工的衣服上不能印着任何广告的字样。在《ISU儿童发展实验学校保教人员手册》上也写道:员工的服装应该是职业化的,因为他们代表着学前教育,看上去就应该像个真正的儿童保教专业人员,所以衣服上不能印有广告字画。在《ICC早期教育中心保教人员手册》上进一步写道:员工的着装应当反映出他们的职业自豪感和敬业精神,表现出他们对自己及工作的严肃态度;表明他们尊重环境中的其他人(如儿童、家长、来访者、同事),而不能带有烟草产品、酒精、毒品、暴力或性暗示的文字及图画。在《SCC开端计划保教人员手册》上也写道:因为每天都会有家长或其他机构和企业人士来访,所以为了体现职业形象和工作氛围,员工的穿戴必须具有专业性,适合工作的需要,而不能穿任何印有帮派活动或犯罪活动标识(如毒品、烟草、猥亵等文字或图画)的衣服来上班。

2. 适合开展活动。许多学前教育机构都要求保教人员的穿戴要便于开展各种各样的活动,而要尽量减少装饰品的佩戴,以消除暗藏的安全隐患。例如,在《ICC早期教育中心保教人员手册》上写道:员工要意识到在儿童早期教育的环境中工作,需要自由地运动,所以穿着要舒适。在《WSU儿童发展中心保教人员手册》上写道:员工的服装要适合幼儿园的工作,要能很舒服地开展各项活动。在《ISU儿童发展实验学校保教人员手册》上写道:员工的衣服要适合在幼儿园开展的各种活动(如经常在地上和在地板上工作)。在《WNMU早期教育中心保教人员手册》上写道:员工的穿着要适当,以便能与儿童一起活动。在《UMKC儿童和家庭发展中心保教人员手册》上进一步写道:员工要穿舒适的、易于走动的衣服,因为儿童保育工作需要大量的运动(如每天频繁的上下楼)。在《WC儿童中心早期教育机构保教人员手册》上进一步写道:所有员工在工作时都应遵守服装规范,休闲服是好的,但应确信它们是合适的。在《A早期教育机构保教人员手册》上也写道:员工应该穿着适宜的休闲服装,这样才能自由地、舒适地与儿童积极主动地互动。此外,还有一些学前教育机构除了要求员工不能穿着昂贵的服装来上班,以免担心衣服被弄坏了,而阻碍照管儿童、与儿童互动以外,还要求员工尽量少戴首饰,不戴长项链或吊坠,以防止儿童去抓去拉,埋下安全隐患。例如,在《SCC开端计划保教人员手册》上写道:员工可以戴首饰,但它不能分散儿童的注意力,且对儿童不会产生安全问题。在《ICC早期教育中心保教人员手册》上写道:员工在选择配件时,应考虑到安全和卫生的要求。

3. 突显端庄大方。许多学前教育机构都要求保教人员的服装要显得庄重得体,以满足活动的各种需要,不能穿奇装异服来上班。例如,在《UMKC儿童和家庭发展中心保教人员手册》上写道:员工必须穿着得体,适合工作;不能穿汗衫、吊带衫、袒胸露背的衣衫;可以穿牛仔裤、棉裤子、长及膝盖的短裤,但不能穿有洞眼的牛仔裤、长度只到臀部下面的短裤,所穿的裤子应该是高腰的,这样席地而坐时,臀部才不会暴露出来;还应该穿舒适的鞋子，以便于在游戏场地上与儿童一起玩耍。在《WSU儿童发展中心保教人员手册》上也写道：员工的着装应该舒适宜人，不能裸露太多；可以穿短裤，但长度要适当；不能穿裙子，只能穿裤子，这样才能行动自如，坐在地板上和儿童一起活动；所穿的鞋子，要能在室外舒适地和儿童一起游戏。在《ICC早期教育中心保教人员手册》上进一步写道：因为员工是儿童的榜样，所以服装的选择必须是保守的、人们普遍能接受的；衣服要完整、适中、雅观；不能穿吊带衫、背心、海滩装、裸露的衣服、紧身裤、短的裤子、有孔有洞的裤子；必须随时穿上安全、实用的鞋子，不能穿拖鞋、高跟鞋、露趾凉鞋。在《SCC开端计划保教人员手册》上还写道：员工不能穿导致分心的、身体过多暴露的、不安全的衣服来上班；应该穿安全的、适合于工作的鞋子，而不能穿露趾鞋、凉鞋、拖鞋。可见，这些学前教育机构不仅对保教人员的上衣提出了不能过多裸露的要求，还对保教人员的裤子提出了要有足够长度的要求，以便于自由地展开活动。此外这些机构对保教人员的鞋子提出了平底完整的要求，以便于保教人员能安全地进行活动。

4. 外表整洁雅致。 许多学前教育机构都要求保教人员的外表要整洁清爽，不能穿脏的、皱的衣服来上班，以保证良好的工作状态。例如，在《WSU儿童发展中心保教人员手册》上写道：员工的着装应该干净、整齐；在《ISU儿童发展实验学校保教人员手册》上写道：员工的衣服应该是干净的、整洁的；在《ICC早期教育中心保教人员手册》上写道：员工的衣着要整洁、利落；在《UMKC儿童和家庭发展中心保教人员手册》上写道：员工要穿容易清洗的衣服来上班；在《WNMU早期教育中心保教人员手册》上进一步写道：员工要保持良好的生活卫生习惯，不能穿脏了、破了的衣服来上班；在《C儿童发展中心保教人员手册》上也写道：员工要有良好的个人卫生标准，不能穿脏的、破的或皱的衣服来工作；在《SCC开端计划保教人员手册》上还写道：员工有责任穿着干净、整洁的衣服来上班，而不能穿有裂口的衣服、皱巴巴的衣服来上班。此外，还有一些学前教育机构要求保教人员梳理好自己的头发，呈现出干净利落的样子。例如，在《C儿童发展中心保教人员手册》上写道：员工不能披肩散发，头发要整齐，显现在脸的周围；在《SCC开端计划保教人员手册》上也写道：员工的头发应该干净，梳理整齐，不论长短，都不能是毛茸茸的、乱蓬蓬的；鬓角、胡须必须清洁、整齐。

爱美之心，人皆有之。美国学前教育机构《保教人员手册》上对保教人员仪表提出的要求，既关注安全性、卫生性，又强调人本性、审美性；不仅支撑了学前教育的职业特征，规范了保教人员的仪表仪态，而且还强化了教师与儿童互动的工作属性，美化了学前教育的机构环境。

（四）对保教人员的福利待遇：以诚待人

在多本《保教人员手册》上，都具体说明了保教人员的福利待遇，反映了机构对保教人员劳动的认可和尊重。

1. 多样性。 许多学前教育机构都为保教人员设立了丰富多彩的福利计划，保障了全体保教人员劳有所获的基本利益。例如，在《LP学习中心保教人员手册》上写道：所有员工均享有同等待遇，而不受种族、肤色、年龄、信仰、国籍、宗教、政治背景、性别、身体或婚姻状况的影响;所有员工都享有以下4种福利:(1)休假和病假;(2)带薪节假日;(3)个人或家庭保健和牙科保险;(4)儿童保育优惠。在《TLC早期教育部保教人员手册》上也写道:所有员工都享有以下4种福利:(1)休假;(2)病假;(3)工伤保险赔偿;(4)退休金计划。在《C儿童发展中心保教人员手册》上写道:所有全职员工都享受以下10种福利:(1)国家补充保险;(2)假期;(3)节假日;(4)病假;(5)丧假;(6)服兵役义务;(7)陪审义务;(8)休假;(9)进修补助;(10)免费餐点。在《ICC早期教育中心保教人员手册》上也写道:全职员工享受以下12种福利:(1)奖学金激励;(2)加班费;(3)带薪节假日;(4)医疗/牙科保险;(5)假期;(6)病假;(7)机动时间;(8)家庭医疗假;(9)丧假;(10)陪审义务;(11)工伤保险赔偿;(12)员工子女保育补助。在《WC儿童中心早期教育机构保教人员手册》上写道:员工享受以下13种福利:(1)带薪休假时间;(2)请假时间与累积时间及费用;(3)医疗、牙科和残疾保险;(4)自助式福利或税前支付;(5)退休金计划;(6)减少儿童入园学费;(7)校园卡/运用校园设施;(8)信用合作社;(9)专业日;(10)节假日;(11)助学金;(12)陪审义务;(13)丧假。在《SCC开端计划保教人员手册》上写道:已为员工设立多种福利待遇,以帮助员工解决有关医疗保健和退休方案等方面的经济负担,提高员工的满意度、市场的竞争力,招聘并留住优秀人才;所有员工都享受以下16种福利:(1)机构团体保险计划;(2)延续保险;(3)政府保险项目;(4)本州学校员工退休计划;(5)节假日;(6)带薪病假;(7)事假;(8)工伤保险赔偿;(9)医疗假;(10)产假/收养假;(11)个人休假;(12)陪审义务;(13)选举假;(14)投票假;(15)服兵役义务;(16)员工士气基金。

2. 年限性。一些学前教育机构根据保教人员的工作年限来提供福利待遇,说明了同工不同酬的职业经验累积的重要性。例如,在《C儿童发展中心保教人员手册》上写道:关于"假期":工作1—2年的全职员工,每年有5天或40个小时的假期;工作5年及以上的全职员工,每年有10天或80个小时的假期。在《ICC早期教育中心保教人员手册》上也写道:(1)假期:全职员工每年有10天带薪假,但从第12年开始,每年有15天带薪假(2)机动时间:全职员工每年有1天机动时间,但从第15年开始,每年有2天机动时间;(3)员工子女保育:全职员工的子女入园可享受一些学费补贴,工作的第1年没有优惠,第2年有20%的优惠,第3年有30%的优惠,第4年有40%的优惠。在《WC儿童中心早期教育机构保教人员手册》上写道:(1)减少孩子入园学费:全职员工工作满2年以后,可以减免孩子20%的学费;工作满5年以后,可以减免孩子33%的学费。(2)助学金:全职员工工作1年以后,每年可申请某门课程的学费补助。在《TLC早期教育部保教人员手册》上写道:(1)休假:已连续工作6个月以上的员工,可以书面申请10天的无薪休假;(2)病假:已连续工作1年以上的员工,可以书面申请90天的无薪病假;(3)退休金:已连续工作5个月以上的员工,可以享受退休金计划。

3. 岗位性。一些学前教育机构根据保教人员的工作岗位来安排福利待遇,体现了多劳多得的工种责任绩效的差异性。例如,在《TLC早期教育部保教人员手册》上写道:员工的福利待遇一般是每年加以审核的,但并不是自动增加的,它除了要考虑员工的工作年限和批准的预算以外,还要考虑员工的工作岗位和绩效。在《ICC 早期教育中心保教人员手册》上也写道:员工的工资和酬金是按每个岗位的工作职责进行分配的,并根据教育的需要,灵活地加以补偿。在《LP 学习中心保教人员手册》上进一步写道:员工的福利是由受雇状况决定的:(1) 休假和病假:1 级员工有 80 个小时的带薪休假和 20 个小时的带薪病假;2 级员工有 40 个小时的带薪休假和 10 个小时的带薪病假;(2) 个人或家庭保健和牙科保险:1 级和 2 级员工都可以享受个人或家庭的牙科保险,此外,1 级员工还可以享受个人或家庭的健康保险。在《WC 儿童中心早期教育机构保教人员手册》上也写道:(1) 带薪休假时间:每年全职员工有 26 天的带薪假期,兼职员工有 18 天的带薪假期;(2) 医疗、牙科和残疾保险:全职员工可以享受机构提供的医疗、牙科和残疾保险计划,兼职员工可以参加医疗或牙科计划,但要自己支付全部费用。在《SCC 开端计划保教人员手册》上还写道:(1) 团体保险计划:全职员工享有团体健康保险、人寿保险、长期伤残保险;(2) 节假日:每年工作 1488—1820 个小时的员工,有 10 天节假日;每年工作 1256—1328 个小时的员工,有 7 天节假日;每年工作 826 个小时的员工,有 5 天节假日。

劳有所得,干有所值。美国学前教育机构《保教人员手册》上列举的福利待遇,有助于维护保教人员的合法权益,保障保教人员的身心健康,增强保教人员的职业幸福感,提高保教人员对机构的忠诚度。

(五) 对保教人员的处罚解雇:依法治人

在多本《保教人员手册》上,都详细说明了对保教人员的处罚解雇,反映了机构对保教人员违规的惩治力度。

1. 必须遵守规则。一些学前教育机构强调建立规章制度的重要性,要求保教人员自觉遵守。例如,在《ISU 儿童发展实验学校保教人员手册》上写道:学校建立规章制度的目的不是要故意限制每个员工的权利,而是要保护其权益,确保其理解和合作;学校期待每位员工都能准时上班,认真完成工作,尊重别人,考虑别人的需要,礼貌地对待儿童、家长、来访者、同事和其他人。在《SSU 学前教育中心保教人员手册》上进一步指出:当员工在一起工作时,就必须有共同的规则,这样每个员工的行为才不会影响别人;机构制定这些规则的目的,不是为了限制而是为了明确和保护每个员工的权利,确保所有员工都能在同等条件下进行工作;每个员工都必须遵守的基本规则是:(1) 工作时间:要全部用于工作;(2) 工作表现:要全身心投入工作;(3) 家庭社交政策:要友好地对待儿童、家长和来访者;(4) 出勤:要准时到岗上班,避免缺勤和迟到;(5) 安全:要保护儿童和同事的安全;(6) 消防规则:要了解并会使用灭火器材。保教人员如果违反上述规则,就会受到相应的处罚。

2. 违规纪律处分。许多学前教育机构都认为对违规的保教人员要给予改错的机会,使其能不断进步。例如,在《SCC 开端计划保教人员手册》上写道:要运用渐进的纪律理念,来纠正员工的工作失误,指导员工的工作;如果不给员工警告和改进的机会,就不应终止员工的工作;机构帮助员工纠正违纪行为的步骤主要有以下几个:(1) 口头警告:当员工第 1 次出现工作失误或违反规则时,就给予口头警告,向其提出希望,并帮助其找到解决问题的方法;(2)书面警告:员工如果再次违规,就会收到书面警告,并会被放进其人事档案里;(3)暂停工作:在一定时间内,停止员工的工作,可能支付或不支付其薪水,这要看其违反规则的性质和程度;(4)终止雇用:员工如果屡教不改,就终止其工作。在《C儿童发展中心保教人员手册》上也写道:说明纪律处分的渐进程序,是为了帮助员工改正不良行为,以达到工作的要求;这一过程主要包括以下几个环节:(1)口头警告:向员工指出工作中的不当行为;(2)正式谈话:和员工正式交流,指出其不足之处;(3)第1次书面警告:员工如果轻视口头警告和交谈,又破坏了规则,或未达到标准,那么就会收到书面警告,并会被放在其人事档案里;(4)第2次书面警告;(5)终止雇用:在终止雇用前,可以让员工无薪暂停工作1天,目的在于考虑是否需要对其采取进一步的纪律措施,给其提供反思过失、承诺改正的机会。在《LP学习中心保教人员手册》上也写道:中心采用渐进式的纪律处分程序这一积极的方式,来矫正员工的不良工作表现,这包括以下几个步骤:(1)口头警告:如果员工的工作表现不符合机构的标准或者违反了机构的规定(如不按程序办事、业绩不理想、缺勤或迟到),那么就会被告知要改进工作,否则就会受到处罚;如果在6个月内受到了3次口头警告,还未加以改善的话,那么就会收到书面警告。(2)书面警告:如果员工存在的问题(如不遵守法律、严重违纪、危及儿童或同事的安全)被多次口头警告以后,还没有加以改正的话,那么就会得到书面警告;在6个月内,只会收到1次书面警告,如果没有加以改进,那么就会被暂停工作或终止工作。(3)终止工作:如果上述措施没有达到令人满意的工作表现,那么员工就会被终止工作。在《SSU学前教育中心保教人员手册》上也写道:机构帮助员工纠正不良行为的措施主要包括以下几个:(1)当员工初次违规时,就会受到口头警告,使其明白必须遵守机构的规则;(2)当员工再次做出类似的违规行为时,就会收到书面警告,并会被放进人事档案里;(3)员工如果继续犯规,就会导致工作的终止,在1年中,如果收到2次书面警告以后,当第3次违规时,不论什么原因,都会被解雇。在《WC儿童中心早期教育机构保教人员手册》上也写道:员工要遵守机构的规章制度,一旦违规,就会受到口头警告,并要在一定时间内加以改进;如果违规行为比较严重,就会收到书面警告;如果还不改进,就会被暂停工作,没有工资,直至有所改观。在《WSU儿童发展中心保教人员手册》上还写道:如果员工未能很好地履行职责,不认真工作,甚至拒绝工作,与来访者、同事、家长、儿童闲聊或不断发生冲突,那么就会受到辅导和指导,以尽快解决问题;如果情节严重,可能会被终止工作。

3. 重者立即解雇。许多学前教育机构都声明对严重违规的保教人员要立即加以解雇,以免后患无穷。例如,在《WC儿童中心早期教育机构保教人员手册》上写道:如果员工的行为严重不当,就会被立即解雇,终止合同。例如:(1)做出任何有损机构或同事声誉的行为;(2)没有完成工作任务;(3)不诚实或伪造文件损害了机构的利益;(4)触犯了合同中的任何一项条款;(5)违背了联邦或本州的法规。在《SSU学前教育中心保教人员手册》上也写道:如果员工严重违反规定,做出下面任何一种行为,就会被立即开除:(1)虐待儿童,不给儿童提供食物以此来惩罚儿童;(2)羞辱家长、同事和来访者;(3)私吞公共财产;(4)擅自挪用或泄露家长、儿童的机密信息;(5)拒绝完成分配的工作任务;(6)有重大疏忽或过失;(7)故意毁坏公共财物;(8)煽动同事不好好工作或进行违规活动。在《C儿童发展中心保教人员手册》上还写道:如果保教人员违反了纪律,符合下列任何一项"立即解雇的条例",就会被立即辞退,终止雇佣关系:(1)从身体上或情感上虐待儿童;(2)在工作时酗酒或吸毒;(3)伤害儿童或威胁要去伤害儿童;(4)偷盗机构或同事的财物;(5)故意毁坏公共财产;(6)不服从工作安排;(7)在申请工作时,提供虚假信息。在《LP学习中心保教人员手册》上也写道:如果员工做出了下列任何一种行为,都会被立即解聘:(1)虐待儿童;(2)虐待家长或同事;(3)骚扰别人;(4)在工作时毒瘾或酒瘾发作;(5)偷盗;(6)持有武器;(7)其他任何违规行为。在《WSU儿童发展中心保教人员手册》上还写道:如果员工表现出下面任何一种行为,就会被立即解雇:(1)虐待儿童,羞辱儿童,扣发儿童的食物以作为惩罚;(2)不善待家长、同事或来访者;(3)擅自挪走公共财产;(4)擅自泄露家长、儿童或机构的保密信息;(5)让儿童独自留下,无人照看;(6)未经同意,就离开工作岗位。

有法必依,违法必究。美国学前教育机构《保教人员手册》中的这些处罚解雇制度,既是法律赋予机构的权利,也是机构在管理上的需要;有助于保教人员充分认识到法律的威严,从而能够认真履行自己的义务,做个合格的员工,促进机构和谐平稳地运转。

由此可见,美国学前教育机构《保教人员手册》呈现的内容,既是规范保教人员仪表仪态、提升保教人员职业素养的准绳,也是凝聚团队力量、提高教育质量的宝典。

五、美国学前教育机构《保教人员手册》引发的思考和启示

美国学前教育机构《保教人员手册》值得我们学习和借鉴。我们应以此为参照,研制本土化、规范化、园本化、实用化的《保教人员手册》,并加以实施运用,以提高幼儿园的科学管理水平,促进教师的专业成长发展。

(一)本土化

没有规矩不成方圆。我们要认真学习美国学前教育机构的《保教人员手册》,"洋为中用",汲取其精华,制作中国版的《保教人员手册》,以节省幼儿园指导和培训保教人员的人力、物力和财力,使保教人员能更快更好地适应工作的需要,"有令则行,有禁则止"。为此,我们还要站在保教人员的角度,全面考虑幼儿园《保教人员手册》的内容,科学取舍,精心编写。**(1)所选择的内容要有代表性**。《保教人员手册》应反映保教人员最关心的、与其日常工作最相关的、与其切身利益最关联的、操作最程序化的各种事宜。例如,幼儿园的服务宗旨和工作流程、教师的岗位聘任和考勤管理、教育培训制度和建议提案程序。**(2)所排列的内容要有规律性**。《保教人员手册》应设立目录,分门别类地加以呈现,以便于快速翻找页码,查到相关资料,获取有用信息。例如,把保教人员的着装标准、幼儿的安全规则放在幼儿园的规章制度一栏里;把奖金分配、请假手续放在保教人员的福利待遇一栏里。**(3)所呈现的内容要有适宜性**。《保教人员手册》应详略得当,既不能过多过杂,看上去"包罗万象",以至于没有时间去读它;也不能过少过简,看上去"支离破

碎",以至于找不到所需信息。

(二) 规范化

各行各业都有自己的行业规范。美国学前教育机构的《保教人员手册》是建立在合法的基础上的,这是其有效性的法律保障。因此,我们在编制幼儿园的《保教人员手册》时,要把它看作是实行规范化和制度化管理的重要手段,努力使其成为保教人员的"保护伞",而不是"紧箍咒"。**(1) 内容要合法:依法而行。**《保教人员手册》所选取的内容,要符合现行的国家和地方的各项法律法规、行政条例及文件政策的精神实质;要权责平等,充分体现幼儿园与保教人员之间的平等关系和权利义务的对等,维护保教人员的合法权益。**(2) 程序要合法:公开透明。**《保教人员手册》所制定的程序,要合乎法律,经过民主讨论,投票通过;要说明所有的规章制度及执行步骤,使保教人员有章可循,有法可依,知道如何去处理各种事务。**(3) 形式要合法:公平公正。**《保教人员手册》所发布的途径,要合乎法规,在正式实施前,必须告知全体保教人员;要充分发挥每个保教人员的主动性,鼓励全员参与;要广泛征求保教人员的意见,积极采纳好的建议;要向保教人员公示,并进行签收。

(三) 园本化

每个幼儿园的具体情况都不一样。美国学前教育机构的《保教人员手册》是其价值观念和规章制度的浓缩,既是内部管理的重要依据,也是保教人员必须遵守的基本规则。因此,我们在研制幼儿园的《保教人员手册》时,一定要从实际情况出发,针对幼儿园自身的特点,量身打造,"私人定制",彰显个性,使之真正成为保教人员了解幼儿园和提升自己的参考书,努力工作和享受待遇的工具书,以提高幼儿园的管理质量,增强保教人员的归属感。

(四) 实用化

实际使用价值是至关重要的。美国学前教育机构的《保教人员手册》,既是保教人员了解机构的窗口,也是保教人员步入机构的向导。因此,我们在完善幼儿园的《保教人员手册》时,不仅要"以知引人",而且要"以行练人",讲究实效,追求品质,使其产生积极有益的功效。(1) 要不断更新。《保教人员手册》制定好了以后,不能"一劳永逸",一成不变,使其陈旧过时,而应与时俱进,适时修改,不断改进,逐步完善。(2) 要降低成本。为了厉行节约,减少浪费,应把《保教人员手册》做成活页的,这样,只需要更改、重新打印某部分的内容,以节省人力、物力和财力。(3) 要网上共享。现在幼儿园大都拥有自己的网站,可以把《保教人员手册》放上去,这样,就便于保教人员随时上网查找各种重要的信息,迅速地搜索到自己想要的内容。(4) 要简明扼要。《保教人员手册》从框架到段落,由语句到标点,都应做到简洁明了,易读易懂,重点突出,言简意赅,而要避免长篇大论、使用生僻的专业术语。

第三节　澳大利亚学前教育工作者《职业道德规范》及启示

图片 8-3-1　澳大利亚 QB 幼儿园教师和幼儿一起玩沙戏水

一、澳大利亚学前教育工作者《职业道德规范》的主要内容

（一）发展过程

1. 修订历程

澳大利亚学前教育研究会（Early Childhood Australia），为全国学前教育工作者制定了《职业道德规范》（Code of Ethics），1988 年首次公布；2003 年，开始对其审查修订，于 2007 年发布了第 2 版；2014 年，继续加以改进完善，通过咨询调查、论坛和研讨会等多种形式，在全国范围内进行了咨询，广泛征求学前教育工作者的意见，形成了共同的价值观，并于 2016 年 2 月公布了第 3 版。

2. 修订依据

新版《职业道德规范》的修订依据主要有以下四方面：**（1）联合国《儿童权利公约》**（Convention on the Rights of the Child）（1989）。该《公约》旨在为世界各国儿童创建良好的成长环境，强调要遵守以下 4 项基本原则：对儿童无歧视的原则，儿童利益最大化的原则，确保儿童权利与尊严的原则，尊重儿童观点的原则。**（2）联合国《土著人民权利宣言》**（Declaration on the Rights of Indigenous Peoples）（2007）。该《宣言》强调保障土著人民保持和加强自身制度、文化和传统以及按照自身需要和愿望选择发展道路的各项权利，并保护土著人不受歧视。几千年来，澳大利亚土著居民和托雷斯海峡岛民（Aboriginal and Torres Strait Islander），一直在这片土地上培养和教育他们的孩子，必须认可和尊重他们教养孩子的方式。**（3）澳大利亚学前教育传统**。长期以来，澳大利亚在学前教育中，始终重视儿童及其家庭的作用，注意维护儿童及其福利，因此，当发现不公正和不道德的事情时，学前教育工作者要敢于说话，勇于行动，担负自己的职业责任。**（4）澳大利亚学前教育科研成果和教育改革实践经验**。学前教育工作者是特别被人信任的，他们直接影响到与儿童、家庭、同事和社区之间的关系,因此,他们的职业责任是非常重大的。

3. 适用对象

新版《职业道德规范》适用于所有的学前教育工作者,他们在早期教育和保育机构中和儿童一起工作,或代表儿童和家庭进行工作。

4. 主要作用

这个《职业道德规范》向学前教育工作者提出了一系列适当的、期望的行为,为学前教育工作者反思自己的职业道德责任提供了一个理想框架,为他们的行业行为提供一个指南,为他们个人或集体做出决定提供一些参考。这个规范,无法提供简单的答案、公式或明确的方案,直接帮助他们解决在工作中遇到的各种复杂的问题。

5. 理想愿景

学前教育工作者,如果能遵守这个《职业道德规范》,那么就能确保所有的儿童获得最大利益,就能通过合作确保每个儿童的蓬勃发展和主动学习。

(二) 关键概念

这个《职业道德规范》涉及如下几个重要概念。

1. 职业道德规范(a code of ethics):说明了核心的职业价值观,提供了专业上的决策指导,以便于解决承担义务或责任时产生的问题。

2. 核心原则(core principles):职业的根本和珍贵的价值。

3. 家庭(families):对孩子有主要照看责任的人员,和孩子有亲属关系的人员。

4. 儿童教育工作者(childhood professional):在教育和保育机构中,和儿童及家庭一起工作的人员,或代表儿童及家庭进行工作的人员。

5. 社区(communities):住在同一个地方的一群人,或拥有一个特定的共同特征的一群人。

6. 同事(colleagues):包括雇主和那些直接或间接地一起工作的人们。

7. 学生(student):一个在中学或大专院校学习的人。

(三) 核心原则

这个《职业道德规范》的核心原则是以行业基本的和珍贵的价值观为基础的,要求学前教育工作者承诺尊重和维护儿童、家庭、同事和社区的权利及尊严,

做出有关道德责任的决定,并采取适宜的行动。核心原则有以下 8 条。

1. 每个儿童都有独特的兴趣和优势,都有能力为社区作出贡献。

2. 每个儿童都是一位合法公民,从一出生开始,就享有民事、文化、语言、社会和经济等方面的权利。

3. 有效的学习和教学是利用专业知识,从多种角度考虑问题,作出决定的专业化的表现。

4. 与家庭和社区的伙伴关系,有助于共同承担儿童学习、发展和幸福的责任。

5. 民主、公正和包容的教育实践,能够促进儿童的公平感和归属感的形成。

6. 尊重、回应和互惠的关系,是保育和教育儿童的核心。

7. 游戏和娱乐,对儿童的学习、发展和幸福来讲是必不可少的。

8. 以研究、调查和实践为基础的活动,能够提高儿童教育和保育的质量。

(四)承诺行动

这个《职业道德规范》,要求学前教育工作者承诺采取行动,这包括以下 5 个方面 37 项要求。

1. 在涉及儿童时,我承诺做到以下 11 项要求:(1)采取的各种行动,都是以儿童的最佳利益为前提的。(2)创建和维护安全、健康、包容的环境,以支持儿童的发展,促进儿童的学习。(3)提供有意义的课程,以丰富儿童的学习,并能在儿童发起的和教育者发起的活动之间保持平衡。(4)理解并能解说游戏和娱乐是如何促进儿童的学习、发展和幸福的。(5)确保童年的时光,让儿童活在当下,而不只是为未来做准备。(6)与儿童合作,了解我们作为世界公民,对环境和人类负有的共同责任。(7)认识到儿童和家庭之间关系的重要性,并能通过实践活动,来密切亲子关系。(8)确保儿童不受到性别、性取向、年龄、能力、经济状况、家庭结构、生活方式、民族、宗教、语言、文化或国籍的歧视。(9)重视儿童参与的研究活动,关注儿童的安全、隐私、疲劳和兴趣。(10)把儿童看作是有能力的学习者,在教学、学习和评估过程中,尊重儿童的观点。(11)维护儿童的信息和文档的安全,特别是在数字平台上分享这些信息和文档时,更要确保安全性。

2. 在涉及职业时,我承诺做到以下 8 项要求:(1)以研究、理论、知识、实践、对儿童及家庭的理解为基础,进行工作。(2)了解自己的职业价值观、知识和实践,对社会作出积极的贡献。(3)进行批判性反思和专业学习,支持研究,以丰富自己的职业知识。(4)在职业角色范围内工作,避免误用专业能力和资格。(5)鼓励提升职业道德品质和实践。(6)为学生树立优质教育实践的榜样,提供建设性的反馈意见和评估,使他们都能成为有抱负的专业人士。(7)指导应届毕业生,支持他们了解和适应职业的需要。(8)支持职业发展,提供高质量的教育和保育。

3. 在涉及同事时,我承诺做到以下 7 项要求:(1)鼓励同事按照职业道德规范去做,当发现不道德的行为时,能采取行动。(2)以信任、尊重和诚实的协作关系为基础,培养与同事合作的职业精神。(3)认可和支持拥有不同优势和经验的同事,分享专业知识、理念和技能。(4)运用建设性的方案,处理不同的意见,达成共识,统一行动。(5)参与"动态的职业文化调查",不断促进专业发展。(6)运用多种策略,支持和指导同事对职业作出积极的贡献。(7)在网上交流时,也坚守伦理道德。

4. 在涉及家庭时,我承诺做到以下 5 项要求:(1)支持家长是孩子的第一个和最重要的老师,尊重家长为孩子做决定的权利。(2)倾听和了解家庭,参与共享决定、设计和评估有关孩子学习、发展和幸福的活动。(3)以开放式的沟通为基础,尊重家长,鼓励家长参与,促使家长建立强烈的归属感。(4)了解、尊重和回应每个家庭及其环境、文化、结构、风俗、语言、信仰和亲属关系的独特性。(5)尊重家庭的隐私权,维护家庭的秘密。

5. 在涉及社区和社会时,我承诺做到以下 6 项要求:(1)了解社区的环境和期望,创设相应的活动方案,促进儿童的学习、发展和幸福成长。(2) 与社区中的人员及其机构合作,形成支持儿童和家庭的共识,采取一致的行动。(3) 以科研成果和实践经验为基础,倡导全社会都为儿童提供高质量的教育和保育。(4) 把儿童看作公民是很重要的,促使儿童对社区的发展作出贡献。(5) 重视提高对童年重要性(包括儿童如何学习和发展)的认识,研制使儿童受益的活动方案和评估体系。(6) 倡导制定并实施有关的法规政策,保障儿童及其家庭的各项权利和最大利益。①

二、澳大利亚学前教育工作者《职业道德规范》引发的思考

澳大利亚学前教育工作者的《职业道德规范》引发了我们的一些思考,给了我们一些有益的启示。

(一) 专业引领

澳大利亚学前教育工作者的《职业道德规范》(以下简称《规范》)体现了专业性和全面性。《规范》是由学前教育研究会研制的,是专门为学前教育工作者服务的。在《规范》的"承诺行动"中,分门别类地指出了学前教育工作者在工作中将要面对的各个方面(如"儿童""职业""同事""家庭""社区和社会"),提出了如何处理好各种关系的指导性建议。

在我国,1997年,国家教委和全国教育工会联合发布了《中小学教师职业道德规范》,以进一步加强教师队伍建设,全面提高教师队伍的师德素质和专业水平;2008年,教育部和中国教科文卫体工会全国委员会又联合发布了《中小学教师职业道德规范(2008年修订)》,以激励和引导广大教师树立崇高的职业理想,自觉规范思想行为和职业行为,做让人民满意的教师;2013年,教育部印发了《关于建立健全中小学师德建设长效机制的意见》,以引导教师立德树人,为人师表,不断提升人格修养和学识修养,努力建设一支师德高尚、业务精湛的教师队伍;2014年,教育部又印发了《中小学教师违反职业道德行为处理办法》②,以规范(幼儿园)教师职业行为,保障(幼儿园)教师和儿童的合法权益;2016年,教育部颁发了《幼儿园工作规程》,在"第七章 幼儿园的教职工"中,指出:"幼儿园教职工应当贯彻国家教育方针,具有良好品德,热爱教育事业,尊重和爱护幼儿,具有专业知识和技能以及相应的文化和专业素养,为人师表,忠于职责,身心健康。"旨在提高教师的职业道德素养和专业发展水平。

我国学前教育研究会没有为幼教工作者编制《职业道德规范》。规范是对幼教工作者应有的道德品质和职业行为的基本要求,对幼教工作者的职业道德发展起指导作用,是调节幼教工作者与幼儿、幼儿园、家庭、社会相互关系的基本行为准则。因此,如何发挥行业协会的作用,以加强教师的职业道德建设,提高教师的师德素养,引领教师的专业

---

① Early Childhood Australia. Code of Ethics.[EB/OL].[2016-08-31]. http://www.earlychildhoodaustralia.org.au/wp-content/uploads/2016/07/ECA-COE-Brochure_2016.pdf.

② 第二条 本办法所称中小学教师是指幼儿园、特殊教育机构、普通中小学、中等职业学校、少年宫以及地方教研室、电化教育等机构的教师。参见:中华人民共和国教育部.中小学教师违反职业道德行为处理办法.[EB/OL].[2016-09-03]. http://www.moe.cn/srcsite/A10/s7002/201401/t20140114_163197.html.

成长,是值得我们幼教工作者深思的一个重要问题。

(二) 儿童优先

澳大利亚学前教育工作者的《职业道德规范》体现了国际性和时代性。在"承诺行动"中,涉及五种关系,首先提到的就是学前教育工作者如何与"儿童"交往互动。这就彰显了儿童至上、儿童优先的先进理念。不仅把儿童看作是一个独立的主体,享有一个人的全部权利,还提出要保障儿童的各种权利,捍卫儿童的生存权、受保护权、发展权和参与权。此外,该规范还特别强调在数字平台上,要重视维护儿童的信息和文档的安全。

我国教育部 2016 年在《幼儿园工作规程》中指出:幼儿园教师对本班工作全面负责,主要职责之一就是:"观察了解幼儿,依据国家有关规定,结合本班幼儿的发展水平和兴趣需要,制订和执行教育工作计划,合理安排幼儿一日生活";幼儿园保育员的主要职责之一就是:"妥善保管幼儿衣物和本班的设备、用具";幼儿园卫生保健人员对全园幼儿身体健康负责,主要职责就是:"负责指导调配幼儿膳食,检查食品、饮水和环境卫生","负责晨检、午检和健康观察,做好幼儿营养、生长发育的监测和评价;定期组织幼儿健康体检,做好幼儿健康档案管理"。可见,在这些有关幼儿的条款中,并没有涉及儿童信息的安全和保护。

全国人民代表大会常务委员会在 2012 年通过的《中华人民共和国未成年人保护法》中指出:"任何组织或者个人不得披露未成年人的个人隐私。对未成年人的信件、日记、电子邮件,任何组织或者个人不得隐匿、毁弃;除因追查犯罪的需要,由公安机关或者人民检察院依法进行检查,或者对无行为能力的未成年人的信件、日记、电子邮件由其父母或者其他监护人代为开拆、查阅外,任何组织或者个人不得开拆、查阅。"可见,重视儿童,尊重儿童,保护儿童,不仅是我国幼教与国际对接的需要,而且也是我们幼教工作者知法守法的必然。

中国互联网络信息中心(CNNIC)发布的第 39 次《中国互联网络发展状况统计报告》显示:截至 2016 年 12 月,我国网民规模达 7.31 亿,互联网普及率达到 53.2%,超过全球平均水平 3.1 个百分点。随着互联网普及率的稳健增长,网络的不断发展,相关的安全性问题特别是有关儿童个人数据的权利问题开始逐渐显示其重要性。

因此,我们要增强保护儿童的意识,提高保守儿童秘密的技能,对儿童的个人数据(即用来标识个人基本情况的数据资料),进行严格的管理及保护,以防这些数据丢失、被盗用或遭篡改;未经家长授权同意,不随意公开儿童的个人资料(如基本情况、生活状况),不任意泄露儿童的个人信息(如姓名、年龄、健康状况、家庭住址、邮箱地址),以免干扰儿童正常的学习和生活,侵犯儿童的权利。

(三) 同事为伴

澳大利亚学前教育工作者的《职业道德规范》体现了平等性和合作性。在"承诺行动"中,明确指出了学前教育工作者应该如何与幼儿园里各种各样的"同事",互敬互信,互帮互助,友好相处,真诚合作。

同事就是共事的人。任何一个幼教工作者都不可能独自一人做好保教工作,完成保教任务,都必须与同事进行这样或那样的合作。因此,只有妥善处理好同事之间的关系,赢得同事的支持,才能在工作中得心应手,在事业上取得成功;反之,如果不能与同事正确交往,不懂得同事之间的相处之道,那么就会举步维艰,难以成功。

我国教育部在《幼儿园工作规程》中指出:幼儿园教职工包括园长、副园长、教师、保育员、卫生保健人员和炊事员等,要求园长负责"指导、检查和评估教师以及其他工作人员的工作,并给予奖惩","负责教职工的思想工作,组织业务学习,并为他们的学习、进修、教育研究创造必要的条件","关心教职工的身心健康,维护他们的合法权益,改善他们的工作条件";要求教师"指导并配合保育员管理本班幼儿生活,做好卫生保健工作","接受园长的指导和检查";要求保育员"在教师指导下,科学照料和管理幼儿生活,并配合本班教师组织教育活动","在卫生保健人员和本班教师指导下,严格执行幼儿园安全、卫生保健制度";要求卫生保健人员"协助园长组织实施有关卫生保健方面的法规、规章和制度,并监督执行",向幼儿园教职工进行卫生保健宣传和指导。可见,这些要求大都是纵向的,有的是从上而下的"指导"(如园长指导教师、教师和卫生保健人员指导保育员),有的却是从下而上的被"检查"(如教师接受园长检查)。

因此,今后我们在相应的幼教法规政策中,也可以考虑适当融入一些民主平等的条款,帮助幼儿园教职工建立宽松和谐的横向关系,形成"三人行,必有我师"的良好氛围,大家相互学习,取长补短,共同提高;促使教职工认识到彼此合作的重要性,做到"人敬我一尺,我敬人一丈",学会全方位合作,并善于合作共赢。

(四) 保家护私

澳大利亚学前教育工作者的《职业道德规范》体现了个体性和秘密性。在"承诺行动"中,明确要求学前教育工作者在与家长交流沟通时,不仅要支持家长、尊重家长、鼓励家长、回应家长,而且还要保护家长,维护家庭的隐私。

我国教育部 2016 年在《幼儿园工作规程》中指出:幼儿园园长负责幼儿园的全面工作,主要职责之一就是:"组织和指导家长工作";幼儿园教师对本班工作全面负责,主要职责之一就是:"与家长保持经常联系,了解幼儿家庭的教育环境,商讨符合幼儿特点的教育措施,相互配合共同完成教育任务";幼儿园卫生保健人员对全园幼儿身体健康负责,主要职责之一就是:"向幼儿园教职工和家长进行卫生保健宣传和指导"。可见,在这些有关家长的条款中,并没有涉及对家庭隐私的保密。

隐私是与公共利益、群体利益、他人生活无关的私事,是当事人不愿公开的个人的事情,包括不愿他人知道的个人信息(如健康状况),不愿他人干涉的个人事务(如社会交往),不愿他人侵入的个人领域(即个人空间,如个人居所)。

隐私是个人的自然权利,是不可剥夺的。隐私权包括个人生活安宁权、个人生活情感保密权、个人通讯秘密权等;隐私权的建立和维护,保证了人际关系的相对稳定性、人类行为的规则性和人身财产的安全性;保护隐私权就是保护人的尊严。

联合国大会在 1948 年通过的《世界人权宣言》(*The Universal Declaration of Human Rights*)中指出:"家庭是天然的和基本的社会单元,并应受社会和国家的保护","任何人的私生活、家庭、住宅和通信不得任意干涉,他的荣誉和名誉不得加以攻击。人人有权享受法律保护,以免受这种干涉或攻击"。这是第一部保护个人隐私权的国际法,它把保护个人隐私纳入了保护人权的范畴,反映了尊重个人价值和尊严的世界共识。

我国最高人民法院在1988年印发的《关于贯彻执行〈中华人民共和国民法通则〉若干问题的意见(试行)》中指出:"以书面、口头等形式宣扬他人的隐私,或者捏造事实公然丑化他人人格,以及用侮辱、诽谤等方式损害他人名誉,造成一定影响的,应当认定为侵害公民名誉权的行为。"这是我国最高司法机关对于公民隐私权保护的第一次司法解释。最高人民法院在1993年发布的《关于审理名誉权案件若干问题的解答》中重申:"对未经他人同意,擅自公布他人的隐私材料或者以书面、口头形式宣扬他人隐私,致他人名誉受到损害的,按照侵害他人名誉权处理。"这一司法解释再次强调要保护公民的隐私权。最高人民法院在2001年发出的《关于确定民事侵权精神损害赔偿责任若干问题的解释》中指出:"违反社会公共利益、社会公德侵害他人隐私或者其他人格利益,受害人以侵权为由向人民法院起诉请求赔偿精神损害的,人民法院应当依法予以受理。"这一司法解释说明了侵害他人隐私权,不仅要追究民事责任,而且还要承担精神赔偿。

全国人民代表大会在2004年通过的《中华人民共和国宪法(2004年修正)》中指出:"中华人民共和国公民的人身自由不受侵犯","中华人民共和国公民的人格尊严不受侵犯","中华人民共和国公民的住宅不受侵犯","中华人民共和国公民的通信自由和通信秘密受法律的保护。除因国家安全或者追查刑事犯罪的需要,由公安机关或者检察机关依照法律规定的程序对通信进行检查外,任何组织或者个人不得以任何理由侵犯公民的通信自由和通信秘密"。宪法是国家的根本大法,是治国安邦的总章程,具有最高的法律地位、法律权威、法律效力;全面贯彻实施宪法,是建设社会主义法治国家的首要任务。该宪法强调国家尊重和保障人权(包括隐私权),公民在法律面前一律平等,任何公民享有宪法和法律规定的权利,同时必须履行宪法和法律规定的义务。全国人民代表大会常务委员会在2015年通过的《中华人民共和国刑法修正案(九)》中规定:"违反国家有关规定,向他人出售或者提供公民个人信息,情节严重的,处三年以下有期徒刑或者拘役,并处或者单处罚金;情节特别严重的,处三年以上七年以下有期徒刑,并处罚金","违反国家有关规定,将在履行职责或者提供服务过程中获得的公民个人信息,出售或者提供给他人的,依照前款的规定从重处罚"。刑法是规定犯罪、刑事责任和刑罚的法律,规定哪些行为是犯罪并应当负刑事责任,给予犯罪人何种刑事处罚的法律;它主要是通过追究侵害隐私权行为刑事责任来实现对隐私权的保护;这些规定都是宪法保护公民隐私权的精神在刑事领域的具体延伸,为保护公民隐私权提供了最强有力的刑法保障。这样,就有助于形成以宪法为核心,以民法、刑法等法律法规为辅助的保护公民隐私权的体系。

由此可见,尊重家长的人格,保护家庭的隐私,既是我国幼教工作者作为专业人士向国外同行学习的现实需要,也是我国幼教工作者作为世界公民、中国公民自觉遵纪守法的基本要求。**首先,要树立尊重家庭隐私的意识**。我们要认识到每个家长都是独特的个体,都有生命权、健康权、身体权、姓名权、肖像权、名誉权、荣誉权、人格尊严权、人身自由权等多种权利,都需要我们加以了解和尊重,只有这样,才能使家长心情舒畅地与我们达成教育共识。**其次,要养成保护家庭隐私的习惯**。我们要认识到每个家长都有隐私的权利,既有隐私隐瞒权(即权利主体对于自己的隐私进行隐瞒,不为人所知的权利)、隐私利用权(即自然人对于自己的隐私权积极利用,以满足自己精神、物质等方面需要的权利),也有隐私维护权(即隐私权主体对于自己的隐私权所享有的维护其不可侵犯性,在受到非法侵犯时可以寻求公力与私力救济)、隐私支配权(即公民对自己的隐私有权按照自己的意愿进行支配)等多项权利,都需要我们予以接纳和保护,只有这样,才能使家长信心百倍地与我们形成教育合力。**再次,要矫正侵犯家庭隐私的陋习。**我们要认识到侵犯家庭隐私既是违反社会道德的行为,也是违法行为。为了构建和谐的家园关系,有效防止失德行为蔓延,我们要杜绝以窥视、窃听、刺探、披露等方式侵害家长隐私的做法,坚决做到不打听家长的私事,不传播家长的秘密,不揭穿家长的短处;不干涉家庭的私人空间,不侵扰家庭的私人生活,不打扰家庭的私人活动。

 本章小结

本章小结如下图。

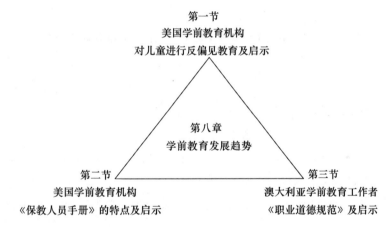

图 8-4-1　第八章学前教育发展趋势

第一节小结如下图。

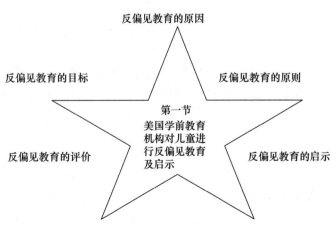

图 8-4-2　第一节美国学前教育机构对儿童进行反偏见教育及启示

第二节小结如下图。

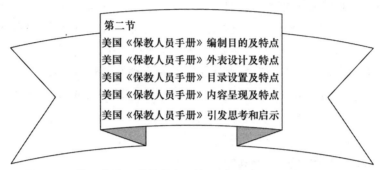

图 8-4-3　第二节美国学前教育机构《保教人员手册》的特点及启示

第三节小结如下图。

图 8-4-4　第三节澳大利亚学前教育工作者《职业道德规范》及启示

 本章复习思考题

1. 你读了教育部和中国教科文卫体工会全国委员会 2008 年联合印发的《中小学教师职业道德规范（2008 年修订）》，有什么感想？

2. 你读了教育部 2013 年印发的《关于建立健全中小学师德建设长效机制的意见》以后，有什么感想？

3. 你读了教育部 2014 年印发的《中小学教师违反职业道德行为处理办法》以后，有什么感想？

4. 美国学前教育机构对儿童进行反偏见教育的内容主要有哪些？给了你哪些启示？

5. 美国学前教育机构《保教人员手册》的内容主要有哪些？给了你哪些启示？

6. 澳大利亚学前教育工作者《职业道德规范》的主要内容有哪些？给了你哪些启示？

 本章课外浏览网站

1. 联合国教育科学文化组织网. http://www.unesco.org/

2. 联合国儿童基金会网. http://www.unicef.org/

3. 美国学前教育研究会网. http://www.naeyc.org/

4. 澳大利亚学前教育研究会网. http://www.earlychildhoodaustralia.org.au/

5. 加拿大学前教育研究会网. http://www.cayc.ca/

6. 新西兰学前教育研究会网. http://www.ecc.org.nz/

 本章课外阅读书目

1. 张民选主编. 知识促进发展:指标评测与全球战略[M]. 上海:上海教育出版社,2009.

2. 林森著. 教育走向改变:加拿大中小学素质教育面面观[M]. 长春:吉林大学出版社,2012.

3. 李生兰著. 走进21世纪的美国学前教育[M]. 南京:南京师范大学出版社,2012.

4. 朱永新著. 外国教育观察[M]. 北京:中国人民大学出版社,2012.

5. 李生兰著. 比较学前教育[M]. 上海:华东师范大学出版社,2013.

6. 李建民著. 英国基础教育[M]. 上海:同济大学出版社,2015.

7. 周祝瑛著. 优质中小学是什么样的——一位教育学教授的新西兰之旅[M]. 福州:福建教育出版社,2016.

模拟试卷及参考答案

模拟试卷 A 及参考答案

模拟试卷 A

一、简答题(每题 10 分,共 3 题 30 分)

1. 简述《国务院关于当前发展学前教育的若干意见》的主要内容。
2. 简述《幼儿园教师专业标准(试行)》的重要价值。
3. 简述幼儿园与小学衔接的基本内容。

二、论述题(每题 15 分,共 2 题 30 分)

1. 联系实际说明《幼儿园工作规程》的主要特点。
2. 联系实际说明如何遵循幼儿园与家庭共育的重要原则。

三、分析题(每题 20 分,共 1 题 20 分)

1. 试对《3—6 岁儿童学习与发展指南》中有关健康领域的内容进行简介和评价。

四、设计题(每题 20 分,共 1 题 20 分)

1. 设计一个幼儿园大班(或中班、小班)欢庆春节(或清明节、端午节、中秋节)的活动方案。

参 考 答 案

一、简答题(每题 10 分,共 3 题 30 分)

1.《国务院关于当前发展学前教育的若干意见》的主要内容:把发展学前教育摆在更加重要的位置;多种形式扩大学前教育资源;多种途径加强幼儿教师队伍建设;多种渠道加大学前教育投入;加强幼儿园准入管理;强化幼儿园安全监管;规范幼儿园收费管理;坚持科学保教,促进幼儿身心健康发展;完善工作机制,加强组织领导;统筹规划,实施学前教育三年行动计划。

2.《幼儿园教师专业标准(试行)》的重要价值:是国家对合格幼儿园教师专业素质的基本要求,是幼儿园教师实施保教行为的基本规范,是引领幼儿园教师专业发展的基本准则,是幼儿园教师培养、准入、培训、考核等工作的重要依据。

3. 幼儿园与小学衔接的基本内容：激发幼儿强烈的入学愿望；培养幼儿浓厚的学习兴趣；塑造幼儿良好的学习习惯。

二、论述题（每题 15 分，共 2 题 30 分）

1. 《幼儿园工作规程》的主要特点：强调依法治教；重视保教结合；关注游戏活动；重在制度建设。

2. 幼儿园与家庭共育的重要原则：主体性原则；互动性原则；活动性原则；趣味性原则；实效性原则。

三、分析题（每题 20 分，共 1 题 20 分）

1. 《3—6 岁儿童学习与发展指南》有关健康领域的内容，主要涉及儿童身心状况、动作发展、生活习惯与能力这三个方面，强调指出：儿童身心健康指的是儿童身体的健康和心理的健康两个方面，儿童身体发展包括大肌肉动作和小肌肉动作的发展，儿童生活习惯与能力包括生活习惯、卫生习惯、生活自理能力和自我保护能力；建议家园双方：要为儿童提供科学的一日生活，保证儿童拥有合理的营养成分、充足的睡眠时间、适宜的锻炼方式，促使儿童形成安全感和信赖感，保持积极愉快的情绪体验。

四、设计题（每题 20 分，共 1 题 20 分）

1. 设计一个幼儿园大班（或中班、小班）欢庆春节（或清明节、端午节、中秋节）的活动方案：欢庆活动目标；欢庆活动准备；欢庆活动过程；欢庆活动延伸。

模拟试卷 B 及参考答案

模拟试卷 B

一、简答题（每题 10 分，共 3 题 30 分）

1. 简述《幼儿园工作规程》的基本框架。
2. 简述《幼儿园教师专业标准（试行）》的重要理念。
3. 简述幼儿园与社区合作的主要原则。

二、论述题（每题 15 分，共 2 题 30 分）

1. 联系实际说明《国务院关于当前发展学前教育的若干意见》的主要特点。
2. 联系实际说明如何实施《3—6 岁儿童学习与发展指南》。

三、分析题（每题 20 分，共 1 题 20 分）

1. 试对《3—6 岁儿童学习与发展指南》中有关语言领域的内容进行简介和评价。

四、设计题（每题 20 分，共 1 题 20 分）

1. 设计一个幼儿园大班（或中班、小班）欢庆父亲节（或母亲节、六一国际儿童节）的活动方案。

参考答案

一、简答题(每题 10 分,共 3 题 30 分)

1.《幼儿园工作规程》的基本框架:第一章总则,第二章幼儿入园和编班,第三章幼儿园的安全,第四章幼儿园的卫生保健,第五章幼儿园的教育,第六章幼儿园的园舍、设备,第七章幼儿园的教职工,第八章幼儿园的经费,第九章幼儿园、家庭和社区,第十章幼儿园的管理。

2.《幼儿园教师专业标准(试行)》的重要理念:师德为先;幼儿为本;能力为重;终身学习。

3. 幼儿园与社区合作的主要原则:安全至上原则;因地制宜原则;互利互惠原则;持之以恒原则。

二、论述题(每题 15 分,共 2 题 30 分)

1.《国务院关于当前发展学前教育的若干意见》的主要特点:强调学前教育的重要性和紧迫性;强调学前教育的公益性和普惠性;强调学前教育的多样性和灵活性;强调学前教育的科学性和合理性。

2.《3—6 岁儿童学习与发展指南》的实施要点:要重视儿童学习与发展的整体性;要尊重儿童学习与发展的差异性;要支持儿童学习与发展的独特性;要重视儿童学习与发展的持续性。

三、分析题(每题 20 分,共 1 题 20 分)

1.《3—6 岁儿童学习与发展指南》有关语言领域的内容,主要涉及倾听与表达、阅读与书写准备这两个方面,强调指出:要重视增强儿童的口语交流能力,激发儿童的阅读兴趣,培养儿童的阅读习惯,提高儿童的阅读能力;建议家园双方:要多为儿童提供与同伴和成人友好交往的机会,与图书亲密接触的机会,使成人和儿童在共读中成长。

四、设计题(每题 20 分,共 1 题 20 分)

1. 设计一个幼儿园大班(或中班、小班)欢庆父亲节(或母亲节、儿童节)的活动方案:欢庆活动目标;欢庆活动准备;欢庆活动过程;欢庆活动延伸。

模拟试卷 C 及参考答案

模拟试卷 C

一、简答题(每题 10 分,共 3 题 30 分)

1. 简述《幼儿园教师专业标准(试行)》的主要内容。

2. 简述幼儿园的保教任务。

3. 简述幼儿园与家庭共育的重要意义。

二、论述题(每题 15 分,共 2 题 30 分)

1. 联系实际说明如何优化幼儿园的一日生活作息制度。
2. 联系实际说明如何运用幼儿园与小学衔接的主要策略。

三、分析题(每题 20 分,共 1 题 20 分)

1. 试对《3—6 岁儿童学习与发展指南》中有关科学领域的内容进行简介和评价。

四、设计题(每题 20 分,共 1 题 20 分)

1. 设计一个幼儿园大班(或中班、小班)参观公园(或动物园、植物园、图书馆、博物馆)的活动方案。

参 考 答 案

一、简答题(每题 10 分,共 3 题 30 分)

1.《幼儿园教师专业标准(试行)》的主要内容:专业理念与师德;专业知识;专业能力。

2. 幼儿园的保教任务:为儿童服务:幼儿园要认真贯彻国家的教育方针,按照保育与教育相结合的原则,遵循幼儿身心发展特点和规律,实施体、智、德、美等方面全面发展的教育,促进儿童身心的和谐发展;为家长服务:幼儿园要面向幼儿家长,热心为他们提供科学的育儿指导。

3. 幼儿园与家庭共育的重要意义:有助于提升依法办园水平;有助于提高家庭教育质量;有助于促进儿童和谐发展。

二、论述题(每题 15 分,共 2 题 30 分)

1. 要优化幼儿园一日生活作息制度,就要做到:动态活动与静态活动相互结合;室内活动与室外活动相互结合;集体活动与其他活动相互结合;固定活动与临时活动相互结合。

2. 幼儿园与小学衔接的主要策略:以幼儿为中心的策略;以节日为契机的策略;以家长为纽带的策略;以社区为平台的策略。

三、分析题(每题 20 分,共 1 题 20 分)

1.《3—6 岁儿童学习与发展指南》中有关科学领域的内容,主要涉及科学探究和数学认知这两个方面,强调指出:要激发儿童科学探究的兴趣,重视儿童科学探究的过程,培养儿童科学探究的能力,要多让儿童在生活中和游戏中感知数学的乐趣,培养儿童对数量关系和空间关系的理解能力,提高儿童的逻辑思维能力;建议家园双方:要激发儿童的求知欲,保护儿童的好奇心,鼓励儿童动手操作,引导儿童解决问题。

四、设计题(每题 20 分,共 1 题 20 分)

1. 设计一个幼儿园大班(或中班、小班)参观公园(或动物园、植物园、图书馆、博物馆)的活动方案:参观活动目标;参观活动准备;参观活动过程;参观活动延伸。

北京大学出版社
教育出版中心 精品图书

21世纪特殊教育创新教材·理论与基础系列
特殊教育的哲学基础	方俊明 主编	36元
特殊教育的医学基础	张 婷 主编	36元
融合教育导论	雷江华 主编	36元
特殊教育学（第二版）	雷江华 方俊明 主编	43元
特殊儿童心理学（第二版）	方俊明 雷江华 主编	39元
特殊教育史	朱宗顺 主编	39元
特殊教育研究方法（第二版）	杜晓新 宋永宁等 主编	39元
特殊教育发展模式	任颂羔 主编	33元
特殊儿童心理与教育	张巧明 杨广学 主编	36元

21世纪特殊教育创新教材·发展与教育系列
视觉障碍儿童的发展与教育	邓 猛 编著	33元
听觉障碍儿童的发展与教育	贺荟中 编著	38元
智力障碍儿童的发展与教育	刘春玲 马红英 编著	32元
学习困难儿童的发展与教育	赵 微 编著	39元
自闭症谱系障碍儿童的发展与教育	周念丽 编著	32元
情绪与行为障碍儿童的发展与教育	李闻戈 编著	36元
超常儿童的发展与教育（第二版）	苏雪云 张 旭 编著	39元

21世纪特殊教育创新教材·康复与训练系列
特殊儿童应用行为分析	李 芳 李 丹 编著	36元
特殊儿童的游戏治疗	周念丽 编著	30元
特殊儿童的美术治疗	孙 霞 编著	38元
特殊儿童的音乐治疗	胡世红 编著	32元
特殊儿童的心理治疗	杨广学 编著	39元
特殊教育的辅具与康复	蒋建荣 编著	29元
特殊儿童的感觉统合训练	王和平 编著	45元
孤独症儿童课程与教学设计	王 梅 著	37元

自闭谱系障碍儿童早期干预丛书
如何发展自闭谱系障碍儿童的沟通能力	朱晓晨 苏雪云	29元
如何理解自闭谱系障碍和早期干预	苏雪云	32元
如何发展自闭谱系障碍儿童的社会交往能力	吕 梦 杨广学	33元
如何发展自闭谱系障碍儿童的自我照料能力	倪萍萍 周 波	32元
如何在游戏中干预自闭谱系障碍儿童	朱 瑞 周念丽	32元
如何发展自闭谱系障碍儿童的感知和运动能力	韩文娟，徐芳，王和平	32元
如何发展自闭谱系障碍儿童的认知能力	潘前前 杨福义	39元
自闭症谱系障碍儿童的发展与教育	周念丽	32元
如何通过音乐干预自闭谱系障碍儿童	张正琴	36元
如何通过画画干预自闭谱系障碍儿童	张正琴	36元
如何运用ACC促进自闭谱系障碍儿童的发展	苏雪云	36元
孤独症儿童的关键性技能训练法	李 丹	45元
自闭症儿童家长辅导手册	雷江华	35元
孤独症儿童课程与教学设计	王 梅	37元
融合教育理论反思与本土化探索	邓 猛	58元
自闭症谱系障碍儿童家庭支持系统	孙玉梅	36元

特殊学校教育·康复·职业训练丛书（黄建行 雷江华 主编）
信息技术在特殊教育中的应用		55元
智障学生职业教育模式		36元
特殊教育学校学生康复与训练		59元
特殊教育学校校本课程开发		45元
特殊教育学校特奥运动项目建设		49元

21世纪特殊教育创新教材·融合教育系列
融合教育理论反思与本土化探索	邓 猛	58元
融合教育理论指南	邓 猛	45元
融合教育实践指南	邓 猛	39元
资源教师工作指南	孙 颖	45元

21世纪学前教育专业规划教材
学前教育概论	李生兰	49元
幼儿园教育质量评价导论	吴 纲	39元
学前教育管理学	王 雯	45元
幼儿园歌曲钢琴伴奏教程	果旭伟	39元
幼儿园舞蹈教学活动设计与指导	董 丽	36元
实用乐理与视唱	代 苗	40元
学前儿童美术教育	冯婉贞	45元
学前儿童科学教育	洪秀敏	39元
学前儿童游戏	范明丽	39元
学前教育研究方法	郑福明	39元
外国学前教育史	郭法奇	39元
学前教育政策与法规	魏 真	36元
学前心理学	涂艳国、蔡 艳	36元
学前教育理论与实践教程	王 维 王维娅 孙 岩	39元
学前儿童数学教育	赵振国	39元

大学之道丛书
高等教育市场化的底线	[美]大卫·科伯 著	59元
大学的理念	[英]亨利·纽曼 著	49元
哈佛：谁说了算	[美]理查德·布瑞德利 著	48元
麻省理工学院如何追求卓越	[美]查尔斯·维斯特 著	35元
大学与市场的悖论	[美]罗杰·盖格 著	48元
高等教育公司：营利性大学的崛起	[美]理查德·鲁克 著	38元
公司文化中的大学：大学如何应对市场化压力	[美]埃里克·古尔德 著	40元
美国高等教育质量认证与评估	[美]美国中部州高等教育委员会 编	36元
现代大学及其图新	[美]谢尔顿·罗斯布莱特 著	60元
美国文理学院的兴衰——凯尼恩学院纪实	[美]P.F.克鲁格 著	42元
教育的终结：大学何以放弃了对人生意义的追求	[美]安东尼·T.克龙曼 著	35元
大学的逻辑（第三版）	张维迎 著	38元
我的科大十年（续集）	孔宪铎 著	35元

书名	作者	价格
高等教育理念	[英] 罗纳德·巴尼特 著	45元
美国现代大学的崛起	[美] 劳伦斯·维赛 著	66元
美国大学时代的学术自由	[美] 沃特·梅兹格 著	39元
美国高等教育通史	[美] 亚瑟·科恩 著	59元
美国高等教育史	[美] 约翰·塞林 著	69元
哈佛通识教育红皮书	哈佛委员会撰	38元
高等教育何以为"高"——牛津导师制教学反思	[英] 大卫·帕尔菲曼 著	39元
印度理工学院的精英们	[印度] 桑迪潘·德布 著	39元
知识社会中的大学	[英] 杰勒德·德兰迪 著	32元
高等教育的未来：浮言、现实与市场风险	[美] 弗兰克·纽曼等 著	39元
后现代大学来临？	[英] 安东尼·史密斯等 主编	32元
美国大学之魂	[美] 乔治·M.马斯登 著	58元
大学理念重审：与纽曼对话	[美] 雅罗斯拉夫·帕利坎 著	40元
学术部落及其领地——当代学术界生态揭秘（第二版）	[英] 托尼·比彻 保罗·特罗勒尔 著	33元
德国古典大学观及其对中国大学的影响（第二版）	陈洪捷 著	42元
转变中的大学：传统、议题与前景	郭为藩 著	23元
学术资本主义：政治、政策和创业型大学	[美] 希拉·斯劳特 拉里·莱斯利 著	36元
21世纪的大学	[美] 詹姆斯·杜德斯达 著	38元
美国公立大学的未来	[美] 詹姆斯·杜德斯达 弗瑞斯·沃马克 著	30元
东西象牙塔	孔宪铎 著	32元
理性捍卫大学	眭依凡 著	49元

学术规范与研究方法系列

书名	作者	价格
社会科学研究方法100问	[美] 萨子金德 著	38元
如何利用互联网做研究	[爱尔兰] 杜恰泰 著	38元
如何为学术刊物撰稿：写作技能与规范（英文影印版）	[英] 罗薇娜·莫 编著	26元
如何撰写和发表科技论文（英文影印版）	[美] 罗伯特·戴 等著	39元
如何撰写与发表社会科学论文：国际刊物指南	蔡今中 著	35元
如何查找文献	[英] 萨莉拉·姆齐 著	35元
给研究生的学术建议	[英] 戈登·鲁格 等著	35元
科技论文写作快速入门	[瑞典] 比约·古斯塔维 著	19元
社会科学研究的基本规则（第四版）	[英] 朱迪斯·贝尔 著	32元
做好社会研究的10个关键	[英] 马丁·丹斯考姆 著	20元
如何写好科研项目申请书	[美] 安德鲁·弗里德兰德 等著	28元
教育研究方法（第六版）	[美] 乔伊斯·高尔 等著	88元
高等教育研究：进展与方法	[英] 马尔科姆·泰特 著	25元
如何成为学术论文写作高手	华莱士 著	49元
参加国际学术会议必须要做的那些事	华莱士 著	32元
如何成为优秀的研究生	布卢姆 著	38元

21世纪高校职业发展读本

书名	作者	价格
如何成为卓越的大学教师	肯·贝恩 著	32元
给大学新教员的建议	罗伯特·博伊斯 著	35元
如何提高学生学习质量	[英] 迈克尔·普洛瑟 等著	35元
学术界的生存智慧	[美] 约翰·达利 等主编	35元
给研究生导师的建议（第2版）	[英] 萨拉·德拉蒙特 等著	30元

21世纪教师教育系列教材·物理教育系列

书名	作者	价格
中学物理微格教学教程（第二版）	张军朋 詹伟琴 王恬 编著	32元
中学物理科学探究学习评价与案例	张军朋 许桂清 编著	32元
物理教学论	邢红军 著	49元
中学物理教学评价与案例分析	王建中 孟红娟 著	38元

21世纪教育科学系列教材·学科学习心理学系列

书名	作者	价格
数学学习心理学	孔凡哲 曾峥 编著	29元
语文学习心理学	董蓓菲 编著	39元

21世纪教师教育系列教材

书名	作者	价格
教育学基础	庞守兴 主编	40元
教育学	余文森 王晞 主编	26元
教育研究方法	刘淑杰 主编	45元
教育心理学	王晓明 主编	55元
心理学导论	杨凤云 主编	46元
教育心理学概论	连榕 罗丽芳 主编	42元
课程与教学论	李允 主编	42元
教师专业发展导论	于胜刚 主编	42元
学校教育概论	李清雁 主编	42元
现代教育评价教程（第二版）	吴钢 主编	45元
教师礼仪实务	刘霄 主编	36元
家庭教育新论	闫旭蕾 杨萍 主编	39元
中学班级管理	张宝书 主编	39元

21世纪教师教育系列教材·初等教育系列

书名	作者	价格
小学教育学	田友谊 主编	39元
小学教育学基础	张永明 曾碧 主编	42元
小学班级管理	张永明 宋彩琴 主编	39元
初等教育课程与教学论	罗祖兵 主编	39元
小学教育研究方法	王红艳 主编	39元

教师资格认定及师范类毕业生上岗考试辅导教材

书名	作者	价格
教育学	余文森 王晞 主编	26元
教育心理学概论	连榕 罗丽芳 主编	42元

21世纪教师教育系列教材·学科教学论系列

书名	作者	价格
新理念化学教学论（第二版）	王后雄 主编	45元
新理念科学教学论（第二版）	崔鸿 张海珠 主编	36元
新理念生物教学论（第二版）	崔鸿 郑晓慧 主编	45元
新理念地理教学论（第二版）	李家清 主编	45元
新理念历史教学论（第二版）	杜芳 主编	33元
新理念思想政治（品德）教学论（第二版）	胡田庚 主编	36元
新理念信息技术教学论（第二版）	吴军其 主编	32元

| 新理念数学教学论 | 冯 虹 主编 36元 |

21世纪教师教育系列教材·学科教学技能训练系列
新理念生物教学技能训练（第二版）	崔 鸿 33元
新理念思想政治（品德）教学技能训练（第二版）	
	胡田庚 赵海山 29元
新理念地理教学技能训练	李家清 32元
新理念化学教学技能训练（第二版）	王后雄 36元
新理念数学教学技能训练	王光明 36元

王后雄教师教育系列教材
教育考试的理论与方法	王后雄 主编 35元
化学教育测量与评价	王后雄 主编 45元
中学化学实验教学研究	王后雄 主编 32元
新理念化学教学诊断学	王后雄 主编 48元

西方心理学名著译丛
荣格心理学七讲	[美] 卡尔文·霍尔 著 45元
拓扑心理学原理	[德] 库尔德·勒温 32元
系统心理学：绪论	[美] 爱德华·铁钦纳 30元
社会心理学导论	[美] 威廉·麦独孤 36元
思维与语言	[俄] 列夫·维果茨基 30元
人类的学习	[美] 爱德华·桑代克 30元
基础与应用心理学	[德] 雨果·闵斯特伯格 36元
记忆	[德] 赫尔曼·艾宾诺斯 著 32元
儿童的人格形成及其培养	[奥地利] 阿德斯 著 35元
幼儿的感觉与意志	[德] 威廉·蒲莱尔 著 45元
实验心理学（上下册）	[美] 伍德沃斯 施洛斯贝格 著 150元
格式塔心理学原理	[美] 库尔特·考夫卡 75元
动物和人的目的性行为	[美] 爱德华·托尔曼 44元
西方心理学史大纲	唐 钺 42元

心理学视野中的文学丛书
| 围城内外——西方经典爱情小说的进化心理学透视 | 熊哲宏 32元 |
| 我爱故我在——西方文学大师的爱情与爱情心理学 | 熊哲宏 32元 |

21世纪教学活动设计案例精选丛书（禹明 主编）
初中语文教学活动设计案例精选	23元
初中数学教学活动设计案例精选	30元
初中科学教学活动设计案例精选	27元
初中历史与社会教学活动设计案例精选	30元
初中英语教学活动设计案例精选	26元
初中思想品德教学活动设计案例精选	20元
中小学音乐教学活动设计案例精选	27元
中小学体育（体育与健康）教学活动设计案例精选	25元
中小学美术教学活动设计案例精选	34元
中小学综合实践活动教学活动设计案例精选	27元
小学语文教学活动设计案例精选	29元
小学数学教学活动设计案例精选	33元
小学科学教学活动设计案例精选	32元
小学英语教学活动设计案例精选	25元
小学品德与生活（社会）教学活动设计案例精选	24元
幼儿教育教学活动设计案例精选	39元

全国高校网络与新媒体专业规划教材
文化产业概论	尹章池 38元
网络文化教程	李文明 39元
网络与新媒体评论	杨 娟 38元
新媒体概论	尹章池 45元
网络新媒体实务	张合斌 39元
网页设计与制作	惠悲荷 39元
突发新闻教程	李 军 45元
视听新媒体节目制作	周建青 45元
视听评论	何志武 32元
出镜记者案例分析	刘 静 邓秀军 39元
视听新媒体导论	郭小平 39元

全国高校广播电视专业规划教材
电视节目策划教程	项仲平 著 36元
电视导播教程	程 晋 编著 39元
电视文艺创作教程	王建辉 编著 39元
广播剧创作教程	王国臣 编著 36元

21世纪教育技术学精品教材（张景中 主编）
教育技术学导论（第二版）	李 芒 金 林 编著 33元
远程教育原理与技术	王继新 张 屹 编著 41元
教学系统设计理论与实践	杨九民 梁林梅 编著 29元
信息技术教学论	雷体南 叶良明 主编 29元
网络教育资源设计与开发	刘清堂 主编 30元
学与教的理论与方式	刘雍潜 32元
信息技术与课程整合（第二版）	赵呈领 杨 琳 刘清堂 39元
教育技术研究方法	张屹 黄磊 38元
教育技术项目实践	潘克明 32元

21世纪信息传播实验系列教材（徐福荫 黄慕雄 主编）
多媒体软件设计与开发	32元
电视照明·电视音乐音响	26元
播音与主持艺术（第二版）	38元
广告策划与创意	26元
摄影基础（第二版）	32元

21世纪教师教育系列教材·专业养成系列（赵国栋主编）
微课与慕课设计初级教程	40元
微课与慕课设计高级教程	48元
微课、翻转课堂和慕课设计实操教程	150元
网络调查研究方法概论（第二版）	49元